Manual de Desarrollo Web basado en ejercicios y supuestos prácticos.

2010-2012

Módulos técnicos impartidos en cursos de Formación Profesional para el Empleo de la Junta de Andalucía.

Autor: Martin, Sánchez Morales

**Manual de Desarrollo Web
basado en ejercicios y supuestos prácticos**

1ª Edición

Autor: Martin, Sánchez Morales
Avda Gregorio Diego nº27, 4º-A
Telf: 952056539
29004 – Málaga – Andalucía – España
http://www.facebook.com/martinmorales
http://www.martinmorales.net
http://www.valledellimon.es
email: msanchez@andaluciajunta.es

EDITORIAL

**Copyright Agent
CreateSpace Legal Department**
P.O. Box 81226
Seattle, WA 98108
USA

Phone: 206.266.4064
Fax: 206.266.7010
E-mail: copyright@CreateSpace.com

ISBN: 978-1-291-03777-7

"Este libro está dedicado a mi tio Juan Rus Garrido que hace pocos días que nos ha dejado. Su lucha, su coraje por vivir, su alegría y saber vivir, sobre todo hecho de menos aquellos consejos de padre que me daba sobre la vida, los amores, los negocios, la experiencia. Son miles de recuerdos de la Estación de Linares-Baeza el puente sobre el Guadalimar y las bombas de la guerra clavadas en su fondo según nos contaba, los chivatazos, las cárceles y fusilamientos por menudeces a personas inocentes, tremendos y tristes recuerdos los suyos y de su juventud, pero transformados en cuentos y chascarrillos para el oido de sus sobrinos y allegados. Miles de recuerdos los mios de sus pajarillos, su huerto, sus aceitunas pero sobre todo su formidable capacidad y tacto de hacerme sentirme uno más".

Contenido

MÓDULO 1: LAMP
UNIDAD Didáctica 1: INSTALANDO EL SISTEMA

Puesta en marcha de un entorno servidor para Windows

Introducción

En este apartado aprenderéis a instalar un sistema completo de entorno servidor web y de gestión de bases de datos local para Windows con lenguaje de programación, con el que tendréis ocasión de publicar datos en Internet de forma dinámica y en tiempo real.

El sistema estará compuesto, entonces, por los siguientes elementos:

1) Sistema operativo Windows 95/98/Me/NT/2000/XP/Vista.

2) Apache como servidor de web.

3) PHP como módulo de ampliación de Apache para acceder a la base de datos.

4) MySQL como servidor de base de datos.

En este apartado nos gustaría facilitar al lector la tarea de instalar el sistema completo desde el principio. Para ello, detallaremos los pasos que hay que seguir para la compilación e instalación de los diferentes paquetes, aunque la última palabra siempre la tendrá la documentación de cada paquete en particular.

En algún caso, quizá la descripción que hacemos aquí no sea lo suficientemente completa, por lo que el estudiante tendrá que recurrir a las instrucciones de instalación de cada uno de los paquetes.

Una vez completados estos cuatro procesos de instalación, habremos conseguido el objetivo principal de esta guía, objetivo que culminará con la creación de una simple web de ejemplo conectada a una base de datos.

General public license

A excepción de Windows, podemos obtener todos los elementos del sistema sin ningún tipo de coste al tener licencia GPL (general public license). Las bases de esta licencia se encuentran especificadas en la dirección de Internet: http://www.gnu.org/copyleft/gpl.html

Los elementos del sistema

¿Qué es Apache?

Apache es un servidor de web. Un servidor web es un software que responde a las solicitudes de los navegadores web. En estos momentos, Apache es uno de los servidores web más populares del mundo. Ello se debe, entre otras cosas, a que Apache es un software de alta calidad y de código abierto (open source), lo que significa que puede descargarse de forma gratuita desde Internet.

Apache es uno de los mayores éxitos del software libre y su aceptación entre los servidores de web de Internet es tan grande que ha llegado hasta el punto de llegar a ser un serio competidor del servidor de web de Microsoft (IIS, Internet information server). Desde 1996, Apache es el servidor web más popular de Internet, hasta llegar a la actual cota de un 68% de los servidores web frente un 31% sobre IIS (Fuente: http://news.netcraft.com). Su desarrollo es continuo y su portabilidad le ha llevado a plataformas como Windows NT/2000/XP y Windows 95/98/Me, a los sistemas Unix y a plataformas como MacOS. Una de las principales características de Apache es su extensibilidad basada en una gran capacidad de modulación de su código fuente, hecho que ha facilitado la aparición de módulos de extensión como PHP, que evitará el uso de cgi-bin por completo, facilitando así enormemente la programación de aplicaciones en el lado del servidor, en especial en el campo del acceso a bases de datos, así como su agilidad en servir las páginas solicitadas y su seguridad.

¿Qué es PHP?

PHP es un lenguaje de programación interpretado, diseñado originalmente para la creación de páginas web dinámicas. Es usado principalmente en interpretación del lado del servidor (server-side scripting) pero actualmente puede ser utilizado desde una interfaz de línea de comandos o en la creación de otros tipos de programas incluyendo aplicaciones con interfaz gráfica usando las bibliotecas Qt o GTK+. Sin duda las más usadas, además de ellas conocemos el entorno ScriptCase que da soporte profesional como apoyo a la programación web profesional, aunque para ello nuestro Director debe realizar la inversión algo costosa.

PHP es un acrónimo recursivo que significa PHP Hypertext Pre-processor (inicialmente PHP Tools, o, Personal Home Page Tools). Fue creado originalmente por Rasmus Lerdorf en 1994; sin embargo la implementación principal de PHP es producida ahora por The PHP Group y sirve como el estándar de facto para PHP al no haber una especificación formal. Publicado bajo la PHP License, la Free Software Foundation considera esta licencia como software libre.

Puede ser desplegado en la mayoría de los servidores web y en casi todos los sistemas operativos y plataformas sin costo alguno. PHP se encuentra instalado en más de 20 millones de sitios web y en un millón de servidores, el número de sitios en PHP ha compartido algo de su preponderante sitio con otros nuevos lenguajes no tan poderosos desde agosto de 2005. Este mismo sitio web de Wikipedia está desarrollado en PHP. Es también el módulo Apache más popular entre las computadoras que utilizan Apache como servidor web. La versión más reciente de PHP es la 5.3.3, del 22 de julio de 2010.

El gran parecido que posee PHP con los lenguajes más comunes de programación estructurada, como C y Perl, permiten a la mayoría de los programadores crear aplicaciones complejas con una curva de aprendizaje muy corta. También les permite involucrarse con aplicaciones de contenido dinámico sin tener que aprender todo un nuevo grupo de funciones.

Aunque todo en su diseño está orientado a facilitar la creación de página web, es posible crear aplicaciones con una interfaz gráfica para el usuario, utilizando la extensión PHP-Qt o PHP-GTK. También puede ser usado desde la línea de órdenes, de la misma manera como Perl o Python pueden hacerlo; a esta versión de PHP se la llama PHP-CLI (Command Line Interface).

Cuando el cliente hace una petición al servidor para que le envíe una página web, el servidor ejecuta el intérprete de PHP. Éste procesa el script solicitado que generará el contenido de manera dinámica (por ejemplo obteniendo información de una base de datos). El resultado es enviado por el intérprete al servidor, quien a su vez se lo envía al cliente. Mediante extensiones es también posible la generación de archivos PDF, Flash, así como imágenes en diferentes formatos.

Permite la conexión a diferentes tipos de servidores de bases de datos tales como MySQL, Postgres, Oracle, ODBC, DB2, Microsoft SQL Server, Firebird y SQLite.

XAMPP es un servidor independiente de plataforma, software libre, que consiste principalmente en la base de datos MySQL, el servidor Web Apache y los intérpretes para lenguajes de script: PHP y Perl. El nombre proviene del acrónimo de X (para cualquiera de los diferentes sistemas operativos),

Apache, MySQL, PHP, Perl. El programa está liberado bajo la licencia GNU y actúa como un servidor Web libre, fácil de usar y capaz de interpretar páginas dinámicas. Actualmente XAMPP esta disponible para Microsoft Windows, GNU/Linux, Solaris, y MacOS X.

PHP también tiene la capacidad de ser ejecutado en la mayoría de los sistemas operativos, tales como UNIX (y de ese tipo, como Linux o Mac OS X) y Windows, y puede interactuar con los servidores de web más populares ya que existe en versión CGI, módulo para Apache, e ISAPI.

PHP es una alternativa a las tecnologías de Microsoft ASP y ASP.NET (que utiliza C# VB.NET como lenguajes), a ColdFusion de la compañía Adobe (antes Macromedia), a JSP/Java de Oracle, y a CGI/Perl. Aunque su creación y desarrollo se da en el ámbito de los sistemas libres, bajo la licencia GNU, existe además un IDE (entorno de desarrollo integrado) comercial llamado Zend Studio. Recientemente, CodeGear (la división de lenguajes de programación de Borland) ha sacado al mercado un entorno integrado de desarrollo para PHP, denominado Delphi for PHP. También existen al menos un par de módulos[1] para Eclipse, uno de los IDE más populares. Pero sin duda con la aparición de Frameworks en el mercado para programación en PHP son sin duda Zent, SYMFONY ó CodeIgniter los más usados para grandes aplicaciones web.

El nuevo PHP

El nuevo PHP, cuya versión es la 5, se ha ampliado, respecto la versión 3, en aspectos tan importantes como conceptos de programación orientada a objetos, y su sintaxis es ahora mucho más cercana a la de C, por lo que cualquier programador que haya programado en C no tardará mucho tiempo en aprender a utilizar el lenguaje.

Las construcciones sintácticas de PHP son más cercanas a Perl que a C, ya que en su diseño se buscó un lenguaje útil con el que la programación fuese rápida, es decir, que
fuese un lenguaje muy productivo al más puro estilo de Perl.

En cuanto a la tecnología del intérprete de PHP, la versión 3 ya era tan rápida como los intérpretes existentes de ASP. Con la versión 4 de PHP, su rendimiento y prestaciones mejoraron todavía más: el intérprete (Zend) era hasta 12 veces más rápido que el de la versión 3; se modularizó todo el diseño interno; se perfeccionó su integración con otros servidores HTTP como el IIS de Microsoft, y se encaró hacia la programación orientada a objetos (Programación OO). Con la versión 5, se ha rediseñado completamente el motor Zend, para crear un lenguaje completamente OO, agilizando más aún su funcionamiento, y extrayendo la compatibilidad con MySQL en un módulo externo (por cuestiones de licencia con MySQL, este SGBD ha dejado de ser "la base de
datos" de PHP, para ser una más de las que PHP puede tratar).

¿Qué es Zend? y ¿qué es PHP?¿Y que es SYMFONY?.

El nombre Zend se refiere al motor del lenguaje, es decir, el núcleo de PHP.

El término PHP se refiere al sistema completo tal y como aparece desde fuera.

Y Symfony es el Framework de desarrollo. También se define como una aplicación genérica incompleta y configurable a la que podemos añadirle las últimas piezas para construir una aplicación concreta.

Zend ocupa la parte de **intérprete** (analiza el código de entrada de un *script*, lo traduce y lo ejecuta), y también un poco de la parte de **funcionalidad** (implementa la funcionalidad del sistema). PHP ocupa la parte de funcionalidad y la de **interfaz** (habla con el servidor web, etc.). Juntos forman el paquete completo PHP.

Zend forma realmente el núcleo del lenguaje, mientras que PHP contiene todos los módulos externos (los cuales se pueden cargar en tiempo de ejecución) e incorporados (los que se compilan directamente con PHP) que crean las posibilidades destacadas del lenguaje.

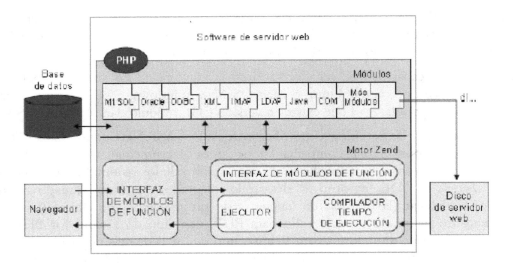

Estructura interna de PHP

PHP proporciona, por tanto, una gran facilidad para acceder a diferentes tipos de bases de datos como Oracle, Sybase, MySQL, PostgreSQL, Adabas, etc. De hecho, es bastante sencillo portar una aplicación escrita con PHP para MySQL a cualquier otro servidor de base de datos, ya que las funciones de acceso que ofrece PHP son, en muchos casos, de sintaxis compartida.

¿Qué es MySQL?

MySQL es un sistema de gestión de bases de datos (SGBD) SQL que en algunos aspectos es aproximadamente tan potente como Oracle (http://www.oracle.com/). Cabe mencionar que a mediados del año 2006, Oracle, ante el crecimiento de MySQL, hizo un intento de compra de su SGBD.

Sus principales objetivos han sido la velocidad y la robustez. Es un SGBD sencillo y rápido que se adapta perfectamente a entornos en los que el volumen de datos sea del orden de megabytes (en la documentación se habla de su uso con bases de datos de 50 millones de registros). En la versión 5 de MySQL ha incluido el control de transacciones, procedimientos almacenados y *triggers*, por lo que ha rellenado el gran hueco que lo diferenciaba de grandes SGBD como Oracle. Si bien existe la posibilidad de comprar su soporte, Oracle sigue teniendo más aceptación en el mundo empresarial.

En el último *benchmark* realizado de SGBD, se ha visto un gran crecimiento en la potencia de MySQL, frente a sus competidores.

Operating System Database Language Operations per minute
Linux MySQL 5.0 PHP 5 3664
Linux Pico Lisp 2.2.1 Pico Lisp 2.2.1 2600
Linux MonetDB 4.9 Java 1833
Windows MySQL 5.0 Java 1798
Windows MySQL 4.1 Java 1564
Windows MySQL 4.1 PHP 5 1542
Linux DB2 Express 8.2 Java 1537
Linux Oracle 10g Express Java 1412
Linux Sieben Geisslein Java 600
Linux MySQL 5.0 Java 587
Windows MySQL 5.0 PHP 5 444
Windows MySQL 5.0 Python 2.4 137

Linux PostgresSQL 8.1 PHP 5 120

En estos últimos años destacadas compañías de software han desarrollado aplicaciones SQL de uso libre y con código fuente (*open source*). En el mundo de GNU/Linux MySQL es, junto a Postgres (http://www.postgresql.org/), uno de los SGBD más populares.

MySQL también puede verse como un conjunto de aplicaciones o *plugins* funcionando en conjunto. Existen en su versión actual distintos motores de almacenamiento de datos,entre los que destacan MyISAM (permite índices por cadenas completas) y InnoDB (que permite el uso de transacciones) o la incorporación de *buffers* en memoria que permiten agilizar la respuesta de sus resultados.

MySQL se encuentra, igual que PHP, en fase de pleno desarrollo; se están publicando con regularidad nuevas versiones del sistema, así como herramientas que son básicas en cualquier SGBD actual:

• Dispositivo JDBC para acceder desde Java.
• Dispositivo ODBC para acceder utilizando la API ODBC.
• API de programación para C, Perl, C++, Python y TCL.
• Acceso desde PHP.
• Entornos visuales de gestión de la base de datos.
• Control de acceso basado en una base de datos de administración.

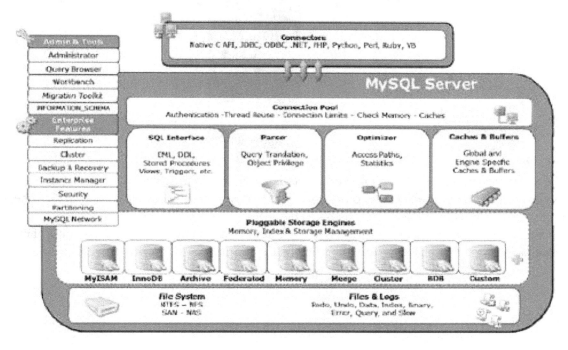

El funcionamiento del sistema

Como una motivación previa y para que el lector pueda tener una visión global desde el principio, presentamos en este apartado una visión global del sistema.

En el siguiente gráfico aparecerán destacadas las partes fundamentales del mismo.

Los pasos que describen la interacción entre el usuario y la base de datos son:

1) El usuario carga una página HTML con un formulario, rellena los datos y se los envía al servidor web.

2) Por medio de la red TCP/IP los datos llegan a Apache.

3) El servidor detecta que el usuario solicita una página PHP, por lo que informa al módulo de PHP del programa que hay que ejecutar y·le pasa los datos del formulario.

4) El módulo de PHP ejecuta el programa, el cual accede a MySQL utilizando,de nuevo, una comunicación TCP/IP.

5) MySQL procesa la petición del programa PHP y le envía los resultados de vuelta.

6) El módulo PHP recibe los resultados del servidor de base de datos, les da formato en una nueva página HTML y se los devuelve al cliente mediante el servidor Apache.

7) El cliente recibe la página HTML resultado de su petición por medio de la red TCP/IP.

En este primer esquema ya podemos ver que la interacción con la base de datos se hace, en su totalidad, por medio de PHP.

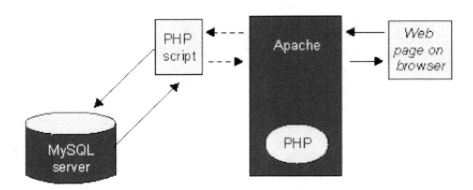

Instalación y configuración de los elementos del sistema con Windows

En esta sección pasaremos a explicar cómo debemos instalar en Windows el servidor web Apache, el lenguaje para servidor PHP y la base de datos MySQL.

El proceso de instalación de estos programas en Windows es prácticamente automático. Tras la instalación de cada programa hay una serie de archivos de configuración que se deberán configurar a mano.

¿Qué necesitamos?

• **apache_2.2.4-win32-x86-no_ssl.msi** (4.344 Kb). Versión del 9 de enero del 2007. Se distribuye en formato MSI (*binary distribution packages*). Sólo Windows ME, 2000 y XP ofrecen soporte MSI para la instalación de este tipo de paquete. Los usuarios de NT 4.0, 95 y 98 necesitan descargar la utilidad *MSI-installer* (de no tenerla instalada) para instalar esta distribución de Apache. Esta utilidad se puede bajar de Internet en:

– Windows Installer v1.10 for Windows NT 4.0 (x86)

http://www.microsoft.com/downloads/release.asp?ReleaseID=17344

– Windows Installer v1.10 for Windows 95 and 98

http://www.microsoft.com/downloads/release.asp?ReleaseID=17343

• **php-5.2.1-Win32.zip**(9.545 Kb). Versión del 9 de febrero de 2007. Contiene soporte para las versiones Apache y Apache2 para diferentes SGBD todos ellos como módulos externos. También incluye un gran número y variedad de extensiones.

• **mysql-5.0.27-win32.zip**(41.260 Kb). Versión 5. 0. 27 (estable) del servidor de base de datos MySQL.

Instalación de programas

Para normalizar el proceso de instalación de estos programas, instalaremos cada uno
de los paquetes en el directorio raíz de nuestro disco duro, para ser más claros, en el
directorio **C:\GMMD**.

Al finalizar la instalación de todos los programas obtendremos la siguiente estructura en el árbol de directorios:

Es muy recomendable que instaléis los programas de la asignatura en estas carpetas. Pensad que si surge algún problema tras la instalación, todos partimos de la misma estructura de directorios para hacer comprobaciones. Por otro lado, las prácticas de evaluación continuada tienen instrucciones que hacen referencia a esta estructura de directorios.

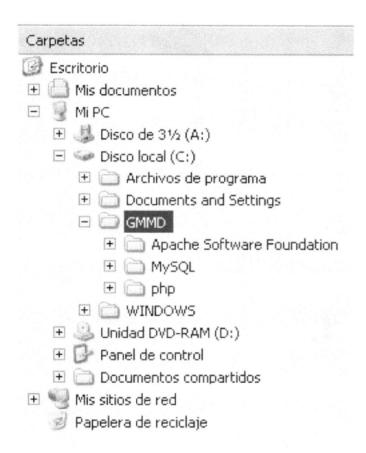

Instalación de Apache

1) Copiad el fichero apache_2.2.4-win32-x86-no_ssl.msi en el ordenador y ejecutadlo.

2) Aceptad la licencia. Rellenad los campos *network domain* y *server name*
con localhost, y *email address* con una dirección de correo electrónico (p. ej.
usuario@eoi.es). *localhost* es el valor a añadir para que el sistema de trabajo en red funcione en modo local (*loopback*).

Apache como un servicio de Windows

Antes de seguir adelante, debéis saber que con Windows NT/2000/XP/Vista tenéis la opción de ejecutar Apache como un servicio de Windows (run as service for all users), en lugar de cómo un ejecutable normal (run when started manually).

Los servicios de Windows se pueden iniciar automáticamente al arrancar el sistema operativo y siguen funcionando incluso después de que se haya desconectado el usuario que los instaló. Si estáis instalando Apache para NT/2000/XP/Vista es muy recomendable seleccionar la opción "run as service for all users".

3) Seleccionad el tipo de instalación Custom.

4) Pulsad el botón **Change** para cambiar el directorio de instalación predeterminado por la nueva ruta C:\GMMD\Apache Software Foundation\Apache2.2\.

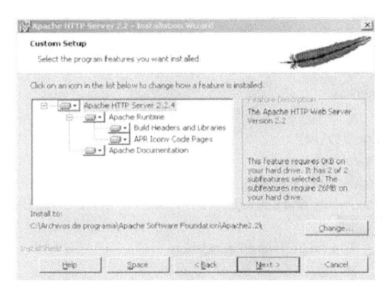

5) Seguid los pasos indicados durante la instalación para finalizarla.

6) Una vez finalizada la instalación de Apache encontraréis el programa en C:\GMMD\Apache Software Foundation\Apache2.2\.

7) Ahora podremos ver un nuevo icono en la zona de procesos activos que nos mostrará que el servicio Apache está corriendo.

¡Ahora ya podemos navegar por nuestro servidor web!

Abrid un navegador y solicitad la página http://localhost. Si estamos utilizando Internet Explorer, observad la barra inferior del navegador que nos indica que está activa la **intranet local**. Se os mostrará una pantalla como la que se presenta:

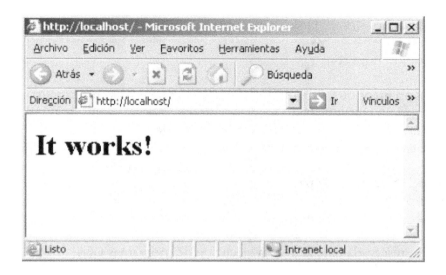

Iniciar Apache con Windows

En todas las versiones de Windows, Apache se puede iniciar desde el acceso directo que se crea en Menu de inicio -> Programas -> Apache httpd server -> Start Apache in console.

Este método ejecutará Apache como una aplicación de consola, con una ventana que permanecerá abierta mientras funcione el servidor. Si lo que deseáis es detener Apache, podemos elegir la opción "Stop Apache" en la entrada Apache del menú Inicio.

Si nuestro sistema operativo corre bajo Windows NT/2000/XP, entonces Apache se puede ejecutar como un servicio. Para iniciar el servicio escribiremos lo siguiente en la línea de comandos de Windows (Inicio -> Ejecutar):

NET START APACHE

Para detenerlo, escribiremos:

NET STOP APACHE

Si se prefiere, con Windows NT/2000 también se puede iniciar Apache desde Menu de inicio -> Configuración -> Panel de control -> Servicios (para los usuarios de XP, la pantalla servicios se encuentra en Herramientas administrativas). Desde esta ventana podemos detener y reiniciar el servicio de Apache. Si se editan las propiedades de Apache (pulsando el botón derecho del ratón), podemos cambiar en la pestaña **General** el tipo de inicio del servicio, con tres opciones:

Automático: se llamará a Apache automáticamente cuando se inicie la máquina.
Manual: Apache debe detenerse e iniciarse a mano.
Deshabilitado: el servicio quedará interrumpido.

Instalación de las herramientas gráficas de Apache

En la misma página de presentación de Apache encontraréis un enlace que os permitirá consultar la documentación de Apache que se ha incluido en esta distribución.

Las carpetas de Apache

Las carpetas más importantes son:

conf/ Contiene los archivos de configuración. Estos archivos son simples archivos de texto. Para acceder a ellos utilizad un editor de texto sencillo, como el Bloc de Notas de Windows. Veréis varios archivos de configuración, pero con la configuración más simple, Apache lee todas sus directivas de un solo archivo de configuración, **ttpd.conf**.

htdocs/ Se trata del directorio raíz para la publicación de las páginas web. Aquí dentro colocaremos nuestros documentos HTML y PHP, con sus directorios de imágenes, para visualizarlos más tarde con nuestro navegador web.

cgi-bin/ La carpeta reservada para activar la ejecución de programas CGI.

logs/ Apache guarda aquí dentro la información sobre los eventos del servidor. El archivo **error.log** es el registro de errores con los mensajes de error de Apache que se generen. El archivo **access.log** es el registro de accesos con la información acerca de los datos que se transfieren al servidor y desde éste.

Modules/ Contiene los módulos estándar, compilados como objetos dinámicos compartidos (DSO). La ventaja principal de utilizar DSO es que se puede especificar en tiempo de ejecución qué módulos se deben incluir en el programa.

Ahora, antes de continuar con la instalación de PHP, es el momento de apagar el servidor Apache.

Añadir PHP como módulo a Apache
A continuación vamos a instalar y configurar manualmente PHP para Windows 2000/XP/Vista y Apache 2.2.x.

1) Descomprimid el contenido del archivo php-5.2.1-Win32.zip (con Winzip) en el directorio C:\GMMD. Después, renombrad la carpeta original php-5.2.1-Win32 por php.

2) Copiad el fichero php.ini-dist en C:\WINDOWS y renombradlo por php.ini (otra opción sería C:\winnt o C:\winnt40 para servidores NT).

3) Editad el archivo de texto php.ini con el Bloc de Notas de Windows y actualizad las siguientes líneas:

a) Haced que el parámetro extension_dir apunte al directorio en el que descomprimisteis el paquete de instalación de PHP.

extension_dir = "C:\GMMD\php\ext"

b) Haced que el parámetro **doc_root** apunte al documento raíz de vuestro servidor web.

doc_root = "c:\GMMD\Apache Software

Foundation\Apache2.2\htdocs"
c) Buscad la línea display_errors y cercioraos de que tiene el siguiente valor

display_errors = On

d) Buscad la línea short_open_tag y verificad que su valor es

short_open_tag = On

e) Descomentad la línea "extensión=php_mysql.dll" quitando el ";" del inicio.
Cuidado, hay una línea con valor extensión=php_msql.dll. Descomentaremos
la de MySQL.

extension=php_mysql.dll

4) Ahora vamos a ubicar las bibliotecas del sistema que serán necesarias para
el uso de PHP y para que éste pueda ejecutar funciones para el SGBD MySQL.

Copiaremos los ficheros C:\GMMD\php\php5ts.dll y C:\GMMD\php\libmysql.dll en
C:\WINNT\system32 (para Windows NT/2000) o en C:\Windows\system32 (para Windows
XP/Vista)

5) Ahora vamos a configurar Apache para que trabaje con PHP. Para ello es necesario editar el
fichero de texto **"C:\GMMD\Apache Software Foundation\Apache2.2\conf\httpd.conf"**
añadiendo las siguientes líneas (para mayor estandarización del fichero, agregadlas en las líneas 115 y
116, que corresponden a la sección LoadModule).

LoadModule php5_module C:/GMMD/php/ php5apache2_2.dll
AddType application/x-httpd-php .php

6) Cambiaremos también del fichero httpd.conf la siguiente parte de configuración,
para que, como páginas de inicio, también se acepte index.php.
por

```
<IfModule dir_module>
        DirectoryIndex index.html
</IfModule>
```

por

```
<IfModule dir_module>
        DirectoryIndex index.html index.php
</IfModule>
```

7) Guardad los cambios y arrancad Apache.

Para comprobar que Apache está funcionando con PHP cargado, generaremos dos ficheros PHP. El primero de ellos nos mostrará información sobre la versión de PHP cargada, el segundo de ellos establecerá una conexión con MySQL.

Dentro de la carpeta **"C:\GMMD\Apache Software**

Foundation\Apache2.2\htdocs" crearemos un documento **test.php** con el siguiente contendido:

```
<?
    phpinfo();
?>
```

Ahora abriremos un navegador web, y solicitaremos a nuestro servidor Apache la nueva página creada. http://localhost/test.php

Se nos presentará una pantalla como la siguiente:

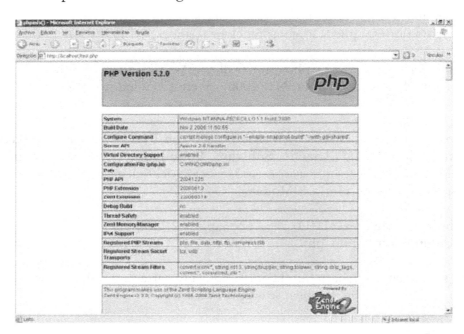

Es curioso la cantidad de texto que aparece por pantalla con sólo tres líneas de código, ¿verdad?

Probemos ahora que MySQL puede ser consultado desde PHP.

Para ello, crearemos otro documento con el nombre de **connection.php** y el siguiente contenido:

Para ello puedes usar perfectamente Notepad ++ ó ultraedit ó Dreamweaver Mx.

```php
<?php
    $user="root";          //Usuario para conectar a la BBDD
    $passwd="GMMDBBDDM";   //Password que le hemos dado al usuario
    $server="localhost";   //Donde encontrar el servidor
    $database="mysql";     //Base de datos que vamos a consultar

    //Establecemos una conexión con el servidor MySQL
    $conexion=mysql_connect($server, $user, $passwd);

    $query="show tables";   //Esta es la consulta que lanzaremos

    //Le pasamos la consulta al servidor, y de decimos sobre qué
    // BBDD queremos hacer la consulta
    $result=mysql_db_query($database, $query, $conexion);

    // cuantos resultados habrá devuelto?
    $cantidad_resultados=mysql_num_rows($result);

    // Lo mostramos por pantalla.
    echo "Resultados ".$cantidad_resultados;
?>
    <table border=1 align=center>
<?php

    //Sabiendo que existen N resultados, hacemos un bucle FOR para
    //mostrarlos todos ellos dentro de una tabla HTML
    for($i=0; $i<$cantidad_resultados; $i++){
        $fila=mysql_fetch_row($result);
?>
    <tr><td><?=$fila[0];?></td></tr>
<?
    }          //Cerramos el bucle FOR
?>
```

Volviendo al navegador web, solicitaremos el nuevo fichero. http://localhost/connection.php

http://localhost/connection.php

Ya tenemos nuestro servidor preparado para poder generar bases de datos y que éstas sean explotables desde una aplicación web.

Ahora sólo queda aprender SQL y PHP.

Instalación de MySQL

El proceso de instalación de MySQL consiste en los pasos siguientes:
1) Copiad el archivo mysql-5.0.27-win32.zip en vuestro PC, descomprimidlo en un directorio temporal del disco duro y allí ejecutad el setup.exe.

2) Presionad sobre el botón **Next>** y cuando el instalador os solicite el tipo de instalación, seleccionad *custom*.

3) En la siguiente ventana pulsaremos sobre **Change...** para cambiar el directorio donde se realizará la instalación de MySQL. Cambiad la dirección por "C:\GMMD\MySQL\MySQL Server 5.0\". Deberá quedar una pantalla como la siguiente:

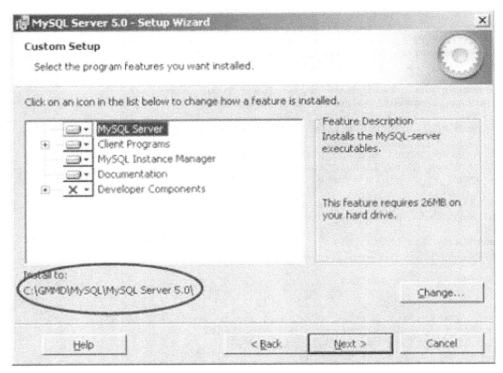

4) Pulsad sobre los botones **Next>** y seguidamente sobre **Install**.

5) Deberéis esperar unos instantes a que se copien todos los ficheros necesarios de la instalación, mientras aparecerá por pantalla una barra de proceso.

6) Una vez acaba la instalación, empieza el proceso de creación de usuarios y de configuración de una instancia de MySQL. En la nueva versión de MySQL, se os permite tener varios SGBD funcionando a la vez, por lo que este proceso es necesario.

7) El primero de los pasos es para la creación de una cuenta de usuario en MySQL.com. Podéis saltar este paso, de lo contrario, recibiréis notificaciones en vuestro correo sobre nuevas noticias en el desarrollo de MySQL.

8) Activad la opción de configurar el nuevo servidor MySQL, ahora *Configure the MySQL Server Now*, y pulsad sobre **Finish**. Esto acabará la instalación de MySQL y abrirá un nuevo proceso para la configuración.

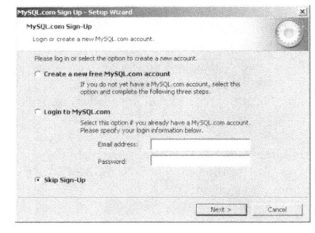

9) Cuando se pregunte por el tipo de configuración, seleccionad una configuración detallada *Detailed Configuration*. Deseamos crear un servidor MySQL de desarrollo, que consuma poca memoria, por lo que debéis seleccionar *Developer Machine*.

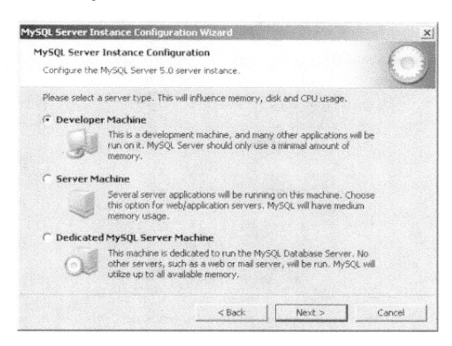

10) A estas alturas no podemos saber el uso que tendrán las bases de datos que se crearán sobre esta instalación. Por ello, no es posible saber si deseamos bases de datos transaccionales o no-transaccionales. Seleccionad la opción de una base de datos multifuncional.

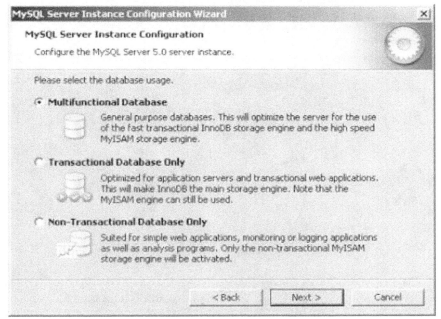

11) El siguiente paso es importante. Se pregunta sobre la localización de los ficheros que formarán las bases de datos. Para asegurar que su localización será dentro de C:\GMMD, pincharemos sobre el botón **"..."** para acto seguido cambiar el directorio destino a "C:\GMMD\MySQL\MySQL Server 5.0\data\"

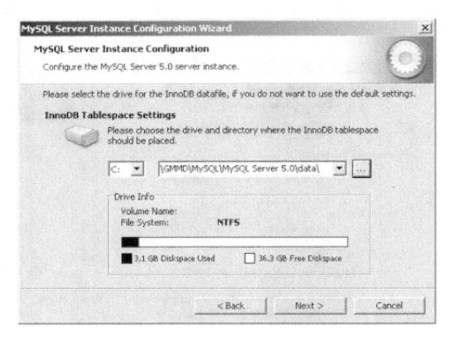

12) Igual que antes, no sabemos el uso que tendrán las bases de datos, por lo que en este punto seleccionad *Decision SUpport (DSS)/OLAP*, lo que permitirá 20 conexiones simultáneas a las bases de datos creadas. Para un entorno de pruebas, esta cantidad será necesaria.

13) Verificad en el siguiente paso que el puerto usado por MySQL para recibir las conexiones será el 3306, y que se han activado las dos casillas: *Permitir conexiones TCP/IP* y *Enable Strict Mode*.

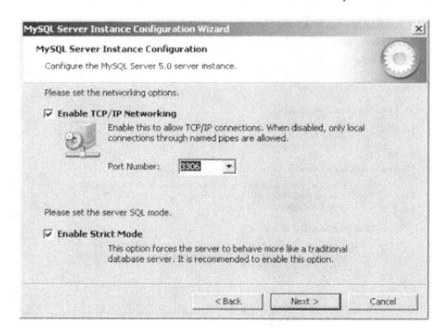

14) Presionad sobre **Next>** para dejar el juego de caracteres de MySQL por defecto.

15) Activad la instalación de MySQL como servicio y permitid que los ejecutables de MySQL se puedan lanzar sin tener que escribir la ruta exacta. Esto quiere decir que para ejecutar mysql.exe, no hará falta abrir la consola, ir a C:\GMMD\MySQL\MySQL Server 5.0\bin\, sino que se podrá lanzar su ejecución desde cualquier directorio. La pantalla deberá quedar como se muestra:

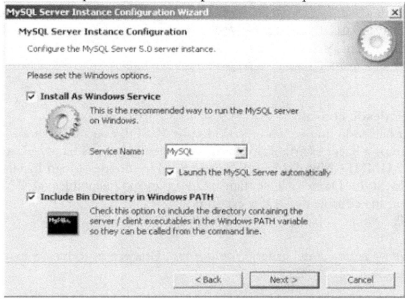

16) Como uno de los últimos pasos, se pide una clave para el administrador del SGBD. Es muy importante recordar esta clave, por lo que recomendamos usar GMMDBBDDM (que serán las iniciales de GMMD bases de datos multimedia).

Verificad que no tengamos las mayúsculas activadas en el teclado, de lo contrario, podríais estar estableciendo la contraseña como "gmmdbbddm".

Una clave no será igual escrita en minúsculas o en mayúsculas. Si lo deseáis, podéis activar la opción de que el administrador (*root*) pueda conectarse desde máquinas remotas. No será necesario para el propósito de este servidor de test, ya que todas las conexiones las haremos en local.

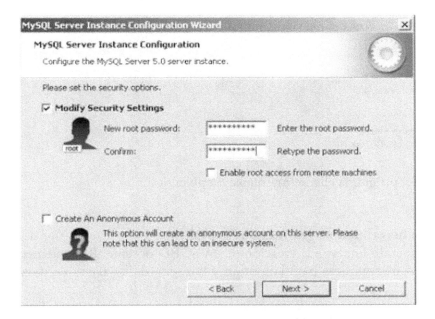

17) Como paso final, pulsaremos sobre *Execute*, para que aplique toda la configuración creada y arranque MySQL.

Desinstalación MySQL

Es posible que en una máquina rápida se intente iniciar MySQL antes de que haya acabado la configuración completa, con el objetivo de aplicar las políticas de seguridad. Si esto ocurriese, simplemente pinchad sobre Retry.
El proceso de desinstalación de MySQL no ha sido siempre del todo limpio. En caso de tener errores en el paso de 17 después del Retry, retroceded al paso 15 y cambiad el nombre del servicio MySQL por uno nuevo, por ejemplo MySQL5. En caso de más dudas, preguntad al consultor sobre cómo limpiar una desinstalación para poder instalar MySQL de nuevo.

Probando MySQL desde consola

Vamos a comenzar haciendo un pequeño recorrido por MySQL con sus funciones más básicas.
Lo primero que vamos a hacer es arrancar el programa cliente de consola mysql.exe que encontraréis en el directorio C:\GMMD\Mysql\MySQL Server 5.0\bin, donde se han instalado las principales herramientas de MySQL. Dado que se han añadido estos ejecutables al PATH, simplemente tendremos que abrir una consola de DOS y escribir:
"mysql –u root –p".

Se solicitará la clave (*-p password*) del usuario (*-u user*) *root*. Una vez introducida aparecerá una pantalla como la que se muestra.

Welcome to the MySQL monitor. Commands end with ; or \g.
Your MySQL connection id is 94 to server version: 5.0.27-community-nt
Type 'help;' or '\h' for help. Type '\c' to clear the buffer.
mysql>

El siguiente paso consistirá en visualizar las bases de datos que vienen instaladas por defecto. Para ello, escribiremos la orden **Show□databases**; (no olvidemos que cuando trabajamos con el programa cliente de MySQL es obligatorio poner un punto y coma (;) al final de cada comando).
mysql> show databases;
Tras entrar esta orden podréis ver la siguiente salida:

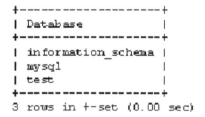

```
+--------------------+
| Database           |
+--------------------+
| information_schema |
| mysql              |
| test               |
+--------------------+
3 rows in set (0.00 sec)
```

Ahora saldremos del programa cliente mysql.exe escribiendo:
mysql> exit

Instalación de las herramientas gráficas de MySQL

MySQL no se ha querido limitar a la creación de un SGBD potente. Recientemente ha generado un paquete de herramientas gráficas para la gestión y consulta de las bases de datos existentes en las instalaciones.
En este apartado instalaremos este paquete de herramientas y verificaremos el acceso a las bases de datos existentes por defecto en MySQL.

1) Copiad el fichero **mysql-gui-tools-5.0-r9a-win32.msi** en vuestro ordenador y ejecutar el fichero autoinstalable.

2) Aceptad la licencia que se muestra y en el paso siguiente, como ya habéis hecho para la instalación del servidor MySQL, cambiad la ruta de instalación de las herramientas para que esté dentro de C:\GMMD. El nuevo directorio será "C:\GMMD\MySQL\MySQL Tools for 5.0\

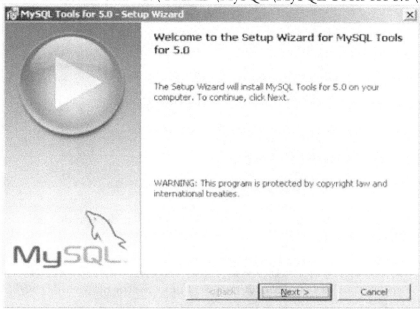

3) Seleccionad una instalación completa de las herramientas, presionad sobre **Next>** y finalmente sobre **Install**. Aquí acabará la instalación de las herramientas gráficas.

Para probar que tanto las herramientas como el propio SGBD se han instalado correctamente, haremos uso del monitor de MySQL. Para arrancarlo, ejecutad "Inicio→ Programas→ MySQL→ MySQL System Tray Monitor.

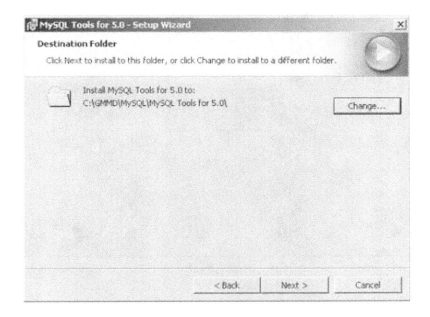

Aparecerá un nuevo icono en la sección de servicios en ejecución. Pinchando sobre él, podremos ver el estado de las instancias MySQL.

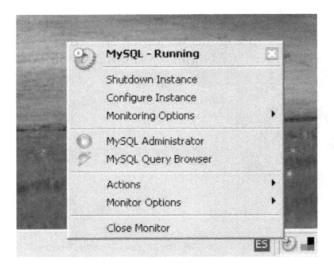

Así pues ya vemos que el monitor permite obtener información del estado de las instancias MySQL y poder apagarlas o levantarlas.

Para poder hacer consultas sobre las bases de datos que creemos, es posible usar la herramienta "MySQL Query Browser". Ésta se encuentra en Inicio→Programas→MySQL→MySQL Query Browser.
La pantalla de presentación requiere de la identificación del usuario y de la base de datos a la que queremos conectarnos.

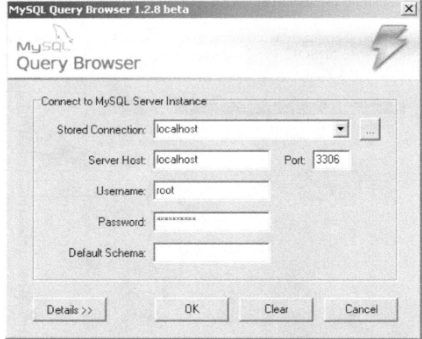

Consultas a una base de datos

Rellenad los campos tal y como se indica en la imagen, recordando que la clave que hemos establecido para el administrador de MySQL (*-u user*) *root* es "GMMDBBDDM".

Como se puede apreciar en la imagen, no se ha seleccionado la base de datos a la que deseamos conectar. Éte es el caso en el que queremos abrir una conexión con el servidor, para poder después trabajar con todas las bases de datos existentes en la instancia de MySQL.

Es por ello por lo que aparecerá un mensaje de "Prevención".

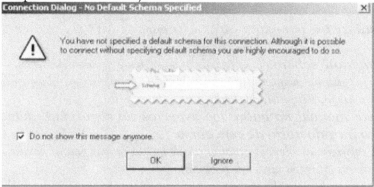

Pinchad sobre la casilla para que no vuelva a avisarnos posteriormente y abrid la conexión al servidor de nuevo, tal y como se ha indicado anteriormente.

Dentro de la aplicación *query browser* podemos ver que existen tres regiones.

Una superior donde escribir las consultas SQL. Una inferior izquierda, donde se muestran los resultados de las consultas SQL generadas, y una inferior derecha en la que se muestran las bases de datos existentes en el servidor.

Como no hemos seleccionado una base de datos en la conexión, es necesario que hagamos doble-clic sobre una base de datos antes de poder lanzar una consulta SQL.

Haced doble-clic sobre la base de datos "mysql", y posteriormente, escribir dentro de la zona de consultas la siguiente *query*: "select * from user".

Se nos presentará una pantalla como la que a continuación se muestra.

Es importante saber qué representan las bases de datos existentes por defecto. No se deben borrar ni alterar sin motivos.

*La base de datos **test** es una base de datos en blanco, usada para la creación de todas las posteriores nuevas bases de datos que creemos.*

*La base de datos **mysql** contiene información crítica de la instancia MySQL, tales como privilegios de usuarios, claves de éstos, etc.*

*La base de datos **information_schema** tiene metadatos de las bases de datos existentes.*

*Como acabamos de decir, el sistema completo de permisos MySQL permanece guardado en la base de datos **mysql**, la cual se compone de cinco tablas: host, user, db, tables_priv, colums_priv.*

El contenido de este manual no cubre los aspectos de seguridad, debido a que éstos van más allá del objetivo introductorio de este curso.

• La tabla user contiene información sobre los usuarios (desde qué máquinas pueden acceder al servidor MySQL, sus claves de autorización, y de sus diferentes niveles de permisos).

• La tabla host informa acerca de qué máquinas podrán acceder al servidor MySQL, a qué bases de datos y con qué niveles de acceso accederán a cada una de ellas.

• Las tablas db, tables_priv, y columns_priv proveen de un control individual sobre las bases de datos, tablas y columnas (campos).

XAMPP : Instalar apache , php y mysql en windows

Esto es una guía rápida para la instalación de php y mysql sobre apache en un Windows.

Lo aquí enseñado es para uso local y para pruebas, desaconsejo su uso en un servidor de producción.

Material necesario:

- XAMPP for windows – exe installer

Pasos a seguir.

- Descargar XAMPP des del link anterior , en mi caso "xampp-win32-1.7.3" .

- Doble click en xamp-win32-<loquesea…>.exe

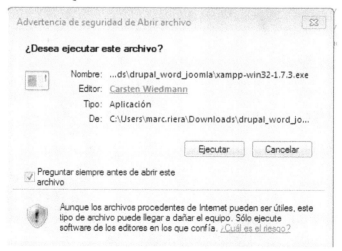

- click en Ejecutar

- Click en Install (no cambieis nada, pues el manual lo voy ha hacer con estos parametros por defecto).

Lo que nos pide es permiso para escribir en C:/

- Se pone a instalar lo que necesita.

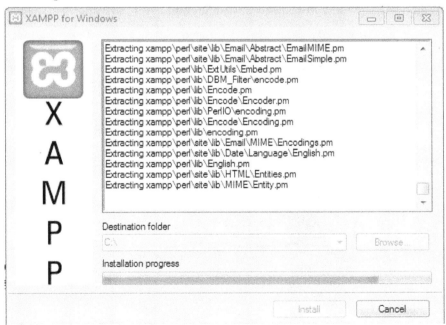

- Luego desaparece la pantalla de instalación unos segundos y parece que no haya hecho nada.

Como iniciar XAMPP:

- Vamos a equipo

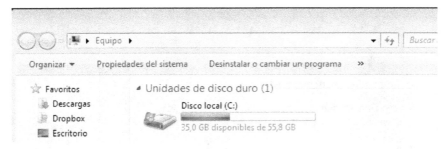

- Doble click en 'Disco local c:'

Archivos de programa	14/01/2010 12:57	Carpeta de archivos
Archivos de programa (x86)	17/03/2010 20:07	Carpeta de archivos
PerfLogs	14/07/2009 5:20	Carpeta de archivos
Python26	14/01/2010 10:04	Carpeta de archivos
Usuarios	14/01/2010 9:55	Carpeta de archivos
Windows	16/02/2010 20:02	Carpeta de archivos
xampp	20/12/2009 0:00	Carpeta de archivos

- Doble click en 'xampp'

xampp-changes	20/12/2009 0:00	Documento de tex...
xampp-control	20/12/2009 0:00	Aplicación
xampp-portcheck	20/12/2009 0:00	Aplicación

- Doble click en 'xampp-control' y nos aparece lo siguiente:

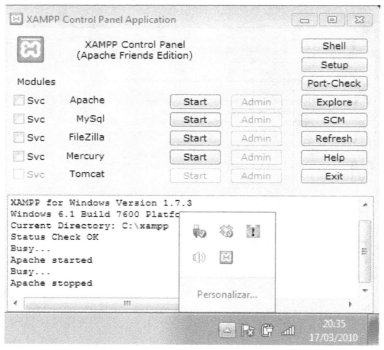

- Hacemos click en los 'Start' de Apache y mysql

Si sale una alerta como la siguiente diremos que 'Permitir acceso'.

- Obtendremos lo siguiente:

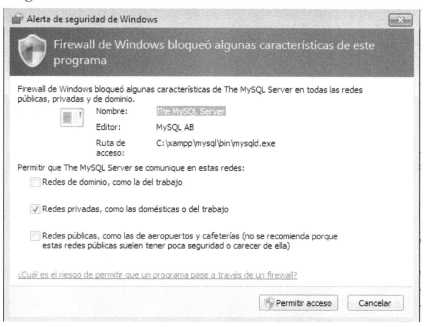

Comprobar que la instalación ha sido satisfactoria

- Click aqui => http://localhost . Si se abre tu navegador y sale XAMP en grande significa que ya lo tienes instalado y funcionando.

- Click aquí => http://localhost/phpmyadmin/ . Tiene que salirte una pagina que pone phpmyadmin arriba a la izquierda. Esto es tu gestor de bases de datos mysql .

Si todas las pruebas han sido satisfactorias ya estamos en condiciones de ponernos a trabajar con el entorno.

WordPress sobre XAMPP

Esto es una guia rápida para la instalación de wordpress sobre apache en un Windows.

Lo aquí enseñado es para uso local y para pruebas, desaconsejo su uso en un servidor de producción.

Material necesario:

- XAMPP instalado

- El ultimo tar.gz de WordPress ó fichero .zip ó .rar

Procedimiento:

- Repito que es necesario tener instalado XAMPP.

-Iniciamos XAMPP de la siguiente forma:

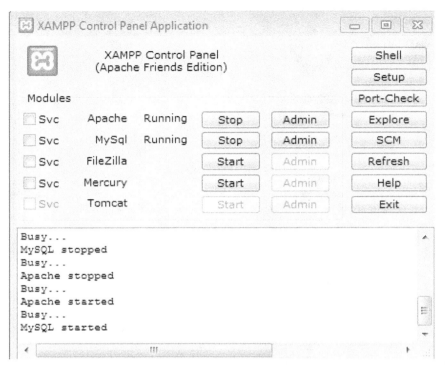

- Vamos a la carpeta donde hemos descargado el archivo wordpress-<loquesea>.tar.gz y lo descomprimimos directamente sobre donde lo queremos.

En nuestro caso lo queremos en C:/xampp/htdocs/wordpress. La carpeta wordpress me la he creado yo, para ordenar un poco las cosas.

Para descomprimir he usado 7zip, se puede descargar desde la web de ninite.

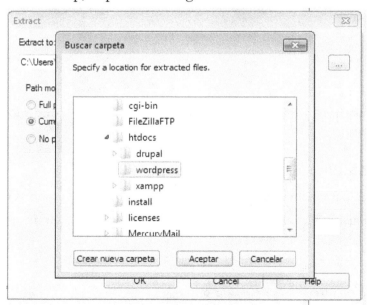

- Esto nos ha creado un archivo wordpress-2.9.<algo>,tar en c:/xampp/htdocs/wordpress. Así que tenemos que acabar de descomprimirlo, pues el .gz significa compresion y el .tar significa paquetizado, y ahora aún lo tenemos paquetizado.

- Hacemos lo mismo, pero esta vez como ya estamos en donde queremos los ficheros seleccionaremos "Extract Here" . Y nos creara una carpeta con nuestro wordpress.

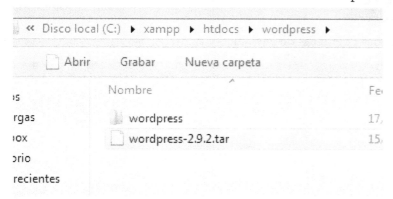

- Para ver que todo ha ido bien iremos al navegador (firefox, explorer o opera). http://localhost/wordpress/wordpress

- Esta es nuestra pagina de wordpress para su configuración. Pero antes de nada tenemos que prepara nuestra base de datos.

Para crear nuestra base de datos lo haremos a traves de http://localhost/phpmyadmin

-Fijense que he puesto la version en la base de datos "wordpress292" solo por motivos de orden, asi si en un futuro pongo otro wordpress no tendrán el mismo nombre.

- Tambien he seleccionado utf_unicode_ci para la base de datos.

-Click en crear.

- Y nos vamos a los ficheros de nuestro wordpress, donde vamos a editar a mano nuestro archivo de configuracion. "wp-config.php"

- Existe un fichero 'wp-config-sample.php''', lo copiamos y renombramos la copia a 'wp-config.php'.

- Abrimos el fichero 'wp-config.php' con el bloc de notas o cualquier editor de texto pequeñito, el word y el openoffice mejor no, no son para esto. Suelo usar Notepad ++ ó UltraEdit.

- Rellenamos las lineas que configuran la base de datos de la siguiente manera.

define('DB_NAME', 'wordpress292');

define('DB_USER', 'root');

define('DB_PASSWORD', '');

define('DB_HOST', 'localhost');

define('DB_CHARSET', 'utf8');

-Fijaros que en donde pone password hay dos comillas simples, no unas comillas dobles, me he limitado a borrar el texto que viene por defecto.

-Guardad el fichero donde estaba.

- Ya podeis ir a vuestro wordpress con el navegador web para acabar de hacer los ultimos retoques.

-Ponemos el nombre del blog y el correo del admin, y con esto ya nos da el usuario y el password, no perdais el password pues como no hay ningún servidor de correo configurado no podriamos recuperarlo.

MÓDULO 1: LAMP
UNIDAD Didáctica 2: configurar entornos LAMP

Configuración de Apache y PHP

Introducción

Esta explicación sobre la configuración de Apache y PHP está adaptada a XAMPP 1.7.3.

Cada vez que se modifica alguno de los ficheros de configuración es necesario detener y reiniciar el servidor. En XAMPP 1.7.3 se puede utilizar para ello el panel de control de XAMPP (Inicio > Programas > XAMPP for Windows > XAMPP Control Panel).

Cómo modificar los archivos de configuración

Antes de modificar cualquier archivo de configuración, se recomienda hacer una copia de seguridad del archivo de configuración original.

Si al modificar algún archivo de configuración nos equivocamos e introducimos errores, es probable que el servidor no pueda arrancar. Si no somos capaces de encontrar el error, siempre podemos restaurar en archivo de configuración original y empezar de nuevo, sin necesidad de reinstalar los programas.

Al modificar cualquier archivo de configuración, es conveniente documentar los cambios. Para ello, recomiendo hacer tres cosas:

- no modificar la línea del archivo original, sino añadirle el carácter de comentario al principio de la línea (almohadilla o punto y coma)

- añadir la línea modificada

- añadir una línea de comentario indicando la fecha, el autor y el cambio realizado.

Por ejemplo, la siguiente línea es una línea del archivo de configuración de Apache:

DocumentRoot "C:/xampp/htdocs"

En caso de modificarla, el archivo de configuración quedaría así (se ha resaltado el texto añadido):

2010-01-21. He cambiado el directorio raíz del servidor

DocumentRoot "C:/xampp/htdocs"

DocumentRoot "C:/www"

Configuración de Apache

El fichero de configuración de Apache es el archivo httpd.conf, un archivo de texto sin formato.

En httpd.conf las líneas comentadas empiezan por el carácter almohadilla (#). En Windows, al escribir una ruta de directorio en httpd.conf se puede utilizar tanto la barra como la contrabarra (es decir, se puede escribir tanto C:\xampp como C:/xampp).

En XAMPP 1.7.3 el archivo httpd.conf se encuentra en el directorio C:\xampp\apache\conf\.

Se comentan a continuación algunas directivas de configuración de Apache. Antes de modificar cualquier archivo de configuración, se recomienda hacer una copia de seguridad del archivo de configuración original.

Ubicación de las páginas web

Con la configuración inicial de XAMPP 1.7.3, al abrir en el navegador una página web cuya dirección empieza por http://localhost/ el comportamiento de Apache es el siguiente:

- Apache busca la página web solicitada a partir del directorio raíz del servidor, indicado por la directiva DocumentRoot del archivo httpd.conf (normalmente, C:\xampp\htdocs)

- Si encuentra el archivo, lo sirve al navegador.

- Si no encuentra el archivo, busca si existe alguno de los archivos indicados por la directiva DirectoryIndex (normalmente, index.php, index.php4, index.php3, index.cgi, index.pl, index.html, index.htm, etc) y si lo encuentra, lo sirve al navegador.

- Si no encuentra ninguno de esos archivos, Apache envía al navegador el listado del directorio.

Esta configuración es adecuada para entornos de programación, pero en entornos de producción se suele modificar, por ejemplo, para no enviar el listado del directorio.

En el directorio raíz del servidor, XAMPP 1.7.3 instala una serie de páginas que permiten administrar el servidor, por eso al abrir en el navegador la dirección http://localhost se abre una página de configuración propia de XAMPP.

A la hora de añadir otras páginas en el servidor, se puede hacer de varias formas:

- Cambiar el directorio raíz del servidor, modificando la directiva DocumentRoot. Tiene el inconveniente de que las páginas de XAMPP se perderían (aunque podríamos recuperarlas creando una directiva Alias).

- Crear directorios de usuario, mediante la directiva UserDir. Es la mejor solución en un ordenador con varios usuarios de Windows para que cada usuario tenga sus propias páginas separadas e independientes del resto. Cada usuario puede guardar sus páginas en un directorio (con el mismo nombre para todos los usuarios, pero cada uno en su propia carpeta de Mis Documentos) y cada usuario sólo ve sus páginas.

- Crear uno o varios alias, mediante la directiva Alias. Es una solución que permite mantener las páginas en los directorios que más nos interesen, aunque si hay varios usuarios, estos tienen que tener en cuenta los alias creados por los demás, puesto que los nombres no se pueden repetir.

En clase, dado que sólo hay un usuario de Windows, optaremos por la solución de crear alias, uno para cada alumno que utilice el ordenador.

DocumentRoot

La directiva DocumentRoot especifica el directorio donde se encuentran las páginas web. Cuando en la barra de dirección del navegador se escriba una dirección que comience por http://localhost/, el servidor buscará los archivos a partir de ese directorio. La directiva DocumentRoot va acompaña de una directiva <Directory> que especifica qué servicios y características están permitidos o prohibidos en el directorio.

En XAMPP 1.7.3 el valor predeterminado de DocumentRoot es el siguiente:

DocumentRoot "C:/xampp/htdocs"

... (se han omitido varias líneas del archivo de configuración)


```
<Directory "C:/xampp/htdocs">
    #
    # Possible values for the Options directive are "None", "All",
    # or any combination of:
    #   Indexes Includes FollowSymLinks SymLinksifOwnerMatch ExecCGI MultiViews
    #
    # Note that "MultiViews" must be named *explicitly* --- "Options All"
    # doesn't give it to you.
```

```
#
# The Options directive is both complicated and important.  Please see
# http://httpd.apache.org/docs/2.2/mod/core.html#options
# for more information.
#
Options Indexes FollowSymLinks Includes ExecCGI


#
# AllowOverride controls what directives may be placed in .htaccess files.
# It can be "All", "None", or any combination of the keywords:
#   Options FileInfo AuthConfig Limit
#
AllowOverride All


#
# Controls who can get stuff from this server.
#
Order allow,deny
Allow from all


</Directory>
```

Si se quiere utilizar, por ejemplo, el directorio C:\www, el archivo de configuración debería quedar así (se ha resaltado el texto añadido):

```
# 2010-01-21. He cambiado el directorio raíz del servidor
# DocumentRoot "C:/xampp/htdocs"
DocumentRoot "C:/www"


 ... (se han omitido varias líneas del archivo de configuración)


# 2010-01-21. He cambiado la directiva Directory de DocumentRoot
# <Directory "C:/xampp/htdocs">
<Directory "C:/www">
    #
    # Possible values for the Options directive are "None", "All",
    # or any combination of:
    #   Indexes Includes FollowSymLinks SymLinksifOwnerMatch ExecCGI MultiViews
```

```
#
# Note that "MultiViews" must be named *explicitly* --- "Options All"
# doesn't give it to you.
#
# The Options directive is both complicated and important.  Please see
# http://httpd.apache.org/docs/2.2/mod/core.html#options
# for more information.
#
Options Indexes FollowSymLinks Includes ExecCGI


#
# AllowOverride controls what directives may be placed in .htaccess files.
# It can be "All", "None", or any combination of the keywords:
#   Options FileInfo AuthConfig Limit
#
AllowOverride All


#
# Controls who can get stuff from this server.
#
Order allow,deny
Allow from all


</Directory>
```

UserDir

Como en un ordenador con Windows XP puede haber varios usuarios, puede ser un problema que todos los usuarios utilicen el mismo directorio raíz. La directiva UserDir permite que cada usuario guarde sus páginas en su propio directorio Mis Documentos y que cada uno acceda a ellos escribiendo en el navegador la dirección http://localhost/~nombre-de-usuario.

Hay que tener en cuenta que aunque se definan directorios de usuarios, http://localhost sigue mostrando el directorio indicado por la directiva DocumentRoot.

Para que Apache pueda acceder a los directorios de los usuarios, en httpd.conf debe estar cargado el módulo userdir mediante la directiva:

LoadModule userdir_module modules/mod_userdir.so

En XAMPP 1.7.3 esta directiva está comentada de forma predeterminada, por lo que es necesario borrar el carácter de almohadilla.

Si se carga el módulo userdir, entonces deben indicarse los módulos de usuario mediante la directiva UserDir. En XAMPP 1.7.3 la configuración de los directorios de usuario se realiza en un archivo separado (aunque el contenido de este archivo podría incluirse en el archivo httpd.conf) que se encuentra referenciado mediante la directiva

Include conf/extra/httpd-userdir.conf

En XAMPP 1.7.3 esta directiva no está comentada de forma predeterminada, por lo que no es necesario modificarla, aunque conviene comprobarlo.

El archivo httpd-userdir.conf contiene las directivas UserDir y <Directory> que especifican la ubicación de los archivos de usuario y su modo de acceso. El archivo que instala XAMPP 1.7.3 debe modificarse para definir el directorio de usuario concreto, como en el ejemplo siguiente, en el que Windows está instalado en C:/, el usuario se llama "ASI SP" y la carpeta en la que se encuentran las páginas web es "Mis documentos/www".

<IfModule userdir_module>

   # 2010-01-21.He añadido este Directorio de usuario:

   UserDir "Mis documentos/www"

   <Directory "C:/Documents and Settings/ASI SP/Mis documentos/www">

     Options Indexes FollowSymLinks Includes ExecCGI

     AllowOverride All

     Order allow,deny

     Allow from all

   </Directory>

</IfModule>

Hay que tener cuidado con las erratas, ya que cualquier error impedirá que Apache se ponga en marcha.

Alias

La directiva Alias permite que el servidor abra páginas que no estén dentro del directorio establecido mediante la directiva DocumentRoot.

Para que Apache pueda acceder a esos directorios, en el archivo httpd.conf debe estar cargado el módulo alias mediante la directiva:

LoadModule alias_module modules/mod_alias.so

En XAMPP 1.7.3 esta directiva no está comentada de forma predeterminada, por lo que no es necesario modificarla, aunque conviene comprobarlo.

Además, hay que añadir en el archivo httpd.conf una directiva Alias dentro de la directiva <IfModule alias_module> (que ya existe en XAMPP 1.7.3).

Como ejemplo, vamos a crear un par de alias. Supongamos que hay dos alumnos que utilizan el mismo usuario de Windows y cada uno quiere guardar su páginas en Mis Documentos y acceder a ellas a través del servidor. Así:

- El usuario de Windows se llama ASI SP

- Los alumnos se llaman Ana y Benito

- Ana va a guardar sus archivos en la carpeta Mis documentos/Ana/PHP

- Ana accederá a sus archivos escribiendo en el navgeador http://localhost/ana

- Benito va a guardar sus archivos en la carpeta Mis documentos/Benito/PHP

- Benito accederá a sus archivos escribiendo en el navgeador http://localhost/benito

Para ello, hay que añadir en el archivo httpd.conf dos directivas Alias dentro de la directiva <IfModule alias_module>. Si ya existe la directiva IfModule (como ocurre en XAMPP 1.7.3), sólo habría que añadir las líneas en negrita del ejemplo siguiente:

```
<IfModule alias_module>


# 2010-01-21. Ana. He añadido este Alias:
Alias /ana "C:/Documents and Settings/ASI SP/Mis documentos/Ana/PHP"
<Directory "C:/Documents and Settings/ASI SP/Mis documentos/Ana/PHP">
  Options Indexes FollowSymLinks Includes ExecCGI
  AllowOverride All
  Order allow,deny
  Allow from all
</Directory>


# 2010-01-21. Benito. He añadido este Alias:
Alias /benito "C:/Documents and Settings/ASI SP/Mis documentos/Benito/PHP"
<Directory "C:/Documents and Settings/ASI SP/Mis documentos/Benito/PHP">
  Options Indexes FollowSymLinks Includes ExecCGI
  AllowOverride All
  Order allow,deny
  Allow from all
</Directory>


ScriptAlias /cgi-bin/ "C:/xampp/cgi-bin/"
```

```
</IfModule>
```

Como se ha comentado en el apartado de la directiva DocumentRoot, se debe incluir una directiva <Directory> para el directorio indicado en la directiva Alias.

Hay que tener cuidado con las erratas, ya que cualquier error impedirá que Apache se ponga en marcha.

Configuración de PHP

El archivo de configuración de PHP es el archivo php.ini, un archivo de texto sin formato.

En php.ini las líneas comentadas empiezan por el carácter punto y coma (;).

En XAMPP 1.7.3 el archivo php.ini se encuentra en el directorio C:\xampp\php\php.ini.

Antes de modificar cualquier archivo de configuración, se recomienda hacer una copia de seguridad del archivo de configuración original.

Nota: La ruta del archivo php.ini que se está utilizando se indica en el campo "Loaded Configuration File" de la primera tabla que muestra la función phpinfo(). En el menú de la página de administración de XAMPP 1.7.3 hay una opción phpinfo() que muestra la configuración de PHP.

short_open_tag

Los fragmentos de código PHP se identifican mediante las etiquetas <?php .... ?>. La directiva short_open_tag especifica si también se admiten las etiquetas <? ... ?>.

short_open_tag = On	Se admite el uso de <? ... ?> en vez de <?php ... ?>
short_open_tag = Off	No se admite el uso de <? ... ?> en vez de <?php ... ?> (Valor recomendado)

Se recomienda que esta directiva tome el valor Off y que se utilice siempre la etiqueta <?php para empezar los fragmentos de código php.

short_open_tag = Off

En XAMPP 1.7.3 esta directiva viene predeterminada con valor Off, por lo que no es necesario modificarla, aunque conviene comprobarlo.

Si en el servidor la directiva toma el valor On, las páginas XHTML que contengan una declaración XML (por ejemplo, <?xml version="1.0" encoding="iso-8859-1"?>) producirán un error. Este problema se resuelve utilizando un fragmento de código para generar la declaración XML.

<?xml version="1.0" encoding="iso-8859-1"?>   Parse error: parse error, unexpected T_STRING in ejemplo.php on line 1

<?php print "<?xml version=\"1.0\" encoding=\"iso-8859-1\"?>\n"; ?>

register_globals

La directiva register_globals especifica si las variables EGPCS (Entorno, GET, POST, Cookies y Servidor) se registran automáticamente como variables globales.

register_globals On =	Las variables EGPCS se registran como variables globales
register_globals Off =	Las variables EGPCS no se registran como variables globales (Valor recomendado)

Por motivos de seguridad, se recomienda que esta directiva tome el valor Off.

register_globals = Off

En XAMPP 1.7.3 esta directiva viene predeterminada con valor Off, por lo que no es necesario modificarla, aunque conviene comprobarlo.

En versiones antiguas de PHP (o si la directiva register_globals toma el valor On), las variables EGPCS eran variables globales, por lo que se podían llamar directamente. Por ejemplo, si un formulario tiene un control con nombre "prueba" y se envía con el valor "Hola", el documento PHP que lo recibe puede utilizar la variable $prueba directamente.

`<?php print "$prueba"; ?>`	Hola

Sin embargo, cuando la directiva register_globals toma el valor Off, se produce el aviso siguiente:

`<?php print "$prueba"; ?>`	Notice: Undefined variable: prueba in ejemplo.phpon line 1

La forma correcta de acceder al dato recibido es a través de la matriz $_REQUEST (o $_POST o $_GET):

`<?php print "$_REQUEST[prueba]"; ?>`	Hola

error_reporting

La directiva error_reporting especifica el tipo de errores notificados por PHP. Por ejemplo:

error_reporting = E_ALL & ~E_NOTICE & ~E_DEPRECATED	Se muestran todos los errores, menos los avisos y obsoletos.
error_reporting = E_ALL | E_STRICT	Se muestran todos los errores (Valor recomendado)

En un entorno de producción, se suelen omitir los mensajes de error por motivos de seguridad, pero en un entorno de producción es conveniente mostrar el mayor número de errores y avisos para corregirlos.

En XAMPP 1.7.3 esta directiva viene predeterminada con el valor E_ALL & ~E_NOTICE & ~E_DEPRECATED, por lo que conviene modificarla a E_ALL | E_STRICT.

; error_reporting = E_ALL & ~E_NOTICE & ~E_DEPRECATED

error_reporting = E_ALL | E_STRICT

El problema de utilizar una configuración tan exigente es que algunos paquetes de terceros (blbliotecas, CMS, etc.) pueden dejar de funcionar y a veces no queda más remedio que volver a un valor menos estricto para poderlos utilizar.

Los posibles valores de esta directiva, que se pueden combinar con & (o con | en el caso de E_STRICT), son los siguientes:

Tipo de error	Descripción
E_ALL	Todos los errores y avisos excepto E_STRICT.
E_ERROR	Errores fatales detectados en tiempo de ejecución.
E_WARNING	Advertencias (errores no fatales) detectados en tiempo de ejecución.
E_PARSE	Errores de sintaxis detectados en tiempo de compilación.
E_NOTICE	Avisos detectados en tiempo de ejecución (pueden deberse a errores involuntarios o a errores intencionados, por ejemplo, utilizar una variable no inicializada, pero utilizarla teniendo en cuenta que se inicializará automáticamente a una cadena vacía).
E_STRICT	Avisos detectados en tiempo de ejecución, al activarlos PHP sugiere cambios en el código para que una mejor interoperabilidad y compatibilidad en el futuro.
E_RECOVERABLE_ERROR	Error recuperable.
E_DEPRECATED	Advertencias sobre código obsoleto que no funcionará en futuras versiones de PHP.
E_CORE_ERROR	Errores fatales detectados durante el arranque inicial de PHP.
E_CORE_WARNING	Advertencias (errores no fatales) detectados durante el arranque inicial de PHP.
E_COMPILE_ERROR	Erores fatales detectados en tiempo de compilación.
E_COMPILE_WARNING	Advertencias (errores no fatales) detectados en tiempo de compilación.
E_USER_ERROR	Mensajes de error generados por el usuario.
E_USER_WARNING	Advertencias generadas por el usuario.
E_USER_NOTICE	Avisos generados por el usuario.
E_USER_DEPRECATED	Advertencias generadas por el usuario sobre código que no funcionará en futuras versiones de PHP.

Para mostrar todos los errores la directiva error_reporting debe tomar el valor E_ALL | E_STRICT.

extensión mysqli

Nota: En este curso no se utilizará esta extensión. La conexión con las bases de datos se realizarán a través de PDO.

Para acceder a la base de datos MySQL, existen varias extensiones. La extensión mysql es la versión más antigua, mientras que la extensión mysqli es una versión más moderna, especialmente diseñada para sacar partido de PHP 5.0 y MySQL 4.1 (o posteriores). Además, existen dos drivers de bajo nivel: MySQL Client Library (libmysql) o MySQL Native Driver (mysqlnd).

extension=php_mysqli_libmysql.dll

XAMPP 1.7.3 tiene activada tanto la extensión mysql como la extensión mysqli, por lo que no es necesario modificarla, aunque conviene comprobarlo.

extensión pdo_mysql

Para acceder a la base de datos MySQL mediante la biblioteca PDO, debe estar activada la extensión PDO MySQL. Además, existen dos drivers de bajo nivel: MySQL Client Library (libmysql) o MySQL Native Driver (mysqlnd).

extension=php_pdo_mysql_libmysql.dll

XAMPP 1.7.3 tiene activada la extensión con el driver libmysql, por lo que no es necesario modificarla, aunque conviene comprobarlo.

extensión pdo_sqlite

Para acceder a la base de datos SQLite mediante la biblioteca PDO, debe estar activada la extensión PDO SQLite.

extension=php_pdo_sqlite.dll

XAMPP 1.7.3 tiene activada la extensión PDO SQLite, por lo que no es necesario modificarla, aunque conviene comprobarlo.

session.save_handler

Para utilizar sesiones mediante el mecanismo propio de PHP (es decir, sin necesidad de crear funciones propias), la directiva session.save_handler debe tener el valor files.

session.save_handler = files

En XAMPP 1.7.3 esta directiva viene predeterminada con el valor files, por lo que no es necesario modificarla, aunque conviene comprobarlo.

Algunos gestores de contenidos (CMS) tienen sus propias funciones de gestión de sesiones y requieren que esta directiva tome el valor user. Si en nuestra instalación de Apache el valor es user, para evitar conflictos nuestros programas pueden modificar esta directiva en tiempo de ejecución, mediante la función ini_set('session.save_handler', 'files'); (véase la lección sobre sesiones).

session.use_trans_sid

Las sesiones normalmente almacenan el identificador de sesión en forma de cookie en el ordenador del usuario. En caso de las cookies estén deshabilitadas en el navegador, las sesiones no funcionarán. La directiva session.use_trans_sid permite utilizar sesiones aunque las cookies estén desactivadas, añadiendo el identificador de la sesión a la dirección de la página como un control más. En general no se aconseja ese uso, pues hace visible al usuario el identificador de la sesión y, sin querer, el usuario puede enviarlo a otra persona que podría acceder a la misma sesión desde otro ordenador.

session.use_trans_sid = 0

En XAMPP 1.7.3 esta directiva viene predeterminada con el valor 0, por lo que no es necesario modificarla, aunque conviene comprobarlo.

magic quotes

Algunos caracteres deben "escaparse" (es decir, colocar una contrabarra \ antes del carácter) antes de poderse utilizar en consultas a bases de datos, ya que esos caracteres tienen significados especiales y provocarían resultados inesperados (o lo que es peor, provocados por usuarios maliciosos). El mecanismo de las comillas mágicas (magic quotes) se introdujo en PHP 3 para evitar ese problema y consiste en que si la directiva magic_quotes_gpc tiene el valor On, PHP escapa automáticamente todos los datos recibidos por los mecanismos GPC (Get/Post/Cookie).

magic_quotes_gpc = On	comillas mágicas activadas
magic_quotes_gpc = Off	comillas mágicas desactivadas (Valor recomendado)

El problema es que las comillas mágicas no resuelven todos los problemas y generan problemas en otras situaciones, por lo que actualmente se recomienda que esta directiva tome el valor Off (y tener en cuenta en los programas que la directiva puede tener el valor On).

En lugar de las comillas mágicas el programador debe utilizar las funciones específicas de cada base de datos para evitar ese problema, o escapar explícitamente una cadena utilizando la función addslashes().

magic_quotes_gpc = Off

En XAMPP 1.7.3 está directiva viene predeterminada con el valor Off, por lo que no es necesario modificarla, aunque conviene comprobarlo.

date.timezone

Las funciones relacionadas con fechas y horas se configuran mediante varias directivas.

La directiva date.timezone establece la zona horaria predeterminada para todas las funciones de fecha y hora.

Al instalar XAMPP 1.7.3, el instalador da un valor estimado de la zona horaria. En el caso de España, XAMPP 1.7.3 da el valor Europe/Paris que se puede cambiar al valor Europe/Madrid (que es el mismo, claro). Se puede consultar la lista completa de zonas horarios permitidas en la web de php.

; date.timezone = "Europe/Paris"

date.timezone = "Europe/Madrid"

Junto la la directiva date.timezone se muestran las otros cuatro directivas (aunque no están definidas porque están comentadas:

; http://php.net/date.default-latitude

;date.default_latitude = 31.7667

; http://php.net/date.default-longitude

;date.default_longitude = 35.2333

; http://php.net/date.sunrise-zenith

;date.sunrise_zenith = 90.583333

; http://php.net/date.sunset-zenith

;date.sunset_zenith = 90.583333

La latitud y longitud predeterminadas corresponden a la ciudad de Jerusalén. Si se quieren asignar los valores correspondientes a la ciudad de Madrid, habría que cambiarlos a

; 2010-01-21. He cambiado la latitud a Madrid: 40 25 02 N = 40.4173

; http://php.net/date.default-latitude

;date.default_latitude = 31.7667

date.default_latitude = 40.4173

; 2010-01-21. He cambiado la longtud a Madrid: 3 42 22 W = -3.7063

; http://php.net/date.default-longitude

;date.default_longitude = 35.2333

date.default_longitude = -3.7063

; http://php.net/date.sunrise-zenith

;date.sunrise_zenith = 90.583333

; http://php.net/date.sunset-zenith

;date.sunset_zenith = 90.583333

post_max_size y upload_max_filesize

La directiva post_max_size especifica el tamaño máximo de los datos que pueden enviarse al servidor. La directiva upload_max_filesize especifica el tamaño máximo de un fichero que se envíe al servidor. Lógicamente, post_max_size debe ser superior a upload_max_filesize. Si el valor se expresa sin unidades, se interpreta como bytes. Se pueden utilizar las unidades K (kilobytes), M (megabytes) y G (Gigabytes).

Configurar ficheros de Apache (parte 2)

Vamos a ver en detalle los aspectos más importantes del archivo de configuración httpd.conf del servidor web Apache. Lo podemos encontrar en: /etc/httpd/httpd.conf

El archivo httpd.conf de configuración del servidor web Apache

El archivo httpd.conf es la principal fuente de configuración del servidor web Apache, en el se encuentran todas las directivas aplicables a la configuración del servidor web, y conocer profundamente este archivo y su estructura es vital para el administrador del servidor web.

El archivo de configuración se divide en cuatro secciones, a saber:

- Directivas de funcionamiento del servidor web Apache

- Parámetros de gestión de recursos del servidor web Apache

- Hosts Virtuales del servidor web Apache

- Parámetros de seguridad del servidor web Apache

Es necesario que sobre este archivo no tenga acceso ningún usuario que no sea root, ya que las modificaciones de este archivo pueden desencadenar en terribles agujeros de seguridad en el servidor web Apache.

Directivas de funcionamiento del servidor web apache

Las directivas de funcionamiento del archivo de configuración del servidor web Apache son, como su propio nombre indica, unas directrices que definen el funcionamiento interno y externo del servidor web Apache en aspectos tales como el nombre del servidor, la dirección de correo del webmaster, el número de subprocesos que se abrirán en cada sesión del servidor Apache etc.

A continuación vamos a ver una relación de las directivas más importantes de este apartado:

ServerName: Especifica el nombre y el puerto que el servidor utiliza para identificarse, normalmente se determina automáticamente, pero es recomendable especificarlo explícitamente para que no haya problemas al iniciar el servidor. Si el servidor no tiene un nombre registrado en las DNS, se recomienda poner su número IP. No puede estar dentro de ninguna sección.

La sintaxis de uso es:

ServerName direccionIP:Puerto p.e. ServerName localhost:80

ServerAdmin: especifica la dirección de correo electrónico del administrador, esta dirección aparece en los mensajes de error, para permitir al usuario notificar un error al administrador. No puede estar dentro de ninguna sección. Se encuentra disponible a través del módulo Core. Es aconsejable que la dirección de correo no pertenezca al dominio administrado, pues, en caso de que falle, no podremos acceder al correo que probablemente pueda contener mensajes advirtiéndonos del fallo.

ServerRoot: especifica la ubicación del directorio raíz donde se encuentra instalado el servidor web Apache, a partir del cual se crea el árbol de directorios comentado anteriormente. Esta directiva no debería cambiar a no ser que se mueva la carpeta de instalación del servidor web apache a otro directorio. Se encuentra disponible a través del módulo Core.

KeepAlive: especifica si se utilizarán conexiones persistentes, es decir, que todas las peticiones de un usuario se atenderán con la misma conexión.

MaxKeepAliveRequests: número máximo de conexiones persistentes. (Número máximo de usuarios concurrentes si KeepAlive esta en ON). Para establecer este parámetro, hay que tener en cuenta el ancho de banda de salida de nuestro servidor, por el cual deberá ser enviada toda la información, si se establece un valor muy grande respecto al ancho de banda, el tiempo de respuesta se verá incrementado para cada usuario. Se encuentra disponible a través del módulo Core.

KeepAliveTimeout: tiempo que espera en segundos entre peticiones de un usuario, antes de considerar que este ha terminado, y cerrar su conexión. Esta directiva solo es valida si la directiva KeepAlive esta activada.

ServerType: Indica la forma de arrancar servidor web Apache. Puede tener como valores inetd o standalone.

Su sintaxis es la que a continuación se especifica:

ServerType [inetd | standalone]

El arranque mediante inetd indica que no existe un servidor httpd permanente arrancado, sino que el arranque se realiza a partir del servidor de red inetd o xinetd. Cuando inetd recibe una conexión de un servicio, genera un nuevo proceso hijo que ejecuta el programa que proporciona el servicio. En este caso el servidor ejecutado es Apache. El servidor inetd vuelve a su estado original (esperar conexiones) y el proceso recientemente generado sirve la hoja HTML al cliente que la solicitó. La forma habitual de trabajar se realiza en standalone. En este caso es el propio servidor web Apache el que esta "escuchando" las conexiones de la red. Cuando se recibe una petición HTTP, se genera un nuevo proceso (si es necesario) y se sirve la petición. En la mayor parte de las ocasiones se ahorra para cada petición la creación de un proceso hijo. Las directivas Port, MinSpareServers, MaxSpareServers, StartServers, MaxClients y MaxRequestPerChild son solo validas para la configuración en standalone

Port y Listen: Se utilizan solo cuando se ejecuta el servidor en modo standalone. La directiva Port especifica el puerto por el que el servidor web Apache acepta conexiones. Si el servidor debe atender a varios puertos, se deben usar tantas directivas Listen adicionales como sean necesarias. La configuración de ejemplo que a continuación transcribimos le indica al servidor web Apache que atienda las peticiones web por los puertos 80 y 8080

Port 80

Listen 8080

MaxClients: Se utiliza para especificar el máximo número de clientes (navegadores) que se pueden conectar simultáneamente al servidor. Si se alcanza este límite, los clientes quedan bloqueados hasta que algunos de los servidores queda libre. Este valor no conviene que sea demasiado bajo (su valor por defecto es 150) y se utiliza como mecanismo para limitar el numero de procesos que se crean ante un numero de peticiones demasiado elevado. Este límite, que se impone el propio servidor web Apache evita caídas indeseadas del servidor. Su sintaxis se especifica a continuación: MaxClients

TimeOut: el valor se utiliza para configurar medido en segundos, tres parámetros:

1. El tiempo tal que puede tardar una petición en ser recibida entera
2. La cantidad de tiempo que espera entre recepción de paquetes TCP
3. La cantidad de tiempo entre ACK's en transmisiones TCP

Pasado este tiempo se produce un mensaje de error en el que se indica que se ha consumido el tiempo máximo de espera. Establecer un valor muy pequeño puede dar lugar a que los usuarios reciban este mensaje de error, y establecer un valor muy pequeño dará lugar a una sobrecarga de la máquina.

CacheNegotiateDocs: Se utiliza para trabajar con proxies. Si esta directiva no aparece, el servidor Apache envía una respuesta que indica a los servidores Proxy que no almacenen los documentos en su caché. Esto impide que se obtengan versiones antiguas de páginas HTML, pero tiene como desventaja que se desaprovecha el ancho de banda de la red. Si la directiva aparece, se permite que los proxies almacenen documentos proporcionados por este servidor en su caché. Su sintaxis es la que a continuación se especifica.
CacheNegotiateDocs

Parámetros de Gestión de Recursos del servidor web Apache

Siguiendo con la estructura propuesta por el archivo de configuración, dejamos atrás las Directivas de Funcionamiento y nos adentramos en el siguiente apartado. Este apartado, el de Parámetros de Gestión de Recursos, no es más que una colección de directivas (como anteriormente) dedicadas a indicar al servidor Apache donde encontrar la información necesaria en cada momento o para definir como debe actuar de cara a sucesos como no existir la página solicitada o gestionar Hosts Virtuales. A continuación veremos los parámetros más interesantes de este apartado:

DocumentRoot: Esta directiva le indica al servidor web Apache la carpeta raíz que se ubica en el servidor, desde la que se servirán los documentos. Por defecto, todas las peticiones tendrán como raíz esta carpeta, a no ser que se utilicen alias (Directorios virtuales en IIS). La carpeta raíz por defecto es la carpeta htdocs, la cual podemos encontrar en la ruta /srv/www/htdocs. Si se cambia este directorio por otro, practica muy recomendable, es muy importante que se ponga el nuevo valor, no solo en esta línea, sino también en la sección en la que se establecen los parámetros de configuración de este directorio.

DirectoryIndex: Mediante este parámetro, indicamos al servidor web Apache qué archivo debe buscar, por defecto, en caso de que no se especifique ninguno. Este archivo, de forma predeterminada es index.html, es decir, si desde el navegador tratamos de acceder a www.miservidor.com el servidor por defecto servirá www.miservidor.com/index.html .
Una de las partes atractivas de esta directiva es que podemos indicarle más de un archivo a buscar de la siguiente forma:
DirectoryIndex archivo1 archivo2 archivo3
El orden con el que se especifica el nombre del archivo determinara la prioridad a la hora de decidir que archivo es el que se muestra.

RedirectPermanent: Se utiliza para indicar que una página alojada en el servidor web ha pasado ha estar en otro URL. De esta forma, la respuesta que genera el servidor web permite al cliente iniciar una nueva petición a un nuevo servidor que aloja la página pedida.

DefaultType: Especifica el tipo mime que se servirá por defecto en caso de no conocer la extensión del archivo que se esta sirviendo. Por defecto, se indicará que se sirve texto plano, con el valor text/plain.

ErrorLog: Especifica la ubicación del archivo que contiene el registro de errores, por defecto en la carpeta logs (/var/logs/apache2)

LogLevel: Indica el tipo de mensajes que se guardaran en el archivo de registro de errores, dependiendo de los valores especificados, se guardaran unos u otros.
Los valores disponibles son: debug, info, notice, warn, error, crit, alert, emerg.

LogFormat: La directiva permite definir el formato que se utilizará para almacenar los registros. A cada formato se le puede asignar un nombre, utilizándolo luego para crear distintos tipos de archivos de registro.

Sintaxis: LogFormat "configuracionError" nombre

IndexOptions: Esta directiva controla la apariencia de la página que se mostrara a un usuario cuando se pide la lista de archivos de un directorio. Entre las opciones posibles, destaca:

FancyIndexing, que muestra los nombres de los archivos con iconos etc...

FolderFirst: Hace que primero se muestren los directorios, esta opción solo se puede establecer en el caso de que FancyIndexing este activa.

Hosts Virtuales en el servidor web Apache

Llegamos a una de las partes mas interesantes del servidor web Apache, el uso de Hosts Virtuales o Alias, aunque nos vemos obligados a recalcar que este apartado pertenece en parte a las directivas de funcionamiento que anteriormente describíamos.

Mediante la correcta configuración de esta directiva podemos alojar mas de un sitio web en el mismo servidor, totalmente independientes uno del otro. A continuación describiremos con un caso teórico el uso de esta directiva, después, claro está, de una precisa explicación del funcionamiento de la misma.

Directivas VirtualHost y NameVirtualHost en el servidor web Apache

Esta es una directiva de bloque que se utiliza para especificar que un mismo servidor Apache sirva peticiones a varias direcciones web. De esta forma se podrán atender peticiones web para dos cabeceras distintas en un mismo servidor.

Hay dos alternativas básicas para aplicar esta técnica:

- Basada en Nombres DNS

- Se trata de que un computador con una única interfaz de red que solamente tiene asignada una dirección IP pueda servir páginas a dos nombre se servidores Web diferentes. Para que sea posible la utilización de esta técnica es necesario definir al menos un alias DNS

- Basada en dirección IP

- Se trata de que un computador con varias interfaces de red albergue dos dominios diferentes dependiendo de la IP que haya atendido la petición. Esta opción es útil cuando un computador esta conectado a dos redes diferentes (Intranet e Internet) y desea que el usuario tenga una visión diferente dependiendo de la interfaz de red por la que acceda al computador.

La opción mas comúnmente utilizada es la primera y para ello e necesario emplear las directivas NameVirtualHost y VirtualHost en el archivo de configuración del servidor Apache.

Configuración de Servidores Virtuales en Apache

```
#
# Virtual Hosts
#
# If you want to maintain multiple domains/hostnames on your
# machine you can setup VirtualHost containers for them. Most configurations
# use only name-based virtual hosts so the server doesn't need to worry about
# IP addresses. This is indicated by the asterisks in the directives below.
#
```

```
# Please see the documentation at
# <URL:http://httpd.apache.org/docs/2.2/vhosts/>
# for further details before you try to setup virtual hosts.
#
# You may use the command line option '-S' to verify your virtual host
# configuration.
#
# Use name-based virtual hosting.
#
# NameVirtualHost *:80
#
# VirtualHost example:
# Almost any Apache directive may go into a VirtualHost container.
# The first VirtualHost section is used for all requests that do not
# match a ServerName or ServerAlias in any <VirtualHost> block.
#
Listen 80
Listen 8080
Listen 3401
NameVirtualHost 192.168.0.2:80
NameVirtualHost 192.168.0.33:8080
NameVirtualHost 192.168.0.34:80
NameVirtualHost 192.168.0.35:80
NameVirtualHost 192.168.0.36:3401

<VirtualHost 192.168.0.2:80>

ServerAdmin webmaster@dummy-host.x

DocumentRoot "C:\AppServ\www\teguise"
ServerName teguise
ServerAlias /teguise "C:/AppServ/www/teguise"
ErrorLog "logs/dummy-host.x-error.log"
CustomLog "logs/dummy-host.x-access.log" common

</VirtualHost>


<VirtualHost 192.168.0.33:8080>

ServerAdmin webmaster@dummy-host2.x

DocumentRoot "C:\AppServ\www\docs\dummy-host2"
ServerName tenerife
ServerAlias /tenerife "/AppServ/www/docs/dummy-host2"
ErrorLog "logs/dummy-host2.x-error.log"
CustomLog "logs/dummy-host2.x-access.log" common
```

```
</VirtualHost>
<VirtualHost 192.168.0.34:80>

ServerAdmin webmaster@dummy-host2.x

DocumentRoot "C:\AppServ\www\anuncios"
ServerName cartama
ServerAlias /cartama "/AppServ/www/anuncios"
ErrorLog "logs/dummy-host2.x-error.log"
CustomLog "logs/dummy-host2.x-access.log" common

</VirtualHost>

<VirtualHost 192.168.0.35:80>

ServerAdmin webmaster@dummy-host2.x

DocumentRoot "C:\AppServ\www\entrenadores"
ServerName entrenadores
ServerAlias /entrenadores "/AppServ/www/entrenadores"
ErrorLog "logs/dummy-host2.x-error.log"
CustomLog "logs/dummy-host2.x-access.log" common

</VirtualHost>

<VirtualHost 192.168.0.36:3401>

ServerAdmin webmaster@dummy-host2.x

DocumentRoot "C:\AppServ\www\crespo"
ServerName asesoria
ServerAlias /asesoria "C:/AppServ/www/crespo"
ErrorLog "logs/dummy-host2.x-error.log"
CustomLog "logs/dummy-host2.x-access.log" common
</VirtualHost>
```

La técnica de hosts virtuales basada en direcciones IP requiere que el computador que alberga los dos hosts tenga dos direcciones IP diferentes (dos interfaces de red). En este caso cada sección VirtualHost hace referencia a cada una de las direcciones.

Directivas de seguridad del servidor web Apache

A continuación, serán expuestas las directivas de configuración del servidor que especifican quien tiene permisos para acceder a determinados recursos. De esta forma se pueden restringir accesos no autorizados a determinados documentos. En esta sección se exponen las formas mas simples que ofrece el servidor web Apache para proteger documentos:

- Autorización de acceso basada en el usuario.

- Autorización de acceso basada en el nombre o dirección del cliente que realiza la petición.

Estos dos tipos de autorizaciones se pueden especificar de dos formas:

- En un archivo de configuración global del servidor: access.conf o http.conf

- En un archivo de configuración que puede haber en cada directorio del sistema de archivos exportado

En esta sección se muestran las directivas más importantes que aparecen en los archivos de configuración del servidor web Apache, y que permiten establecer los mecanismos básicos de autorización por computador y por usuario. Estas directivas aparecerán en el archivo global access.conf o httpd.conf y en el que especifica la directiva AccessFileName.

Directivas

AccessFileName: Se utiliza para especificar el nombre de cada archivo que contiene directivas que especifican los parámetros de seguridad para cada directorio. Su sintaxis se especifica a continuación:

AccessFileName [archivo]

En cada directorio exportado puede haber un archivo con este nombre que contendrá directivas que especifican parámetros de seguridad para los archivos del directorio en el que esta almacenado el archivo y sus subdirectorios.

AllowOverride: Cuando el servidor encuentra un archivo .htaccess (como se explica en la directiva AccessFileName) es necesario saber que directivas presentes en ese archivo pueden prevalecer sobre las directivas de configuración previas. En ese momento es cuando entra en juego la directiva AllowOverride, porque especifica que tipos de directivas se pueden modificar por el archivo .htaccess de un directorio.

La directiva AllowOverride puede definirse como:

AllowOverride opcion opcion opcion….Cada una de estas opciones que se aplican como parámetro a esta directiva indica que directivas se pueden sobrescribir. Seguidamente se explican las más importantes:

AuthConfig: Permite el uso de directivas que permiten el control de acceso a usuarios a una zona Web: AuthGroupFile, AuthName, AuthType, AuthUserFile, requiere. Hay mas directivas como: AuthDBMGroupFile, AuthDBMUserFile, etc.

Indexes: Permite la aparición de directivas que permiten mostrar el contenido de un directorio que no contiene el archivo index.htm: AddDescription, AddIcon, AddIconByEncoding, AddIconByType, DefaultIcon…

Limit: Permite la aparición de la directiva Limit que permite acotar el acceso a una zona Web por nombre o dirección Ip del cliente. Esta directiva se explicara seguidamente.

Options:Permite la aparición de la directiva Options que permite modificar los valores de seguridad por defecto que haya establecido el administrador del servidor Web.

All:Si aparece se permiten todas las opciones anteriores.

None:Si aparece no se permite ninguna de las opciones anteriores.

Sintaxis: AllowOverride All|None|directive-type [directive-type] ...

Valor por defecto: AllowOverride All

En este ejemplo que se muestra a continuación no se permite que los usuarios almacenen en su zona Web programas CGI que se puedan ejecutar ni que se pueda mostrar el contenido de un directorio que no contiene el archivo index.html.

Options –ExecCgi –Indexes

AllowOverride Indexes Options

Por otra parte, se permite que sea el usuario el que, si lo desea, pueda cambiar estas restricciones modificando el archivo .htaccess para cambiar las autorizaciones por defecto, de tal forma que si se incluye la siguiente línea en el archivo .htaccess de un directorio Web de usuario, podrá mostrar el contenido de un directorio y ejecutar programas CGI.

Options +ExecCgi +Indexes

Limit: Se utiliza para limitar el acceso a la información de un directorio bajo un conjunto de métodos. Esta limitación se realiza incluyendo un conjunto de directivas dentro del bloque. Su sintaxis se especifica a continuación:

Dependiendo de las operaciones que se realicen sobre el subárbol de directorios que se desea limitar se debe especificar un método u otro. Supóngase que en un directorio no se necesita que ningún cliente "envíe" ningún tipo de información al servidor. En este caso habría que habilitar los métodos que permiten obtener información del servidor (GET y HEAD) y restringir los métodos POST, PUT y DELETE.

Los métodos incluidos en la lista pueden ser uno o más de los siguientes: GET, POST, PUT, DELETE, CONNECT, OPTIONS, PATCH, PROPFIND, PROPPATCH, MKCOL, COPY, MOVE, LOCK, y UNLOCK.

Los nombres de los métodos distinguen mayúsculas de minúsculas. Si usa GET también se restringirán las peticiones HEAD. El método TRACE no puede limitarse.

Consejo:

Es mejor usar una sección LimitExcept en lugar de una sección Limit cuando se quiere restringir el acceso, porque una sección LimitExcept protege contra métodos arbitrarios.

LimitExcept: Se usa para englobar un grupo de directivas de control de acceso que se aplicarán a cualquier método de acceso HTTP no especificado en los argumentos; es lo contrario a lo que hace una sección Limit y puede usarse para controlar tanto métodos estándar como no estándar o métodos no reconocidos. Sintaxis:

method [method] ... >

Autorización de acceso por dirección del cliente:

Directivas allow, deny y order

La autorización de acceso a un subárbol de directorios basado en la dirección del cliente autoriza o deniega el acceso dependiendo de la dirección IP del host que haya generado la petición sin necesidad de pedir información adicional al cliente. La especificación del PC se puede realizar por nombre de DNS o por la dirección IP. La especificación de acceso se realiza con las directivas:

Order

Allow from

Deny from

Estas tres directivas deben estar incluidas en un bloque Limit (anteriormente explicado).

La directiva order define el orden en el que se deben procesar las directivas allow y deny. Las posibles opciones son:

- Order allow, deny: primero se evalúan las directivas allow y posteriormente las directivas deny.

- Order deny, allow: primero se evalúan las directivas deny y posteriormente las directivas allow.

- Order mutual-failure: las máquinas que aparecen asociadas a la directiva allow y no aparecen en la directiva deny son autorizadas

La directiva allow from especifica una lista de máquinas a las que se les autoriza el acceso a un directorio o árbol de directorios. La directiva deny from especifica una lista de computadores a los que se les deniega el acceso a un directorio o árbol de directorios. Los parámetros que contiene pueden ser los siguientes:

all: se autoriza/deniega el acceso a todas las máquinas independientemente de su IP

dirección IP: se autoriza el acceso a la máquina cuya IP sea la especificada.

dominio: se autoriza el acceso a las máquinas que pertenezcan al dominio indicado.

Ejemplo:

order deny, allow

deny from all

allow from upv.es

allow from upc.es

Autorización de acceso por usuario

La autentificación es cualquier proceso mediante el cual se verifica que alguien es quien dice ser, es decir; un proceso por el cual a alguien se le permite acceder donde desea u obtener la información busca.

La autorización de acceso basada en autentificación de usuarios permite controlar el conjunto de usuarios que tienen acceso a un subárbol de directorios. Esta autentificación se basa en utilizar nombres de usuarios y contraseñas. Cuando el cliente accede a dicho subárbol, el servidor le pedirá que se identifique mediante un nombre de usuario y una contraseña. Si la identificación tiene éxito, se autoriza al usuario a entrar en la zona restringida sin volver a pedirle la información de identificación. Las directivas que permiten la autentificación de usuario son:

Directiva require: Especifica el usuario o conjunto de usuarios que están autorizados a entrar en la zona restringida.

Sintaxis: Require entity-name [entity-name] ...

Require debe ser usada de forma conjunta con las directivas AuthName, AuthType, y directivas como AuthUserFile y AuthGroupFile (para definir usuarios y grupos) para funcionar correctamente. Esta directiva está incluida en el bloque Limit. Si el último parámetro es valid-user, indica que se autoriza a un cliente a entrar en el espacio web siempre que proporcione un usuario válido, es decir, debe estar dado de alta en el archivo de usuarios y debe proporcionar su contraseña correcta.

Require user userid [userid] ...

Solo los usuarios mencionados pueden acceder al recurso.

Require group group-name [group-name] ...

Solo los usuarios pertenecientes a los grupos mencionados pueden acceder al recurso.

Require valid-user

Todos los usarios pueden acceder al recurso.

Directiva AuthType: Especifica el tipo de autentificación que se requiere. Actualmente solamente están implementadas las opciones Basic y Digest. La primera utiliza el mismo algoritmo que utilizan los sistemas Unix para codificar las palabras clave; La otra se basa en MD5 y no todos los navegadores lo soportan.

Para que funcione correctamente, esta directiva tiene que ir acompañada por las directivas AuthName y require, y de directivas como AuthUserFile y AuthGroupFile.

Sintaxis:

AuthType Basic | Digest

Directiva AuthName: Esta directiva especifica el nombre de dominio que se muestra al solicitar autorización para acceder a un directorio. Este nombre de dominio se muestra al cliente para que el usuario sepa qué nombre de usuario y contraseña ha de introducir.

AuthName toma solamente un argumento; si el nombre de dominio contiene algún espacio, debe escribirse entre comillas. Para que funcione correctamente, esta directiva debe usarse junto con las directivas AuthType y require,, y con directivas como AuthUserFile y AuthGroupFile.

Directiva AuthUserFile: Especifica el archivo que contiene los usuarios con las palabras clave. Cada línea del archivo de usuarios contiene un username seguido de un punto y coma, seguido de la contraseña cifrada. Si el mismo usuario ID es definido múltiples veces, mod_auth usarán la primera aparición para verificar la contraseña.

Sintaxis:

AuthUserFile file-path

Este archivo se compone de dos campos: el primero es el nombre de usuario y el segundo es la palabra clave que tiene asociada (cifrada). Para añadir un nuevo usuario a este archivo, Apache incluye un programa que permite dar de alta a un usuario o cambiar su clave. Este programa es htpasswd, y su sintaxis es la que a continuación se especifica: htpasswd -c Filename username

La opción –c indica que se debe crear un nuevo archivo de usuarios y solo se debe incluir la primera vez que se crea un usuario. A este programa se le pasan dos parámetros: el primero es el archivo que contiene los usuarios y el segundo es el nombre de usuario que se desea añadir al archivo o al que se desea cambiar su contraseña.

Directiva AuthGroupFile: Especifica el archivo que contiene los grupos con sus palabras clave. El archivo AuthGroupFile se edita manualmente, usando tu editor de texto preferido, y su formato es el siguiente:

Sintaxis: nombre_del_grupo: usuario1 usuario2 usuario3

Aspectos sobre seguridad del servidor web Apache

El administrador debe asegurarse de que el archivo AuthUserFile es almacenado fuera del árbol de documento del servidor web. No debe ponerse en el directorio que protege. En ese caso, los clientes podrían ser capaces de trasvasar el archivo.

MÓDULO 1: LAMP
UNIDAD Didáctica 3: DEFINICIONES Y MÓDULOS APACHE

Definiciones

Autentificación

> La identificación positiva de una entidad de red tal como un servidor, un cliente, o un usuario.
> Consulte: Autentificación, Autorización, y Control de Acceso

Control de Acceso

> La restricción en el acceso al entorno de una red. En el contexto de Apache significa normalmente la restricción en el acceso a ciertas *URLs*.
> Consulte: Autentificación, Autorización, y Control de Acceso

Algoritmo

> Un proceso definido sin ambiguedades o un conjunto de reglas para solucionar un problema en un número finito de pasos. Los algoritmos para encriptar se llaman normalmente *algoritmos de cifrado*.

Herramienta de extensión de Apache (apxs)

> Es un script escrito en Perl que ayuda a compilar el código fuente de algunos módulos para convertirlos en Objetos Dinamicos Compartidos (DSOs) y ayuda a instalarlos en el servidor web Apache.
> Consulte: Paginas de Ayuda: apxs

Certificado

> Una información que se almacena para autentificar entidades de red tales como un servidor o un cliente. Un certificado contiene piezas de información X.509 sobre su poseedor (llamado sujeto) y sobre la Autoridad Certificadora (llamada el expendedor) que lo firma, más la clave publica del propietario y la firma de la AC. Las entidades de red verifican las firmas usando certificados de las AC.
> Consulte: Encriptado SSL/TLS

Autoridad Certificadora (CA)

> Una entidad externa de confianza cuyo fin es firmar certificados para las entidades de red que ha autentificado usando medios seguros. Otras entidades de red pueden verificar la firma para comprobar que una Autoridad Certificadora ha autentificado al poseedor del certificado.
> Consulte: Encriptado SSL/TLS

Petición de firma de Certificado (CSR)

> Es la petición a una Autoridad Certificadora para que firme un certificado aún sin firmar. La Autoridad Certificadora firma el *Certificado* con la Clave Privada de su certificado de Autoridad Certificadora. Una vez que el CSR está firmado, se convierte en un auténtico certificado.
> Consulte: Encriptado SSL/TLS

Algoritmo de cifrado

Es un algoritmo o sistema de encriptado de información. Ejemplos de estos algoritmos son DES, IDEA, RC4, etc.
Consulte: Encriptado SSL/TLS

Texto cifrado

El resultado de haber aplicado a un texto sin cifrar un algoritmo de cifrado.
Consultar: Encriptado SSL/TLS

Common Gateway Interface (CGI)

Una definición estándar para un interfaz entre un servidor web y un programa externo que permite hacer peticiones de servicio a los programas externos. Este interfaz fue definido originalmente por la NCSA pero tambien hay un proyecto RFC.
Consulte: Contenido Dinámico con CGI

Directivas de configuración

Consulte: Directivas

Fichero de Configuración

Un fichero de texto que contiene Directivas que controlan la configuración de Apache.
Consulte: Ficheros de Configuración

CONNECT

Un método de HTTP para hacer proxy a canales de datos sin usar HTTP. Puede usarse para encapsular otros protocolos, tales como el protocolo SSL.

Contexto

Un área en los ficheros de configuración donde están permitidos ciertos tipos de directivas.
Consulte: Terminos usados para describir las directivas de Apache

Firma Digital

Un bloque de texto encriptado que verifica la validez de un certificado o de otro fichero. Una Autoridad Certificadora crea una firma generando un hash a partir de la *Clave Pública* que lleva incorporada en un *Certificado*, después encriptando el hash con su propia *Clave Privada*. Solo las claves públicas de las CAs pueden desencriptar la firma, verificando que la CA ha autentificado a la entidad de red propietaria del *Certificado*.
Consulte: Encriptado SSL/TLS

Directiva

Un comando de configuración que controla uno o más aspectos del comportamiento de Apache. Las directivas se ponen en el Fichero de Configuración
Consulte: Índice de Directivas

Objetos Dinámicos Compartidos (DSO)

Los Módulos compilados de forma separada al binario httpd de Apache se pueden cargar según se necesiten.
Consulte: Soporte de Objetos Dinámicos Compartidos

Variable de Entorno (env-variable)

Variables que gestionan el shell del sistema operativo y que se usan para guardar información y para la comunicación entre programas. Apache también contiene variables internas que son

referidas como variables de entorno, pero que son almacenadas en las estructuras internas de Apache, en lugar de en el entorno del shell.
Consulte: Variables de entorno de Apache

Export-Crippled

Disminución de la fortaleza criptográfica (y seguridad) para cumplir con las Regulaciones sobre Exportación de la Administracción de los Estados Unidos (EAR). El software criptográfico Export-crippled está limitado a una clave de pequeño tamaño, de tal manera que el *texto cifrado* que se consigue con él, puede desencriptarse por fuerza bruta.
Consulte: Encriptado SSL/TLS

Filtro

Un proceso que se aplica a la información que es enviada o recibida por el servidor. Los ficheros de entrada procesan la información enviada por un cliente al servidor, mientras que los filtros de salida procesan la información en el servidor antes de enviársela al cliente. Por ejemplo, el filtro de salida INCLUDES procesa documentos para Server Side Includes.
Consulte: Filtros

Nombre de dominio completamente qualificado (FQDN)

El nombre único de una entidad de red, que consiste en un nombre de host y un nombre de dominio que puede traducirse a una dirección IP. Por ejemplo, www es un nombre de host, example.com es un nombre de dominio, y www.example.com es un nombre de dominio completamente qualificado.

Handler

Es una representación interna de Apache de una acción a ser ejecutada cuando se llama a un fichero. Generalmente, los ficheros tienen un handler implícito, basado en el tipo de fichero. Normalmente, todos los ficheros son simplemente servidos por el servidor, pero sobre algunos tipos de ficheros se ejecutan acciones complementarias. Por ejemplo, el handler cgi-script designa los ficheros a ser procesados como CGIs.
Consulte: Uso de Handlers en Apache

Cabecera

La parte de la petición y la respuesta HTTP que se envía antes del contenido propiamente dicho, y que contiene meta-información describiendo el contenido.

.htaccess

Un fichero de configuración que se pone dentro de la estructura de directorios del sitio web y aplica directivas de configuración al directorio en el que está y a sus subdirectorios. A pesar de su nombre, este fichero puede contener cualquier tipo de directivas, no solo directivas de control de acceso.
Consulte: Ficheros de Configuración

httpd.conf

Es el fichero de configuración principal de Apache. Su ubicación por defecto es /usr/local/apache2/conf/httpd.conf, pero puede moverse usando opciones de configuración al compilar o al iniciar Apache.
Consulte: Ficheros de Configuración

IMPORTANTE: Tener en cuenta la segmentación que se hace de directivas y módulos de configuración externamente a este fichero, en fichero como los que muestro a continuación.

httpd-autoindex.conf
Opciones de configuración
3 KB

httpd-dav.conf
Opciones de configuración
2 KB

httpd-default.conf
Opciones de configuración
3 KB

httpd-info.conf
Opciones de configuración
2 KB

httpd-languages.conf
Opciones de configuración
6 KB

httpd-manual.conf
Opciones de configuración
1 KB

httpd-mpm.conf
Opciones de configuración
4 KB

httpd-multilang-errordoc.conf
Opciones de configuración
3 KB

httpd-ssl.conf
Opciones de configuración
11 KB

httpd-userdir.conf
Opciones de configuración
1 KB

httpd-vhosts.conf
Opciones de configuración
3 KB

El fichero de configuración httpd-vhosts.conf se convierte de esta manera en uno de los más importantes de mantener y administrar de Apache.

Protocolo de Tranferencia de Hipertexto (HTTP)

Es el protocolo de transmisión estádar usado en la World Wide Web. Apache implementa la versión 1.1 de este protocolo, al que se hace referencia como HTTP/1.1 y definido por el RFC 2616.

HTTPS

Protocolo de transferencia de Hipertext (Seguro), es el mecanismo de comunicación encriptado estándar en World Wide Web. En realidad es HTTP sobre SSL.
Consulte: Encriptado SSL/TLS

Método

En el contexto de HTTP, es una acción a ejecutar sobre un recurso, especificado en la líneas de petición por el cliente. Algunos de los metodos diponibles en HTTP son GET, POST, y PUT.

Message Digest

Un hash de un mensaje, el cual pude ser usado para verificar que el contenido del mensaje no ha sido alterado durante la transmisión.
Consulte: Encriptado SSL/TLS

MIME-type

Una manera de describir el tipo de documento a ser transmitido. Su nombre viene del hecho de que su formato se toma de las Extensiones del Multipurpose Internet Mail. Consiste en dos componentes, uno principal y otro secundario, separados por una barra. Algunos ejemplos son text/html, image/gif, y application/octet-stream. En HTTP, el tipo MIME se transmite en la cabecera del Tipo Contenido.
Consulte: mod_mime

Módulo

Una parte independiente de un programa. La mayor parte de la funcionalidad de Apache está contenida en módulos que pueden incluirse o excluirse. Los módulos que se compilan con el binario httpd de Apache se llaman *módulos estáticos*, mientras que los que se almacenan de forma separada y pueden ser cargados de forma opcional, se llaman *módulos dinamicos* o DSOs. Los módulos que están incluidos por sefecto de llaman *módulos base*. Hay muchos módulos disponibles para Apache que no se distribuyen con la tarball del Servidor HTTP Apache . Estos módulos son llamados *módulos de terceros*.
Consulte: Índice de Módulos

Número Mágico de Módulo (MMN)

El número mágico de módulo es una constante definida en el código fuente de Apache que está asociado con la compatibilidad binaria de los módulos. Ese número cambia cuando cambian las estructuras internas de Apache, las llamadas a funciones y otras partes significativas de la interfaz de programación de manera que la compatibilidad binaria no puede garantizarse sin cambiarlo. Si cambia el número mágico de módulo, todos los módulos de terceros tienen que ser al menos recompilados, y algunas veces, incluso hay que introducir ligeras modificaciones para que funcionen con la nueva versión de Apache

OpenSSL

El toolkit Open Source para SSL/TLS
see http://www.openssl.org/

Pass Phrase

La palabra o frase que protege los archivos de clave privada. Evita que usuarios no autorizados los encripten. Normalmente es solo la clave de encriptado/desencriptado usada por los Algoritmos de Cifrado.
Consulte: Encriptado SSL/TLS

Plaintext

Un texto no encriptado.

Clave Privada

La clave secreta de un sistema criptográfico de Clave Pública, usada para desencriptar los mensajes entrantes y firmar los salientes.
Consulte: Encriptado SSL/TLS

Proxy

Un servidor intermedio que se pone entre el cliente y el *servidor de origen*. Acepta las peticiones de los clientes, las transmite al servidor de origen, y después devuelve la respuesta del servidor de origen al cliente. Si varios clientes piden el mismo contenido, el proxy sirve el contenido desde su caché, en lugar de pedirlo cada vez que lo necesita al servidor de origen, reduciendo con esto el tiempo de respuesta.
Consulte: mod_proxy

Clave Publica

La clave disponible públicamente en un sistema criptográfico de Clave Pública, usado para encriptar mensajes destinados a su propietario y para desencriptar firmas hechas por su propietario.
Consulte: Encriptado SSL/TLS

Criptográfia de Clave Pública

El estudio y aplicación de sistemas de encriptado asimétricos, que usa una clave para encriptar y otra para desencriptar. Una clave de cada uno de estos tipos constituye un par de claves. Tambien se llama Criptografia Asimétrica.
Consulte: Encriptado SSL/TLS

Expresiones Regulares (Regex)

Una forma de describir un modelo de texto - por ejemplo, "todas las palabras que empiezan con la letra "A" o "todos los números de teléfono que contienen 10 dígitos" o incluso "Todas las frases entre comas, y que no contengan ninguna letra Q". Las Expresiones Regulares son utiles en Apache porque permiten aplicar ciertos atributos a colecciones de ficheros o recursos de una forma flexible - por ejemplo, todos los archivos .gif y .jpg que estén en un directorio "imágenes" podrían ser escritos como "/images/.*(jpg|gif)$". Apache usa Expresiones Regulares compatibles con Perl gracias a la librería PCRE.

Reverse Proxy

Es un servidor proxy que se presenta al cliente como si fuera un *servidor de origen*. Es útil para esconder el auténtico servidor de origen a los clientes por cuestiones de seguridad, o para equilibrar la carga.

Secure Sockets Layer (SSL)

Un protocolo creado por Netscape Communications Corporation para la autentificación en comunicaciones en general y encriptado sobre redes TCP/IP. Su aplicación más popular es *HTTPS*, el Protocolo de Transferencia de Hipertexto (HTTP) sobre SSL.
Consulte: Encriptado SSL/TLS

Server Side Includes (SSI)

Una tecnica para incluir directivas de proceso en archivos HTML.
Consulte: Introducción al Server Side Includes

Sesion

Información del contexto de una comunicación en general.

SSLeay

La implementación original de la librería SSL/TLS desarrollada por Eric A. Young

Criptografía Simétrica

El estudio y aplicación de *Algoritmos de Cifrado* que usan una solo clave secreta tanto para encriptar como para desencriptar.
Consulte: Encriptado SSL/TLS

Tarball

Un grupo de ficheros puestos en un solo paquete usando la utilidad tar. Las distribuciones Apache se almacenan en ficheros comprimidos con tar o con pkzip.

Transport Layer Security (TLS)

Es el sucesor del protocolo SSL, creado por el Internet Engineering Task Force (IETF) para la autentificación en comunicaciones en general y encriptado sobre redes TCP/IP. La versión 1 de TLS es casi idéntica a la versión 3 de SSL.
Consulte: Encriptado SSL/TLS

Localizador de Recursos Uniforme (URL)

> El nombre de un recurso en Internet. Es la manera informal de decir lo que formalmente se llama un Identificador de Recursos Uniforme. Las URLs están compuestas normalmente por un esquema, tal como http o https, un nombre de host, y una ruta. Una URL para esta página es http://httpd.apache.org/docs/2.2/glossary.html.

Identificador de Recursos Uniforme (URI)

> Una cadena de caracteres compacta para identificar un recurso físico o abstracto. Se define formalmente en la RFC 2396. Los URIs que se usan en world-wide web se refieren normalmente como URLs.

Hosting Virtual

> Se trata de servir diferentes sitios web con una sola entidad de Apache. *El hosting virtual de IPs* diferencia los sitios web basandose en sus direcciones IP, mientras que el *hosting virtual basado en nombres* usa solo el nombre del host y de esta manera puede alojar muchos sitios web con la misma dirección IP.
> Consulte: Documentación sobre Hosting Virtual en Apache

X.509

> Un esquema de certificado de autentificación recomendado por la International Telecommunication Union (ITU-T) que se usa en la autentificación SSL/TLS.
> Consulte: Encriptado SSL/TLS

Funcionalidad Básica y Módulos de MultiProcesamiento

core

> Núcleo de Apache HTTP Server que características están siempre disponibles

mpm_common

> Una colección de directivas que se aplican en más de un módulo de multi-procesamiento (MPM)

beos

> Este módulo de muiltiprocesamiento está optimizado para BeOS. Este Módulo de muiltiprocesamiento està Optimizado párrafo BeOS.

event

> Una variante experimental de la norma worker MPM

mpm_netware

> Procesamiento de la aplicación de un servidor web rosca exclusivamente optimizado para Novell NetWare

mpmt_os2

> Híbrida de múltiples procesos, MPM multi-hilo para OS / 2

prefork

> Implementa una conexión sin hilos, a la web antes de que se bifurque el servidor

mpm_winnt

Este módulo de multi-procesamiento está optimizado para Windows NT.

worker

Módulo de Procesamiento de la aplicación de un proceso de varios servidores web multi-hilos-híbrido

Otros Módulos Otros Módulos

mod_actions

En este módulo se proporciona para la ejecución de scripts CGI basados en el tipo de medio o método de solicitud.

mod_alias

Provee para la asignación de diferentes partes del sistema de archivos host en la estructura del documento y para la redirección de URL

mod_asis

Envía archivos que contienen sus propias cabeceras HTTP

mod_auth_basic

Autenticación básica

mod_auth_digest

autenticación de usuarios utilizando MD5 autenticación implícita.

mod_authn_alias

Proporciona la capacidad de crear los proveedores de autenticación extendida sobre la base de proveedores reales

mod_authn_anon

Permite "anónimo" de acceso de usuarios a las zonas autenticado

mod_authn_dbd

autenticación de usuarios mediante una base de datos SQL

mod_authn_dbm

Autenticación de usuarios mediante archivos DBM

mod_authn_default

Autenticación de reserva módulo

mod_authn_file

La autenticación de usuarios utilizando archivos de texto

mod_authnz_ldap

Permite que un directorio LDAP que se utiliza para almacenar la base de datos para la autenticación básica HTTP.

mod_authz_dbm

Grupo de autorización de uso de archivos DBM

mod_authz_default

Autorización módulo de reserva

mod_authz_groupfile

Grupo de autorización de uso de archivos de texto plano

mod_authz_host

Grupo de autorizaciones basadas en el host (nombre o dirección IP)

mod_authz_owner

Autorización basada en la propiedad de archivo

mod_authz_user

Autorización del usuario

mod_autoindex

Genera los índices de la guía, de forma automática, similar a la de Unix ls comandos o el Win32 dir comando de shell

mod_cache

memoria caché de contenido clave de URIs.

mod_cern_meta

CERN httpd semántica metarchivo

mod_cgi

La ejecución de scripts CGI

mod_cgid

ejecución de scripts CGI utilizando un "demonio" CGI externo

mod_charset_lite

Especifique el conjunto de caracteres traducción o recodificación

mod_dav v

functionality Distributed Authoring and Versioning (WebDAV)

mod_dav_fs

proveedor de sistema de archivos para mod_dav

mod_dav_lock

módulo de bloqueo genérico para mod_dav

mod_dbd

Administra las conexiones de base de datos SQL

mod_deflate

Comprimir contenido antes de que sea entregado al cliente

mod_dir

Prevé "barra final" vuelve a dirigir y servir a los ficheros de índice de la guía

mod_disk_cache

memoria caché de contenido Storage Manager clave para URI

mod_dumpio

Vuelca todas las E / S al registro de errores si lo desea.

mod_echo

Un sencillo servidor de eco para ilustrar módulos de protocolo

mod_env

Modifica el medio ambiente que se pasa a los scripts CGI ya las páginas SSI

mod_example

Ilustra el módulo de Apache API

mod_expires

Generación de Expires y Cache-Control los encabezados HTTP de acuerdo a criterios específicos de los usuarios

mod_ext_filter

Pasa la respuesta del cuerpo a través de un programa externo antes de la entrega al cliente

mod_file_cache

Almacena una lista estática de los archivos en la memoria

mod_filter

module Sensible al contexto módulo de configuración del filtro inteligente

mod_headers

personalización de la solicitud HTTP y encabezados de respuesta

mod_ident

RFC 1413 búsquedas ident

mod_imagemap

Del lado del servidor de procesamiento mapa de imágenes

mod_include

documentos HTML interpretados por el servidor (Server Side Includes)

mod_info

Proporciona una visión global de la configuración del servidor

mod_isapi

ISAPI en Apache para Windows

mod_ldap

LDAP agrupación de conexiones y servicios de caché resultado para su uso por otros módulos LDAP

mod_log_config

Registro de las peticiones realizadas al servidor

mod_log_forensic

Registro Forense de las peticiones realizadas al servidor

mod_logio

Registro de bytes de entrada y salida por la petición

mod_mem_cache

Contenido de la caché clave para URI

mod_mime

Asocia el nombre de archivo solicitado las extensiones de archivo con el comportamiento de la (manejadores y filtros) y contenido (tipo MIME, el idioma, conjunto de caracteres y codificación)

mod_mime_magic

Determina el tipo MIME de un archivo examinando unos pocos bytes de su contenido

mod_negotiation

Prevé la negociación de contenido

mod_nw_ssl

Habilitar el cifrado SSL para NetWare

mod_proxy

HTTP/1.1 proxy / servidor de puerta de enlace

mod_proxy_ajp

AJP módulo de soporte para mod_proxy

mod_proxy_balancer

mod_proxy extensión para el equilibrio de carga

mod_proxy_connect

mod_proxy extensión para CONNECT manejo de peticiones

mod_proxy_ftp

FTP módulo de soporte para mod_proxy

mod_proxy_http

HTTP módulo de soporte para mod_proxy

mod_proxy_scgi

SCGI módulo de entrada para mod_proxy

mod_reqtimeout

Establecer el tiempo y la tasa de datos mínimos para la recepción de solicitudes

mod_rewrite

> Proporciona una basada en la reescritura del motor de reglas de reescritura de direcciones URL solicitada sobre la marcha

mod_setenvif

> Permite el ajuste de las variables de entorno basado en las características de la solicitud

mod_so

> Carga de código ejecutable y los módulos en el servidor en el arranque o el tiempo de reinicio

mod_speling

> Los intentos para corregir la URL errónea de que los usuarios podrían haber entrado al ignorar mayúsculas y permitiendo hasta un error ortográfico

mod_ssl

> criptografía fuerte usando el protocolo Secure Sockets Layer (SSL) y Transport Layer (TLS) Protocolos de seguridad

mod_status

> Proporciona información sobre la actividad del servidor y el rendimiento

mod_substitute

> Realizar la búsqueda y reemplazo en los bloques de respuesta

mod_suexec

> Permite a los scripts CGI que se ejecute como un usuario determinado y el Grupo

mod_unique_id

> Proporciona una variable de entorno con un identificador único para cada solicitud

mod_userdir

> directorios específicos para cada usuario

mod_usertrack

> registro *clickstream* de la actividad del usuario en un sitio

mod_version

> Versión dependientes de la configuración

mod_vhost_alias

> Configurar de forma dinámicamente la estructura de alojamiento virtual

MÓDULO 1: LAMP
UNIDAD Didáctica 4: COMPARATIVAS DE ENTORNOS

¿Para qué sirve un Servidor WAMP?

Disponer de un Servidor WAMP, nos permitirá instalar aplicaciones web accesibles desde nuestra red local, y si abrimos el puerto 80 de nuestro router, también serán accesibles desde Internet. La gran mayoría de las aplicaciones web libres existentes, requieren de Apache + MySQL + PHP para funcionar. Podemos instalar estas aplicaciones por separado y después configurarlas, pero instalando un paquete WAMP se instalan y configuran automáticamente dichas aplicaciones para Windows. Apache + MySQL + PHP son la base para poder instalar infinidad de aplicaciones web libres, entre las que destacamos:

- Gestores de Contenidos orientados a sitios web: Joomla, Drupal,...

- Gestores de Contenidos orientados a educación: Claroline, Moodle, Dokeos, MediaWiki,...

- Blogs: WordPress, Serendipity,...

- Programación a media de Aplicaciones diversas,....

- Wikis: Mediawiki, Tikiwiki, Dokuwiki,...

- Desarrollo de entornos en Intranet/Extranet corporativos,…

- Foros: phpBB, myBB,...

- Galerías de imágenes: Gallery, Coppermine,...

Si deseamos instalar en nuestra red local cualquiera de las aplicaciones citadas anteriormente, previamente hemos de instalar un paquete WAMP en nuestro servidor.

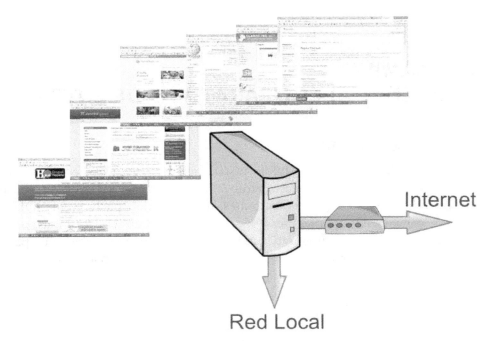

Internet

Red Local

Un Servidor WAMP permite instalar aplicaciones web en nuestra red

Existen multitud de paquetes WAMP, pero en el siguiente artículo analizaremos cuatro de los más populares y haremos una comparativa de las características principales de cada uno de ellos:

- Easyphp

- XAMPP (instalado y configurado en unidad didáctica 1, además de la práctica correspondiente del alumno, para mayor asimilación y consolidación.

- AppServ

- WampServer

Configuración del Servidor WAMP

Normalmente, la configuración del servidor WAMP se hace a dos niveles:

- Configuración general del servidor WAMP

- Configuración particular de cada servicio

La configuración general del servidor WAMP normalmente se hace vía web, a través de un panel de control o mediante accesos directos desde un icono en la parte derecha de la barra de tareas. Los aspectos generales se refieren a configuraciones como: arranque del servidor al iniciar el sistema, modo de funcionamiento de los servicios, actualizaciones, etc...

La configuración particular de cada servicio suele hacerse editando directamente los archivos de configuración de los servicios, vía web, a través de un panel de control o mediante accesos directos. Cada servicio admite múltiples configuraciones, aunque para una utilización normal, apenas hay que cambiar parámetros de configuración.

En la configuración del servidor web Apache se suele establecer un nombre del servidor, definir servidores virtuales si los vamos a necesitar y definir alias de acceso a las aplicaciones que instalemos si queremos cambiar la ruta de acceso, aunque Apache tiene cientos de parámetros configurables. En la configuración del servidor de bases de datos MySQL, normalmente solo hay que establecer la contraseña del usuario administrador -llamado root- de la base de datos. En la configuración de PHP, normalmente nos interesará cambiar unos pocos parámetros que veremos más adelante.

Cada paquete WAMP tiene su propio sistema de configuración. En esta comparativa veremos las ventajas de unos y de otros lo que nos ayudará a decidirnos por uno de ellos en función de nuestras necesidades.

Uso del Servidor WAMP

Una vez instalado el paquete WAMP en nuestro servidor, dispondremos de un servidor Apache funcionando, por lo que podremos acceder mediante un navegador indicando la IP del servidor WAMP. Supongamos que el PC donde hemos instalado paquete WAMP, tiene la IP 192.168.1.2, en tal caso, para acceder a los documentos del servidor web, deberemos abrir un navegador e ir a la dirección http://192.168.1.2. Esto funcionará en cualquier PC de nuestra red interna.

Acceso a nuestro servidor Apache por la IP local del servidor. Solo desde la red local.

Si deseamos acceder a nuestro servidor Apache desde nuestro propio servidor, podemos hacerlo aunque no tengamos el servidor conectado en red, para ello utilizaremos la dirección IP reservada 127.0.0.1 que es una dirección IP especial que siempre hace referencia al propio equipo. Es la llamada IP de equipo local localhost:

Acceso a nuestro servidor Apache por la IP de localhost. Solo desde el propio servidor.

Existe la posibilidad de acceder desde Internet a nuestro servidor WAMP. Para ello hay que abrir el puerto 80 del router y redirigirlo hacia la IP 192.168.1.2. Esto solo se recomienda en el caso que sea absolutamente necesario acceder desde Internet a nuestro servidor, porque al exponer nuestro servidor a Internet, abrimos la puerta para que los hackers nos ataquen desde fuera. En el caso que abramos el puerto 80 para acceder desde Internet al servidor, el acceso desde fuera será por la IP pública de nuestro router, siempre y cuando hayamos contratado ADSL con IP Fija. Si nuestra IP fija fuera por ejemplo 80.58.20.20, deberemos ir a la dirección http://80.58.20.20. Si no hemos contratado IP fija, existe la posibilidad de contratar un servicio de DNS dinámico como no-ip o dyndns que nos permitiría acceder sin IP fija:

Acceso a nuestro servidor Apache por la IP pública. Solo desde Internet.

Instalación de aplicaciones en el Servidor WAMP

Para instalar una aplicación web en el servidor, debemos copiar los archivos de la misma en una carpeta dentro de la carpeta raíz de documentos del servidor Apache. Dependiendo del paquete WAMP que instalemos, dicha carpeta estará en una ruta u otra. Una vez copiados los archivos de la aplicación, normalmente habrá que acceder a la misma mediante un navegador y ejecutar un script de instalación, aunque este proceso dependerá de cada aplicación. Debemos seguir las instrucciones de instalación que indique el documento de ayuda de la aplicación.

Ejemplo, para la instalación de Mediawiki, debemos crear una carpeta dentro del raíz de documentos y descomprimir todos los archivos de Mediawiki en dicha carpeta. Después debemos abrir la ruta de la carpeta con un navegador y seguir las instrucciones. Si a la carpeta la llamamos mediawiki, podemos abrir un navegador en el propio servidor y acceder a http://127.0.0.1/mediawiki:

Pantalla inicial de la instalación de MediaWiki

En los próximos artículos analizaremos los cuatro paquetes WAMP antes mencionados y terminaremos con una conclusión en la que resumiremos la comparativa.

EasyPHP

Instalación de EasyPHP

EasyPHP es uno de las paquetes WAMP más sencillos de instalar y configurar. Por defecto se instala en C:Archivos de programaEasyPHPxxx donde xxx es la versión. Dentro de la carpeta de instalación crea varias carpetas pero la más importante de ellas es la carpeta www que es la carpeta raíz de documentos del servidor Apache.

EasyPHP es uno de los pocos paquetes WAMP que se instala en Español

La instalación de EasyPHP es muy sencilla, tan solo hay que responder a unas sencillas preguntas del asistente de instalación:

- 1.- Elegir idioma: Elegimos idioma Español

- 2.- Bienvenido al asistente: Clic en -Siguiente-

- 3.- Acuerdo de licencia: Clic en -Acepto el acuerdo- > Clic en -Siguiente-

- 4.- Información: Clic en -Siguiente-

- 5.- Seleccione carpeta de destino: Dejar carpeta por defecto C:Archivos de programaEasyPHP5.3.0 o elegir la que se quiera > Clic en -Siguiente-

- 6.- Seleccione la carpeta del menú de inicio: Dejar carpeta que viene por defecto > Clic en -Siguiente-

- 7.- Listo para Instalar: Clic en -Instalar-

- 8.- Completando la instalación: Clic en -Finalizar-

Aparecerá el icono de EasyPHP abajo a la derecha, junto al reloj: [icono]. Dicho icono nos indica que EasyPHP está instalado y funcionando.

A continuación veremos una captura de la secuencia de instalación de easyphp:

Demostración de la instalación de EasyPHP

Una vez instalado EasyPHP, habrá creado la carpeta C:/Archivos de programa/EasyPHPxxx/ con un tamaño de 116 MB. El DocumentRoot, es decir, la carpeta en la cual podemos copiar contenidos o aplicaciones para ser accesibles vía web, será la carpeta C:/Archivos de programa/EasyPHPxxx/www.

Configuración general de EasyPHP

EasyPHP permite realizar unos ajustes generales, para ello hay que hacer clic derecho en el icono de EasyPHP de la barra de tareas [icono] > Configuración > EasyPHP y nos aparecerá la siguiente ventana.

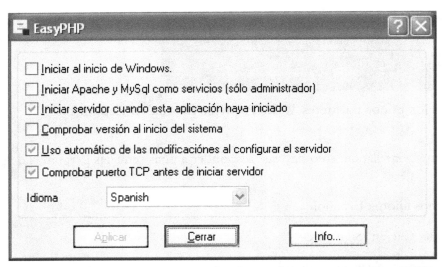

Configuración general de EasyPHP

En la ventana anterior podemos configurar, entre otras cosas, que EasyPHP se inicie de forma automática al inicio de Windows. También podemos configurar que Apache y MySQL se instalen como servicios, lo cual es muy interesante ya que permitiría funcionar al servidor aunque no se inicie sesión en Windows. La penúltima opción también es conveniente activarla ya que recargará los archivos de configuración en cuanto hagamos cualquier modificación, de forma que la nueva configuración se aplicará al momento.

También podemos configurar accediendo a http://127.0.0.1/home/

Página Web de prueba

Para comprobar el correcto funcionamiento de Apache y de PHP, podemos crear una sencilla página web de prueba dentro del DocumentRoot de Apache y acceder desde el navegador para visualizar el resultado.

// Probando Apache y PHP. Crear archivo c:/Archivos de Programa/EasyPHPxxx/www/prueba.php

```
<HTML>
    <H1>Probando Apache y PHP</H1>
    Salida del comando phpinfo:


    <?
        phpinfo();
    ?>


</HTML>
```

Después debemos abrir el navegador y acceder a la dirección http://127.0.0.1/prueba.php para comprobar el resultado:

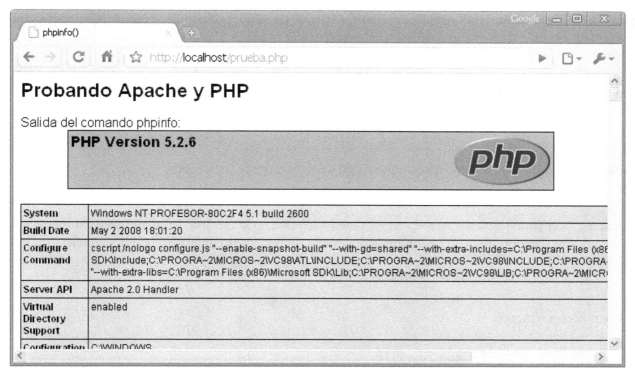

Probando Apache y PHP

Configuración de Apache con EasyPHP

Una vez instalado EasyPHP, aparece el icono de EasyPHP en la barra de tareas ![icon] que indica que easyphp está funcionando. Eso no quiere decir que Apache esté funcionando. Para asegurarnos que Apache está funcionando, debemos iniciar el servicio haciendo Clic derecho sobre el icono ![icon] > Iniciar. Sin hacer ningún tipo de configuración adicional, ya podríamos utilizar el servidor web, tan solo copiando archivos html al raíz de documentos que por defecto se encuentra en la siguiente ruta: C:\archivos de programa\EasyPHPxxx\www.

Para configurar Apache, debemos hacer clic derecho en el icono de EasyPHP de la barra de tareas ![icon] > Configuración > Apache. Esta acción abrirá con el bloc de notas el archivo httpd.conf que es el archivo de configuración de Apache.

El archivo httpd.conf dispone de cientos de opciones configurables, pero para un uso normal, no es necesario realizar ningún cambio. A modo de ejemplo, explicaremos cómo crear alias en Apache.

Cuando se realiza cualquier cambio en la configuración de Apache, es necesario reiniciar Apache para que los cambios tomen efecto. Para ello debemos hacer clic derecho en el icono ![icon] > Reiniciar.

Ejemplo: Crear alias en apache

De las muchas cosas que se pueden configurar en Apache, una de ellas es la creación de alias. Las alias son como accesos directos que nos permiten, con una palabra, acceder a una ruta. Ejemplo, supongamos que dentro del DocumentRoot tenemos la siguiente ruta: /www/departartamentomatematicas/pepe/exámenes. Para acceder a dicha ruta desde el navegador deberíamos escribir: http://192.168.1.2/departartamentomatematicas/pepe/examenes/. Existe la posibilidad de crear un alias para poder acortar la ruta, ejemplo, podríamos crear el alias expepe que apunte a la ruta departartamentomatematicas/pepe/exámenes/, para ello deberíamos editar el archivo httpd.conf y escribir:

// Crear Alias. Editar httpd.conf y añadir

Alias expepe ${path}/www/departartamentomatematicas/pepe/examenes/

También podríamos tener una web en una ruta diferente, por ejemplo en C:/miweb. Si queremos crear un alias llamado miweb que apunte a dicha ruta, deberíamos editar httpd.conf y añadir:

// Crear Alias. Editar httpd.conf y añadir

Alias miweb c:/miweb

Administración de MySQL con EasyPHP

La configuración general de MySQL, se almacena en el archivo my.ini. Para abrirlo, debemos hacer clic derecho en el icono de EasyPHP de la barra de tareas > Configuración > MySQL. Esta acción abrirá con el bloc de notas el archivo my.ini que es el archivo de configuración de MySQL. Para hacer un uso normal, no es necesario realizar ninguna modificación en este archivo.

Inicialmente, mysql se instala sin contraseña de usuario administrador, de forma que si deseamos acceder desde una consola de comandos, deberemos ir a C:Archivos de programaEasyPHPxxmysql in y ejecutar mysql –u root –p y pulsar Intro. Cuando nos pregunte la contraseña, pulsamos Intro directamente y ya podemos administrar mysql mediante comandos. Para poner contraseña al usuario root, deberemos ejecutar el siguiente comando: grant all on *.* to root@localhost identified by '123456' with grant option; Con dicho comando habremos 123456 como contraseña.

Para administrar MySQL, es mejor utilizar phpmyadmin, para ello debemos arrancar un navegador de archivos e ir a http://127.0.0.1/home/mysql/

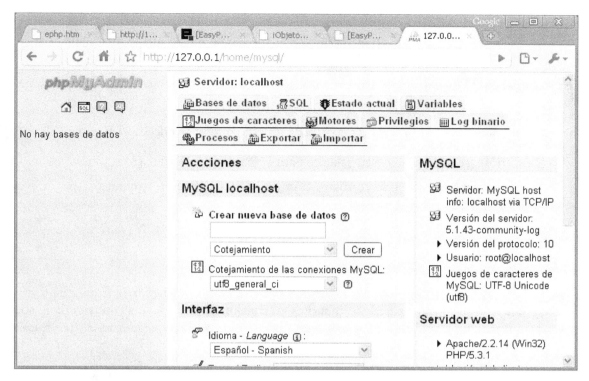

Administrando MySQL con phpmyadmin

Desde la ventana de phpmyadmin podremos crear bases de datos y administrar MySQL de una forma más sencilla. Si hemos establecido una contraseña para el usuario root de MySQL, deberemos editar el archivo config.inc.php que se encuentra en la carpeta phpmyadmin, para indicar la nueva contraseña. Debemos localizar la línea $cfg['Servers'][$i]['password'] = '123456'; y establecer la contraseña. En este ejemplo hemos puesto '123456' como contraseña.

Configuración de PHP con EasyPHP

Para configurar PHP, debemos hacer clic derecho en el icono de EasyPHP de la barra de tareas ![icon] > Configuración > PHP. Esta acción abrirá con el bloc de notas el archivo php.ini que es el archivo de configuración de PHP. Los parámetros más destacables a configurar son:

- **Safe Mode = Off** (Modo Seguro. Si el Modo seguro está desactivado, se habilitan todas las funciones del php. Para un uso educativo es mejor ser funcional y no activar el modo seguro. Si el Modo seguro está activado, se deshabilitan todas las funciones del php consideradas peligrosas. Para servicios de hosting se recomienda activar el modo seguro.)

- **Display errors = on** (Mostrar Errores. Muestra los errores en las mismas páginas, cuando les haya. Cuando hay errores en los scritps, es más fácil encontrarlos si se muestran en las páginas)

- **max_execution_time=30** (Tiempo máximo en segundos, de ejecución de un script)

- memory_limit = 128M (Memoria máxima que puede utilizar un script durante su ejecución)

- error_reporting = E_ALL & ~E_NOTICE & ~E_DEPRECATED (Nivel de errores que se muestran durante la ejecución)

- display_errors = on (Mostrar o no mostrar errores)

- file_uploads = on (Permite subir archivos por http)

- **post_max_size=8M** (Tamaño máximo de datos que se pueden enviar al servidor mediante POST)

- **upload_max_filesize = 8M** (Tamaño máximo de archivo que se puede subir al servidor)

- SMTP=localhost (servidor de correo saliente para enviar emails desde aplicaciones PHP

Cuando se realiza cualquier cambio en la configuración de PHP, es necesario reiniciar Apache para que los cambios tomen efecto.

AppServ

Instalación de AppServ

De todos los paquetes WAMP analizados en este monográfico, AppServ es el más simple de todos. Es el de menor tamaño, pero también el de menores prestaciones. Debido a su -austeridad- solo recomendamos utilizarlo en PCs donde el espacio en disco es un problema, pues es el que menos ocupa de los cuatro.

AppServ es un paquete WAMP muy sencillo

La instalación de AppServ es muy sencilla, tan solo hay que responder a unas sencillas preguntas del asistente de instalación:

- 1.- Welcome to the AppServ Setup Wizard: Clic en -Next-

- 2.- License Agreement: Clic en -I Agree-

- 3.- Destination Folder: Dejar C:AppServ > Clic en -Next-

- 4.- Select Components: Seleccionamos los cuatro componentes: Apache, MySQL, PHP y Phpmyadmin > Clic en -Next-

- 5.- Apache HTTP Server Information: Escribimos el nombre del servidor, ej: miservidor > Escribimos nuestro email > Clic en -Next-

- 6.- MySQL Server Configuration: Elegimos la contraseña del administrador de MySQL > Clic en -Install-

- 7.- Alerta de seguridad de Windows (cortafuegos): Clic en -Desbloquear- para que el cortafuegos permita las comunicaciones del servidor web.

- 8.- Completing the AppServ Setup Wizard: Podemos activar la casilla -Launch WampServer 2 now- para arrancar el servicio > Clic en -Finish-. Aparecerá en la parte derecha de la barra de tareas, el icono ⌂ de WampServer funcionando.

A continuación veremos una captura de la secuencia de instalación de AppServ:

Demostración de la instalación de AppServ

Una vez instalado AppServ, habrá creado la carpeta C:AppServ con un tamaño de 54 MB. El DocumentRoot, es decir, la carpeta en la cual podemos copiar contenidos o aplicaciones para ser accesibles vía web, será la carpeta C:AppServwww.

Configuración general de AppServ

AppServ instala de forma automática y como servicios del sistema, el servidor Apache y el servidor MySQL. No se dispone de ningún asistente ni accesos directos para administrar AppServ, detener o iniciar los servicios, editar las configuraciones, etc. Para iniciar o detener los servicios tendremos que hacer clic derecho en Mi PC > Administrar > Servicios y Aplicaciones > Servicios > Clic derecho en Apache2.2 > Iniciar / Detener.

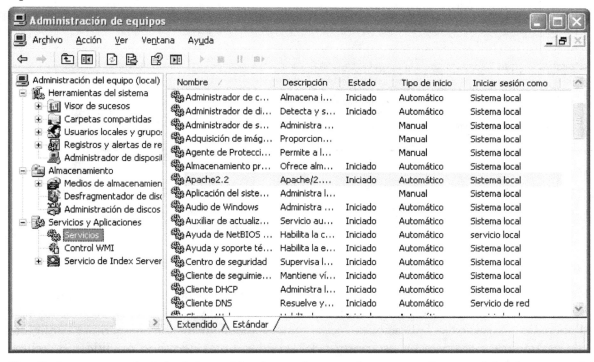

Desde la ventana de Administración de equipos podemos configurar el inicio automático de los servicios

Página Web de prueba

Para comprobar el correcto funcionamiento de Apache y de PHP, podemos crear una sencilla página web de prueba dentro del DocumentRoot de Apache y acceder desde el navegador para visualizar el resultado.

    // Probando Apache y PHP. Crear archivo c:/AppServ/www/prueba.php

```
<HTML>
    <H1>Probando Apache y PHP</H1>
    Salida del comando phpinfo:

    <?
        phpinfo();
    ?>

</HTML>
```

Después debemos abrir el navegador y acceder a la dirección http://127.0.0.1/prueba.php para comprobar el resultado:

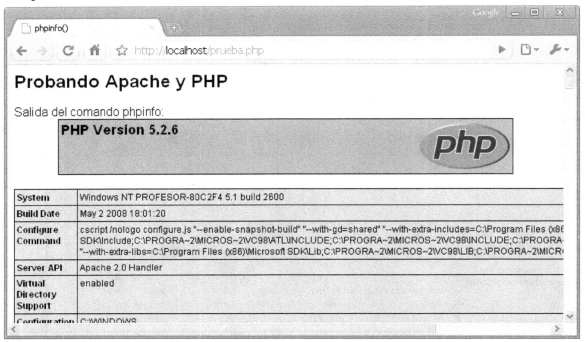

Probando Apache y PHP

Configuración de Apache con AppServ

Para realizar cambios en la configuración de Apache con AppServ, es necesario editar manualmente el archivo C:AppServApache2.2confhttpd.conf con el bloc de notas y reiniciar el servicio de Apache desde el apartado –Servicios y Aplicaciones- del sistema. El archivo httpd.conf permite configurar cientos de parámetros, pero para un uso normal del servidor, no es necesario modificar el archivo httpd.conf, aunque los usuarios avanzados suelen editarlo principalmente para:

- Modificar el raíz de documentos (DocumentRoot)

- Permitir la visualización de carpetas

- Crear alias de carpetas

- Crear espacio web para los usuarios

En el siguiente artículo se explica la configuración avanzada de httpd.conf:

http://observatorio.cnice.mec.es/modules.php?op=modload&name=News&file=article&sid=287

Configuración de MySQL con AppServ

Para realizar cambios en la configuración de MySQL con AppServ, es necesario editar manualmente el archivo C:AppServMySQLmy.ini con el bloc de notas y reiniciar el servicio de MySQL desde el apartado –Servicios y Aplicaciones- del sistema. Para un uso normal, no es necesario modificar el archivo my.ini.

Administración de MySQL con phpmyadmin

La administración de MySQL comprende las tareas de creación y mantenimiento de bases de datos y la gestión de usuarios y permisos. Si se poseen conocimientos de SQL, es posible administrar la base de datos con el cliente de mysql. Se trata de una consola que permite lanzar comandos SQL al servidor de base de datos, mediante los cuales, podemos crear bases de datos, modificarlas, insertar registros, realizar consultas, establecer permisos y todas las funciones que permite un gestor de bases de datos.

Si no queremos utilizar o no dominamos el lenguaje SQL, una manera sencilla de administar MySQL es utilizando la aplicación web por excelencia de administración de MySQL: phpMyAdmin. AppServ permite seleccionar phpmyadmin durante la instalación. Para acceder a phpmyadmin, tan solo tenemos que abrir el navegador en el servidor e ir a la siguiente URL: http://localhost/phpmyadmin/. Nos solicitará un nombre de usuario y una contraseña. En el nombre de usuario debemos poner -root- y en la contraseña debemos poner la contraseña del administrador de MySQL que pusimos durante la instalación.

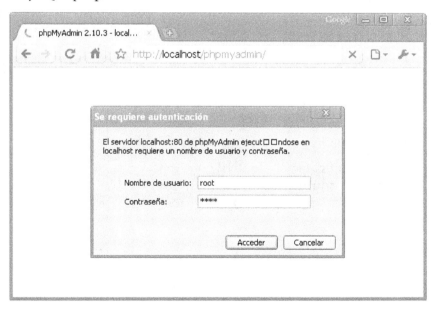

Para acceder a phpmyadmin debemos indicar la contraseña

También podemos utilizar phpmyadmin desde cualquier PC de la red dirigiéndonos a la URL: http://IP-del-servidor/phpmyadmin/, sustituyendo IP-del-servidor por la IP del PC que hace de servidor, ejemplo: 192.168.1.10 o la que sea.

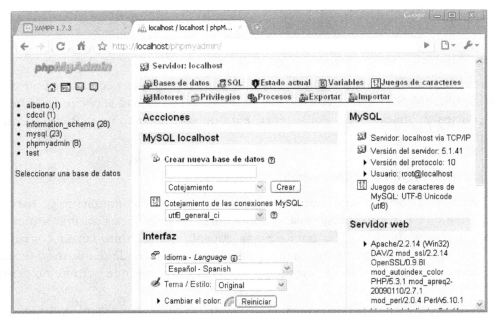

Administración de MySQL vía web con phpmyadmin

Con la aplicación web phpmyadmin, podemos realizar todas las funciones que permite mysql:

- Crear bases de datos y tablas

- Modificar bases de datos y tablas

- Insertar, actualizar y eliminar registros

- Realizar consultas

- Crear usuarios y establecer permisos

Todo de una forma gráfica, sencilla y sin necesidad de ser un experto en SQL.

Configuración de PHP con AppServ

Para realizar cambios en la configuración de PHP con AppServ, es necesario editar manualmente el archivo C:WINDOWSphp.ini con un editor de textos como el bloc de notas o el editor -scite- y reiniciar el servicio de Apache desde el apartado –Servicios y Aplicaciones- del sistema.

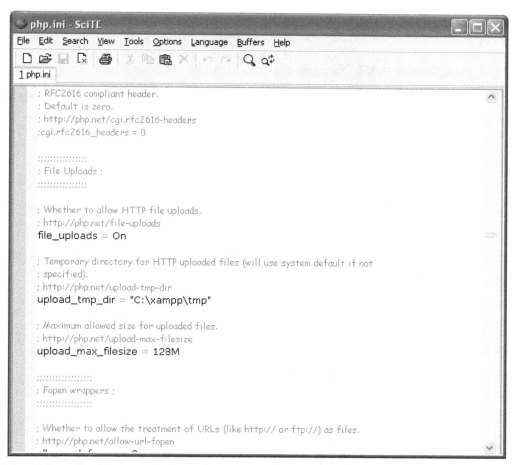

Edición del archivo php.ini con el editor de textos scite

Para un uso normal del servidor, no es necesario realizar ninguna modificación en los cientos de parámetros que permite reconfigurar el archivo php.ini. Si algún usuario desea realizar algún cambio en la configuración, a continuación ponemos una lista de los parámetros más utilizados:

- **Safe Mode = Off** (Modo Seguro. Si el Modo seguro está desactivado, se habilitan todas las funciones del php. Para un uso educativo es mejor ser funcional y no activar el modo seguro. Si el Modo seguro está activado, se deshabilitan todas las funciones del php consideradas peligrosas. Para servicios de hosting se recomienda activar el modo seguro.)

- **Display errors = on** (Mostrar Errores. Muestra los errores en las mismas páginas, cuando les haya. Cuando hay errores en los scritps, es más fácil encontrarlos si se muestran en las páginas)

- **max_execution_time=30** (Tiempo máximo en segundos, de ejecución de un script)

- **memory_limit =** 128M (Memoria máxima que puede utilizar un script durante su ejecución)

- **error_reporting =** (Nivel de errores que se muestran durante la ejecución)

- **display_errors = on** (Mostrar o no mostrar errores)

- **file_uploads = on** (Permite subir archivos por http)

- **post_max_size=8M** (Tamaño máximo de datos que se pueden enviar al servidor mediante POST)

- **upload_max_filesize = 8M** (Tamaño máximo de archivo que se puede subir al servidor)

- SMTP=localhost (servidor de correo saliente para enviar emails desde aplicaciones PHP

WampServer

WampServer es un entorno de desarrollo web de Windows. Le permite crear aplicaciones web con Apache, PHP y la base de datos MySQL. También viene con PHPMyAdmin para administrar fácilmente tus bases de datos.

WampServer instala automáticamente (instalador), y su uso es muy intuitivo. Usted será capaz de ajustar su servidor sin siquiera tocar los archivos de configuración.

también tiene un TrayIcon para administrar el servidor y su configuración.

Funcionalidades

WampServer funcionalidades son muy completo y fácil de usar para que no nos explicamos cómo usarlos.

Con un click izquierdo sobre el icono de WampServer, usted será capaz de:
- Gestionar sus servicios de Apache y MySQL
Interruptor en línea / fuera de línea (dar acceso a todos o sólo equipo local)
- Instalar y cambiar de Apache, MySQL y PHP versiones
Administrar la configuración de servidores

- Sus registros de acceso
- Acceder a sus archivos de configuración
- Crear un alias

Con un clic derecho:
- Cambiar el idioma del menú de WampServer
- Acceder a esta página

¿Cómo empezar ?

Al instalar WampServer, un "www" de la guía se ha creado (en general, c: \ wamp \ www). Crear un directorio dentro de su proyecto y poner los archivos PHP en el mismo.
Haga clic en el enlace "Localhost" en el menú de WampServer o abrir su navegador y teclee la dirección http://localhost.

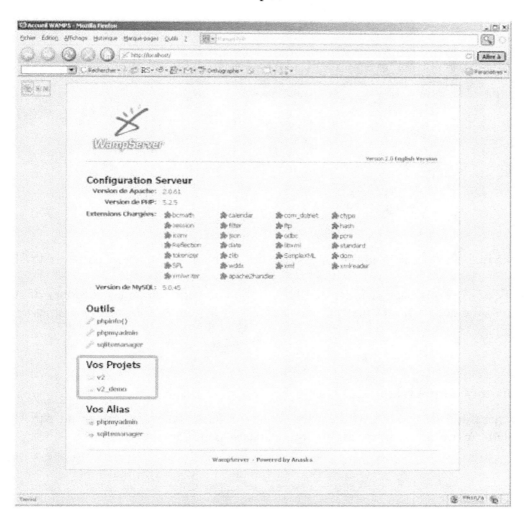

Añadir Apache, MySQL y PHP

WampServer le permite instalar casi todas las versiones existentes de Apache, PHP y MySQL para que pueda reproducir exactamente la configuración de su servidor de producción.
Para añadir una nueva versión, descárgalo aquí e instalarlo.

http://www.wampserver.com/en/add-ons.php

Luego haga clic en el menú de WampServer y activar la versión que desea utilizar.

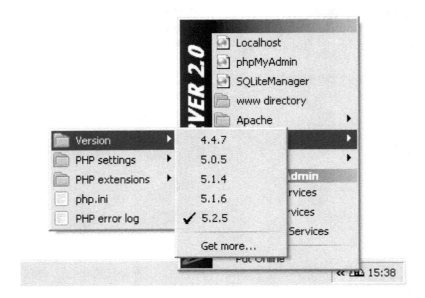

Espere hasta que el icono de WampServer convertido en blanco de nuevo y empezar a trabajar.

ADVERTENCIA: Todas las versiones de PHP no son compatibles con las versiones de Apache. WampServer sabe que versiones pueden trabajar juntos y le permite saber cuando no es posible cambiar.

Instalación de WampServer

WampServer es uno de los WAMP más sencillos de utilizar, pues dispone de un panel de control muy completo. A continuación veremos cómo instalar y configurar WampServer.

Logo de WampServer

La instalación de WampServer es muy sencilla, tan solo hay que responder a unas sencillas preguntas del asistente de instalación, que está en inglés:

- 1.- Welcome to the Wamp Server 2 Setup Wizard: Clic en -Next-

- 2.- License Agreement: Clic en -I accept the agreement- > Clic en -Next-

- 3.- Select Destination Location: Dejar C:wamp > Clic en -Next-

- 4.- Select Additional Tasks: Podemos crear un icono en el escritorio (Desktop icon) y un icono en la barra de inicio rápido (Quick Launch icon) > Clic en -Next-

- 5.- Ready to Install: > Clic en -Next-

- 6.- Please choose your default browser: Elegir el navegador con el que queremos acceder al servidor web: Elegir el ejecutable del navegador (Internet Explorer, Firefox, Chrome, etc...) > Clic en -Abrir-

- 7.- Alerta de seguridad de Windows (cortafuegos): Clic en -Desbloquear- para que el cortafuegos permita las comunicaciones del servidor web.

- 8.- PHP mail parameters: Si vamos a hacer uso del correo electrónico en aplicaciones web (notificaciones automáticas, actualizaciones, avisos por email...) el PHP necesita un servidor de correo saliente (SMTP) para poder enviar mensajes. También configuraríamos el correo electrónico del administrador para el envío de alertas y avisos > Clic en -Next-

- 9.- Completing the Wamp Server 2 Setup Wizard: Podemos activar la casilla -Launch WampServer 2 now- para arrancar el servicio > Clic en -Finish-. Aparecerá en la parte derecha de la barra de tareas, el icono de WampServer funcionando.

A continuación veremos una captura de la secuencia de instalación de WampServer:

Demostración de la instalación de WampServer

Una vez instalado WampServer, habrá creado la carpeta C:/wamp con un tamaño de 127 MB. El DocumentRoot, es decir, la carpeta en la cual podemos copiar contenidos o aplicaciones para ser accesibles vía web, será la carpeta C:/wamp/www.

Configuración general de WampServer

Cuando terminamos de instalar WampServer, aparece este icono parecido a un arco, en la barra de tareas. Dicho icono permite realizar unos ajustes generales y acceder a la configuración del servidor. Si hacemos clic derecho en el icono > Language > Spanish para configurar el idioma de la aplicación en Español. También podemos terminar la aplicación, lo que provocará la detención del servidor Apache y del servidor Mysql.

Si hacemos clic izquierdo en el icono , podemos configurar los servicios de la aplicación con el menú de administración de WampServer:

Menú de administración de WampServer

Desde el menú de administración de WampServer, empezando de arriba abajo, podremos:

- Localhost: acceder con el navegador a los contenidos del servidor web. Es lo mismo que abrir un navegador e ir a la dirección http://127.0.0.1 que es equivalente a ir a http://localhost.

- phpMyAdmin: acceder con el navegador al administrador de bases de datos phpMyAdmin. Es equivalente a abrir un navegador e ir a la dirección http://localhost/phpmyadmin.

- directorio www: acceder con el explorador de archivos al DocumentRoot, carpeta c:wampwww, para copiar contenidos. En esta carpeta es donde debemos copiar las aplicaciones que deseemos instalar. Ejemplo, si queremos instalar mediawiki, debemos descargarlo y descomprimirlo dentro de la carpeta c:wampwwwmediawiki. Después debemos acceder con el navegador a http://localhost/mediawiki y seguir las instrucciones para la instalación.

- Apache: acceder a la configuración de Apache. Más adelante detallamos las opciones de este apartado.

- PHP: acceder a la configuración de PHP. Más adelante detallamos las opciones de este apartado.

- MySQL: acceder a la configuración de MySQL. Más adelante detallamos las opciones de este apartado.

- Iniciar los servicios: permite iniciar Apache y MySQL

- Detener los servicios: permite detener Apache y MySQL

- Reiniciar los servicios: permite Reiniciar Apache y MySQL. Útil si hemos realizado alguna modificación en la configuración y queremos aplicar los cambios.

Página Web de prueba

Para comprobar el correcto funcionamiento de Apache y de PHP, podemos crear una sencilla página web de prueba dentro del DocumentRoot de Apache y acceder desde el navegador para visualizar el resultado.

```
// Probando Apache y PHP. Crear archivo c:/wamp/www/prueba.php
<HTML>
<H1>Probando Apache y PHP</H1>
Salida del comando phpinfo:

<?
phpinfo();
?>

</HTML>
```

Después debemos abrir el navegador y acceder a la dirección http://127.0.0.1/prueba.php para comprobar el resultado:

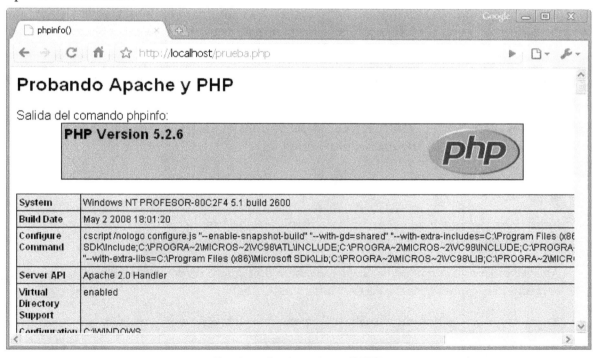

Probando Apache y PHP

Configuración de Apache con WampServer

Si hacemos clic izquierdo en el icono > Apache, nos aparecerá el menú de configuración de Apache:

Menú de configuración de Apache

Desde el menú de configuración de Apache, podemos acceder a diferentes opciones:

- Versión: permite elegir la versión de Apache. Podemos tener instaladas varias versiones y activar la versión que nos interese en un momento dado. Esto es útil si alguna aplicación necesita versiones antiguas para funcionar, pero habitualmente trabajaremos con la última versión de Apache.

- Service: permite iniciar o detener el servicio. También permite instalar o desinstalar Apache como servicio del sistema

- Módulos de Apache: permite activar o desactivar los módulos de Apache sin necesidad de editar el archivo de configuración httpd.conf.

- Directorios Alias: permite alias en Apache sin necesidad de editar el archivo de configuración httpd.conf.

- httpd.conf: permite editar el archivo de configuración httpd.conf. Si se hace algún cambio en la configuración, hay que reiniciar Apache para que los cambios tomen efecto.

- Apache error log: permite visualizar el archivo de registro de errores de Apache. Útil para investigar las causas cuando algo no funciona.

- Apache access log: permite visualizar las peticiones de páginas que realizan los usuarios.

Configuración de MySQL con WampServer

Si hacemos clic izquierdo en el icono > MySQL, nos aparecerá el menú de configuración de MySQL:

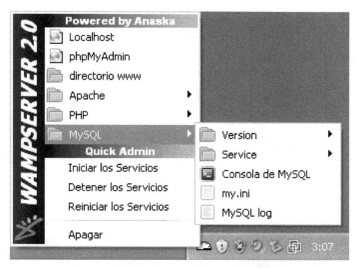

Menú de configuración de MySQL

Desde el menú de configuración de MySQL, podemos acceder a diferentes opciones:

- Versión: permite elegir la versión de MySQL. Podemos tener instaladas varias versiones y activar la versión que nos interese en un momento dado. Esto es útil si alguna aplicación necesita versiones antiguas para funcionar, pero habitualmente trabajaremos con la última versión de MySQL.

- Service: permite iniciar o detener el servicio. También permite instalar o desinstalar Apache como servicio del sistema

- Consola de MySQL: abre el cliente de mysql en modo texto. Es necesario conocer el lenguaje SQL para utilizarlo.

- my.ini: permite editar el archivo de configuración my.ini. Para hacer un uso normal, no es necesario realizar ninguna modificación en este archivo.

- MySQL log: permite visualizar el archivo de registro de MySQL. Útil para investigar las causas cuando algo no funciona.

Administración de MySQL con EasyPHP

> MySQL > Consola de MySQL. Cuando nos pregunte la contraseña, pulsamos Intro directamente y ya podemos administrar mysql mediante comandos. Para poner contraseña al usuario root, deberemos ejecutar el siguiente comando: grant all on *.* to root@localhost identified by '123456' with grant option; Con dicho comando habremos 123456 como contraseña.

Para administrar MySQL, es mejor utilizar phpmyadmin, para ello debemos arrancar un navegador de archivos e ir a http://localhost/phpmyadmin.

Desde phpmyadmin Desde la ventana de phpmyadmin podremos crear bases de datos y administrar MySQL de una forma más sencilla. Si hemos establecido una contraseña para el usuario root de MySQL, deberemos editar el archivo config.inc.php que se encuentra en la carpeta apps/phpmyadmin, para indicar la nueva contraseña. Debemos localizar la línea

$cfg['Servers'][$i]['password'] = '123456'; y establecer la contraseña. En este ejemplo hemos puesto '123456' como contraseña.

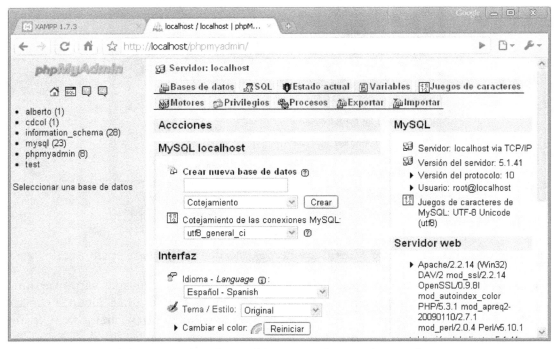

Administración de MySQL vía web con phpmyadmin

Configuración de PHP con WampServer

Si hacemos clic izquierdo en el icono 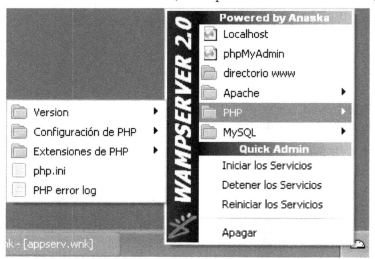 > PHP, nos aparecerá el menú de configuración de PHP:

Menú de configuración de PHP

Desde el menú de configuración de PHP, podemos acceder a diferentes opciones:

- Versión: permite elegir la versión de PHP. Podemos tener instaladas varias versiones y activar la versión que nos interese en un momento dado. Esto es útil si alguna aplicación necesita versiones antiguas para funcionar, pero habitualmente trabajaremos con la última versión de PHP.

- Configuración de PHP: permite activar o desactivar los parámetros más usuales de la configuración de PHP, sin necesidad de editar el archivo de configuración php.ini.

- Extensiones de PHP: permite activar o desactivar las extensiones de PHP sin necesidad de editar el archivo de configuración php.ini

- php.ini: permite editar el archivo de configuración php.ini. Si se hace algún cambio en la configuración, hay que reiniciar Apache para que los cambios tomen efecto.

- PHP error log: permite visualizar el archivo de registro de errores de PHP. Útil para investigar las causas cuando algo no funciona.

ANEXO a la instalación de WAMPSERVER

Las extensiones permiten extender las funcionalidades de WampServer.: Hay dos tipos de addons:

- Con los addons WAMP, puede agregar tanto Apache, MySQL y PHP con sus versiones en su WampServer que quieras:

- Apache

- MySQL

- PHP

- Desarrollo, Beta y RC versiones

- Los addons otros

Apache Addons

The Apache addons will give you te ability to install as much Apache releases as you want on your WampServer.

Just click on a link bellow, download and install the addon.

You will then be able to switch from one release to another from the WampServer menu. Warning, all Apache releases are not compatible with all PHP releases :

	Apache 1.3.X	Apache 2.0.X	Apache 2.2.X
PHP 4.X	OK	OK	
PHP 5 < 5.2.0	OK	OK	

PHP 5 >= 5.2.0	OK	OK	OK

Apache 2.2.X

- Apache 2.2.14 (includes OpenSSL)

http://downloads.sourceforge.net/wampserver/WampServer2-APACHE2214.exe?download

http://downloads.sourceforge.net/wampserver

- Apache 2.2.13 (includes OpenSSL)
http://downloads.sourceforge.net/wampserver/WampServer2-APACHE2213.exe?download

- Apache 2.2.11 (includes OpenSSL) (installed with WampServer 2)
http://downloads.sourceforge.net/wampserver/WampServer2-APACHE2211.exe?download

- Apache 2.2.10 (includes OpenSSL)
http://downloads.sourceforge.net/wampserver/WampServer2-APACHE2210.exe?download

- Apache 2.2.9 (includes OpenSSL)
http://downloads.sourceforge.net/wampserver/WampServer2-APACHE229.exe?download

- Apache 2.2.8 (includes OpenSSL)
http://downloads.sourceforge.net/wampserver/WampServer2-APACHE228.exe?download

- Apache 2.2.6 (includes OpenSSL)
http://downloads.sourceforge.net/wampserver/WampServer2-APACHE226.exe?download

- Apache 2.2.4 (includes OpenSSL)
http://downloads.sourceforge.net/wampserver/WampServer2-APACHE224.exe?download

- Apache 2.2.3
http://downloads.sourceforge.net/wampserver/WampServer2-APACHE223.exe?download

- Apache 2.2.2
http://downloads.sourceforge.net/wampserver/WampServer2-APACHE222.exe?download

Apache 2.0.X

- Apache 2.0.63 (includes OpenSSL)
http://downloads.sourceforge.net/wampserver/WampServer2-APACHE2063.exe?download

- Apache 2.0.61 (includes OpenSSL)
http://downloads.sourceforge.net/wampserver/WampServer2-APACHE2061.exe?download

- Apache 2.0.59 (includes OpenSSL)
http://downloads.sourceforge.net/wampserver/WampServer2-APACHE2059.exe?download

- Apache 2.0.58
http://downloads.sourceforge.net/wampserver/WampServer2-APACHE2058.exe?download

- Apache 2.0.55
http://downloads.sourceforge.net/wampserver/WampServer2-APACHE2055.exe?download

- Apache 2.0.54
http://downloads.sourceforge.net/wampserver/WampServer2-APACHE2054.exe?download

- Apache 2.0.53
http://downloads.sourceforge.net/wampserver/WampServer2-APACHE2053.exe?download

- Apache 2.0.52
http://downloads.sourceforge.net/wampserver/WampServer2-APACHE2052.exe?download

- Apache 2.0.51
http://downloads.sourceforge.net/wampserver/WampServer2-APACHE2051.exe?download

- Apache 2.0.50
http://downloads.sourceforge.net/wampserver/WampServer2-APACHE2050.exe?download

- Apache 2.0.49
http://downloads.sourceforge.net/wampserver/WampServer2-APACHE2049.exe?download

Apache 1.3.X

- Apache 1.3.41
http://downloads.sourceforge.net/wampserver/WampServer2-APACHE1341.exe?download

- Apache 1.3.39
http://downloads.sourceforge.net/wampserver/WampServer2-APACHE1339.exe?download

- Apache 1.3.37
http://downloads.sourceforge.net/wampserver/WampServer2-APACHE1337.exe?download

- Apache 1.3.35
http://downloads.sourceforge.net/wampserver/WampServer2-APACHE1335.exe?download

MySQL Addons

The MySQL addons will give you the ability to install as much MySQL releases as you want on your WampServer.
Just click on a link bellow, download and install the addon.

You will then be able to switch from one release to another from the WampServer menu.

MySQL 5.1.X

- MySQL 5.1.41
http://downloads.sourceforge.net/wampserver/WampServer2-MYSQL5141.exe?download

- MySQL 5.1.40
http://downloads.sourceforge.net/wampserver/WampServer2-MYSQL5140.exe?download

- MySQL 5.1.39
http://downloads.sourceforge.net/wampserver/WampServer2-MYSQL5139.exe?download

- MySQL 5.1.36 (installed with WampServer 2)
http://downloads.sourceforge.net/wampserver/WampServer2-MYSQL5136.exe?download

- MySQL 5.1.34
http://downloads.sourceforge.net/wampserver/WampServer2-MYSQL5134.exe?download

- MySQL 5.1.33
http://downloads.sourceforge.net/wampserver/WampServer2-MYSQL5133.exe?download

- MySQL 5.1.32
http://downloads.sourceforge.net/wampserver/WampServer2-MYSQL5132.exe?download

- MySQL 5.1.30
http://downloads.sourceforge.net/wampserver/WampServer2-MYSQL5130.exe?download

MySQL 5.0.X

- MySQL 5.0.88
http://downloads.sourceforge.net/wampserver/WampServer2-MYSQL5088.exe?download

- MySQL 5.0.86
http://downloads.sourceforge.net/wampserver/WampServer2-MYSQL5086.exe?download

- MySQL 5.0.51b
http://downloads.sourceforge.net/wampserver/WampServer2-MYSQL5051b.exe?download

- MySQL 5.0.51a
http://downloads.sourceforge.net/wampserver/WampServer2-MYSQL5051a.exe?download

- MySQL 5.0.45
http://downloads.sourceforge.net/wampserver/WampServer2-MYSQL5045.exe?download

- MySQL 5.0.41
http://downloads.sourceforge.net/wampserver/WampServer2-MYSQL5041.exe?download

- MySQL 5.0.37
http://downloads.sourceforge.net/wampserver/WampServer2-MYSQL5037.exe?download

MySQL 4.1.X

- MySQL 4.1.22
http://downloads.sourceforge.net/wampserver/WampServer2-MYSQL4122.exe?download

- MySQL 4.1.21
http://downloads.sourceforge.net/wampserver/WampServer2-MYSQL4121.exe?download

- MySQL 4.1.20
http://downloads.sourceforge.net/wampserver/WampServer2-MYSQL4120.exe?download

PHP Addons

The PHP addons will give you te ability to install as much PHP releases as you want on your WampServer.
Just click on a link bellow, download and install the addon.

You will then be able to switch from one release to another from the WampServer menu.

Warning, all PHP releases are not compatible with all Apache releases :

	Apache 1.3.X	Apache 2.0.X	Apache 2.2.X
PHP 4.X	OK	OK	
PHP 5 < 5.2.0	OK	OK	
PHP 5 >= 5.2.0	OK	OK	OK

PHP 5.3.X

- PHP 5.3.1
http://downloads.sourceforge.net/wampserver/WampServer2-PHP531.exe?download

- PHP 5.3.0 (installed with WampServer 2)
http://downloads.sourceforge.net/wampserver/WampServer2-PHP530.exe?download

PHP 5.2.X

- PHP 5.2.11
http://downloads.sourceforge.net/wampserver/WampServer2-PHP5211.exe?download

- PHP 5.2.10
http://downloads.sourceforge.net/wampserver/WampServer2-PHP5210.exe?download

- PHP 5.2.9-2
http://downloads.sourceforge.net/wampserver/WampServer2-PHP529-2.exe?download

- PHP 5.2.9-1
http://downloads.sourceforge.net/wampserver/WampServer2-PHP529-1.exe?download

- PHP 5.2.9
http://downloads.sourceforge.net/wampserver/WampServer2-PHP529.exe?download

- PHP 5.2.8
http://downloads.sourceforge.net/wampserver/WampServer2-PHP528.exe?download

- PHP 5.2.7
http://downloads.sourceforge.net/wampserver/WampServer2-PHP527.exe?download

- PHP 5.2.6
http://downloads.sourceforge.net/wampserver/WampServer2-PHP526.exe?download

- PHP 5.2.5
http://downloads.sourceforge.net/wampserver/WampServer2-PHP525.exe?download

- PHP 5.2.4
http://downloads.sourceforge.net/wampserver/WampServer2-PHP524.exe?download

- PHP 5.2.3
http://downloads.sourceforge.net/wampserver/WampServer2-PHP523.exe?download

- PHP 5.2.2
http://downloads.sourceforge.net/wampserver/WampServer2-PHP522.exe?download

- PHP 5.2.1
http://downloads.sourceforge.net/wampserver/WampServer2-PHP521.exe?download

- PHP 5.2.0
http://downloads.sourceforge.net/wampserver/WampServer2-PHP520.exe?download

PHP 5.1.X

- PHP 5.1.6
http://downloads.sourceforge.net/wampserver/WampServer2-PHP516.exe?download

- PHP 5.1.4
http://downloads.sourceforge.net/wampserver/WampServer2-PHP514.exe?download

- PHP 5.1.3
http://downloads.sourceforge.net/wampserver/WampServer2-PHP513.exe?download

- PHP 5.1.2
http://downloads.sourceforge.net/wampserver/WampServer2-PHP512.exe?download

- PHP 5.1.1
http://downloads.sourceforge.net/wampserver/WampServer2-PHP511.exe?download

- PHP 5.1.0
http://downloads.sourceforge.net/wampserver/WampServer2-PHP510.exe?download

PHP 5.0.X

- PHP 5.0.5
http://downloads.sourceforge.net/wampserver/WampServer2-PHP505.exe?download

- PHP 5.0.4
http://downloads.sourceforge.net/wampserver/WampServer2-PHP504.exe?download

- PHP 5.0.3
http://downloads.sourceforge.net/wampserver/WampServer2-PHP503.exe?download

- PHP 5.0.2
http://downloads.sourceforge.net/wampserver/WampServer2-PHP502.exe?download

- PHP 5.0.1
http://downloads.sourceforge.net/wampserver/WampServer2-PHP501.exe?download

- PHP 5.0.0
http://downloads.sourceforge.net/wampserver/WampServer2-PHP500.exe?download

PHP 4.4.X

- PHP 4.4.9
http://downloads.sourceforge.net/wampserver/WampServer2-PHP449.exe?download

- PHP 4.4.8
http://downloads.sourceforge.net/wampserver/WampServer2-PHP448.exe?download

- PHP 4.4.7
http://downloads.sourceforge.net/wampserver/WampServer2-PHP447.exe?download

- PHP 4.4.6
http://downloads.sourceforge.net/wampserver/WampServer2-PHP446.exe?download

- PHP 4.4.5
http://downloads.sourceforge.net/wampserver/WampServer2-PHP445.exe?download

- PHP 4.4.4
http://downloads.sourceforge.net/wampserver/WampServer2-PHP444.exe?download

Previous to PHP 4.4.X

- PHP 4.3.9
http://downloads.sourceforge.net/wampserver/WampServer2-PHP439.exe?download

- PHP 4.2.3
http://downloads.sourceforge.net/wampserver/WampServer2-PHP423.exe?download

- PHP 4.1.2
http://downloads.sourceforge.net/wampserver/WampServer2-PHP412.exe?download

Dev, Beta and RC Addons

The addons bellow will give you te ability to install Apache, MySQL and PHP development releases on your WampServer.

Just click on a link bellow, download and install the addon.

Warning, these releases are not final versions. Use them just for test purposes.

PHP

- PHP 6.0 dev (12/02/2007 Snapshot)
http://downloads.sourceforge.net/wampserver/WampServer2-PHP6.0dev.exe?download

- PHP 5.3.0 Alpha 3
http://downloads.sourceforge.net/wampserver/WampServer2-PHP530a3.exe?download

MySQL

- MySQL 6.0.4 alpha
http://downloads.sourceforge.net/wampserver/WampServer2-MYSQL604alpha.exe?download

- MySQL 5.4.2 beta
http://downloads.sourceforge.net/wampserver/WampServer2-MYSQL542beta.exe?download

- MySQL 5.1.24 RC
http://downloads.sourceforge.net/wampserver/WampServer2-MYSQL5124RC.exe?download

- MySQL 5.1.22 RC
http://downloads.sourceforge.net/wampserver/WampServer2-MYSQL5122RC.exe?download

MÓDULO 2: XHTML
UNIDAD Didáctica 5: HTML, XML Y XHTML

¿Qué es HTML?

HTML son las iniciales de Hiper Text Markup Language.

Es un conjunto o serie de **etiquetas** incluidas en archivos de texto que definen la estructura de un documento WWW y sus vínculos con otros documentos.

Los navegadores WWW leen estos archivos de texto e interpretan esas etiquetas para determinar como desplegar la página Web.

¿Por dónde comenzar?

Lo primero es saber donde crear el archivo texto que contendrá las instrucciones HTML (Hipertexto), para lo cual tenemos varias opciones:

1. Utilizar programas creados para desarrollo de páginas WEB, entre los que podemos citar:

Dreamweaver,Notepad, Ultraedit etc...

2. Utilizar un editor de texto y crear nuestro propio código, el mismo que ya no contendría código basura. La primera opción es la más sencilla y más rápida, sin embargo está limitada y es dependiente del software a utilizar, ya que es el software el que se encarga de elaborar y ubicar los códigos de la página WEB y uno estaría prácticamente "Arando en el mar".

La segunda opción es más lenta y menos vistosa, pero esta opción le enseña a utilizar cada uno de los comandos y instrucciones HTML (etiquetas) sin depender de ningún programa. Esto tiene sus beneficios y el principal de ellos es que nuestras páginas ya no contarán con código excedente y/o código basura, de modo que ocuparán menos espacio, por ende serán más rápidas al momento de ser cargadas por Internet y al invertir menos tiempo en cargar una página, se gastará menos dinero pagando al proveedor de Internet.

Como casi todos los sistemas más comunes en PC funcionan bajo un entorno Windows, para crear los Hipertextos utilizaremos un accesorio que viene incluido en el sistema. El Bloc de Notas o Note Pad.

Páginas WEB

El Hipertexto es un archivo de texto que contiene instrucciones que pueden ser interpretadas por un navegador de Internet. Estas instrucciones son denominadas Etiquetas.

Etiquetas

Una etiqueta cumple su función de la siguiente manera:

<nombre de la etiqueta> Apertura de una etiqueta siempre entre "< >"

texto/gráfico/etiquetas A la cual se aplica la etiqueta

</nombre de la etiqueta> Cierra de la etiqueta siempre entre "</ >"

Al acabar de crear un hipertexto , este se deberá grabar con la extensión .html o bien .htm. Es bueno acotar que un archivo HTML es un archivo texto que tiene una extensión definida. Este archivo de texto contiene etiquetas, las mismas que son expresadas como instrucciones y el navegador WEB es quien las interpreta.

Estructura básica de una página WEB

Una página web esta compuesta de 2 partes: el encabezamiento y el cuerpo de la página. Paralelamente a esto, existen tres etiquetas fundamentales, las mismas que deben estar incluidas en el archivo HTML de manera obligatoria. Estas tres etiquetas fundamentales son:

\<html\> \</html\> Indica al navegador que el documento texto que esta leyendo es un documento HTML. Esta etiqueta se abre al inicio del archivo y se cierra al final del mismo.

\<head\> \</head\> Acá se detalla el encabezado de la página WEB. Esta etiqueta se abre luego de \<html\>.

\<body\> \</body\> Cuerpo de la página donde se despliega el contenido global. Esta etiqueta se abre luego de cerrar el encabezamiento con \</head\> y se extiende hasta el final de la página, cerrándose antes de \</HTML\>.

Ejemplo 1:

```
<html>
<head> </head>
<body>
Bienvenidos al curso de HTML
</body>
</html>
```

El hipertexto será grabado con el nombre **index.html** en su disquete o en alguna ubicación en el disco duro. Al asignar la extensión .html o .html ya se crea un hipertexto.

Asegúrese de ingresar **"index.html"** como nombre a grabar en su bloque de notas (incluidas las comillas) para evitar que se añada la extensión .txt.

Sin cerrar el programa de edición de texto que estamos usando, abra su navegador de WWW. En la pantalla de dirección WEB, introduzca la ruta completa a su archivo **index.html**, y usted deberá poder ver en su pantalla su primera página WEB.

Importante:

Como se ve en el ejemplo 1. Toda etiqueta abierta debe cerrarse. En caso de no cerrarse el error podría causar confusión al navegador.

Etiqueta: \<title\> \</title\>

Esta etiqueta va en la parte del encabezamiento de la página web, es decir en el HEAD, y define en su contenido el título de la página web, mismo que aparecerá en la parte superior izquierda de la pantalla de su navegador.

Sin cerrar nuestro navegador de Internet, volvemos al editor de texto e incluimos el campo \<title\> entre las etiquetas de apertura y cierre del encabezado (head).

Ejemplo 2:

```
<html>
<head> <title>Curso de HTML</title> </head>
<body>
Bienvenidos al curso de HTML
</body>
</html>
```

El nuevo archivo HTML se grabará con el mismo nombre **index.html**, tan solo usando la opción de *Grabar* en su editor de Texto. Una vez realizado esto, y sin cerrar su editor de texto, vamos al navegador en el que seleccionamos la opción de *Actualizar/Refresh* y nuestra nueva página estará visible. Notará que el título aparecerá en la parte superior de la página.

Etiqueta \<body\> \</body\>

Todo el texto, las imágenes y el formato visibles al usuario deben encontrarse entre las etiquetas \<body\>...\</body\>. Esta etiqueta cuenta con los siguientes atributos:

• Bgcolor define el color de fondo de la página

- Text define el color del texto de la página
- Link define el color de los vínculos en la página
- Alink define el color del vínculo actual o activado en la página
- Vlink define el color del vínculo ya visitado
- Background define el archivo gráfico que será desplegado como fondo
- Bgsound define el archivo de audio que se tocará en la página.IE
- Bgproperties define el movimiento vertical del fondo.IE

Los atributos se incluyen en la etiqueta de apertura, separados por un espacio.

¿Cómo se utilizan los colores en HTML?

Se pueden llegar a tener 16 millones de colores en una página web.
Existen dos formas para aplicar colores a una página web:
1. Se especifica el color deseado directamente con el nombre del color en ingles: Ej: blue, green, yellow
2. Se especifica el color deseado mediante números hexadecimales mediante la siguiente estructura:
#RRVVAA
El color tiene un signo de numeral # antecediendo a los 6 números.
Existen dos números para cada color principal: rojo, verde y azul.
Cada uno de los números varía hexadecimal mente {0,1,2....,9,A,B,...F}.
Ejemplos de Colores:

#RRVVAA Color #RRVVAA Color
#FFFFFF Blanco #000000 Negro
#FF0000 Rojo #00FF00 Verde
#0000FF Azul #FF00FF Magente
#00FFFF Cyan #FFFF00 Amarillo
#70DB93 Agua Marino #000080 Azul Marino
#FF7F00 Coral #A62A2A Café
#C0C0C0 Plomo #4F2F4F Violeta
Utilizando estos datos, haremos una página con fondo celeste y letras negras. Usaremos para este efecto los atributos *bgcolor* y *text*. :
Ejemplo 3:
```
<html>
<head> <title>Curso de HTML</title> </head>
<body bgcolor="#C0D9D9" text="#000000">
Bienvenidos al curso de HTML
</body>
</html>
```

Grabe este archivo seleccionando la opción de *Guardar/Grabar* de su editor de texto, de modo que se mantenga el nombre index.html. Cuando usted vaya a su navegador WWW y seleccione la opción de *Actualizar*, notara el cambio.

Texto en HTML
Una vez que ya se tiene una idea de cómo funcionan la etiqueta de encabezamiento y parte de la etiqueta de definición del cuerpo de la página, trabajemos con el texto.

HTML fue creado en principio para el alfabeto en inglés, sin embargo se buscaron modos para mostrar también caracteres o símbolos denominados especiales.

Para utilizar caracteres especiales usaremos los símbolos & y ; para denotar el inicio y final respectivamente de un símbolo especial.

De esta manera:
Texto: Descripción: Pantalla:
´ Acento ´
ñ eñe ñ
" Comillas Dobles "
&deg: Grados °
á a con acento á
é e con acento é
  espacio en blanco
La idea básica para acentos y signos latinos es combinar dos teclas. Para lograr una o con acento debemos combinar una o y un acento:
ó ó Para entender un poco más este proceso, veamos el siguiente ejemplo:

Ejemplo 4:
```
<html>
<head> <title>Curso de HTML</title> </head>
<body bgcolor="#C0D9D9" text="#000000">
Bienvenidos al curso de HTML
Cuando la temperatura es menor a 15&deg;c hace bastante fr&iacute;o.
Este es un ejemplo de p&aacute;gina WEB :)
</body>
</html>
```
Luego de realizar el proceso para grabar y actualizar la página notara que se incluyen en la página los símbolos de grados, la i con acento y la a con acento.

Notará también que el texto se encuentra de corrido en una sola fila, para bajar de linea utilizaremos la siguiente etiqueta especial ...

**Etiqueta
**
La etiqueta <br> instruye al navegador cliente que inserte un salto de línea en un documento HTML. La etiqueta <BR> tiene el mismo efecto que un retorno de carro en una máquina de escribir. Es una etiqueta especial, pues no precisa de etiqueta de cierre.

Etiqueta <hr>
La etiqueta <hr> dibuja de manera predeterminada una regla horizontal alineada automáticamente, con una apariencia de tercera dimensión. Esta etiqueta especial, por que no necesita de cierre, tiene los siguientes atributos:

• Align establece que la regla se alinee a la izquierda, centro o derecha
LEFT,CENTER o RIGHT
• NOSHADE quita el sombreado predeterminado de la regla
• WIDTH permite especificar el ancho de la regla (en pixeles o porcentaje)
• SIZE permite especificar el alto de la regla (en pixeles)

Ejemplo 5:
```
<html>
<head> <title>Curso de HTML</title> </head>
<body bgcolor="#C0D9D9" text="#000000">
Bienvenidos al curso de HTML<br>
<hr align=center width=50%><br>
Cuando la temperatura es menor a 15&deg;c hace
bastante fr&iacute;o.<br>
<hr align=left width=25% size=5><br>
Este es un ejemplo de p&aacute;gina WEB :)<br>
</body>
</html>
```

Encabezados

Las etiquetas <h1> </h1> al <h6> </h6> (acrónimos de "heading 1..6") son encabezados del cuerpo del texto. El encabezamiento <h1> nos proporciona las letras de mayor tamaño. Notará que si usamos una etiqueta de encabezamiento, automáticamente se incluirá un retorno de carro al final del mismo. La etiqueta tiene el siguiente atributo:

• Align Permite ubicar el encabezamiento a la izquierda, centro o derecha de la pantalla (LEFT, CENTER,RIGHT)

Ejemplo 6:
```
<html>
<head> <title>Curso de HTML</title> </head>
<body bgcolor="#C0D9D9" text="#000000">
<h1 align="center">
Bienvenidos al curso de HTML</h1><br>
<hr align=center width=50%><br>
<h2>Bienvenidos</h2>
Cuando la temperatura es menor a 15&deg;c hace
bastante fr&iacute;o.<br>
<hr align=left width=25% size=5><br>
Este es un ejemplo de p&aacute;gina WEB :)<br>
</body>
</html>
```
Luego de realizar el proceso de grabado/actualización notará las diferentes imensiones de las dos primeras líneas.

Ubicación, formato y atributos de texto

Etiqueta <center> </center>

Se utiliza para centrar el texto/imagen o datos que se encuentren entre la apertura y el cierre.

Etiqueta <b> </b>

Esta es la etiqueta que nos posibilita un texto con **negrillas**.

Etiqueta <u> </u>

Etiqueta que posibilita resaltar un texto con subrayado.

Etiqueta <i> </i>

Etiqueta que permite resaltar el texto con *inclinación itálica*.

Recuerde que puede combinar entre si todas estas etiquetas. Veamos un ejemplo para demostrar el uso de las últimas 4 etiquetas que se vieron.

Ejemplo 7:

```
<html>
<head> <title>Curso de HTML</title> </head>
<body bgcolor="#C0D9D9" text="#000000">
<h1 align="center">
Bienvenidos al curso de HTML</h1><br>
<hr align=center width=50%><br>
<h2>Bienvenidos</h2>
Cuando la temperatura es menor a 15&deg;c hace
bastante fr&iacute;o.<br>
<hr align=left width=25% size=5><br>
Este es un ejemplo de p&aacute;gina WEB <b><i>:)</i></b><br>
<b>Este texto esta con negrillas</b><br>
<u>Este texto esta con subrayado</u><br>
<i>Este texto esta con inclinaci&oacute;n it&aacute;lica</i><br>
Este <b>texto <i>cuenta <u>con un </u>combinado</i> de</b> todo.<br>
</body>
</html>
```

Note el cambio en la sentencia de la línea o regla <hr>, se eliminó "*align=left*". Notará que la nueva regla saldrá al centro, pues esta es la alineación por defecto. Además sacamos el punto final que existía en la primera línea que ahora aparece centrada.

Etiqueta <font> </font>

Esta etiqueta proporciona al autor un medio de personalizar el texto con respecto al tipo de fuente, tamaño y color. Atributos:

• Color determina el color que se aplica al texto
• Size determina el tamaño relativo del texto. Los tamaños válidos son del 1 al 7, siendo el predeterminado el 3 y el más grande el 1.
• Face asigna una fuente o tipo de letra.

Ejemplificando, introduciremos lo siguiente: Bo via. Note que la primera B es más grande que el demás texto. Usaremos el tamaño 7 para la letra B y el tamaño estándar (3) para las demás letras.

Ejemplo 8:

```
<html>
<head> <title>Curso de HTML</title> </head>
<body bgcolor="#C0D9D9" text="#000000">
<h1 align="center">
Bienvenidos al curso de HTML</h1><br>
<hr align=center width=50%><br>
<h2>Bienvenidos</h2>
Cuando la temperatura es menor a 15&deg;c hace
bastante fr&iacute;o.<br>
<hr align=left width=25% size=5><br>
Este es un ejemplo de p&aacute;gina WEB <b><i>:)</i></b><br>
<b>Este texto esta con negrillas</b><br>
```

```
<u>Este texto esta con subrayado</u><br>
<i>Este texto esta con inclinaci&oacute;n it&aacute;lica</i><br>
Este <b>texto <i>cuenta <u>con un </u>combinado</i> de</b> todo.<br>
<font color="red"><font size=7>B</font>o</font><font color="yellow">
li</font><font color="green">via</font><br>
</body>
</html>
```

Imágenes en HTML

Hasta este momento se ha trabajado solamente con texto. Comenzemos a introducir gráficos en nuestra página HTML.

Se deben tener dos consideraciones importantes para trabajar con gráficos:

Los únicos formatos, que por ahora soportan los visualizadores son: *.gif y *.jpg o *.jpeg.

Las imágenes no deben ser de tamaño grande por que el visualizador o navegador puede demorar demasiado en bajarlas.

Acá trabajaremos también con el atributo *background* de la etiqueta <body> que había quedado pendiente.

La idea de trabajar con un fondo en una página web, es la misma que tener un fondo en nuestro entorno Windows. El archivo puede estar ubicado en la misma carpeta o bien en otra que contenga solo gráficos. Trate de que el color de fondo de la página (que ya no aparecerá) sea parecido al color principal de la imagen que usará como fondo. Si es necesario re acomode los colores de texto y vínculos definidos en <body>.

Supondremos tenemos un gráfico llamado "fondo.gif" para el ejemplo 8 que como notará será reformulado en función a utilizar las nuevas etiquetas.

Importante

En Internet por lo general una mayúscula no es igual a una minúscula. Tome en cuenta esto al utilizar y hacer referencia a archivos. Como sugerencia es bueno tener todos los archivos con minúsculas.

Etiqueta <img>

Se trata de otra etiqueta especial, pues no necesita de etiqueta de cierre. Esta etiqueta instruye al navegador para que exhiba la imagen especificada. El formato básico para incluir un gráfico es:
<img src="imagen.ext">

No es necesario re dimensionar en forma permanente un archivo gráfico para exhibirlo en contextos variables; sin embargo, el autor de HTML puede indicar al navegador que redimensione la imagen especificando los siguientes atributos:

• Src identifica la imagen que se desplegará.
• Height para redimensionamiento de gráfico (en pixeles o en porcentaje)
• Width para redimensionamiento de gráfico (en pixeles o en porcentaje)
A la imagen se le puede aplicar un borde que se hace notorio especialmente cuando se trata de una imagen que además es un hipervínculo:

• Border Definido en pixels
La imagen también puede alinearse con respecto al texto:
• ALIGN Alineación, puede ser: TOP, MIDDLE, BOTTOM, LEFT y RIGHT
En caso de que la imagen no pueda exhibirse, se puede desplegar un texto:
• ALT Especifica el texto alterno

Es a partir de este ejemplo, que se va a realizar una nueva página, la misma que llamaremos **pag2.html** o bien pude ser grabada con otro nombre.
Supondremos contamos con un gráfico llamado **foto.jpg**.

Ejemplo 9:

```
<html>
<head> <title>Curso de HTML</title> </head>
<body bgcolor="#C0D9D9" text="#000000" background="fondo.gif">
<center><h1>
Bienvenidos al curso de HTML</h1></center><br>
<hr width=50%><br>
<h2>Informaci&oacute;n General</h2>
Este curso muestra los conceptos b&aacute;sicos del uso de etiquetas e instrucciones en la
elaboraci&oacute;n de documentos <b><i><font
color="#000080">HTML</font></i></b>.<br><br>
<center><img src="foto.jpg" border="1" alt="Foto de Claudia"></center>
<br>
Es muy importante saber ubicar los gr&aacute;ficos y combinar
de buena manera los colores para brindar una buena imagen
<b><i><font color="red">:)</font></i></b>.<br><br>
Una p&aacute;gina WEB es muy importante, pues provee a nuestro
trabajo una ventana al mundo.<br>
</body>
</html>
```

Realice el proceso de grabado con el nuevo nombre de página **"pag2.html"** y cargue la nueva página en su navegador.

Tablas

En HTML también podemos incluir arreglos de tablas. Se deben utilizar varias etiquetas:

Etiqueta <table></table>

Señala el inicio y final de una tabla. Sus atributos son:

• Align Establece la alineación de la tabla o texto mediante
ALIGN=LEFT o ALIGN=RIGHT
• Bgcolor Establece el color de fondo de las celdas de la tabla
• Border Determina el ancho del borde en pixeles
• BorderColor Asigna un color al borde
• BorderDark Determina el color de la parte oscura de un borde de 3 dimensiones
• BorderLight Asigna el color de la parte clara de un borde de 3 dimensiones
• Caption Especifica el titulo para la tabla
• Cellpadding Establece la cantidad de espacio libre junto al contenido de una celda
• Cellspacing Asigna la cantidad de espacio entre las celdas de una tabla
• Width Determina el ancho de la tabla en pixeles o en un porcentaje

Etiqueta <th> </th>

Indica al navegador cliente que exhiba el texto como un encabezado en la primera fila de una tabla.
Atributos principales:

• Colspan especifica el número de celdas que cubre el encabezado
• Align Determina la posición del texto del titulo

Etiqueta <tr> </tr>
Indica al navegador que exhiba el texto dentro de una fila; puede también interpretarse como la etiqueta que define filas.

• Align Alineación del texto/objetos en toda la fila
Etiqueta <td> </td>
La etiqueta de datos de la tabla, es la que identifica a las columnas o celdas específicas de una tabla. Atributos principales:

• Align Alineación del texto/objeto de la celda
• Bgcolor Color de fondo de la celda
• Background imagen de fondo de una celda
• Width Ancho de la celda/columna con respecto al ancho de la tabla
Solo precisa definir el ancho en la primera celda de la columna.
Recuerde que dentro de una celda, usted puede insertar desde texto o un gráfico hasta una tabla entera.

Ejemplo 10:
```
<html>
<head> <title>Curso de HTML</title> </head>
<body bgcolor="#C0D9D9" text="#000000" background="fondo.gif">
<center><h1>
Bienvenidos al curso de HTML</h1></center><br>
<hr width=50%><br>
<h2>Informaci&oacute;n General</h2>
Este curso muestra los conceptos b&aacute;sicos del uso de
etiquetas e instrucciones en la elaboraci&oacute;n de
documentos <b><i><font color="#000080">HTML</font></i></b>.<br><br>
<center><img src="foto.jpg" border="1" alt="Foto de Claudia"></center>
<br>
Es muy importante saber ubicar los gr&aacute;ficos y combinar
de buena manera los colores para brindar una buena imagen
<b><i><font color="red">:)</font></i></b>.<br><br>
Una p&aacute;gina WEB es muy importante, pues provee a nuestro
trabajo una ventana al mundo.<br>
<br><center>
<table width=80% align=center border=3>
<tr><th colspan=3>Directorio Telef&oacute;nico</th></tr>
<tr align=center>
<td width=40% bgcolor="#C0C0C0">
Nombre
</td>
<td width=30% bgcolor="#C0C0C0">
Teléfono
</td>
```

```
<td width=30% bgcolor="#C0C0C0">
E-Mail
</td>
</tr>
<tr>
<td>
Jos&eacute; Rodr&iacute;guez
</td>
<td>
223454
</td>
<td>jose@prueba.com</td>
</tr>
<tr>
<td>
Carolina Nu&ntilde;ez
</td>
<td>
453444
</td>
<td>carolina@prueba.com</td>
</tr>
</table>
<br></center>
</body>
</html>
```

Grabe este archivo con el nombre **pag2.html** sobre escribiendo el archivo anterior.

Consejo:

Puede usar tablas sin borde (usando BORDER=0 en la sentencia <table>) para ubicar gráficos y texto de forma elegante.

Numeración y viñetas

En HTML todo es posible, y tal cual en un editor de texto podemos trabajar con numeración y viñetas, lo podemos hacer acá.

Etiqueta <ul> </ul>

Indica al navegador que cree una lista con viñetas no ordenada.

No solamente usada para fines de numeraciones y viñetas, sino también para fines de sangría u tabulaciones.

Etiqueta <ol> </ol>

Listas ordenadas, esta etiqueta predeterminada indica al navegador que numera la lista de elementos comprendidos dentro de las etiquetas <ol>

Etiqueta <li> </li>

Se usa para indicar al navegador que exhiba el texto que le sigue como un elemento de línea en una lista. Atributos:

• Type Especifica el tipo para listas ordenadas Type=A Usa letras mayusculas, TYPE=a emplea letras minúsculas, Type=I Usa números romanos grandes, Type=i usa números romanos pequeños y Type=1 usa números arábigos. Type también puede servir para definir la forma de la viñeta en las listas no ordenadas. Type=DISC, CIRCLE y SQUARE son las opciones disponibles.

• Value Indica que se inicie la numeración a partir del número especificado.

Creamos una nueva página para el siguiente ejemplo:

Ejemplo 11:

```
<html>
<head> <title>Curso de HTML</title> </head>
<body bgcolor="#C0D9D9" text="#000000" background="fondo.gif">
<center><h1>
Bienvenidos al curso de HTML</h1></center><br>
<hr width=50%><br>
<h2>Debemos a comprar</h2><br>
<ul>
<li>Camisas para Jos&eacute;</li>
<li>Loci&oacute;n para Daniel</li>
</ul><br>
<h2>Estudiar para ma&ntilde;ana</h2><br>
<ol>
<li type=a>Geometr&iacute;a</li>
<li>ciencias Sociales</li>
</ol><br>
<h2>Actividades de la semana</h2><br>
<ol>
<li type=i>Asistir a la Universidad</li>
<li>Comprar Disco</li>
<li>Llevar el auto al mec&aacute;nico</li>
</ol><br>
<h1>Objetivos</h1>
<ul>El uso de estas etiquetas tambi&eacute;n puede ayudar a mover
el texto en base a tabulaciones o sangr&iacute;as de texto, para
diferenciar parrafos o textos de los encabezamientos.
</ul>
</body>
</html>
```

Grabamos el nuevo ejemplo con el nombre **"pag3.html"**. Hasta este punto tenemos 3 páginas HTML.

Hipervínculos

Un vínculo hipertextual es un texto, botón o imagen que al seleccionar nos lleva a otra dirección URL, página WEB o recurso.

Etiqueta <A> </A>

La etiqueta <A> que viene de "ancla", denota el inicio y el final de una instrucción que contiene alguna forma de vínculo o hipervínculo. Esta etiqueta permite al usuario vincularse a otra ubicación dentro del mismo documento HTML, a otro sitio WEB, a un servidor FTP, enlace de correo electrónico, ... Atributos:

• HREF Recurso al cual se hace referencia el hipervínculo
• NAME Especifica el nombre de la posición a donde apuntar
• TARGET Destino del enlace (generalmente para páginas con Frames)
Por ejemplo, desde una nueva página, que llamaremos **pag4.html**, crearemos enlaces a las 3 páginas anteriores y además otros enlaces importantes.
En este ejemplo, aplicaremos también los atributos para colores de los vínculos de la etiqueta Body.

Ejemplo 12:

```
<html>
<head> <title>P&aacute;gina de enlaces</title> </head>
<body bgcolor="#C0D9D9" text="#000000" background="fondo.gif"
link="#000080" vlink="magenta" alink="black">
<center><h1>
<a name="tope"></a>
Enlaces</h1><br>
<img src="foto.jpg" alt="Foto de Claudia"><br><br>
<a href="index.html">P&aacute;gina Principal
o
P&aacute;gina Uno</a><br>
<a href="pag2.html">P&aacute;gina Dos</a><br>
<a href="pag3.html">P&aacute;gina Tres</a><br>
<br>
<a href="http://www.bolivia-internet.com/">Bolivia en Internet</a><br>
<a href="ftp://ftp.microsoft.com/pub/">FTP de Microsoft</a><br>
<a href="mailto:cae@bolivia-internet.com">Env&iacute;a comentarios
sobre este manual por E-Mail</a><br>
<br><br>
<a href="#tope">De vuelta arriba</a>
</center>
</body>
</html>
```

Podrá notar que los enlaces de la parte inferior hacen referencia a recursos que se encuentran en Internet. Reemplazando la dirección E-Mail del ultimo enlace, podrá crear un enlace a su E-Mail.
El último enlace hace referencia a una porción de la misma página, que fue definida al inicio de la página HTML. Esta parte es útil para accesos a partes diversas de una sola página.

Frames
Ofrece la posibilidad de utilizar marcos y varias páginas en una sola.

Etiqueta <frameset> </frameset>
Define la disposición gráfica de los marcos en la pantalla.
Atributos:
• Rows Determina el alto de las filas
• Cols Determina el ancho de las columnas.

• Framespacing Espacio entre frames

Etiqueta <frame></frame>
Define un solo marco que forma parte del conjunto de marcos definidos en <frameset>.Sus atributos son:

• Marginheight Determina que tanto espacio vertical (en pixeles) existe entre el objeto ubicado en un marco, y los extremos superior o ingerior de este.
• MarginWidth Determina que tanto espacio horizontal (en pixeles) existe entre el objeto ubicado en un marco, y los extremos izquierdo o derecho de éste.
• Name Ofrece la capacidad de Dar nombres a las ventanas FRAME, de modo que puedan ser utilizados como destino de los hipervínculos.
• Noresize indica que el usuario no puede redimensionar el marco
• Scrolling Habilita una barra de desplazamiento para un marco.
Existen tres parámetros posibles SCROLLING=YES, SCROLLING=NO y SCROLLING=AUTO que habilita la barra solo si es necesario
• SRC indica que exhiba en un marco el contenido de un documento HTML.

Etiqueta
Etiqueta que es usada para desplegar un texto o una página alternativa cuando un navegador no es capaz de desplegar los marcos.

Veamos un ejemplo que resume todo esto. Debemos crear un nuevo archivo html, al cual llamaremos: **frames.html**.

Ejemplo 13:
```
<html>
<head> <title>P&aacute;gina de frames</title> </head>
<frameset COLS="20%,*" frameborder=0 framespacing=0 border=0>
<frame name="izquierda" src="pag4.html" marginwidth="0"
marginheight="0" scrolling="auto" frameborder="no">
<frameset ROWS="30%,*" frameborder=0 framespacing=0 border=0>
<frame name="superior" src="pag2.html" marginwidth="0"
marginheight="0" scrolling="auto" frameborder="no">
<frame name="principal" src="pag3.html" marginwidth="0"
marginheight="0" scrolling="auto" frameborder="no">
</frameset>
</frameset>
<noframes>
<center>
Su navegador no puede desplegar frames.
</center>
</noframes>
</html>
```
Una vez que cargue la nueva página **frames.html** podrá ver los marcos que se crearon.
Notará que los enlaces del marco derecho aparecen en el mismo marco, lo que debemos hacer es redireccionar estos enlaces usando el atributo target en el ejemplo **pag4.html** que quedaría de esta manera:

Ejemplo 14:
```
<html>
<head> <title>P&aacute;gina de enlaces</title> </head>
<body bgcolor="#C0D9D9" text="#000000" background="fondo.gif"
link="#000080" vlink="magenta" alink="black">
<center><h1>
<a name="tope"></a>
Enlaces</h1><br>
<img src="foto.jpg" alt="Foto de Claudia"><br><br>
<a href="index.html" target="principal">P&aacute;gina Principal
o
P&aacute;gina Uno</a><br>
<a href="pag2.html" target="principal">P&aacute;gina Dos</a><br>
<a href="pag3.html" target="principal">P&aacute;gina Tres</a><br>
<br>
<a href="http://www.internet.com/" target="principal">Red
en Internet</a><br>
<a href="ftp://ftp.microsoft.com/pub/" target="principal">FTP de
Microsoft</a><br>
<a href="mailto:caye@internet.com">Env&iacute;a comentarios
sobre este manual por E-Mail</a><br>
<br><br>
<a href="#tope">De vuelta arriba</a>
</center>
</body>
</html>
```
Guarde este archivo con el nombre **pag4.html** y haga una actualización de la página en su navegador para notar los cambios.

Otras etiquetas útiles

A continuación algunas etiquetas que pueden ser útiles al momento de elaborar las páginas HTML. Se detalla el objetivo de cada una de las etiquetas y un ejemplo.

Etiqueta de comentarios <!-- -->

Se trata de una etiqueta que puede ser introducida en cualquier parte del código y que es utilizada para realizar acotaciones y/o comentarios.

Sintaxis de Ejemplo:

<!-- Los comentarios se introducen de esta manera -->

Etiqueta de comentarios

Se trata de una etiqueta que puede ser introducida en cualquier parte del código y que es utilizada para realizar acotaciones y/o comentarios.

Sintaxis de Ejemplo:

<comment>Los comentarios se introducen de esta manera</comment>

Etiqueta <address></address>
Ofrece una manera de dr formato a un pequeño cuerpo de texto que se asemeje a la rotulación de una carta convencional.
Sintaxis de ejemplo:
<address>Roberto Rojas
POBOX 2282
Galapagar – Madrid</address>

Etiqueta <cite> </cite>
El texto dentro de la etiqueta <cite> aparece en cursivas para representar una cita

Sintaxis de ejemplo:
<cite>Este texto estará inclinado</cite>

Etiqueta <code> </code>
El texto dentro de la etiqueta <code> aparece en una fuente con caracteres mono espaciados cuando se visualiza a través de un navegador.

Sintaxis de ejemplo:
<code>Este texto aparece con tipo de letra especial</code>

Etiqueta <credit> </credit>
Esta etiqueta se emplea para indicar los créditos por el material incluido en un documento. A menudo se asignan créditos para las fuentes e individuos que se citan en forma directa.

Sintaxis de ejemplo:
<credit>Foto usada bajo permiso de Carlos Aníbarro</credit>

Etiqueta <em> </em>
Indica que se debe dar énfasis al texto que se contiene. EL navegador resaltará este texto con negrillas e inclinación italica.

Sintaxis de ejemplo:
<em>Texto resaltado</em>

Etiqueta <kbd> </kbd>
La etiqueta <kbd> indica al navegador que interprete el texto especificado en una fuente en negritas de ancho fijo. Por lo regular, esta etiqueta se usa para ejemplificar una entrada del teclado hecha por el usuario.

Sintaxis de ejemplo:
<kbd>Teclee su mensaje acá:</kbd>
Etiqueta <nobr> </nobr>
La etiqueta <nobr> impide que el navegador inserte un salto de línea, incluso cuando es adecuado el ajuste de texto. Algunas cadenas de texto no deberían romperse bajo ninguna circunstancia. Un buen ejemplo de una cadena de texto que debe permanecer sin cortes es un URL extenso.

Sintaxis de ejemplo:

No deseo que esta dirección URL larga sea cortada:
<nobr>http://www.todointernet.com/irc</nobr>

Etiqueta <p> </p>
La etiqueta <p> o de párrafo, indica el inicio y el final de oraciones a exhibir con un solo párrafo.
Sintaxis de ejemplo:

<p>a partir de ahora definimos párrafos de esta manera.</p>
<p align="center">Párrafo en el centro</p>
<p align="left">Párrafo a la izquierda</p>
<p align="right">Párrafo a la derecha</p>

Etiqueta <pre> </pre>
La etiqueta <pre> significa texto "preformateado" y se usa para conservar espacios y saltos de línea en cuerpos de texto. Esta etiqueta resulta útil en el formateo de un párrafo completo que el autor quisiera que el navegador cliente lo exhibiese palabra por palabra.
Sintaxis de ejemplo:
<pre>El texto que usted ve.
Aparecerá tal cual, incluidos los retornos de carro</pre>

Etiqueta <s> </s> o <strike> </strike>
Instruye al navegador que tache el texto incluido entre las etiquetas.
Sintaxis de ejemplo:
<strike>Este texto esta tachado</strike>

Etiqueta <strong> </strong>
Hace que el navegador exhiba el texto en negritas. Algunos navegadores muestran el texto en cursivas.
Sintaxis de ejemplo:
<strong>Este texto esta sobre saltado</strong>

Etiqueta
Instruye al navegador que exhiba el texto especificado como subíndice.
Sintaxis de ejemplo:
Agua: H₂0

Etiqueta
Indica al navegador exhibir el texto especificado como super índice
Sintaxis de ejemplo:
Mate: 2*2 = 2².

Etiqueta <tt> </tt>
Etiqueta teletipo, instruye al navegador que exhiba el texto especificado en una fuente de ancho fijo.
Sintaxis de ejemplo:
<tt>Este es un tipo de letra de teletipo</tt>

Etiqueta <var> </var>
Indica al navegador que exhiba el texto especificado en una fuente más pequeña, de ancho fijo.
Sintaxis de ejemplo:
<var>Este texto será mas pequeño y de formato especial</var>

Atributo bgproperties="fixed " del BODY

Indica a su navegador Internet Explorer que mantenga el fondo constante y no móvil de forma vertical.

Sintaxis de ejemplo:

<body text="#FFFFFF" bgcolor="#000000" background="fondo.gif" bgproperties="fixed">

Guía de Tecnologías XML

¿Qué son las Tecnologías XML?

XML es un Lenguaje de Etiquetado Extensible muy simple, pero estricto que juega un papel fundamental en el intercambio de una gran variedad de datos. Es un lenguaje muy similar a HTML pero su función principal es describir datos y no mostrarlos como es el caso de HTML. XML es un formato que permite la lectura de datos a través de diferentes aplicaciones.

Las tecnologías XML son un conjunto de módulos que ofrecen servicios útiles a las demandas más frecuentes por parte de los usuarios. XML sirve para estructurar, almacenar e intercambiar información.

¿Para qué sirven?

Entre las tecnologías XML disponibles se pueden destacar:

XSL : Lenguaje Extensible de Hojas de Estilo, cuyo objetivo principal es mostrar cómo debería estar estructurado el contenido, cómo debería ser diseñado el contenido de origen y cómo debería ser paginado en un medio de presentación como puede ser una ventana de un navegador Web o un dispositivo móvil, o un conjunto de páginas de un catálogo, informe o libro.

XPath : Lenguaje de Rutas XML, es un lenguaje para acceder a partes de un documento XML.

XLink : Lenguaje de Enlace XML, es un lenguaje que permite insertar elementos en documentos XML para crear enlaces entre recursos XML.

XPointer : Lenguaje de Direccionamiento XML, es un lenguaje que permite el acceso a la estructura interna de un documento XML, esto es, a sus elementos, atributos y contenido.

XQL : Lenguaje de Consulta XML, es un lenguaje que facilita la extracción de datos desde documentos XML. Ofrece la posibilidad de realizar consultas flexibles para extraer datos de documentos XML en la Web.

¿Cómo funcionan?

XSL funciona como un lenguaje avanzado para crear hojas de estilos. Es capaz de transformar, ordenar y filtrar datos XML, y darles formato basándolo en sus valores. *XPath* identifica partes de un documento XML concreto, como pueden ser sus atributos, elementos, etc. *XLink* por su lado, describe un camino estándar para añadir hiperenlaces en un archivo XML. Es decir, es un mecanismo de vinculación a otros documentos XML. Funciona de forma similar a un enlace en una página Web, es decir, funciona como lo haría <a href="">, sólo que a href es un enlace unidireccional. Sin embargo, XLink permite crear vínculos bidireccionales, lo que implica la posibilidad de moverse en dos direcciones. Esto facilita la obtención de información remota como recursos en lugar de simplemente como páginas Web. *XPointer* funciona como una sintaxis que apunta a ciertas partes de un documento XML, es como una extensión de XPath. Se utiliza para llegar a ciertas partes de un documento XML. Primero, XLink permite establece el enlace con el recurso XML y luego es XPointer el que va a un punto específico del documento. Su funcionamiento es muy similar al de los identificadores de fragmentos en un documento HTML ya que se añade al final de una URI y después lo que hace es encontrar el lugar especificado en el documento XML. Al ser XPointer una extensión de XPath, XPointer tiene todas las ventajas de XPath y además permite establecer un rango en un documento XML, es decir, con XPointer es posible establecer un punto final y un punto de inicio, lo que incluye todos los elementos XML dentro de esos dos puntos. Finalmente, *XQL*, lenguaje de consultas, se basa en operadores de búsqueda de un modelo de datos para documentos XML que puede realizar consultas en infinidad de tipos de documentos como son documentos estructurados, colecciones de documentos, bases de datos, estructuras DOM, catálogos, etc.

Ejemplos

Ejemplo de documento XML:

```
<?xml version="1.0" encoding="ISO-8859-1"?>
<libro xmlns:xsi="http://www.w3.org/2001/XMLSchema-instance"
xmlns:xsl="http://www.w3.org/1999/XSL/Transform"
xsi:noNamespaceSchemaLocation="C:/xampp/htdocs/aplicaciones/capitulo.xsl">
  <titulo>Don Juan Tenorio</titulo>
  <capitulo>
   <titulo>Dragones y Mazmorras</titulo>
   <seccion>
    <titulo>Codigo Davinci</titulo>
   </seccion>
  </capitulo>
</libro>
```

Ejemplo de transformación XSL:

```
<!-- Transforma el documento XML anterior en un documento XHTML -->
<xsl:stylesheet version="1.0" xmlns="http://www.w3.org/1999/xhtml"
    xmlns:xsl="http://www.w3.org/1999/XSL/Transform">
<xsl:strip-space elements="libro capitulo titulo"/>
<xsl:output
  method="xml"
  indent="yes"
  encoding="iso-8859-1"
  doctype-public="-//W3C//DTD XHTML 1.1//EN"
  doctype-system="http://www.w3.org/TR/xhtml11/DTD/xhtml11.dtd"/>
```

```
<!-- Utiliza el título del libro como título del documento XHTML -->
<xsl:template match="libro">
 <html>
   <head>
     <title>
       <xsl:value-of select="titulo"/>
     </title>
   </head>
   <body>
     <xsl:apply-templates/>
   </body>
 </html>
</xsl:template>


<!-- Y también como título de nivel H1 -->
<xsl:template match="libro/titulo">
  <h1>
    <xsl:apply-templates/>
  </h1>
</xsl:template>


<!-- Los títulos de los capítulos aparecerán como H2 -->
<xsl:template match="capitulo/titulo">
  <h2>
    <xsl:apply-templates/>
  </h2>
</xsl:template>


<!-- Los títulos de las secciones aparecerán como H3 -->
<xsl:template match="seccion/titulo">
  <h3>
    <xsl:apply-templates/>
  </h3>
</xsl:template>
</xsl:stylesheet>
```

Finalmente el XHTML quedaría asi:

```
<!DOCTYPE html PUBLIC "-//W3C//DTD XHTML 1.1//EN"
"http://www.w3.org/TR/xhtml11/DTD/xhtml11.dtd">
<html xmlns="http://www.w3.org/1999/xhtml">
<head>
<title>Don Juan Tenorio</title>
</head>
<body><h1>Don Juan Tenorio</h1><h2>Dragones y Mazmorras</h2>
   <h3>Codigo Davinci</h3>
  </body>
</html>
```

XML en 10 puntos

XML, XLink, Namespace, DTD, Schema, CSS, XHTML ... Si usted no conoce XML, podría resultarle difícil saber por dónde comenzar. Este resumen en 10 puntos intenta capturar lo suficiente de los conceptos básicos como para permitir al principiante ver el bosque a través de los árboles. Y si usted tiene que dar una presentación sobre XML ¿por qué no empezar por estos 10 puntos?

1. XML es para estructurar datos

Los datos estructurados incluyen cosas como planillas de cálculo, libretas de direcciones, parámetros de configuración, transacciones financieras y dibujos técnicos. XML es un conjunto de reglas (también se las podría pensar como líneas de guía o convenciones) para diseñar formatos de texto que permitan estructurar los datos. XML no es un lenguaje de programación, y no hace falta ser un programador para usarlo o aprenderlo. XML facilita a la computadora la tarea de generar datos, leerlos, y asegurar que su estructura no es ambigua. XML evita las fallas comunes en diseño de lenguajes: es extensible, independiente de la plataforma, y soporta internacionalización y localización. XML cumple totalmente con el standard Unicode.

2. XML se parece un poco al HTML

Al igual que HTML, XML usa *etiquetas* (palabras encerradas por '<' y '>') y *atributos* (de la forma nombre="valor"). Mientras HTML especifica lo que cada etiqueta y atributo significan, y a menudo cómo aparecerá en un navegador el texto que hay entre ellas, XML usa las etiquetas sólo para delimitar las piezas de datos, y deja la interpretación de los datos completamente a la aplicación que los lee. En otras palabras, si usted ve "<p>" en un archivo XML, no asuma que es un párrafo. Dependiendo del contexto, podría ser un precio, un parámetro, una persona, una p... (¿y quién dice que debería ser una palabra que empiece con "p"?).

3. XML es texto, pero no está pensado para ser leído

Los programas que producen planillas de cálculo, libretas de direcciones y otros datos estructurados, a menudo guardan esos datos en disco, usando un formato binario o de texto. Una ventaja del formato de texto es que permite que las personas, si es necesario, miren los datos sin el programa que los produjo; en un aprieto, uno puede leer un formato de texto con su editor de texto favorito. Los formatos de texto también permiten a los desarrolladores corregir más fácilmente sus aplicaciones. Igual que los de HTML, los archivos de XML son archivos de texto que la gente no necesita, pero puede leer, si surge la necesidad. Las reglas de XML son estrictas, y en esto se parece menos al HTML. Una etiqueta olvidada o un atributo sin comillas inutilizan un archivo XML, mientra que en HTML es tolerada y a menudo explícitamente permitida. La especificación oficial de XML prohibe a las aplicaciones que traten de adivinar las intenciones del creador de un archivo XML dañado; si el archivo está dañado, la aplicación debe detenerse allí mismo y reportar un error.

4. XML es verboso por diseño

Como XML es un formato de texto y usa etiquetas para delimitar los datos, los archivos XML son casi siempre más grandes que los formatos binarios comparables. Eso fue una decisión consciente de los diseñadores de XML. Las ventajas de un formato de texto son evidentes (ver el punto 3), y las desventajas pueden usualmente ser compensadas en un nivel diferente. El espacio de disco es menos caro de lo que solía ser, y los programas de compresión como gzip pueden comprimir los archivos muy bien y muy rápido. Además, los protocolos de comunicación como los de modem y HTTP/1.1, el protocolo central de la Web, pueden comprimir datos al vuelo, ahorrando ancho de banda tan efectivamente como un formato binario.

5. XML es una familia de tecnologías

XML 1.0 es la especificación que define lo que son las "etiquetas" y los "atributos". Más allá de XML 1.0, "la familia XML" es un conjunto creciente de módulos que ofrecen servicios útiles para realizar tareas importantes frecuentemente demandadas. Xlink describe un modo standard de agregar hipervínculos a un archivo XML. XPointer y *XFragments* son sintaxis en desarrollo para apuntar a partes de un documento XML. Un XPointer se parece un poco a un URL, pero en lugar de apuntar a documentos en la Web, apunta a piezas de datos dentro de un archivo XML. CSS, el lenguaje de hojas de estilo, es aplicable a XML tanto como a HTML. XSL es el lenguaje avanzado para expresar las hojas de estilo. Se basa en XSLT, un lenguaje de transformación usado para reacomodar, agregar y eliminar etiquetas y atributos. El DOM es un conjunto standard de llamadas a funciones para manipular archivos XML (y HTML) desde un lenguaje de programación. XML Schemas 1 y 2 ayudan a los desarrolladores a definir con precisión las estructuras de sus propios formatos basados en XML. Hay varios módulos y herramientas disponibles o en desarrollo. No pierda de vista la página de reportes técnicos de la W3C.

6. XML es nuevo, pero no tanto

El desarrollo de XMLcomenzó 1996 y ha sido una recomendación de la W3C desde febrero de 1998, lo cual le podria hacer sospechar que ésta es una tecnología bastante inmadura. De hecho,la tecnología no es muy nueva. Antes de XML estuvo SGML, desarrollado a principios de los '80, standard ISO desde 1986, y ampliamente usado para grandes proyectos de documentación. El desarrollo de HTML empezó en 1990. Los diseñadores de XML simplemente tomaron las mejores partes de SGML, guiados por la experiencia con HTML, y produjeron algo que es no menos poderoso que SGML, y vastamente más regular y simple de usar. Algunas evoluciones, sin embargo, son difíciles de distinguir de revoluciones... y hay que decir que mientras SGML es mayormente usado para documentación técnica y mucho menos para otras clases de datos, con XML pasa exactamente lo opuesto.

7. XML lleva HTML a XHTML

Hay una importante aplicación de XML que es un formato de documento: XHTML de la W3C, el sucesor de HTML. XHTML tiene muchos de los mismos elementos de HTML. La sintaxis ha sido ligeramente cambiada para conformarse a las reglas de XML. Un documento "basado en XML" hereda la sintaxis de XML y la restringe de ciertas maneras (p.e, XHTML permite "<p>", pero no "<r>"); también suma significado a esa sintaxis (XHTML dice que "<p>" significa "parágrafo", y no "precio", "persona", o cualquier otra cosa).

8. XML es modular

XML le permite definir un formato de documento combinando y reusando otros formatos. Puesto que dos formatos desarrollados independientemente podrían tener elementos o atributos con el mismo nombre, se debe tener cuidado al combinarlos (¿"<p>" significa "parágrafo" de este formato o "persona" de aquél otro?). Para eliminar la confusión de nombres al combinar formatos, XML provee un mecanismo de espacio de nombre. XSL y RDF son buenos ejemplos de formatos basados en XML que usan espacios de nombres. XML Schema está diseñado para reflejar este soporte de la modularidad al nivel de definir la estructura de documentos XML, por medio de la facilidad para combinar dos esquemas para producir un tercero que cubre una estructura de documento combinada.

9. XML es la base de RDF y de la Web Semántica

El Resource Description Framework (RDF) de la W3C es un formato de texto XML que soporta aplicaciones de descripción de recursos y metadatos, tales como listas de temas musicales, colecciones de fotos, y bibliografías. Por ejemplo, RDF podría permitirle identificar las personas en un álbum de fotos Web usando información de una lista de contactos personales; entonces, su cliente de correo podría enviar automáticamente a esas personas un mensaje diciendo que sus fotos están en la Web. Lo mismo que HTML integró los documentos, los sistemas de menú y las aplicaciones de formularios para lanzar la Web original, RDF integra las aplicaciones y los agentes en una Web Semántica. Del mismo modo que las personas necesitan estar de acuerdo en los significados de las palabras que emplean en su comunicación, las computadoras necesitan mecanismos para acordar los significados de los términos para comunicarse efectivamente. Las descripciones formales de los términos en una cierta área (compras o manufactura, por ejemplo) se llaman ontologías, y son una parte necesaria de la Web Semántica. RDF, las ontologías, y la representación del significado de modo que las computadoras puedan ayudar a las personas a hacer el trabajo, son tópicos de la Actividad de la Web Semántica.

10. XML es gratuito, independiente de la plataforma y bien soportado

Al elegir XML como la base de un proyecto, usted gana acceso a una comunidad grande y creciente de herramientas (¡una de las cuales podría ya hacer lo que usted necesita!) e ingenieros experimentados en la tecnología. Optar por XML es un poco como elegir SQL para bases de datos: usted todavía tiene que construir su base de datos y sus propios programas y procedimientos que la manipulen, y hay muchas herramientas disponibles y mucha gente que puede ayudarlo. Y como XML es gratuito, usted puede construir su propio software alrededor de él sin pagar nada a nadie. El soporte grande y creciente significa que usted tampoco está atado a un vendedor único. *XML no es siempre la mejor solución, pero siempre vale la pena considerarlo.*

Definición Normativa

¿Qué es XHTML?

XHTML (Lenguaje de Marcado de Hipertexto Extensible) es una versión más estricta y limpia de HTML, que nace precisamente con el objetivo de remplazar a HTML ante su limitación de uso con las cada vez más abundantes herramientas basadas en XML . XHTML extiende HTML 4.0 combinando la sintaxis de HTML, diseñado para mostrar datos, con la de XML, diseñado para describir los datos.

¿Para qué sirve?

Ante la llegada al mercado de un gran número de dispositivos, XHTML surge como el lenguaje cuyo etiquetado, más estricto que HTML, va a permitir una correcta interpretación de la información independientemente del dispositivo desde el que se accede a ella. XHTML puede incluir otros lenguajes como MathML , SMIL o SVG , al contrario que HTML.

¿Cómo funciona?

XHTML, al estar orientado al uso de un etiquetado correcto, exige una serie de requisitos básicos a cumplir en lo que a código se refiere. Entre estos requisitos básicos se puede mencionar una estructuración coherente dentro del documento donde se incluirían elementos correctamente anidados, etiquetas en minúsculas, elementos cerrados correctamente, atributos de valores entrecomillados, etc.

Ejemplos

A continuación se pueden ver algunos ejemplos de los aspectos más importantes a tener en cuenta a la hora de utilizar XHTML.

- Los documentos deben estar *bien formados*:

  Un formato correcto en un documento XHTML es muy importante. Esto quiere decir que todos los elementos deben tener etiquetas de cierre, deben estar escritos de una forma determinada y además todos los elementos deben estar anidados correctamente.

  Código de elementos anidados:

<p>Ejemplo de elementos bien <em>anidados</em>.</p>

<p>Ejemplo de elementos mal <em>anidados</p>.</em>

- Los nombres de atributos y elementos deben ir en minúsculas:

  Tanto los elementos como los atributos deben ir en minúsculas para todos los elementos HTML y los nombres de atributos. Esto es importante ya que XML interpreta las mayúsculas y las minúsculas de forma diferente.

  <body>Ejemplo correcto</body>

  <BODY>Ejemplo incorrecto</BODY>

- Los elementos que no estén vacíos necesitan etiquetas de cierre:
- <p>Ejemplo correcto.</p>
- <p>Ejemplo correcto.</p>
- <p>Ejemplo incorrecto.<p>Ejemplo incorrecto.</p>
- Los valores de las etiquetas deben ir siempre entre comillas:

  Todos los valores de los atributos deben ir entre comillas, incluso aquellos que sean numéricos.

  <table rows="3">

  <table rows=3> ejemplo incorrecto

- Existen varias versiones de XHTML (1.0, 1.1, Básico, etc.). Para utilizar una versión concreta, se debe incluir antes del elemento html del código de la página Web, la Definición del Tipo de Documento (DTD) que se pretende utilizar. Por ejemplo, un documento en XHTML 1.1 podría especificarse de la siguiente forma:

```
<?xml version="1.0" encoding="UTF-8"?>
<!DOCTYPE
    html PUBLIC "-//W3C//DTD XHTML 1.1//EN"
    "http://www.w3.org/TR/xhtml11/DTD/xhtml11.dtd">
<html xmlns="http://www.w3.org/1999/xhtml" xml:lang="es">
  <head>
    <title>Título</title>
  </head>
  <body>
        .
        .
```

```
</body>
</html>
```

Tabla de contenidos

1. ¿Por qué es necesario XHTML?, ¿no es HTML lo suficientemente bueno?
2. ¿Cuáles son las ventajas de usar XHTML en lugar de HTML?
3. ¿Es posible poner simplemente la declaración XML al inicio de los documentos HTML ya existentes?, ¿se pueden entremezclar documentos HTML 4.01 y XHTML?
4. ¿Cuál es la manera más sencilla de convertir documentos HTML a XHTML?
5. ¿Por qué los navegadores son tan rigurosos con el XML y eran más permisivos con el HTML?
6. ¿Por qué debería prestar especial atención a que mi documento sea HTML válido si ya se muestra correctamente en mi navegador?
7. ¿Dónde puedo verificar que mi documento usa el etiquetado correctamente?
8. ¿Por qué se hace referencia continuamente a los "agentes de usuario" en lugar de a los "navegadores"?
9. ¿Por qué tengo que usar en XHTML eso que llamáis "namespace" (espacio de nombres)?
10. ¿Por qué está permitido servir documentos XHTML 1.0 como text/html?
11. ¿Qué navegadores aceptan el tipo de medio application/xhtml+xml?
12. ¿Acepta Internet Explorer de Microsoft el tipo de medio application/xhtml+xml?
13. CSS tiene un montón de reglas especiales que sólo se aplican a HTML, ¿Se aplican también a XHTML?
14. ¿Funciona document.write en XHTML?
15. ¿Por qué no está permitido servir documentos XHTML 1.1 como text/html?
16. ¿Por qué se eliminó el atributo "target" (destino) en XHTML 1.1?
17. ¿Cuál es la utilidad de la Modularización de XHTML?
18. ¿Por qué es XHTML 2 necesario?, ¿no es XHTML 1 lo suficientemente bueno?
19. ¿Se sustituye <img> por <object> en XHTML 2?
20. ¿Por qué XHTML 2 no utiliza XLink?
21. ¿Por que XHTML 2 no es compatible con versiones previas?
22. ¿Por qué está xml:space establecido como "preserve" (conservar) en todos los elementos de XHTML? No quiero que se vean espacios extras en mis documentos.

¿Por qué es necesario XHTML?, ¿no es HTML lo suficientemente bueno?

HTML es probablemente el lenguaje de etiquetado de documentos más exitoso del mundo. Pero cuando se presentó XML, se organizó un taller de dos días de duración para analizar si era necesaria una nueva versión de HTML basada en XML. La opinión general del taller fue un rotundo "Sí": con un HTML basado en XML, otros lenguajes XML podrían incluir porciones de XHTML, y los documentos XHTML podrían incluir porciones de otros lenguajes de etiquetado. Incluso se podría aprovechar el rediseño para limpiar algunas de las partes más descuidadas de HTML, y añadir algunas funcionalidades nuevas y necesarias, tales como mejores formularios.

¿Cuáles son las ventajas de usar XHTML en lugar de HTML?

Si sus documentos son XHTML 1.0 puro (sin incluir otros lenguajes de etiquetado) entonces las diferencias no serán muy significativas actualmente. Sin embargo, a medida que proliferan las herramientas XML, como XSLT para la transformación de documentos, las ventajas de usar XHTML serán más visibles. XForms por ejemplo, permitirá editar documentos XHTML (u otros tipos de documentos XML) de forma sencilla. Las aplicaciones de Web Semántica serán capaces de sacar provecho de los documentos XHTML.

Si nuestros documentos son algo más que XHTML 1.0, por ejemplo si incluyen MathML, SMIL, o SVG, entonces las ventajas son inmediatas: ese tipo de combinaciones NO son posibles con HTML.

¿Es posible poner simplemente la declaración XML al inicio de los documentos HTML ya existentes?, ¿se pueden entremezclar documentos HTML 4.01 y XHTML?

No. HTML no tiene formato XML. Hay que realizar los cambios necesarios para hacer que el documento sea conforme a XML antes de que se pueda aceptar como XML.

¿Cuál es la manera más sencilla de convertir documentos HTML a XHTML?

HTML Tidy ofrece la opción de transformar cualquier documento HTML en uno XHTML. Amaya es un navegador/editor que guarda documentos HTML como XHTML.

¿Por qué los navegadores son tan rigurosos con el XML y eran más permisivos con el HTML?

Está hecho a propósito. Los navegadores HTML aceptan cualquier entrada, ya sea correcta o no, e intentan mostrar algo perceptible con lo que reciben. Dicha corrección de errores hace que los navegadores sean muy difíciles de implementar, especialmente si se espera que todos los navegadores actúen de igual manera. Esto también supone que una enorme cantidad de documentos HTML sean incorrectos, ya que, al mostrarse correctamente en el navegador, el autor no es consciente de los errores. Todo ello hace que sea realmente complicado implementar nuevos agentes de usuario, puesto que los documentos que se supone son HTML, frecuentemente tienen errores.

¿Por qué debería prestar especial atención a que mi documento sea HTML válido si ya se muestra correctamente en mi navegador?

Todos los navegadores saben interpretar HTML correcto. Sin embargo, si no es correcto, el navegador tiene que reparar el documento, y como los navegadores reparan los documentos de distintas formas, esto da lugar a diferencias, con lo cual el documento podría mostrarse y funcionar de diferente manera en navegadores distintos. Puesto que hay cientos de navegadores diferentes, y continuamente aparecen nuevos (no únicamente para PCs, también para PDAs, teléfonos móviles, televisores, impresoras, e incluso frigoríficos), es imposible probar los documentos en todos los navegadores. Si se utiliza HTML no válido y el documento no funciona en un navegador en particular, es un problema del autor; si se utiliza HTML válido y no funciona, entonces es un fallo del navegador.

¿Dónde puedo verificar que los documentos usen el etiquetado correctamente?

El W3C ofrece un servicio de validación en http://validator.w3.org/. El navegador/editor Amaya también se asegurará de que el etiquetado sea correcto.

¿Por qué se hace referencia continuamente a los "agentes de usuario" en lugar de a los "navegadores"?

Aunque los navegadores son de hecho usuarios importantes de HTML y XHTML, hay otros programas y sistemas que leen esos documentos. Los motores de búsqueda por ejemplo, leen documentos pero no son navegadores. Utilizando el término "agente de usuario", intentamos recordar a la gente la diferencia.

Por ejemplo, al hacer una búsqueda en Google frecuentemente veremos en alguno de los resultados de la búsqueda algo como "Esta página Web contiene marcos, pero su navegador no los soporta", lo que desanima a los usuarios a hacer clic en ese vínculo. El autor del sitio Web en cuestión no se ha dado cuenta de que no todo son navegadores, y de que se debe incluir un texto mejor en la sección <noframes>, para que de esta forma no se muestren tan carentes de sentido cuando los usuarios hagan búsquedas en su sitio Web.

¿Por qué tengo que usar en XHTML eso que llamáis "namespace" (espacio de nombres)?

En los primeros tiempos del HTML diferentes grupos y compañías añadieron nuevos elementos y atributos al HTML. Esto amenazaba con provocar un caos de diferentes versiones de HTML no interoperables. XML (la X significa eXtensible) permite a cualquiera utilizar elementos de diferentes lenguajes, pero, para que un navegador u otro agente de usuario conozca qué elementos pertenecen a qué lenguajes, hay que indicárselo. Eso es la función de las declaraciones de los espacios de nombres.

¿Por qué está permitido servir documentos XHTML 1.0 como text/html?

XHTML es un formato XML; esto quiere decir que, estrictamente hablando, debería ser enviado con un tipo de medio afín a XML (application/xhtml+xml, application/xml, o text/xml). Sin embargo, XHTML 1.0 fue cuidadosamente diseñado para que pudiera funcionar tal cual incluso en agentes de usuario HTML antiguos. Si se siguen algunas directrices simples se puede conseguir que muchos documentos XHTML 1.0 funcionen en navegadores antiguos. No obstante, los navegadores antiguos sólo entienden el tipo de medio text/html, así que es necesario utilizar ese tipo de medio si se les envía documentos XHTML 1.0. Pero se debe ser consciente de que si enviamos los documentos XHTML a los navegadores como text/html, éstos verán los documentos como documentos HTML, no XHTML.

¿Qué navegadores aceptan el tipo de medio application/xhtml+xml?

Que sepamos, todos los navegadores basados en Mozilla, tales como Mozilla, Netscape 5 y superiores, Galeon y Firefox, así como Opera, Amaya, Camino, Chimera, DocZilla, iCab, Safari, y todos los navegadores de teléfonos móviles que acepten WAP 2. De hecho, cualquier navegador moderno. La mayoría aceptan los documentos XHTML como application/xml.

¿Acepta Internet Explorer de Microsoft el tipo de medio application/xhtml+xml?

No. No obstante, hay un truco que permite servir documentos XHTML 1.0 a Internet Explorer como application/xml.

Hay que incluir al inicio del documento la siguiente línea en negrita:

<?xml version="1.0" encoding="iso-8859-1"?>

<?xml-stylesheet type="text/xsl" href="copy.xsl"?>

```
<!DOCTYPE html PUBLIC "-//W3C//DTD XHTML 1.0 Transitional//EN"
      "http://www.w3.org/TR/xhtml1/DTD/xhtml1-transitional.dtd">
<html xmlns="http://www.w3.org/1999/xhtml">
<head>
```

donde copy.xsl es un fichero que contiene lo siguiente:

```
<stylesheet version="1.0"
    xmlns="http://www.w3.org/1999/XSL/Transform">
    <template match="/">
      <copy-of select="."/>
    </template>
</stylesheet>
```

Téngase en cuenta que este fichero debe estar en la misma localización que el documento que lo referencia.

Aunque se está sirviendo el documento como XML, y se analiza cómo XML, el navegador piensa que ha recibido text/html, y por ello el documento XHTML 1.0 debe seguir las directrices para servir a navegadores antiguos.

Los documentos XHTML continuarán funcionando en los navegadores que acepten XHTML 1.0 como application/xml.

CSS tiene un montón de reglas especiales que sólo se aplican a HTML, ¿se aplican también a XHTML?

No. Las reglas CSS que se aplican únicamente a HTML, se aplican sólo a los documentos que se sirven como text/html.

¿Funciona document.write en XHTML?

No. Debido a la manera en que XML se define, no es posible hacer trucos como este, en el que el etiquetado es generado por scripts al mismo tiempo que el analizador está analizando el etiquetado.

Todavía se pueden conseguir los mismos efectos, pero hay que hacerlo utilizando DOM para añadir y borrar elementos.

¿Por qué no está permitido servir documentos XHTML 1.1 como text/html?

XHTML 1.1 es XML puro, y pensado para ser únicamente XML. No puede ser enviado a navegadores antiguos con seguridad. Por tanto los documentos XHTML 1.1 deben ser enviados con un tipo de medio afín a XML, tal como application/xhtml+xml.

¿Por qué se eliminó el atributo "target" (destino) en XHTML 1.1?

No ha sido eliminado. Hay tres versiones de XHTML 1.0: strict (estricta), transitional (transicional), y frameset (con marcos). Las tres versiones fueron mantenidas a propósito lo más semejantes a HTML 4.01 dentro de lo que permite XML. XHTML 1.1 es una versión puesta al día de XHTML 1.0 *estricto*, y ninguna versión de HTML estricta ha incluido nunca el atributo target. Las otras dos versiones , transicional y con marcos, no fueron puestas al día, ya que no había nada que actualizar. Si se desea utilizar el atributo target, debe usarse XHTML 1.0 transicional.

¿Cuál es la utilidad de la Modularización de XHTML?

La modularización de XHTML no se dirige a los usuarios normales de XHTML, sino a los diseñadores de lenguajes basados en XHTML. Se ha observado que las compañías y grupos tienen la tendencia a diseñar sus propias versiones de HTML y XHTML, y éstas a menudo no son interoperables en los niveles básicos. La modularización XHTML divide XHTML en una serie de módulos que pueden seleccionarse individualmente cuando se define un nuevo lenguaje; de esta manera se garantiza que cualquier lenguaje basado en XHTML que utilice por ejemplo tablas, utilice la misma definición de tablas, y no otra versión divergente. La modularización también aclara dónde es correcto añadir nuevos elementos y dónde no lo es.

¿Por qué es XHTML 2 necesario?, ¿no es XHTML 1 lo suficientemente bueno?

HTML y XHTML han realizado un buen servicio, pero hay muchas cosas que pueden ser mejoradas. Las áreas que han recibido una atención particular incluyen mejoras en las posibilidades de estructuración, eliminación de características repetidas en XML, usabilidad, accesibilidad, internacionalización, independencia de dispositivo, mejores formularios y reducción de la necesidad de scripts.

¿Se sustituye <img> por <object> en XHTML 2?

No. <img> es sustituida en XHTML2, pero por algo más completo (aunque se podría usar <object> si se desease).

El diseño de <img> tiene muchos problemas en HTML:

- No hay posibilidad de facilitar alternativas, así pues, si se utiliza por ejemplo una imagen de tipo PNG, y el navegador no puede manejar ese tipo, la única alternativa es usar el texto alt. Este hecho ha dificultado la adopción de las imágenes PNG, las cuales son mejores que GIF y JPG en muchos aspectos, ya se ha seguido usando la forma en la que todo el mundo podía ver las imágenes.
- El texto alt no puede ser etiquetado, por tanto si se utiliza sólo obtendremos un texto sin formato.
- Es posible incluir un enlace longdesc a una descripción de la imagen, para ayudar a los invidentes, pero se utiliza en muy pocos ocasiones.

Lo que hace XHTML 2 es indicar que todas las imágenes son equivalentes a alguna parte de contenido; esto se consigue permitiendo el uso de un atributo src en los elementos. Esto quiere decir que: si la imagen está disponible, y el navegador puede procesarla, se utiliza; si no es así, se utilizará el contenido del elemento. Por ejemplo:

<p src="mapa.png">Sal de la estación, gira a la izquierda,

sigue recto por la <strong>calle Uría</strong>, y gira a la derecha</p>

La ventaja de este método es que si la imagen no está disponible por alguna razón (como un problema de red) o el navegador no puede mostrar ese tipo de imagen, el documento todavía se puede utilizar. Si se desea proporcionar más de un tipo de imagen, se puede hacer:

<p src="mapa.png"><span src="mapa.gif">Sal de la estación...</span></p>

aunque es mejor usar la negociación de contenido si el servidor lo soporta (la mayoría lo soporta):

<p src="mapa">Sal de la estación...</p>

lo cual provocará la negociación del servidor con el navegador sobre el tipo de imagen que acepta, y se servirá el tipo preferido. Si no hay imagen disponible, entonces se utilizaría el contenido del elemento. Esto presenta una ventaja añadida, ya que posteriormente se podrán añadir nuevos tipos de imágenes en el servidor y no será necesario cambiar la página para que funcione correctamente.

¿Por qué XHTML 2 no utiliza XLink?

XLink y XHTML tenían diferentes requisitos para los enlaces que no fueron compatibles.

¿Por que XHTML 2 no es compatible con versiones anteriores?

Lo es, pero de una manera diferente a cómo lo eran versiones anteriores de HTML.

Debido a que versiones anteriores de HTML eran lenguajes de propósito especial, fue necesario asegurar un nivel de compatibilidad hacia atrás con nuevas versiones, de manera que los documentos nuevos fueran todavía utilizables por los navegadores antiguos. Por ejemplo, es por ello por lo que el elemento <meta> tiene su contenido en un atributo en lugar de en el mismo elemento, puesto que de ser así podría haberse mostrado en navegadores antiguos.

Sin embargo, gracias al XML y las hojas de estilo, esta compatibilidad estricta de elementos con versiones anteriores ya no es necesaria, debido a que los navegadores basados en XML, que en el momento de escribir este documento suponen más del 95% de los navegadores en uso, pueden procesar nuevos lenguajes de etiquetado sin tener que ser actualizados. Gran parte de XHTML 2 funciona ya en los navegadores actuales, navegadores que no han sido pre-programados para aceptar XHTML 2. Gran parte funciona, pero no todo: cuando los formularios y las tablas fueron añadidos a HTML, la gente tuvo que esperar a que salieran nuevas versiones de los navegadores; de igual manera, algunas partes de XHTML 2, tales como XForms y XML Events (eventos XML), todavía necesitan nuevos agentes de usuario que entiendan su funcionalidad.

¿Por qué está xml:space establecido como "preserve" (conservar) en todos los elementos de XHTML? No quiero que se vean espacios extras en mis documentos.

El atributo xml:space se refiere a la *entrada*: lo que quiere decir que controla si los espacios estarán presentes en el DOM (es decir, en la versión interna del documento que tienen el navegador); no especifica nada sobre lo que aparecerá en la pantalla. El espaciado de la salida es controlado por la propiedad "whitespace" de CSS. Estableciéndola como " pre " los espacios del DOM serán conservados en la salida; estableciéndola como "normal" los espacios en blanco se agruparán en uno solo (CSS 3 tendrá más propiedades para permitir un mayor control).

Ésta es la razón por la que todos los elementos están establecidos como xml:space="preserve" (conservar) en XHTML 2, de otro modo la propiedad "whitespace" de CSS no tendría ningún efecto, y no habría control sobre la visibilidad de los espacios en blanco. La hoja de estilo por defecto establecerá "whitespace" (espacio en blanco) como "normal" para todos los elementos excepto <pre>, pero se puede cambiar.

Conceptos Generales

Atributo

Un atributo es un parámetro de un elemento declarado en la DTD. El tipo de un atributo y su rango de valores, incluyendo la posibilidad de un valor por defecto, se definen en la DTD.

DTD

Una DTD, o definición del tipo de documento, es una colección de declaraciones XML que, como colección, define la estructura reglamentaria, los elementos y atributos que están disponibles para su uso en documentos que cumplan con la DTD.

Documento

Un documento es una cadena de datos que, tras ser combinado con cualquier otra cadena a la que referencie, queda estructurado de tal manera que porta información contenida en elementos que se organizan tal y como está especificado en la correspondiente DTD.

Elemento

Un elemento es una unidad estructural de un documento que ha sido declarada en la DTD. El modelo de contenidos del elemento está definido en la DTD, y la explicación adicional puede especificarse en la descripción comentada del elemento.

Recursos

Los componentes disponibles incluyen elementos, atributos y las explicaciones asociadas a dichos elementos y atributos. Una aplicación que admita dichos componentes debe facilitar los recursos necesarios para procesarlos.

Aplicación

Una aplicación es una sistema que posee una colección de recursos y servicios que admite esta especificación.

Análisis

El análisis es el proceso por el cual un documento es leído y la información en él contenida se traduce en el contexto de elementos en que esta información está estructurada.

Presentación

La presentación es el proceso por el cual la información contenida en un documento se muestra al usuario. Esto se lleva a cabo de la forma más apropiada al entorno que utilice el usuario (e.j. de forma auditiva, visual, impresa).

Aplicación de Usuario

Una aplicación de usuario es una aplicación que lee y procesa documentos XHTML.

Convalidación

La convalidación es un proceso por el cual los documentos son contrastados con la DTD asociada, asegurándose de que la estructura, el uso de elementos y el uso de atributos son consistentes con las definiciones de la DTD.

Gramaticalidad (Documento "bien formado")

Un documento se dice "bien formado" o "gramaticalmente correcto" cuando está estructurado de acuerdo a las reglas definidas en la Recomendación de XML 1.0 [XML]. Básicamente, en dicha definición implica que los elementos, delimitados por sus etiquetas de inicio y fin, estén convenientemente anidados.

Requisitos de Conformidad para Documentos

Esta versión de XHTML suministra una definición de documentos XHTML estrictamente conformes que se restringe a las etiquetas y atributos del espacio nominal de XHTML.

Documentos Estrictamente Conformes

Un documento XHTML estrictamente conforme es un documento que para ser procesado requiere tan sólo los recursos descritos como obligatorios en esta especificación. Tales documentos deben ajustarse a los siguientes puntos:

1. Deben poder validarse con alguna de las tres DTD.
2. El elemento raíz del documento debe ser <html>.
3. El elemento raíz del documento debe indicar el espacio nominal XHTML usando el atributo xmlns [XMLNAMES]. El espacio nominal para XHTML es http://www.w3.org/1999/xhtml
4. Debe haber una declaración DOCTYPE en el documento antes del elemento raíz. El identificador público incluido en la declaración DOCTYPE debe hacer referencia a alguna de las tres DTD que se hallan en el Apéndice A usando el Identificador Formal Público correspondiente. El identificador del sistema puede ser modificado apropiadamente para reflejar convenciones de rango local.

```
0
1  <!DOCTYPE html
2  PUBLIC "-//W3C//DTD XHTML 1.0 Strict//EN"
3  "http://www.w3.org/TR/xhtml1/DTD/xhtml1-strict.dtd">
4
5
6
7  <!DOCTYPE html
8  PUBLIC "-//W3C//DTD XHTML 1.0 Transitional//EN"
9  "http://www.w3.org/TR/xhtml1/DTD/xhtml1-transitional.dtd">
10
11
12 <!DOCTYPE html
13 PUBLIC "-//W3C//DTD XHTML 1.0 Frameset//EN"
14 "http://www.w3.org/TR/xhtml1/DTD/xhtml1-frameset.dtd">
15
```

He aquí un ejemplo de un pequeño documento XHTML.

```
<?xml version="1.0" encoding="UTF-8"?>
<!DOCTYPE html
PUBLIC "-//W3C//DTD XHTML 1.0 Strict//EN"
"http://www.w3.org/TR/xhtml1/DTD/xhtml1-strict.dtd">
<html xmlns="http://www.w3.org/1999/xhtml" xml:lang="sp" lang="sp">
```

```
<head>
<title>Biblioteca Virtual</title>
</head>
<body>
<p>Trasladada a <a href="http://vlib.org/">vlib.org</a>.</p>
</body>
</html>
```

Nótese que en este ejemplo, se incluye la declaración XML. Una declaración XML como la que se hace arriba no es necesaria en todos los documentos XML. Aún así, se recomienda encarecidamente a los autores de documentos XHTML que incluyan declaraciones XML en todos sus documentos. Tal declaración es necesaria cuando la codificación de los caracteres que se usa en el documento no es UTF-8 o UTF-16, los tipos usados por defecto en este tipo de documentos.

Usando XHTML con otros espacios nominales

El espacio nominal XHTML 1.0 puede usarse conjuntamente a otros espacios nominales XML como se indica en [XMLNAMES], aunque los documentos así producidos no serán documentos XHTML 1.0 estrictamente conformes. Futuros trabajos del W3C darán directrices que especifiquen la conformidad de documentos que usen varios espacios nominales.

Los espacios nominales XML proveen un método simple para calificar los nombres usados en documentos XML asociándolos con espacios nominales identificados con una URI. by URI.

El siguiente ejemplo muestra cómo XHTML 1.0 podría usarse en conjunción con la Recomendación MathML:

```
<html xmlns="http://www.w3.org/1999/xhtml" xml:lang="sp" lang="sp">
<head>
<title>Un ejemplo matemático</title>
</head>
<body>
<p>Lo que viene a continuación es etiquetado MathML:</p>
<math xmlns="http://www.w3.org/1998/Math/MathML">
<apply> <log/>
<logbase>
<cn> 3 </cn>
</logbase>
<ci> x </ci>
</apply>
</math>
</body>
```

```
</html>
```

El siguiente ejemplo muestra cómo el etiquetado XHTML 1.0 podría usarse en otro espacio nominal XML:

```
<?xml version="1.0" encoding="UTF-8"?>
<!-- inicialmente, el espacio nominal por defecto es "books" -->
<book xmlns='urn:loc.gov:books'
xmlns:isbn='urn:ISBN:0-395-36341-6' xml:lang="en" lang="en">
<title>Cheaper by the Dozen</title>
<isbn:number>1568491379</isbn:number>
<notes>
<!-- hacemos HTML el espacio nominal por efecto para un comentario
hipertextual -->
<p xmlns='http://www.w3.org/1999/xhtml' xml:lang="sp" lang="sp">
También está disponible <a href="http://www.w3.org/">en la red</a>.
</p>
</notes>
</book>
```

Requisitos de Conformidad para Aplicaciones de Usuario

Una aplicación de usuario debe cumplir todos y cada uno de los siguientes criterios de conformidad:

1. Para ser consistente con la Recomendación XML 1.0 [XML], la aplicación de usuario debe analizar y evaluar si un documento XHTML es "gramaticalmente correcto". Si la aplicación de usuario se dice convalidante debe contrastar los documentos con las DTD de acuerdo con [XML].

2. Cuando una aplicación de usuario dice soportar recursos definidos en esta especificación o requeridos por esta especificación a través de referencia normativa debe hacerlo de manera consistente con la definición del recurso.

3. Cuando una aplicación de usuario procesa un documento XHTML como XML genérico, tan sólo debería reconocer atributos del tipo ID (e.j. el atributo id de la mayoría de los elementos XHTML) como identificadores de fragmentos.

4. Si una aplicación de usuario encuentra un elemento que no reconoce, debe presentar el contenido de dicho elemento.

5. Si una aplicación de usuario encuentra un atributo que no reconoce, debe ignorar completamente la directriz que marque el atributo (i.e., el atributo y su valor).

6. Si una aplicación de usuario encuentra un valor de un atributo que no reconoce, debe usar en su lugar el valor por defecto del atributo.

7. Si encuentra una referencia a una entidad (distinta a las entidades predefinidas) para la que la

aplicación de usuario no ha procesado ninguna declaración (lo que podría suceder si la declaración se encuentra en un subconjunto externo al que la aplicación de usuario no ha accedido), la entidad debe presentarse como los caracteres (comenzando con & y terminando con punto y coma) que componen la referencia a la entidad.

8. Cuando se presente el contenido, las aplicaciones de usuario que encuentren caracteres o referencias a entidades de tipo carácter que reconozcan pero que no sean capaces de mostrar, deberían mostrar el documento de tal manera que el usuario aprecie claramente que no ha sido posible una presentación correcta.

9. Los siguientes caracteres se definen en [XML] como caracteres de espacios en blanco:
o Espacio ( )
o Tabulación (	)
o Retorno de carro ()
o Avance de línea (
)

El procesador XML normaliza varios sistemas de códigos de fin de línea en un único carácter de avance de línea que se pasa a la aplicación. La aplicación de usuario XHTML debe, además, tratar los siguientes caracteres como espacios en blanco:

o Salto de página ()
o Espacio de anchura nula ()

En elementos donde el atributo 'xml:space' tenga el valor 'preserve', la aplicación de usuario debe conservar intactos todos los espacios en blanco (con excepción de los caracteres de espacio en blanco de encabezamiento y terminación, que deberían ser suprimidos). En otros casos un espacio en blanco se manipula de acuerdo con las siguientes reglas:

o Todos los espacios en blanco que rodean a un elemento en bloque deberían ser suprimidos.
o Los comentarios se suprimen por completo y no afectan a la manipulación de espacios en blanco. Un carácter de espacio en blanco a ambos lados de un comentario se trata como dos espacios en blanco.
o Los espacios en blanco de encabezamiento y terminación dentro de un elemento en bloque deben suprimirse.
o Los caracteres de avance de línea dentro de un elemento en bloque deben convertirse en un espacio (excepto cuando el atributo 'xml:space' tenga el valor 'preserve').
o Una secuencia de espacios en blanco debe reducirse a un solo carácter de espacio en blanco (excepto cuando el atributo 'xml:space' tenga el valor 'preserve').
o Con respecto a la presentación, la aplicación de usuario debería presentar el contenido de manera adecuada al idioma en el que el contenido está escrito.

Diferencias con HTML 4.0

Debido al hecho de que XHTML es una aplicación XML, ciertas prácticas que eran perfectamente válidas en HTML 4.0 [HTML], basado en SGML, deben cambiar.

Los documentos deben ser "gramaticalmente correctos"

La gramaticalidad de los documentos es un nuevo concepto introducido por [XML]. Esencialmente significa que todos los elementos bien deben tener etiquetas de cierre bien deben ser escritos de manera especial (tal y como se describe abajo), y que todos los elementos deben estar anidados.

Aunque el solapamiento de elementos no está permitido en SGML, era tolerado en los navegadores existentes.

***CORRECTO:** elementos anidados*

<p>he aquí un <em>párrafo</em> enfatizado.</p>

***INCORRECTO:** elementos solapados*

<p>he aquí un <em>párrafo</p> enfatizado</em>

Los nombres de elementos y atributos deben escribirse en minúscula

Los documentos XHTML deben usar minúsculas para los nombres de todos los elementos y atributos HTML. Esta diferencia es necesaria porque XML es sensible a minúsculas y mayúsculas e.j. <li> and <LI> son etiquetas diferentes.

Los elementos no vacíos requieren etiquetas de cierre

Con HTML 4.0, basado en SGML, en algunos elementos podía omitirse la etiqueta de cierre, de tal manera que la apertura de los elementos que les sucedían implicaba dicho cierre. Esta omisión no está permitida en XHTML, basado en XML. Todos los elementos que no estén declarados en la DTD como EMPTY deben tener una etiqueta de cierre.

***CORRECTO:** elementos cerrados*

<p>he aquí un párrafo.</p><p>aquí hay otro párrafo.</p>

***INCORRECTO:** elementos no cerrados*

<p>he aquí un párrafo.<p>aquí hay un párrafo.

Los valores de los atributos deben ir entre comillas

Todos los valores de atributos deben ir entrecomillados, incluso aquellos que son numéricos.

***CORRECTO:** valores de atributo entrecomillados*

<table rows="3">

***INCORRECTO:** valores de atributo no entrecomillados*

<table rows=3>

Minimización de atributos

XML no soporta la minimización de atributos. Los pares atributo-valor deben escribirse en toda su extensión. Los nombres de atributos como compact y checked no pueden aparecen en elementos sin que sea especificado su valor.

***CORRECTO:** atributos no minimizados*

<dl compact="compact">

***INCORRECTO:** atributos minimizados*

<dl compact>

Elementos vacíos

Los elementos vacíos deben bien tener una etiqueta de cierre bien terminar su etiqueta de apertura con />. Por ejemplo, <br/> o <hr></hr>. Ver las <u>directrices de compatibilidad con HTML</u> para recabar información sobre cómo asegurar la compatibilidad retroactiva con aplicaciones de usuario HTML 4.0.

***CORRECTO:** etiquetas vacías cerradas*

<hr/>

***INCORRECTO:** etiquetas vacías no cerradas*

<hr>

Manipulación de espacios en blanco dentro de los valores de atributos

En los valores de atributos, las aplicaciones de usuario eliminarán los espacios en blanco de encabezamiento y terminación y sustituirán las secuencias de uno o más espacios en blanco (incluyendo los saltos de línea) por un único espacio en blanco entre palabras (un carácter ASCII de espacio en blanco para escrituras occidentales).

Elementos script y style

En XHTML, los elementos script y style se declaran como elementos con contenido #PCDATA. Como resultado, < y & serán tratados como comienzos de etiquetado, y entidades como < y & serán reconocidas como referencias a las entidades < y & respectivamente por el procesador XML. Englobar el contenido del elemento script o style dentro de una sección marcada como CDATA evita el procesamiento de estas entidades.

<script>

<![CDATA[

... contenido no procesado del script ...

]]>

</script>

Las secciones CDATA son reconocidas por el procesador XML y aparecen como nodos en el Modelo del Objeto Documento (DOM), ver la <u>sección 1.3</u> de la Recomendación DOM Level 1[DOM].

Una alternativa es usar documentos externos de estilo y escritura de código.

Las exclusiones de SGML

SGML da al escritor de una DTD la posibilidad de impedir que elementos específicos estén anidados en otros elementos. Tales prohibiciones (denominadas "exclusiones") no son posibles de realizar en XML.

Por ejemplo, la DTD de HTML 4.0 Strict prohibe el anidamiento de un elemento 'a' dentro de otro elemento 'a' en cualquier profundidad de anidamiento. No es posible dictar tal prohibición en XML. Aunque tales prohibiciones no puedan definirse en la DTD, algunos elementos no deberían anidarse.

Elementos con atributos id y name

HTML 4.0 definía el atributo name para los elementos a, applet, frame, iframe, img, y map. HTML 4.0 también introducía el atributo id. Ambos atributos están diseñados para ser usados como identificadores de fragmentos de información.

En XML, los identificadores de fragmentos son del tipo ID, y tan sólo puede haber un único atributo de tipo ID por elemento. Por tanto, en XHTML 1.0 el atributo id se define con tipo ID. Con objeto de asegurar que los documentos XHTML 1.0 sean documentos XML bien estructurados, los documentos XHTML 1.0 DEBEN usar el atributo id para definir un identificador de fragmento, incluso en elementos que históricamente también hayan usado el atributo name.

Notar que en XHTML 1.0, el atributo name de dichos elementos está formalmente prohibido y desaparecerá en la siguiente versión de XHTML.

Especificación del Tipo de Soporte de Internet

En el momento de la publicación de esta recomendación, el etiquetado MIME general recomendado para aplicaciones basadas en XML aún no ha sido decidido.

Sin embargo, los documentos XHTML que sigan las directrices indicadas pueden ser etiquetados con el tipo de soporte de internet "text/html", dado que son compatibles con la mayoría de los navegadores HTML. Este documento no hace ninguna recomendación sobre el etiquetado MIME de otros documentos XHTML.

Futuras Líneas de Actuación

XHTML 1.0 sienta la base para una familia de tipos de documentos que extenderán y acotarán XHTML con objeto de soportar un amplio rango de nuevos dispositivos y aplicaciones, definiendo módulos que especifiquen un mecanismo para combinar dichos módulos. Dicho mecanismo permitirá la extensión y el acotamiento de XHTML 1.0 de una manera uniforme a través de la definición de nuevos módulos.

Modularizar HTML

A la vez que el uso de XHTML vaya pasando de las aplicaciones de usuario del ordenador de sobremesa tradicional a otras plataformas, está claro que no todos los elementos de XHTML serán necesarios en todas las plataformas. Por ejemplo un dispositivo de mano o un teléfono móvil pueden soportar sólo un subconjunto elementos de XHTML.

El proceso de modularización rompe XHTML en una serie de pequeños conjuntos de elementos. Dichos elementos pueden ser recombinados para cumplir las necesidades de diferentes comunidades.

Estos módulos se definirán en un documento posterior.

Perfiles de Documento

Un perfil de documento especifica la sintaxis y la semántica de un conjunto de documentos. La conformidad con un perfil de documento provee una base para la garantía de interoperabilidad. El perfil de documento especifica los recursos necesarios para procesar los documentos de dicho tipo, qué formatos de imagen pueden usarse, niveles de escritura de código, soporte de hojas de estilo, etc.

Para diseñadores de productos, esto permite a distintos grupos la definición de su propio perfil estándar.

Para autores, esto permitirá obviar la necesidad de escribir diferentes versiones de documentos para diferentes clientes.

Para grupos especiales tales como químicos, médicos o matemáticos esto permitirá la construcción de un perfil especial usando elementos HTML estándar más un grupo de elementos específicamente diseñados para cubrir las necesidades de los especialistas.

Este apéndice es normativo.

Estas DTD y conjuntos de entidades forman una parte normativa de esta especificación.

Definiciones del Tipo de Documento

Estas DTD se aproximan a las DTD de HTML 4.0. Se trata de que cuando, en un futuro, estas DTD se modularicen, se emplee un método de construcción de DTD que se corresponda más claramente con HTML 4.

.1   XHTML-1.0-Strict
.2   XHTML-1.0-Transitional
.3   XHTML-1.0-Frameset

Conjunto de Entidades

Los conjuntos de entidades XHTML predefinidas son los mismos que en HTML 4.0, pero han sido modificados para ser declaraciones de entidades válidas en XML 1.0. Fijémonos en que la entidad para el signo del Euro (€ o € o €) se define como una parte de los caracteres especiales.

.1   Caracteres Latin-1
.2   Caracteres Especiales
.3   Símbolos

Incompatibilidades entre elementos

A continuación se detallan las incompatibilidades en el anidamiento de elementos. Esta prohibición se aplica a todas las profundidades de anidamiento, i.e. afecta a todos los elementos descendientes de aquel para el que se especifica la restricción.

a no puede contener otros elementos a.

pre no puede contener los elementos img, object, big, small, sub o sup.

button no puede contener los elementos input, select, textarea, label, button, form, fieldset, iframe o isindex.

label no puede contener otros elementos label.

form no puede contener otros elementos form.

Directrices de Compatibilidad con HTML

Este apéndice resume las directrices de diseño para autores que quieren que sus documentos XHTML puedan ser presentados en aplicaciones de usuario HTML ya existentes.

Instrucciones de Proceso

Hay que ser consciente de que las instrucciones de proceso se ejecutan en algunas aplicaciones de usuario. Sin embargo, hay que notar que cuando la declaración XML no se incluye en un documento, éste sólo puede usar las codificaciones de caracteres por defecto UTF-8 o UTF-16.

Elementos Vacíos

Incluir un espacio en blanco antes de la barra y ángulo de cierre / y > de los elementos vacíos, e.g.
, <hr /> y <img src="karen.jpg" alt="Karen" />. También, usar la sintaxis minimizada de etiquetas para los elementos vacíos, e.g.
, dado que la sintaxis alternativa a
</br> permitida por XML da resultados no previsibles en muchos de las aplicaciones de usuario ya existentes.

Minimización de Elementos y Contenido de Elementos Vacíos

Dada una instancia vacía de un elemento cuyo modelo de contenido no es EMPTY (por ejemplo, un título o párrafo vacíos) no usar la forma minimizada (e.g. usar <p> </p> y no <p />).

Hojas de Estilo y Archivos de Código Incrustados

Usar hojas de estilo externas si la hoja en cuestión utiliza los caracteres < o & o]]> o --. Usar archivos externos de código si el código utiliza los caracteres < o & o]]> o --. Notar que los analizadores XML tienen permitido suprimir el contenido de los comentarios. De esta manera, la práctica común hasta ahora de "esconder" los fragmentos de código (script) y hojas de estilo (style) entre comentarios, para hacerlos invisibles a antiguos navegadores, normalmente no funcionará en aplicaciones basadas en XML.

Saltos de Línea dentro de Valores de Atributos

Evitar saltos de línea y múltiples espacios en blanco dentro de los valores de los atributos. Estos son manipulados de manera inconsistente por las aplicaciones de usuario.

Isindex

No incluir más de un elemento isindex en el head del documento. El elemento isindex se tiende a descartar en favor del elemento input.

Los atributos lang y xml:lang

Úsense ambos atributos, lang y xml:lang, cuando se quiera especificar el idioma de un elemento. El valor del atributo xml:lang tiene preferencia.

Identificadores de Fragmentos

En XML, los URI [RFC2396] que terminan con identificadores de fragmentos de la forma "#foo" no se refieren a elementos con un atributo name="foo"; por el contrario se refieren a elementos con un atributo del tipo ID, e.g., el atributo id de HTML 4.0. Muchos clientes de HTML actuales no soportan este uso de atributos de tipo ID, de tal manera que se puede dar valores idénticos a ambos atributos para aseguran la máxima compatibilidad futura y retroactiva (e.g., <a id="foo" name="foo">...</a>).

Más aún, dado que el conjunto de valores permitidos para atributos del tipo ID es mucho menor que los permitidos para atributos del tipo CDATA, el tipo del atributo name ha sido cambiado a NMTOKEN. Este atributo está limitado de tal manera que sólo puede tomar los mismos valores que los de tipo ID o los de la producción Name de XML 1.0, sección 2.5, producción 5. Desafortunadamente esta limitación no puede expresarse en las DTD de XHTML 1.0. Debido a este cambio, debe tenerse cuidado cuando se conviertan documentos HTML ya existentes a XHTML 1.0. Los valores de estos atributos deben ser unicos en todo el documento, válidos, y tales que cualquier referencia a estos identificadores de fragmentos (tanto interna como externa) deben actualizarse durante la conversión.

Finalmente, notar que XHTML 1.0 tiende a desechar el atributo name de los elementos a, applet, frame, iframe, img, y map, y será eliminado en versiones posteriores de XHTML.

Codificación de caracteres

Para especificar una codificación de caracteres en el documento, usar tanto la especificación del atributo de codificación en la declaración xml (e.g. <?xml version="1.0" encoding="EUC-JP"?>) como una sentencia meta http-equiv (e.g. <meta http-equiv="Content-type" content='text/html; charset="EUC-JP"' />). El valor del atributo de codificación de la instrucción de proceso xml tiene preferencia.

Atributos booleanos

Algunas aplicaciones de usuario no son capaces de interpretar atributos booleanos cuando estos aparecen en su forma extendida (no minimizada), tal y como requiere XML 1.0. Notar que este problema no afecta a aplicaciones de usuario conformes a la especificación HTML 4.0. Los siguientes atributos se encuentran afectados: compact, nowrap, ismap, declare, noshade, checked, disabled, readonly, multiple, selected, noresize, defer.

EL Modelo del Objeto Documento y XHTML

La Recomendación de nivel 1 del Modelo del Objeto Documento [DOM] define interfaces del modelo del objeto documento para XML y HTML 4.0. El modelo del objeto documento de HTML 4.0 especifica que los nombres de los elementos y atributos HTML se devuelven en mayúsculas. El modelo del objeto documento de XML especifica que los nombres de los elementos y atributos se devuelven con el tipo en que se hayan escrito en el propio documento. En XHTML 1.0, los elementos y atributos se escriben en minúsculas. Esta diferencia aparente puede ser resuelta de dos modos:

1. Las aplicaciones que accedan a documentos XHTML servidos como tipo de soporte Internet text/html via el DOM pueden usar el DOM HTML, y asegurarse así de que los nombres de los elementos y atributos serán devueltos en mayúsculas por dichas interfaces.
2. Las aplicaciones que accedan a documentos XHTML servidos como tipo de soporte Internet text/xml o application/xml pueden usar también el DOM XML. Los elementos y atributos serán devueltos en minúsculas. Además, algunos elementos XML pueden o no aparecer en el árbol de objetos porque son opcionales en el modelo de contenidos (e.g. el elemento tbody dentro de table). Esto ocurre porque en HTML 4.0 a algunos elementos se les permitía ser minimizados de tal manera que tanto la etiqueta de apertura como la de cierre se omitían (una característica de SGML). Esto no es posible en XML. En vez de hacer obligatorios estos elementos que no solían usarse, XHTML ha optado por hacerlos opcionales. Las aplicaciones necesitan adaptarse a ello.

Uso del carácter & en Valores de Atributos

Cuando el valor de un atributo contenga un carácter &, debe expresarse como una referencia a la entidad de tipo carácter (e.j. "&"). Por ejemplo, cuando el atributo href deel elemento a apunte a un código CGI que tome parámetros, debe expresarse como http://my.site.dom/cgi-bin/myscript.pl?class=guest&name=user en vez de http://my.site.dom/cgi-bin/myscript.pl?class=guest&name=user.

Hojas de Estilo en Cascada (CSS) y XHTML

La Recomendación de nivel 2 de las Hojas de Estilo en Cascada [CSS2] define propiedades de estilo que se aplican al árbol de análisis del documento HTML o XML. Las diferencias en el análisis producirán diversos resultados visibles o auditivos, dependiendo de los selectores usados. Las siguientes pistas reducirán este efecto en los documentos que se sirvan sin modificación como cualquiera de estos tipos de soporte:

1. Las hojas de estilo CSS para XHTML deberían usar nombres de elementos y atributos en minúsculas.
2. En las tablas, el elemento tbody será inferido por el analizador de una aplicación de usuario HTML, pero no por el analizador de una aplicación de usuario XML. Por tanto se debería añadir siempre explícitamente un elemento tbody si se hace referencia a él en un selector CSS.
3. Dentro del espacio nominal XHTML, se espera que las aplicaciones de usuario reconozcan el atributo "id" como un atributo de tipo ID. Por tanto, las hojas de estilo deberían ser capaces de continuar usando la sintaxis taquigráfica de selectores "#" incluso si la aplicación de usuario no es capaz de leer la DTD.
4. Dentro del espacio nominal XHTML, se espera que las aplicaciones de usuario reconozcan el atributo "class". Por tanto, las hojas de estilo deberían ser capaces de continuar usando la sintaxis taquigráfica de selectores ".".
5. CSS define diferentes reglas de conformidad para los documentos HTML y XML; téngase en cuenta que las reglas HTML se aplican a los documentos XHTML suministrados como HTML y las reglas XML se aplican a los documentos XHTML suministrados como XML.

MÓDULO 2: XHTML
UNIDAD Didáctica 6: ANEXO HTML
ETIQUETAS DE HTML

MARCAS BÁSICAS

\<html\>\</html\> Al principio y al final de todo documento.
\<head\> \</head\> Cabecera del documento. Dentro del head se ponen las etiquetas:
\<title\> \</title\> indica el título de la página para el navegador.
\<meta\> permite aportar metainformación al documento, para su mejor identificación e indexación por los motores de búsqueda. Hay distintos tipos:
\<meta name="description" content="Frase descriptiva de los contenidos de la página"\>
\<meta name="keywords" content="Palabras clave que resuman la temática de los contenidos de la página"\>
\<meta name="author" content="Nombre/s del autor/es de la página"\>
Tras cerrar el head el se pone la etiqueta:
\<body\> \</body\> Dentro de esta etiqueta se insertan los contenidos del documento
El cierre de la etiqueta \</body\> se coloca justo antes del cierre \</html\>

PROPIEDADES DE LA PÁGINA
La etiqueta \<body\> puede llevar incluida información sobre las propiedades de la página:
\<body bgcolor="#xxyyzz"\> define el color de fondo de la página.
\<body text="#xxyyzz"\> define el color por defecto del texto en la página.
\<body link="#xxyyzz"\> define el color de los enlaces.
\<body vlink="#xxyyzz"\> define el color de los enlaces visitados.
\<body alink="#xxyyzz"\> define el color de los enlaces activos.
\<body background="imagen.gif"\> establece una imagen para el fondo de la página.
Todos estos parámetros se pueden agrupar en una única etiqueta \<body\>:
\<body bgcolor="#xxyyzz" text="#xxyyzz" link="#xxyyzz" vlink="#xxyyzz" alink="#xxyyzz"\>
\<!-- comentarios --\> Sirve para anotar aclaraciones 'privadas' del autor de la página. Lo que se escribe dentro de esta etiqueta es ignorado por el navegador y no se muestra en la página.

FORMATO DE TEXTOS
\<b\> \</b\> negrita (también sirve la etiqueta \<strong\>… \</strong\>)
\<i\> \</i\> cursiva (también sirve la etiqueta \<em\>…\</em\>)
\<u\> \</u\> subrayado
\<font size="X"\> …… \</font\> marca el tamaño de los caracteres, donde X es un valor del 1 a 7, o un valor relativo (+ 1-7).
\<font color="#XXYYZZ"\> …… \</font\> define el color del texto, donde XXYYZZ es un valor formado por letras y números que indica el color.
\<font face="arial"\> …… \</font\> determina el tipo de la fuente.

La etiqueta <font> puede incluir los tres parámetros (tamaño, fuente y color):
<font size=X color=#XXYYZZ face=fuente escogida> ...... </font>
<pre> preformateado. Respeta espacios, saltos de línea y los retornos utilizados.
<blink> hace parpadear el texto (no para Explorer)
Tecnología de la información
http://www.unav.es/dpp/tecnologia/

FORMATO DE PÁRRAFOS
<p> salto de párrafo </p>

 salto de línea
<blockquote> </blockquote> sangrado.
<center> centrar el texto.
<p align=center> párrafo centrado.
<p align=left> párrafo alineado a la izquierda.
<p align=right> párrafo alineado a la derecha.

CREACIÓN DE LISTAS
Lista no numerada:
<ul>
<li>primer elemento de la lista</li>
<li>segundo elemento de la lista</li>
<li>tercer elemento de la lista</li>
</ul> cierra lista
lista numerada:
<ol>
<li>primer elemento de la lista</li>
<li>segundo elemento de la lista</li>
</ol> cierra lista.
lista de glosario o definición:
<dl>
<dt>término que se va a definir</dt>
<dd>definición del término</dd>
</dl> cierra lista.

LÍNEAS HORIZONTALES SEPARADORAS
<hr> línea horizontal.
<hr width="x%"> anchura de la línea en porcentaje.
<hr width=x> anchura de la línea en píxeles.
<hr size=x> altura de la línea en píxeles.
<hr align=center> línea alineada en el centro.
<hr align=left> línea alineada a la izquierda.
<hr align=right> línea alineada a la derecha.
<hr noshade> línea sin efecto de sombra.

IMÁGENES
<img src="dirección de la imagen" "> indica la ruta de la imagen.
<img ... border="X"> establece un borde de X pixels en torno a la imagen.
<img ... height="XX" width="YY"> establece un tamaño de la imagen (altura y

anchura) en pixels.

<img ... alt="texto explicativo"> se muestra un texto al pasar el cursorsobre la imagen.

<img ... align="bottom"> alineación inferior del texto respecto de la imagen.

<img ... align="middle"> alineación del texto en el medio de la imagen.

<img ... align="top"> alineación superior del texto respecto de la imagen.

<img ... align="left"> alineación izquierda de la imagen en el párrafo.

<img ... align="right"> alineación derecha de la imagen en el párrafo.

<img ... hspace=X> espacio horizontal entre la imagen y el texto.

<img ... vspace=y> espacio vertical entre la imagen y el texto.

Tecnología de la información

http://www.unav.es/dpp/tecnologia/

TABLAS: útiles para componer la página y para presentar datos tabulares.

<table>......</table> Define dónde comienza y termina la tabla

<table width="XX%"> Determina la anchura de la tabla. Puede darse en píxeles (no lleva el símbolo %), o en porcentaje de la página.

<table height="XX> Determina la altura de la tabla en píxeles.

<table border="X"> Establece el grosor en píxeles del borde de la tabla

<table cellspacing="X"> Define el espacio en píxeles entre las celdas

<table cellpadding="X"> Define el espacio en píxeles entre el borde y el texto

<tr>......<tr> determina cada una de las filas de la tabla

<td>......</td> determina cada una de las columnas dentro de las filas

Ejemplo de tabla de 2 filas y 3 columnas

<table width="100%" height="200" border="1" cellspacing="3" cellpadding="5">

<tr>

<td>primera columna de la fila 1</td>

<td>segunda columna de la fila 1</td>

<td>tercera columna de la fila 1</td>

</tr>

<tr>

<td>primera columna de la fila 2</td>

<td>segunda columna de la fila 2</td>

<td>tercera columna de la fila 2</td>

</tr>

</table>

<td rowspan="2"> </td> une dos celdas de dos filas adyacentes, en una única celda.

<td colspan="2"> </td> une dos celdas de dos columnas adyacentes en una sola celda.

Dentro de cada celda se puede alinear el texto o cualquier contenido, cambiar el color de fondo, con las etiquetas habituales para texto, párrafos o imágenes.

CREACIÓN DE ENLACES

<a href="http://www.servidor.com/directorio/pagina.htm">Enunciado del enlace</a>

<a href="mailto:dirección de mail"> Vínculo a una dirección de correo-e.

<a name="marcador"> define un marcador (ancla) en un punto concreto de una

página, para poder enlazarlo posteriormente.

<a href="#marcador"> dirige un enlace interno al punto dónde está el marcador.

<a href="dirección página#marcador"> dirige el enlace a un punto concreto de otra página.

Dentro del a href:

target="_blank" Abre la página en un nuevo navegador.

target="_top" Abre la página en toda la pantalla para evitar los frames.

title="texto descriptivo del enlace" permite incluir una descripción del destino del enlace

Tecnología de la información

http://www.unav.es/dpp/tecnologia/

PÁGINA CON MARCOS (no lleva body)

```
<html>
<head>
<title>título de la página</title>
</head>
<frameset cols="20%, 80%">
```
(divide la página en dos marcos en forma de columnas, cada una con su anchura correspondiente en porcentaje)

```
<frame src="menu.htm" name="navegacion">
```
(archivo menu.htm que corresponde al marco de la izquierda, llamado "navegación", 20% de anchura)

```
<frame src="principal.htm" name="contenidos">
```
(archivo principal.htm que corresponde al marco de la derecha, llamado "contenidos", 80% de anchura)

```
</frameset>
</html>
```

Las páginas también se pueden dividir en marcos horizontales con

```
<frameset rows=" , ">
```

frameborder="NO" evita que se vea el borde entre los marcos

framespacing="2" establece 2 pixels de separación entre los marcos

scrolling="NO" evita que aparezca una barra de scroll dentro del marco

scrolling="auto" mostrará la barra de scroll sólo si es necesario

Ejemplo de una página con tres marcos en forma de filas. La superior y la inferior tienen un tamaño fijo de 80 pixels; la del medio es adaptable. No se muestran los bordes entre los marcos

```
<frameset rows="80,*,80" frameborder="NO" border="0" framespacing="0">
<frame src="navegacion_up.htm" name="topFrame" scrolling="NO">
<frame src="principal.htm" name="mainFrame">
<frame src=" navegacion_down.htm " name="bottomFrame" scrolling="NO">
</frameset>
```

Tablas

La creación de tablas se utiliza en términos generales para mejorar la visualización de la pagina, entrando en detalles se utiliza para colocar imágenes con textos extensos a un lado de ellas, crear un columnas de datos, resaltar por medio de bordes los datos, distribuir los datos de manera ordenada.

Crear una tabla

La estructura de una tabla y sus directivas para crearlas son:

Ejemplo: tabla con una celda

Nota: Como mínimo se tiene que tener un renglón y una celda para una tabla

```
<TABLE> (Inicio Tabla)
<TR> (Inicia renglón
  <TD> (Inicia celda)
    Texto de la celda
  </TD> (Fin celda)
</TR> (Fin renglón)
</TABLE> (Fin Tabla)
```

Texto de celda

Colocar un borde sobre la tabla
El atributo BORDER=1 se visualiza un borde en tabla
El atributo BORDER=0 quita el borde de la tabla.

Ejemplos:
```
< TABLE BORDER="1">
<TR>
  <TD>
  Texto de la celda
  </TD>
</TR>
</TABLE>
```

```
Texto de la celda
```

Aumentar el gruesor del borde
```
<TABLE BORDER="8" >
<TR>
  <TD>
  Texto de la celda
  </TD>
</TR>
</TABLE>
```

```
Texto de la celda
```

Cambiar el ancho de la tabla

El ancho de la tabla se puede cambiar en porcentaje o en pixels (puntos)
El atributo WIDTH="100%" cambia el ancho de la tabla al 100%
El atributo WIDTH="600" cambia el ancho de la tabla a 600 pixels.
Ejemplos:
```
<TABLE BORDER="1" WIDTH="100%" >
<TR>
  <TD>
  Texto de la celda
  </TD>
```

```
</TR>
</TABLE>
```

Texto de la celda

```
<TABLE BORDER="1" WIDTH="50%" >
<TR>
  <TD>
  Texto de la celda
  </TD>
</TR>
</TABLE>
```

Texto de la celda

```
<TABLE BORDER="1" WIDTH="300" >
<TR>
  <TD>
  Texto de la celda
  </TD>
</TR>
</TABLE>
```

Texto de la celda

Cambiar el alto de la tabla

```
<TABLE BORDER="3" WIDTH="200" HEIGHT="100" >
<TR>
  <TD> Texto de la celda </TD>
</TR>
</TABLE>
```

Texto de la celda

Alineación Horizontal (centro derecha e izquierda)

Alineación centrada ALIGN="center"
Alineación derecha   ALIGN="right"
Alineación izquierda ALIGN="left"

Alineación centrada: align="center"
```
<TABLE BORDER="3" WIDTH="200" HEIGHT="100">
<TR>
  <TD align="center" > Texto de la celda </TD>
</TR>
</TABLE>
```

```
                 Texto de la celda
```

Alineación derecha : align="right"
```
<TABLE BORDER="3" WIDTH="200" HEIGHT="100">
<TR>
  <TD align="right" >Texto de la celda</TD>
</TR>
</TABLE>
```

```
                 Texto de la celda
```

Alineación Izquierda : align="left" (Es por defecto)
```
<TABLE BORDER="3" WIDTH="200" HEIGHT="100">
<TR>
  <TD align="left" > Texto de la celda </TD>
</TR>
</TABLE>
```

```
 Texto de la celda
```

Alineación Vertical (arriba en medio y abajo)

Alineación arriba: valign="top"
Alineación en medio valign="middle"
Alineación abajo   valign="bottom"

Alineación arriba : valign="top"
```
<TABLE BORDER="3" WIDTH="200" HEIGHT="100">
<TR>
  <TD valign="top" > Texto de la celda </TD>
</TR>
</TABLE>
```

```
 Texto de la celda
```

Alineación Abajo : valign="bottom"

```
<TABLE BORDER="3" WIDTH="200" HEIGHT="100">
<TR>
   <TD valign= " bottom "> Texto de la celda </TD>
</TR>
</TABLE>
```

Texto de la celda

Alineación: En medio : valign="middle" (por defecto)

```
<TABLE BORDER="3" WIDTH="200" HEIGHT="100">
<TR>
   <TD valign= " middle "> Texto de la celda </TD>
</TR>
</TABLE>
```

Texto de la celda

Conbinado Alineaciones

Conbinado Alineaciónes (Centrado verical y horizontal)

```
<TABLE BORDER="3" WIDTH="200" HEIGHT="100">
<TR>
  <TD align= " center" valign= " middle "> Texto de la celda </TD>
</TR>
</TABLE>
```

Texto de la celda

Tablas con de un renglón y dos columnas.

```
<TABLE BORDER="3" WIDTH="75%">
<TR>
  <TD> Texto en fila 1, celda 1 </TD>
  <TD> Texto en fila 1, celda 2 </TD>
</TR>
</TABLE>
```

Texto en fila 1, celda 1   Texto en fila 1, celda 2

```
<TABLE BORDER="3" WIDTH="100%" >
<TR>
  <TD WIDTH="50%" > Texto en fila 1, celda 1</TD>
  <TD WIDTH="50%" > Texto en fila 1, celda 2 </TD>
</TR>
</TABLE>
```

```
<TABLE BORDER="3" WIDTH="100%" >
<TR>
  <TD WIDTH="20%" > Texto en fila 1, celda 1</TD>
  <TD WIDTH="80%" > Texto en fila 1, celda 2 </TD>
</TR>
</TABLE>
```

Tabla de 1 renglón y tres columnas.
```
<TABLE BORDER="3" WIDTH="100%" >
<TR>
  <TD WIDTH="20%" > Texto en fila 1, celda 1 </TD>
  <TD WIDTH="60%" > Texto en fila 1, celda 2 </TD>
  <TD WIDTH="20%" > Texto en fila 1, celda 3 </TD>
</TR>
</TABLE>
```

Tablas de 2 renglones y tres columnas.
```
<TABLE BORDER="3" WIDTH="100%" >
<TR>
  <TD WIDTH="20%" >fila 1, col. 1 </TD>
  <TD WIDTH="60%" > fila 1, col. 2 </TD>
  <TD WIDTH="20%" > fila 1, col. 3 </TD>
</TR>

<TR>
  <TD >fila 2, col.1 </TD>
  <TD > fila 2, col.2 </TD>
  <TD > fila 2, col.3 </TD>
</TR>
</TABLE>
```

Tabla de 2 renglones y tres columnas.
```
<TABLE BORDER="3">
<TR>
  <TD >fila 1, col. 1 </TD>
  <TD > fila 1, col. 2 </TD>
  <TD > fila 1, col. 3 </TD>
</TR>
```

```
<TR>
 <TD >fila 2, col.1 </TD>
 <TD > fila 2, col.2 </TD>
 <TD > fila 2, col.3 </TD>
</TR>
</TABLE>
```

fila 1, col. 1	fila 1, col. 2	fila 1, col. 3
fila 2, col.1	fila 2, col.2	fila 2, col.3

Encabezados de columnas

Centra y resalta el texto contenido en la celda.
<TH>............ </TH> Significa Table Head (Encabezado de tabla)

```
<table BORDER="3">
  <tr>
     <th>Col. 1</th>
     <th>Col. 2</th>
     <th>Col. 3</th>
  </tr>
  <tr>
     <td>fila 1, col. 1</td>
     <td>fila 1, col. 2</td>
     <td>fila 1, col. 3</td>
  </tr>
  <tr>
     <td>fila 2, col.1</td>
     <td>fila 2, col.2</td>
     <td>fila 2, col.3</td>
  </tr>
</table>
```

Col. 1	Col. 2	Col. 3
fila 1, col. 1	fila 1, col. 2	fila 1, col. 3
fila 2, col.1	fila 2, col.2	fila 2, col.3

Arreglos de bordes

CELLPADDING="Valor Numérico":
Fija el espacio entre el borde exterior de la celda y el borde interior (borde del contenido)
CELLSPACING="Valor Numérico"
Fija el espacio entre el contenido y el borde interior

Ejemplo 1:
```
<table border="5" cellpadding="1" cellspacing="10" >
<tr>
 <td>Ene</td>
 <td>Feb</td>
 <td>Mar</td>
</tr>
```

```
<tr>
 <td>Abr</td>
 <td>May</td>
 <td>Jun</td>
</tr>
</table>
```

| Ene | Feb | Mar |
| Abr | May | Jun |

Nótese el espacio entre los bordes (interior y exterior)

Ejemplo 2:
```
<table border="5" cellpadding="10" cellspacing="1">
<tr>
 <td>Ene</td>
 <td>Feb</td>
 <td>Mar</td>
</tr>
<tr>
 <td>Abr</td>
 <td>May</td>
 <td>Jun</td>
</tr>
</table>
```

Ene	Feb	Mar
Abr	May	Jun

Nótese el espacio entre el texto y los bordes.

Ejemplo 3:
```
<table border="5" cellpadding="10" cellspacing="10" >
<tr>
 <td>Ene</td>
 <td>Feb</td>
 <td>Mar</td>
</tr>
<tr>
 <td>Abr</td>
 <td>May</td>
 <td>Jun</td>
</tr>
</table>
```

Color de fondo para las tablas

Para cambiar del color de fondo, basta con escribir la directiva BGCOLOR dentro del elemento que de la tabla que se desee cambiar.

Para cambiar el color a la tabla
<TABLE BGCOLOR="codigo de color">
Para cambiar el color a la fila
<TR BGCOLOR="codigo de color">
Para cambiar el color a la celda
<TD BGCOLOR="codigo de color">
Para cambiar el color del borde
<TABLE BORDERCOLOR="codigo de color">

Fijar color a la tabla
```
<table bgcolor= "#00FFFF" border="1" cellpadding="1" cellspacing="1">
<tr>
 <td>Ene</td>
 <td>Feb</td>
 <td>Mar</td>
</tr>
<tr>
 <td>Abr</td>
 <td>May</td>
 <td>Jun</td>
</tr>
</table>
```

Ene	Feb	Mar
Abr	May	Jun

Fijar el color a la fila
```
<table border="1" cellpadding="1" cellspacing="1">
<tr  bgcolor= "#00FFFF" >
 <td>Ene</td>
 <td>Feb</td>
 <td>Mar</td>
</tr>
<tr>
 <td>Abr</td>
 <td>May</td>
 <td>Jun</td>
</tr>
</table>
```

```
Ene Feb Mar
Abr May Jun
```

Para cambiar el color a la celda
```
<table border="1" cellpadding="1" cellspacing="1">
<tr >
 <td bgcolor= "#00FFFF" >Ene</td>
 <td>Feb</td>
 <td bgcolor= "#00FFFF" >Mar</td>
</tr>
<tr>
 <td>Abr</td>
 <td bgcolor= "#00FFFF" >May</td>
 <td>Jun</td>
</tr>
</table>
```

```
Ene Feb Mar
Abr May Jun
```

Para cambiar el color del borde
```
<table bordercolor = "#0000FF" border="8" cellpadding="1" cellspacing="1">
<tr>
 <td>Ene</td>
 <td>Feb</td>
 <td>Mar</td>
</tr>
<tr>
 <td>Abr</td>
 <td>May</td>
 <td>Jun</td>
</tr>
</table>
```

```
Ene Feb Mar
Abr May Jun
```

Para cambiar el color del borde en dos tonos
```
<table bordercolordark="#999933" bordercolorlight="#CCCC66" border="8" cellpadding="1"
cellspacing="1">
<tr>
 <td>Ene</td>
 <td>Feb</td>
 <td>Mar</td>
</tr>
<tr>
 <td>Abr</td>
 <td>May</td>
 <td>Jun</td>
```

```
</tr>
</table>
```

```
Ene Feb Mar
Abr May Jun
```

Nótese el espacio entre el texto y el borde interior. Y el espacio entre el borde interior y el borde exterior.

Unir columnas

Se realiza extiendo el No.de columnas que va a ocupar la celda.
Se utiliza la directiva *COLSPAN="No. de celdas"*
Ejemplo 1 (uniendo 2 columnas)

```
<table border="8" cellpadding="1" cellspacing="1">
<tr>
  <td colspan="2" > Motores de búsqueda </td>
</tr>
<tr>
  <td> Yahoo </td>
  <td> Lycos </td>
</tr>
</table>
```

```
Motores de búsqueda
Yahoo        Lycos
```

Ejemplo 2: (uniendo 3 columnas)

```
<table border="8" cellpadding="1" cellspacing="1">
<tr>
  <td colspan="3" > Motores de búsqueda </td>
</tr>
<tr>
  <td> Yahoo </td>
  <td> Lycos </td>
  <td> Infoseek </td>
</tr>
</table>
```

```
Motores de búsqueda
Yahoo Lycos Infoseek
```

Unir filas

Se realiza extiendo el No.de renglones que va a ocupar la celda.
Se utiliza la directiva *ROWSPAN="No. de celdas"*
Ejemplo 1: (uniendo 2 renglones)

```
<table border="8" cellpadding="1" cellspacing="1">
<tr>
  <td rowspan="2" > Browsers </td>
```

```
   <td> Internet Explorer </td>
</tr>
<tr>
   <td>Netscape Navigator</td>
</tr>
</table>
```

Browsers	Internet Explorer
	Netscape Navigator

Ejemplo 2: (uniendo 3 renglones)
```
<table border="5">
<tr>
   <td rowspan="3">Browsers</td>
   <td>Internet Explorer</td>
</tr>
<tr>
   <td>Netscape Navigator</td>
</tr>
<tr>
   <td>Mosaic</td>
</tr>
</table>
```

	Internet Explorer
Browsers	Netscape Navigator
	Mosaic

Combinando Renglones y Columnas:

Ejemplo (uniendo 2 columnas y dos filas)
```
<table border="8" cellpadding="1" cellspacing="1">
<tr>
   <td rowspan="2" >Internet</td>
   <td colspan="2" > Motores de búsqueda </td>
</tr>
<tr>
   <td> Yahoo </td>
   <td> Lycos </td>
</tr>
</table>
```

Internet	Motores de búsqueda	
	Yahoo	Lycos

MÓDULO 2: XHTML
UNIDAD Didáctica 7: INTRO – HTml ver.5

¿Qué es la Web Semántica?

La Web Semántica es una Web extendida, dotada de mayor significado en la que cualquier usuario en Internet podrá encontrar respuestas a sus preguntas de forma más rápida y sencilla gracias a una información mejor definida. Al dotar a la Web de más significado y, por lo tanto, de más semántica, se pueden obtener soluciones a problemas habituales en la búsqueda de información gracias a la utilización de una infraestructura común, mediante la cual, es posible compartir, procesar y transferir información de forma sencilla. Esta Web extendida y basada en el significado, se apoya en lenguajes universales que resuelven los problemas ocasionados por una Web carente de semántica en la que, en ocasiones, el acceso a la información se convierte en una tarea difícil y frustrante.

Actualmente la información de internet queda un poco lejos de seguir la organización necesaria para que esto sea realidad. Las páginas están pensadas para el hombre y no para que el ordenador busque en ella de forma eficiente. El código **HTML solo sirve para dar un formato** mas o menos bonito al texto, pero no para organizarlo semánticamente. Pero esto se puede arreglar añadiendo un poco de información a éste código.

Aquí es donde entra la teoría de las ontologías y demás, pero como eso es un tema entre filosófico-linguístico e informático que ahora mismo no nos atañe mucho, vamos a dejarlo pasar. Lo dejaremos atrás porque alguien ya se ha calentado la cabeza y a estrujado los conceptos de las ontologías para crear el formato **RDF**.

¿ Y qué es RDF?

Pues es una herramienta para **estructurar la información**, como dice en la página que les he enlazado, RDF divide la información en ternas. Estas ternas constan de un Sujeto, un Predicado y un Objeto .

El **Sujeto** es el concepto que estamos tratando. (como por ejemplo Piolin)
El **Predicado,** o propiedad es lo que vamos a decir sobre este sujeto (ej: tiene color)

El **Objeto** es esa cualidad que queremos resaltar, la lo que responde a la cualidad del predicado (ej.: amarillo)

De esta forma también podemos crear estructuras en la información añadiendo predicados como "es subclase" o "es subpropiedad de" creando una jerarquía. Gracias a esta información el ordenador podrá buscar de forma eficiente dentro del árbol de jerarquía y encontrar siempre la información correcta, agrupándola y mostrándonosla sin necesidad para nosotros de enlaces a todas las páginas encontradas ni nada parecido, sino directamente obtener aquellos artículos que buscamos, todos juntos en nuestro buscador personal.

¿Para qué sirve?

La Web ha cambiado profundamente la forma en la que nos comunicamos, hacemos negocios y realizamos nuestro trabajo. La comunicación prácticamente con todo el mundo en cualquier momento y a bajo coste es posible hoy en día. Podemos realizar transacciones económicas a través de Internet. Tenemos acceso a millones de recursos, independientemente de nuestra situación geográfica e idioma. Todos estos factores han contribuido al éxito de la Web. Sin embargo, al mismo tiempo, estos factores que han propiciado el éxito de la Web, también han originado sus principales problemas: sobrecarga de información y heterogeneidad de fuentes de información con el consiguiente problema de interoperabilidad.

La Web Semántica ayuda a resolver estos dos importantes problemas permitiendo a los usuarios delegar tareas en software. Gracias a la semántica en la Web, el software es capaz de procesar su contenido, razonar con este, combinarlo y realizar deducciones lógicas para resolver problemas cotidianos automáticamente.

¿Cómo funciona?

Supongamos que la Web tiene la capacidad de construir una base de conocimiento sobre las preferencias de los usuarios y que, a través de una combinación entre su capacidad de conocimiento y la información disponible en Internet, sea capaz de atender de forma exacta las demandas de información por parte de los usuarios en relación, por ejemplo, a reserva de hoteles, vuelos, médicos, libros, etc.

Si esto ocurriese así en la vida real, el usuario, en su intento, por ejemplo, por encontrar todos los vuelos a Praga para mañana por la mañana, obtendría unos resultados exactos sobre su búsqueda. Sin embargo la realidad es otra. La *figura 1* muestra los resultados inexactos que se obtendrían con el uso de cualquier buscador actual, el cual ofrecería información variada sobre Praga pero que no tiene nada que ver con lo que realmente el usuario buscaba. El paso siguiente por parte del usuario es realizar una búsqueda manual entre esas opciones que aparecen, con la consiguiente dificultad y pérdida de tiempo. Con la incorporación de semántica a la Web los

resultados de la búsqueda serían exactos. La *figura 2* muestra los resultados obtenidos a través de un buscador semántico. Estos resultados ofrecen al usuario la información exacta que estaba buscando. La ubicación geográfica desde la que el usuario envía su pregunta es detectada de forma automática sin necesidad de especificar el punto de partida, elementos de la oración como "mañana" adquirirían significado, convirtiéndose en un día concreto calculado en función de un "hoy". Algo semejante ocurriría con el segundo "mañana", que sería interpretado como un momento determinado del día. Todo ello a través de una Web en la que los datos pasan a ser información llena de significado. El resultado final sería la obtención de forma rápida y sencilla de todos los vuelos a Praga para mañana por la mañana.

Buscador Actual

Resultados de la búsqueda:

Toda la magia de Budapest y Praga
... Suplementos Gran Premio Fórmula 1 en Budapest **para** las salidas del ... con Ferias y/o Congresos en **Praga** del 9 ... Más información de los **vuelos** ...

LA VANGUARDIA DIGITAL - Praga, testigo de la historia europea
... Para emergencias el teléfono de la policía es el 150, el de las ambulancias el ... 46) y **Praga** tres días **por** semana. Los **vuelos** salen de Madrid (Tel ...

Foros sobre Europa República Checa Praga inkietante
... solo decirte que me llamó la atención tu alias (aunque no me llamo Raula) y que me voy **mañana** mismo **para Praga** ... buscador de **vuelos** ...

ofertas de espectáculos, viajes y hoteles al mejor precio
... autoridades que tienen tres copas gigantes **para** entregar a ... **mañana** creo que cogeremos el bus **mañana** ... En Atrápalo puedes también reservar **vuelos** ...

Figura 1 - Resultados obtenidos con un buscador normal

Buscador Semántico

Resultados de la búsqueda:

viajaconnosotros.com - viajes a Praga
... todos los **vuelos** a **Praga** desde tu ciudad que saldrán **mañana por la mañana**, ordenados según su hora de salida ...

viajes a Praga - vuelos disponibles
... lista de **vuelos**. Horarios de salida y llegada ...

Ofertas especiales - vuelos a Praga
... ofertas especiales de **vuelos** a **Praga** ...

Figura 2 - Resultados obtenidos con un buscador semántico

La forma en la que se procesará esta información no sólo será en términos de entrada y salida de parámetros sino en términos de su **SEMÁNTICA**. La Web Semántica como infraestructura basada en metadatos aporta un camino para *razonar* en la Web, extendiendo así sus capacidades.

No se trata de una inteligencia artificial mágica que permita a las máquinas entender las palabras de los usuarios, es sólo la habilidad de una máquina para resolver problemas bien definidos, a través de operaciones bien definidas que se llevarán a cabo sobre datos existentes bien definidos.

Para obtener esa adecuada definición de los datos, la Web Semántica utiliza esencialmente RDF, SPARQL, y OWL, mecanismos que ayudan a convertir la Web en una infraestructura global en la que es posible compartir, y reutilizar datos y documentos entre diferentes tipos de usuarios.

- RDF proporciona información descriptiva simple sobre los recursos que se encuentran en la Web y que se utiliza, por ejemplo, en catálogos de libros, directorios, colecciones personales de música, fotos, eventos, etc.
- SPARQL es lenguaje de consulta sobre RDF, que permite hacer búsquedas sobre los recursos de la Web Semántica utilizando distintas fuentes datos.
- OWL es un mecanismo para desarrollar temas o vocabularios específicos en los que asociar esos recursos. Lo que hace OWL es proporcionar un lenguaje para definir ontologías estructuradas que pueden ser utilizadas a través de diferentes sistemas. Las ontologías, que se encargan de definir los términos utilizados para describir y representar un área de conocimiento, son utilizadas por los usuarios, las bases de datos y las aplicaciones que necesitan compartir información específica, es decir, en un campo determinado como puede ser el de las finanzas, medicina, deporte, etc. Las ontologías incluyen definiciones de conceptos básicos en un campo determinado y la relación entre ellos.

Otra tecnología que ofrece la Web Semántica para enriquecer los contenidos de la Web tradicional es RDFa. Mediante RDFa se pueden representar los datos estructurados visibles en las páginas Web (eventos en calendarios, información de contacto personal, información sobre derechos de autor, etc.), a través de unas anotaciones semánticas incluídas en el código e invisibles para el usuario, lo que permitirá a las aplicaciones interpretar esta información y utilizarla de forma eficaz. Por ejemplo, una aplicación de calendario podría importar directamente los eventos que encuentra al navegar por cierta página Web, o se podrían especificar los datos del autor de cualquier foto publicada, así como la licencia de cualquier documento que se encuentre. Para extraer el RDF se podría utilizar GRDDL, una técnica estándar para extraer la información expresada en RDF desde documentos XML, y en particular, de las páginas XHTML.

Ejemplos

Dos de los ejemplos más conocidos de aplicación de Web Semántica son RSS y FOAF.

- RSS es un vocabulario RDF basado en XML que permite la catalogación de información (noticias y eventos) de tal manera que sea posible encontrar información precisa adaptada a las preferencias de los usuarios. Los archivos RSS contienen metadatos sobre fuentes de información especificadas por los usuarios cuya función principal es avisar a los usuarios de que los recursos que ellos han seleccionado para formar parte de esa RSS han cambiado sin necesidad de comprobar directamente la página, es decir, notifican de forma automática cualquier cambio que se realice en esos recursos de interés seleccionados. Un ejemplo de la aplicación de RSS se puede encontrar en las Noticias de la Oficina Española del W3C como canal RSS.
- FOAF es un proyecto de Web Semántica, que permite crear páginas Web para describir personas, vínculos entre ellos, y cosas que hacen y crean. Se trata de un vocabulario RDF,

que permite tener disponible información personal de forma sencilla y simplificada para que pueda ser procesada, compartida y reutilizada. Dentro de FOAF podemos destacar <u>FOAF-a-Matic</u>, que se trata de una aplicación Javascript que permite crear una descripción FOAF de uno mismo. Con esta descripción, los datos personales serán compartidos en la Web pasando a formar parte de un motor de búsqueda donde será posible descubrir información a cerca de una persona en concreto y de las comunidades de las que es miembro de una forma sencilla y rápida.

- Ejemplo de extracción de datos usando RDFa, GRDDL y SPARQL:
  - o Se desea establecer una reunión entre tres personas, que tienen publicados en sus sitios Web los calendarios de sus citas y eventos. Estos datos están expuestos en páginas XHTML de forma gráfica, pero además se incluye información en RDFa.
  - o Una herramienta nos permite extraer, mediante GRDDL, los datos de sus calendarios en un formato homogéneo y fácil de tratar (RDF), para poder procesarlo posteriormente.
  - o Se realiza una consulta sobre la disponibilidad de las personas para un cierto día a una hora concreta. Los datos consultados están en formato RDF y la consulta se podría realizar mediante SPARQL.
  - o La herramienta procesa y analiza el resultado obtenido, concluyendo si las personas están disponibles en el instante que se había elegido previamente.

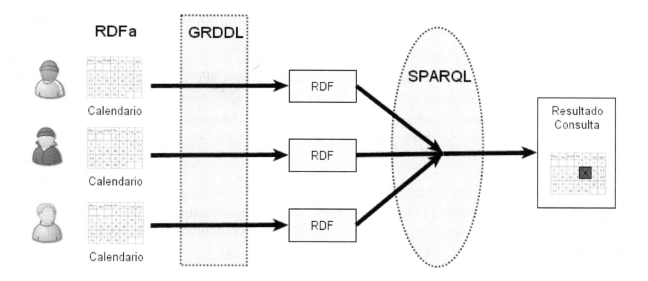

Figura 3 - Ilustración del ejemplo de consulta de eventos de calendario

Los buscadores semánticos son un ejemplo más de aplicaciones basadas en Web Semántica. El objetivo es satisfacer las expectativas de búsqueda de usuarios que requieren respuestas precisas. Otros ejemplos de aplicaciones basadas en Web Semántica pueden encontrarse en <u>SWAD-Europe: Aplicaciones de Web Semántica - análisis y selección</u>.

La nueva Internet 3.0 desde: HTML5

Desde hace más de un año no se habla de otra cosa en el entorno del **desarrollo web** que de la potencia de **HTML5** y **CSS3**. Desde entonces todos los **navegadores** importantes han ido implementando la compatibilidad con el nuevo estándar que sustituirá a los actuales **XHTML** y **CSS2**.

Como siempre parece que el salto en el lenguaje de marcado siempre es más lento y la versión de **XHTML2** tendrá que esperar lo suyo, así que toca disfrutar de las novedades que tiene **HTML5** primero.

Pero lo que está claro es que la estabilidad de **HTML4** y otros lenguajes de marcado estándares como **XML** y **XHTML** siguen liderando la red de redes. El camino que sigue paralelo a estos entornos de desarrollo, la firma **ADOBE** y sus productos **FLASH** ó su lenguaje **Actionscript** en nada ensombrecen ni obstaculizan, todo lo contrario enriquecen y engrandecen los entornos, a pesar de necesitar **HTML** para su incorporación.

HTML5 incorpora nuevas etiquetas que permiten añadir **vídeo**, **sonido** e incluso mover **gráficos** con la ayuda de **Javascript**. Además se han incorporado una nueva serie de **elementos estructurales** que permiten sustituir algunos de los ya presentes en prácticamente todas las **páginas web** actuales: *header*, *nav* o *footer* y otros más específicos como *section*, *asides* o *article*.

HTML5 incorpora ligeros cambios en la sintaxis, como al declarar elementos en los formularios, añade nuevos atributos a los enlaces, etc.. lo cual supone una rápida adaptación si ya se va poco a poco conociendo el etiquetado actual.

La **web semántica** va tomando forma con su nueva forma de estructurar, etiquetar y gestionar los contenidos a través de los continentes muy parametrizados. Por ello es necesario conocer mínimamente **HTML y CSS**.

Pero sin lugar a dudas, la principal novedad es la extensión del lenguaje a través de una serie de **API** fácilmente accesibles mediante **Javascript**. De esta manera se pueden utilizar el **almacenamiento** *offline*, *drag & drop* o **geolocalización**.

Sin lugar a dudas **HTML5** está ayudando al despliegue total de la web en los **dispositivos móviles**, ya que cuenta con el apoyo total de Apple y Google. Se están empezando a ver auténticas maravillas programadas con las **API**'s de **HTML5** como videojuegos, reproductores de vídeo, etc.. pero sigue sin entrar de lleno en entornos de producción y desarrollo web donde **PHP** y **MySQL** además de liderar siguen evolucionando con su versión **PHP5**.

La batalla de navegadores vuelve a resurgir cuando llevaba una decada en armonia. Ahora se incorporan algunos más como Google, Opera ó Safari donde ya no es batalla de sólo dos. Como ya he comentado, prácticamente todos los navegadores modernos soportan **HTML5**, no al 100% y con matices aunque como siempre parece que a los de *Microsoft* les cuesta más. Con Internet Explorer 9 no se espera que haya ningún problema después del gran trabajo de adaptación a estándares que están realizando en las últimas versiones.

Empezamos con algunas diferencias.

EL !DOCTYPE (Document Type Declaration) es usado tradicionalmente para especificar a los navegadores el lenguaje y/o versión con el que está escrito un documento HTML.

El doctype para HTML 4.01 tiene la siguiente apariencia:

```
<!DOCTYPE HTML PUBLIC "-//W3C//DTD HTML 4.01//EN"
"http://www.w3.org/TR/html4/strict.dtd">
```

También

```
<!DOCTYPE HTML PUBLIC "-//W3C//DTD HTML 4.01 Transitional//EN"
"http://www.w3.org/TR/html4/transitional.dtd">
```

Este es el doctype para XHTML 1.0:

```
<!DOCTYPE html PUBLIC "-//W3C//DTD XHTML 1.0 Strict //EN"
"http://www.w3.org/TR/xhtml1/DTD/xhtml1-strict.dtd">
```

No están escritos en lenguaje "humano" pero simplemente vienen a decir algo así: "este documento ha sido escrito en HTML 4.01" o "este documento ha sido escrito en XHTML 1.0."

Se podría esperar que para **HTML5** la declaración del doctype fuera "este documento ha sido escrito en **HTML5**" debería tener un número 5 en algún sitio, pues no, el doctype para **HTML5** quedaría así:

```
<!DOCTYPE html>
```

Cuando lo vemos por primera vez nos puede resultar raro no encontrar un número de versión, y sobre todo, ¿cómo se especificarán futuras versiones de HTML? ¿Realmente pensamos que así quedará definitivamente?

Detengámonos a pensarlo por un momento, el doctype de **HTML5** es muy pragmático. Debemos tener en cuenta que una de las premisas de **HTML5** es que tiene que soportar el contenido existente, el doctype de **HTML5** deberá poderse aplicar a documentos ya escritos en HTML 4.01 o XHTML 1. Las futuras versiones de HTML deberán también soportar el contenido en **HTML5**, por lo que ponerle un número no sería lo más conveniente.

La verdad es que el doctype no es lo más importante. Supongamos que tenemos un documento con un doctype para HTML 4.01. Si ese documento contiene elementos de otras especificaciones, como HTML 3.2 o **HTML5**, el navegador mostrará esa parte del documento. Los navegadores soportan funcionalidades no doctypes.

HTML5 – Simplificando

El doctype no es la única cosa que se ha simplificado en **HTML5**.

Si usted quiere especificar la codificación de caracteres del marcado de un documento, la mejor forma es asegurarnos que el servidor envía en correcto Content-Type del header. Si quiere estar doblemente seguro puede especificar los caracteres utilizando la etiqueta <meta>. Aquí podemos ver cómo se utiliza la etiqueta meta para un documento escrito en HTML 4.01:

```
<meta http-equiv="Content-Type" content="text/html; charset=UTF-8">
```

Así sería en **HTML5**:

```
<meta charset="UTF-8">
```

La etiqueta <script> también sufrió algunas simplificaciones. Es común añadir un atributo type con el valor de "text/javascript" a los elementos script:

```
<script type="text/javascript" src="file.js"></script>
```

Los navegadores no necesitas ese atributo. Ellos asumen que es script está escrito en JavaScript, el lenguaje de programación más popular the most popular en la web.

```
<script src="file.js"></script>
```

De la misma manera no es necesario especificar el valor type de "text/css" cada vez que se enlaza a un fichero CSS:

```
<link rel="stylesheet" type="text/css" href="file.css">
```

Simplemente se escribe:

```
<link rel="stylesheet" href="file.css">
```

Sobre sus TAGS

El HTML5 (HyperText Markup Language, versión 5) es la quinta revisión del lenguaje de programación "básico" de la World Wide Web, el HTML. Esta nueva versión no pretende en absoluto remplazar al actual (X)HTML, ni siquiera corrige problemas con los que los desarrolladores web se encuentran, sino rediseñar el código actualizándolo a nuevas necesidades que demanda la web de hoy en día. Incluyendo la "pelea" por implantar navegadores y captar usuarios y visitantes, con "alardes" multimedia que ya existían en otros entornos y que se hacían en pocos minutos.

Actualmente el HTML5 está en un estado BETA, aunque ya algunas empresas están desarrollando sus sitios webs en esta versión del lenguaje. A diferencia de otras

versiones de HTML, los cambios en HTML5 comienzan añadiendo semántica y accesibilidad implícitas, especificando cada detalle y borrando cualquier ambigüedad. Se tiene en cuenta el dinamismo de muchos sitios webs (facebook, twenti, etc), donde su aspecto y funcionalidad son más semejantes a aplicaciones webs que a documentos.

Mejor estructura

Actualmente es abusivo el uso de elementos DIV para estructurar una web en bloques. El HTML5 nos brinda varios elementos que perfeccionan esta estructuración estableciendo qué es cada sección, eliminando así DIV innecesarios. Este cambio en la semántica hace que la estructura de la web sea más coherente y fácil de entender por otras personas y los navegadores podrán darle más importancia a según qué secciones de la web facilitándole además la tarea a los buscadores, así como cualquier otra aplicación que interprete sitios web. Las webs se dividirán en los siguientes elementos:

<section></section> - Se utiliza para representar una sección "general" dentro de un documento o aplicación, como un capítulo de un libro. Puede contener subsecciones y si lo acompañamos de h1-h6 podemos estructurar mejor toda la página creando jerarquías del contenido, algo muy favorable para el buen posicionamiento web.

<article></article> - El elemento de artículo representa un componente de una página que consiste en una composición autónoma en un documento, página, aplicación, o sitio web con la intención de que pueda ser reutilizado y repetido. Podría utilizarse en los artículos de los foros, una revista o el artículo de periódico, una entrada de un blog, un comentario escrito por un usuario, un widget interactivo o gadget, o cualquier otro artículo independiente de contenido.

Cuando los elementos de **<article>** son anidados, los elementos de **<article>** interiores representan los artículos que en principio son relacionados con el contenido del artículo externo. Por ejemplo, un artículo de un blog que permite comentarios de usuario, dichos comentarios se podrían representar con **<article>**.

<aside></aside> - Representa una sección de la página que abarca un contenido tangencialmente relacionado con el contenido que lo rodea, por lo que se le puede considerar un contenido independiente. Este elemento puede utilizarse para efectos tipográficos, barras laterales, elementos publicitarios y banners, para grupos de elementos de la navegación, u otro contenido que se considere separado del contenido principal de la página.

<header></header> - Elemento **<header>** representa un grupo de artículos introductorios o de navegación.

<nav></nav> - El elemento **<nav>** representa una sección de una página que es un link a otras páginas o a partes dentro de la página: una sección con links de navegación.

No todos los grupos de enlaces en una página tienen que estar en un elemento **<nav>**, sólo las secciones que consisten en bloques principales de la navegación son apropiadas para ser utilizadas co el elemento **<nav>**. Puede utilizarse particularmente en el pie de página para tener un menú con un listado de enlaces a varias páginas de un sitio, como el Copyright; home page, política de uso y privacidad. No obstante, el elemento **<footer>** es plenamente suficiente sin necesidad de tener un elemento **<nav>**.

<footer></footer> - El elemento **<footer>** representa el pié de una sección, con información acerca de la página/sección que poco tiene que ver con el contenido de la página, como el autor, el copyright o el año.

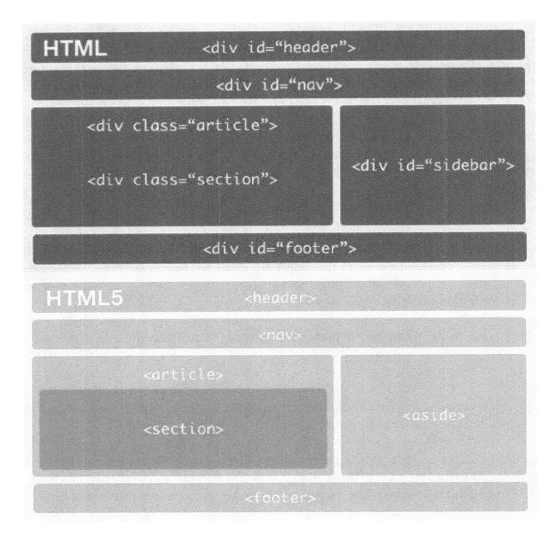

Mejoras en los formularios

El elemento input adquiere gran relevancia al ampliarse los elementos que se permitiran en el "type".

<input type="search"> para cajas de búsqueda.

<input type="number"> para adicionar o restar números mediante botones.

<input type="range"> para seleccionar un valor entre dos valores predeterminados.

<input type="color"> seleccionar un color.

<input type="tel"> números telefónicos.

<input type="url"> direcciones web.

<input type="email"> direcciones de email.

<input type="date"> para seleccionar un día en un calendario.

<input type="month"> para meses.

<input type="week"> para semanas.

<input type="time"> para fechas.

<input type="datetime"> para una fecha exacta, absoluta y tiempo.

<input type="datetime-local"> para fechas locales y frecuencia.

Otros elementos muy interesantes

<audio> y <video> - Nuevos elementos que permitirán incrustar un contenido multimedia de sonido o de vídeo, respectivamente. Es una de las novedades más importantes e interesantes en este HTML5, ya que permite reproducir y controlas vídeos y audio sin necesidad de plugins como el de Flash.

El comportamientos de estos elementos multimedia será como el de cualquier elemento nativo, y permitirá insertar en un video, enlaces o imagenes, por ejemplo. Youtube, ya ha anunciado que deja el Flash y comienza a proyectar con HTML5.

<embed> - Se emplea para contenido incrustado que necesita plugins como el Flash. Es un elemento que ya reconocen los navegadores, pero ahora al formar parte de un estándar, no habrá conflicto con *<object>*.

<canvas> - Este es un elemento complejo que permite que se generen gráficos al hacer dibujos en su interior. Es utilizado en Google Maps y en un futuro permitirá a los desarrolladores crear aplicaciones muy interessantes.

Una pregunta muy común en estos tiempos es: "¿Cómo puedo empezar a utilizar

HTML5 si existen navegadores antiguos que no lo soportan?" Pero la pregunta en sí se ha formulado de forma errónea. El HTML5 no es una cosa grande como un todo, sino una colección de elementos individuales, por consiguiente lo que sí se podrá, será detectar si los navegadores soportan cada elemento por separado.

Aunque pensamos que tampoco es lógico pretender cambiar un navegador completamente para disfrutar de HTML5 . Apple desde su web obliga a instalar Safari si se desea visualizar sus webs hechas en HTML5 con muchas filigranas. Mientras que Microsoft lamenta con sus miles de programadores y desarrolladores, que sigan a la cola en compatibilizar su próximo Navegador Explorer y este lenguaje.

También muy interesante

Cuando los navegadores realizan un render de una página, construyen un "**Modelo de Objeto de Documento**" (Document Object Model - DOM), una colección de objetos que representan los elementos del HTML en la página. Cada elemento - *<p>*, *<div>*, *<span>* - es representado en el **DOM** por un objeto diferente.

Todos los objetos **DOM** comparten unas características comunes, aunque algunos tienen más que otros. En los navegadores que soportan rasgos del HTML5, algunos objetos tienen una única propiedad y con una simple ojeada al **DOM** podremos saber las características que soporta el navegador.

Existen cuatro técnicas básicas para saber cuando un navegador soporta una de estas particulares características, desde las más sencillas a las más complejas.

- Comprueba si determinadas propiedades existen en objetos genéricos o globales (como *window* o *navigator*).

Ejemplo: comprobar soporte para la "Geolocalización".

- Crear un elemento, luego comprobar si determinadas propiedades existen en ese elemento.
- Ejemplo: comprobar soporte para *canvas*.
- Crear un elemento, comprobar si determinados métodos existen en ese elemento, llamar el método y comprobar los valores que devuelve. Ejemplo: comprobar qué formatos de video soporta.
- Crear un elemento, asignar una propiedad a determinado valor, entonces comprobar si la propiedad mantiene su valor.
- Ejemplo: comprobar que tipo de *<input>* soporta.

MODERNIZR, una biblioteca para detectar HTML5.

Modernizr es una librería de *JavaScript* con licencia MIT de código abierto que detecta si son compatibles muchos elementos para HTML5 y CSS3. Dicha librería se irá actualizando y para utilizarla solo hay que incluir en el **<head>** de tu página el siguiente **<script>** .

```
<!DOCTYPE html>
<html>
<head>
 <meta charset="utf-8">
 <title>Dive Into HTML5</title>
 <script src="modernizr.min.js"></script>
</head>
<body>
 ...
</body>
</html>
```

Modernizr se ejecuta automáticamente, no es necesario llamar a ninguna función tipo: **modernizr_init()**. Cuando se ejecuta, se crea una objeto global llamado Modernizr, que contiene un set de propiedades Boleanas para cada elemento que detecta. Por ejemplo si su navegador soporta elementos canvas, la propiedad de la librería **Modernizr.canvas** será *"true"*. Si tu navegador no soporta los elementos canvas, la propiedad **Modernizr.canvas** será *"false"*.

```
if (Modernizr.canvas) {
 // a crear formas!!
} else {
 // no hay soporte para canvas, los siento
```

Canvas

HTML 5 define el elemento **<canvas>** como un rectángulo en la página donde se puede utilizar JavaScript para dibujar cualquier cosa. También determina un grupo de funciones (canvas API) para dibujar formas, crear gradientes y aplicar transformaciones.

Texto Canvas

Si tu navegador soporta las API de canvas no quiere decir que pueda soportar las API para texto-canva. Las API de canva se han ido generando con el tiempo y las funciones de texto se han añadido posteriormente, por lo que algunos navegadores puede que no tengan integrado las API para texto.

Video

El HTML5 ha definido un nuevo elemento llamado **<video>** para incrustar video en las páginas de la web. Actualmente insertar un video en la web era imposible sin determinados plugins como el QuickTime o el Flash.

El elemento **<video>** ha sido diseñado para utilizarlo sin la necesidad de que tenga que detectar ningún script. Se pueden especificar múltiples ficheros de video y los navegadores que soporten el video en HTML5 escogerán uno basado en el formato que soporte.

Formatos de video

Los formatos de video son como los lenguajes escritos. Un periódico en inglés contiene la misma información que un periódico en español, aunque solo uno le será útil. Con los navegadores pasa lo mismo, necesitan saber en qué "idioma" está escrito el video.

Los lenguajes de los videos se llaman "codecs" un algoritmo utilizado para compactar un video. Existen docenas de codecs en uso en todo el mundo, aunque dos son los más relevantes. Uno de estos codecs cuesta dinero por la licencia de la patente, y funciona en safari y los iphones. El otro codec es gratis y de código abierto y funciona en navegadores como Chromium y Firefox.

Aplicaciones OFFline

Leer página webs offline es relativamente sencillo. Te conectas a Internet, cargas una web, te desconectas y puedes sentarte tranquilamente a leer. ¿Pero qué sucede cuando son aplicaciones como Gmail o Google Docs? Gracias al HTML5 cualquiera puede crear una aplicación web que funcione offline.

Las aplicaciones web offline se ejecutan como una aplicación online. La primera vez que se visita una web offline que esté disponible, el servidor web le dirá a al navegador los ficheros que necesita para poder trabajar desconecatdo. Estos ficheros pueden ser, HTML, JavaScript, imágenes y hasta videos. Una vez que el navegador ha descargado los ficheros necesarios podrás volver a visitar la web aunque no estés conectado a Internet. El navegador reconocerá que estás desconectado de Internet y utilizará los ficheros que había descargado con anterioridad. La próxima vez que te conectes, si has realizado cambios en la web offline, estos se subirán al servidor actualizándolo.

Geolocalización

La geolocalización es la forma de suponer donde te encuentras en el mundo y si quieres, compartir información con gente de confianza. Existen muchas maneras de

descubrir donde te encuentras, por tu dirección IP, la conexión de red inalámbrica, la torre de telefonía móvil por la que habla tu teléfono móvil (celular), o GPS específicos que reciben las coordenadas de longitud y la latitud de satélites que están en el cielo.

Texto como PLACEHOLDER

Placeholder es un nuevo atributo que se utiliza dentro de los campos input. Sirve para mostrar un texto dentro del input siempre y cuando el campo esté vacío o no esté señalado. En cuanto se haga click dentro del campo (o se llegue por el TAB), el texto desaparecerá.

Seguramente ha visto la propieda *Placeholder* antes. Por ejemplo, Mozilla Firefox 3.5 incluye textos *placeholder* en la barra de localización.

Cuando se hace click sobre la barra de búsqueda o se llega por un tab, el texto preestablecido desaparece.

Irónicamente Firefox no da soporte a esta propiedad, al igual que IE y Opera, solo es compatible (a día de hoy) con Safari y Chrome. Aquellos navegadores que no soporten *placeholder* simplemente lo ignorarán y no mostrarán nada.

Aquí hay un ejemplo de cómo se puede incluir *placeholder* en un formulario:

Código:

```
<form>
  <input placeholder="Buscar en la base de datos">
  <input value="Buscar">
</form>
```

Ejemplo:

Campos con autofocus

El atributo de *autofoco* permite al usuario decidir y controlar qué campo de texto debe ser enfocado (señalado, activado) en cuanto la página es cargada o se esté cargando, permitiendo al usuario comenzar a escribir sin tener él que especificar cual es su campo de texto principal en su página. El atributo de *autofoco* es un atributo boleano (respuesta true - false) y no deberá haber más de un elemento en la página.

Muchos sitios utilizan JavaScript para focalizar y dirigir el cursor automáticamente al campo de texto. Por ejemplo Google cuando comienza a cargar su página dirigirá el cursos a su input de búsqueda automáticamente para que puedas empezar a escribir tus palabras de búsqueda en su navegador. Esto puede ser conveniente para algunos y para otros que pueden tener una necesidad específica no tanto. Si aprietas la barra de espacio esperando que la página baje haciendo un scroll, esto no sucederá porque está enfocado el input del formulario.

HTML5 introduce un atributo de control de *autofoco* en los formularios. El atributo autofoco hace exactamente lo que suena, en cuanto la web se comienza a cargar, mueve el cursor y así la atención del usuario a un campo <input> particular.

A día de hoy, Autofocus solo lo soportan Safari, Chrome y Opera. Firefox e IE, lo ignorarán.

Código:

```
<form>
 <input name="b" autofocus>
 <input type="submit" value="Search">
</form>
```

Ejemplo

Finalmente incluyo un link a un lugar http://html5gallery.com/ donde se puede observar un buen número de webs desarrolladas en HTML5 y a ser posible fijarse en el id="footer" <footer> y en que entorno se ha realizado, efectivamente con HTML4 y usando WordPress para mostrar las webs demostrativas.

© 2010 HTML5 Gallery. Powered by  WordPress

Aunque inicializa el fichero index.html en formato HTML5

```
<!DOCTYPE html>
<html dir="ltr" lang="en-US">
<head>
```

ya que hemos visto en HTML ó en XHTML como debe indicarse el fichero.

```
<!DOCTYPE HTML PUBLIC "-//W3C//DTD HTML 4.01 Transitional//EN"
"http://www.w3.org/TR/html4/transitional.dtd">
```

```
<!DOCTYPE html PUBLIC "-//W3C//DTD XHTML 1.0 Transitional//EN"
"http://www.w3.org/TR/xhtml1/DTD/xhtml1-transitional.dtd">
```

Y usan muchísimas etiquetas de HTML4 fijaros en su código fuente y en los <div>

Algunos ejercicios introductorios

En html 4, la etiqueta DIV se define prácticamente como un elemento genérico utilizado para la estructuración de una pagina web, denotando su contenido mediante Identificadores (ID) y clases (CLASS), y no tiene significado semántico alguno, en Html 5, la etiqueta DIV prácticamente mantiene la misma definición.

Viendo de otra forma, un elemento DIV no es mas que un contenedor, que alberga contenido de flujo, el cual se puede utilizar para marcar semántica común a un grupo de elementos consecutivos.

< DIV> frente a los Elementos semánticos

Actualmente en Html 5 los elementos semánticos (header, article, secction) acaparan gran terreno que antes le pertenecía a los elementos DIV, esto es debido a que en Html 5 se trabaja una mejor estructura de información que en HTML 4, pero no se preocupe ya que los elementos DIV aun tienen su lugar en HTML 5.

Se a de preguntar cual es ese lugar, si los elementos semánticos de html 5 acaparan todo el terreno, pues bueno, usted deberá utilizar los elementos DIV en aquellos lugares en donde no allá otro elemento semántico que se adapte a sus propósitos.

Su uso mas común sera para envolver secciones de acuerdo al diseño estético de la pagina web, es decir, envolviendo el contenido semántico con algún estilo CSS.

Ejemplo.- Utilizando DIV en el Wrapper.

Aunque se pueda utilizar el elemento BODY como contenedor natural del contenido del sitio, a mucha gente le gusta utilizar un elemento DIV como contenedor de nivel superior para el estilo de todo el sitio web, ejemplo.-

```
3.  < body>
4.  < div class="wrapper">
5.
6.  // Contenido de todo el sitio web
7.
8.  < /div>
9.  < /body>
10.
```

Utilizando DIV como un parrafo introductorio.

Otra de las formas en que podemos seguir utilizando el elemento DIV es un párrafo introductorio, el cual resaltara del resto del articulo, veamos un ejemplo.-

```
2   < article>
3   < div class="intro">
4   < p>Texto del parrafo introductorio< /p>
5   < /div>
6   < p>Segundo parrafo del articulo< /p>
7   < p>Tercer parrafo del articulo< /p>
8   < /article>
9
```

el uso del elemento DIV en Html 5 sera mucho menor al que esta acostumbrado a utilizar en html 4, pero debemos de acostumbrarnos a las nuevas tecnologías, y si no utilizamos los elementos semánticos de Html 5, no estaremos utilizando su potencial, por cierto si alguno de estos elementos semánticos no le funciona, no dude en utilizar un DIV.

La etiqueta DL ya existía en html 4, y ahora también esta disponible en html 5, pero con funciones diferentes, en html 4 la etiqueta DL era utilizada como una definición de lista, el cual contenía grupos de términos y sus definiciones, pero a decir, este elemento no fue bien utilizado en la versión 4 y es por eso que a sido redefinido en html 5.

Definición de la etiqueta DL en Html 5

La etiqueta DL representa una lista de descripción, es decir una lista de grupos, en donde cada grupo deberá de estar formado por uno o varios nombres (uso de la etiqueta DT), seguido de uno o mas valores (uso de la etiqueta DD), NOTA.- Cada etiqueta DT solo podrá contener un solo nombre, es decir se necesitara una etiqueta DT para cada nombre.

Espero que no este un poca confusa la descripción o si lo esta espero que se aclaren las dudas en el siguiente ejemplo en donde veremos el uso de la etiqueta DL para una definicion.-

- < dl>
- < dd>< dfn>RSS< /dfn>< /dd>
- < dt>un formato XML para agregar la información de los sitios web cuyos
- contenido se actualiza con frecuencia< /dt>
- < /dl>
-

Verán que utilizamos la etiqueta DFN, pues esta etiqueta nos sirve para indicar la palabra que se define.

Ahora veamos un ejemplo de metadatos con la etiqueta DL.-

```
.4   < dl>
.5   < dt>Autores< /dt>
.6   < dd>Paulo Andrade< /dd>
.7   < dd>Victor Villegas< /dd>
.8   < dt>Editores< /dt>
.9   < dd>Hugo Gonzalez< /dd>
.10  < dd>Diego Cardenas< /dd>
.11  < /dl>
.12
```

Por ultimo veremos un ejemplo sobre el uso de muchas etiquetas DT a un solo valor.-

```
1.   < dl>
2.   < dt lang="es-ES">< dfn>Color< /dfn>< /dt>
3.   < dt lang="en-US">< dfn>Color< /dfn>< /dt>
4.   < dd>El resultado visual de la luz en su emisión, transmisión y / o reflexión.
5.   Esta percepción está determinada por el color, brillo y saturación de la luz
6.   en un punto específico.< /dd>
7.   < /dl>
8.
```

Básico sobre CSS?

Siglas de "Cascading Style Sheets" (Hojas de Estilo en Cascada), es una tecnología desarrollada con el fin de separar la presentación de la estructura del HTML. Funciona aplicando reglas de estilo a los elementos HTML, entre las que incluyen, tamaño, color de fondo, color del texto, posición de los elementos, márgenes, tipos de letra, etc... quedando de esta manera toda lo que tiene que ver con la parte gráfica de la web, separada completamente de la estructura del HTML.

Este lenguaje desarrollado por la W3C, ha venido haciéndose cada vez mas importante entre los diseñadores, gracias a la facilidad de uso y a los óptimos y flexibles resultados.

Aprender a conocer CSS nos dará como resultado un mejor flujo de trabajo, mayor organización de nuestro código, menos peso en las paginas, y mas flexibilidad a los cambios. Además una vez familiarizados con sus capacidades, nos daremos cuenta de que es mas fácil y rápido diseñar con CSS que de la manera antigua.

Bien, empecemos por el principio. Aquí intentare enseñar como hacer documentos validos y que sean bien interpretados por la mayoría de los navegadores actuales. Lograremos esto conociendo los tres principales elementos en el desarrollo de CSS:

Atributos
Valores
Selectores

Atributos
Son las palabras que usaremos para indicar cual estilo queremos modificar, por ejemplo, si queremos cambiar el tipo de letra, usamos el atributo "font", si es el fondo, el atributo "background", etc.

Valores
Son para definir como vamos a modificar el atributo, o la propiedad que le daremos. Por ejemplo, si queremos que un tipo de letra sea rojo, usamos el atributo "font" y el valor "red".

Selectores
Se usan para definir sobre cuales elementos HTML vamos a aplicar los estilos, si queremos definir un estilo para toda la pagina, debemos usar el selector "body" que se refiere a la etiqueta <body> del documento HTML.

Hay tres tipos de selectores:

- Los selectores de etiquetas HTML, se utilizan escribiendo el nombre de la etiqueta a la que le aplicaremos el estilo.
- Los selectores de identificador, se usan para aplicar estilos solo a las etiquetas identificadas con un nombre.
- El tercer selector es el de clase, se escribe en el documento CSS comenzando con un punto "." seguido del nombre que le queramos poner a la clase, de esta forma: .mi_clase.

La sintaxis:
Es muy simple, primero se coloca el selector, luego se abre una llave "{" y se empiezan a colocar los atributos, seguidos de dos puntos ":" y luego el valor seguido de punto y coma ";", al final de todo se cierra el estilo para el selector con el cierre de llave "}". Se pueden definir tantos atributos con sus respectivos valores como se desee, separándolos con un espacio o un salto de línea. En CSS se

deben escribir los atributos y valores con minúsculas y los comentarios se encierran con "/*" para abrir y "*/" para cerrar, como veremos en el siguiente ejemplo:

```
/*CSS sobre selector de etiquetas*/

body {
    font-family: arial;
    font-size: 12px;
    color: black;
    background-color: #cccccc;
}
```

Este tipo de selector no requiere de aplicación en el documento HTML, las etiquetas a las que se les defina un estilo de esta forma automáticamente heredarán los estilos.

```
/*CSS sobre selector de identificador*/

#header {
    background-color: #ff0000;
    color: #ffffff;
    font-size: 26px;
}
```

En este caso, se lo aplicamos a la etiqueta con solo colocarle el identificador, como en este ejemplo:

```
<div id="header">Aqui el contenido</div>
```

```
/*CSS sobre selector de clase*/

.mi_clase {
    margin: 5px;
    height: 100px;
    width: 200px;
}
```

En los selectores de clase, usamos el atributo "class" en las etiquetas HTML para darles el estilo. Ejemplo:

```
<div class="mi_clase">Aqui el contenido</div>
```

Además de esto, existen tres formas de aplicar estilos CSS a una pagina, la que recomiendo en primer lugar, haciendo un archivo de texto plano guardado como archivo.css, separado del archivo HTML, y vinculando la hoja HTML a el. Esto se hace colocando en la sección head de la página:

```
<link href="archivo.css" rel="stylesheet" type="text/css">
```

Para mi esta forma es la mas recomendable porque así se puede vincular el archivo.css a todas las páginas del sitio, es mucho mas liviano al ver la pagina y además a la hora de modificar algo se hace solo una vez.

La segunda forma es aplicando los estilos directamente en la sección <head> del documento HTML. Se hace de la siguiente forma

```
<head>
<title>Pagina</title>
<style type="text/css">

   <!--

     body {

         font-family: Geneva, Arial, Helvetica, sans-serif;

         font-size: 12px;

         color:#333333;

     }

     -->

</style>
</head>
```

Es buena idea colocarlos de esta forma si son estilos exclusivos para la pagina a la que se le aplica.

El tercer método no lo recomiendo, aunque algunas veces puede ser necesario. Consiste en aplicar el estilo directamente sobre el elemento HTML, de esta forma:

```
<table style="background-color:#333333; padding:2px; width:300px; height;100px;></table>
```

Como puede verse en algunos casos, los atributos pueden ser compuestos, como el atributo "font-family" o "background-color", puede llevar adicionalmente caracteristicas mas especificas, que van separadas por un guion "-" como vimos en los ejemplos. Los valores tambien pueden ser de diferentes tipos, en los de medida, se pueden usar pixeles "px" centimetros "cm" o relativos como "em", en los colores se puede usar la notacion hexadecimal (#FF3300) o directamente el nombre del color en ingles.

De esta forma podemos aplicar estilos a todos y cada uno de los elementos HTML que constituyen una página web, y poco a poco ir separando el contenido de la presentación, ademas de lograr en un documento completamente válido cosas que solo el poder de CSS puede lograr, como cambiar completamente la apariencia de una página sin tocar el archivo HTML.

Unicamente con el uso, se va uno acostumbrando a lo que se puede hacer con CSS, al principio, seguramente , te pasará (como a mí) que solo lo usan para dar formato a los textos, tablas etc, pero luego uno va conociendo como trabaja y va añadiendo elementos a los archivos CSS.

El punto ideal sera cuando logremos separar completamente el diseño del contenido, dominando las técnicas de posicionamiento con CSS, y eliminando el uso de tablas para diagramar el contenido.

En un proximo tutorial, analizaremos las técnicas de posicionamiento o CSS-P, el valor "float", "position" y las listas <ul> y <li>, como funcionan las medidas, y la forma correcta de formatear las etiquetas, pero no se preocupen mucho, ya trabajo en el.

Ejercicio completo con HTML y CSS

Antes de comenzar con el CSS quiero exponer aquí la importancia de usar los divs, un div es básicamente un contenedor, en el podemos meter cualquier clase de contenido, con la gran ventaja de que los podemos manipular a nuestro antojo con CSS, colocarlo en cualquier parte de la pagina, de cualquier tamaño, de cualquier color, con bordes o sin ellos, con imágenes de fondo o sin ellas, a diferencia de las tablas, los divs no se dividen por dentro, pero podemos anidarlos y organizarlas casi como las tablas (en caso de ser necesario).

Para lograr que el posicionamiento no se vuelva complicado, debemos tener en cuenta que la organización en el código HTML es muy importante, tener bien estructurados los elementos nos facilitará el trabajo con CSS, con esto quiero decir que debemos contar con un código semántico.

Esto significa que a la hora de hacer el código HTML, este bien organizado jerárquicamente, o sea anidar los divs según importancia, agrupados según sección, utilizar las etiquetas h1, h2, h3, etc para los títulos, las etiquetas <ul> y <li> para las listas, las etiquetas <p> en los párrafos, ayuda a organizar mejor el contenido, además de que están ahi para eso. La mayoria se ha olvidado del uso de estas etiquetas por trabajar en entornos gráficos para diseñar, o porque solo le dan importancia a lo que se ve. Otras ventajas son que los buscadores entienden el código, por ejemplo google sabe que <h1>Titulo</h1> es un titulo y le da la importancia necesaria, si alguien usa Lynx para navegar, o cualquier navegador de texto, podrá ver un contenido ordenado y lógico y es mucho más fácil de mantener/modificar. Un ejemplo de una estructura sencilla:

```
<!DOCTYPE html PUBLIC "-//W3C//DTD XHTML 1.0 Transitional//EN"
"http://www.w3.org/TR/xhtml1/DTD/xhtml1-transitional.dtd">

<html xmlns="http://www.w3.org/1999/xhtml">

<head>

<meta http-equiv="Content-Type" content="text/html; charset=iso-8859-1" />

<title>Documento sin t&iacute;tulo</title>

</head>


<body>

<div id="contenedor">

<div id="encabezado">

<h1>Titulo de la Pagina</h1>

</div>

<div id="menu">

<ul>

<li><a href="#">Link</a></li>

<li><a href="#">Link</a></li>

<li><a href="#">Link</a></li>

<li><a href="#">Link</a></li>

</ul>

</div>

<div id="contenido">

<h2>Subtitulo 1 </h2>
```

<p> Lorem ipsum dolor sit amet, consectetuer adipiscing elit. Curabitur turpis purus, fringilla at, tristique vitae, venenatis vel, arcu. Lorem ipsum dolor sit amet, consectetuer adipiscing elit. Phasellus eget orci nec risus posuere facilisis. Proin sit amet nisl. Curabitur lectus felis, interdum vitae, vestibulum ultrices, vehicula vitae, nibh. Aliquam augue mi, viverra quis, fermentum id, mattis vitae,

quam. In neque. Integer wisi metus, tempor vitae, tempus vitae, luctus a, enim. Mauris justo. Nulla rutrum sapien nec mi. Proin dolor neque, auctor ut, pulvinar ut, mattis eu, erat.</p>

<p>Lorem ipsum dolor sit amet, consectetuer adipiscing elit. Sed commodo facilisis arcu. Nunc semper. Donec in risus at tortor semper commodo. Integer porttitor, mauris in tempor congue, nisl erat imperdiet mi, non consequat wisi est in est. Aenean lobortis, wisi ac varius malesuada, lorem est varius enim, sit amet ultrices quam risus sed quam. Maecenas euismod adipiscing diam. Sed dui tortor, pellentesque at, vehicula et, gravida vel, magna. Integer condimentum dignissim erat. </p>

<h3>Sub-subtitulo</h3>

<p> Praesent tincidunt. Nam quis quam at nunc pretium eleifend. Praesent ipsum sapien, aliquam a, scelerisque sit amet, consectetuer in, arcu. Maecenas at wisi in augue tempor tincidunt. Fusce viverra ante gravida quam.

Vestibulum varius lacus vitae lorem. Sed malesuada. Maecenas non urna vitae metus elementum imperdiet. Donec justo enim, pulvinar ultricies, dapibus aliquam, laoreet sed, libero. Ut odio purus, ultricies in, condimentum non, tincidunt ac, odio. Nulla eget velit. Suspendisse massa. </p>

<div id="footer">Copyright2005 - Derechos reservados</div>

</div></div>

</body>

</html>

Asi se ve el ejemplo sin estilos

De aquí en adelante vamos con lo que nos interesa, lo primero que haremos será centrar nuestro div "contenedor" en la ventana del navegador, y darle un tamaño específico

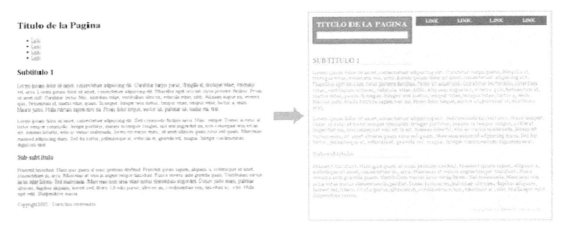

/*empezamos por esto, para evitar resultados extraños en distintos navegadores, y algo de estilo al texto*/

body {

    font-family:Georgia, "Times New Roman", Times, serif;

    font-size:12px;

    color:#666666;

    text-align:center; /*aqui mandamos a centrar todo el contenido*/

}

y luego al div:

```
#contenedor {
    width:600px; /*ancho total de la pagina*/
    border:1px solid #333333; /*encadeno los 3 atributos claves del borde en una sola linea,
ahorrando codigo XD*/
    background-color:#FFF8F0;
    margin:10px auto; /*10px arriba y abajo, y auto a los lados, para los navegadores nuevos es
suficiente para centrar la pagina*/
    text-align:left; /*aqui alineamos todo de nuevo a la izquierda, pero dentro del contenedor*/
}
```

Bien, ya tenemos el div contenedor centrado en la pagina, ahora vamos con el "encabezado":

Aquí, veremos como funciona float. Así como suena, float nos permite "flotar" elementos hacia la izquierda o la derecha de la pagina, haciendo que los demás elementos fluyan alrededor

```
#encabezado {
    margin:10px; /*para que no se pegue al borde*/
    padding:10px; /*algo de relleno*/
    width:224px; /*este ancho es para que cuadre con el texto*/
    height:50px; /*idem*/
    border:1px solid #333333; /*decoracion*/
    background-color:#CC6600; /*more*/
    float:left; /*lo flotamos a la izquierda*/
    display:inline; /*(*)*/
}
```

(*)display:inline; se usa en este caso para corregir un error en IE, en la interpretación del margin y el padding, si flotamos a la izquierda, y hay 10px de margin a la izquierda, IE sumara el doble de ese margen. Con esta línea corregimos eso.

Ahora algo de estilo para el titulo:

```
#encabezado h1 { /*encadenamos el identificador del div, con la etiqueta par a referirnos solo al h1
dentro del div encabezado, asi no afectara otros h1 en el resto del documento.*/
    font-size:18px;
    font-weight:bold;
    width:224px;
    border-bottom:16px solid #FFFFFF;
    color:#FFFFFF;
    margin:0; /*los h1 vienen con margen, con esto se lo quito*/
```

```
    text-transform:uppercase; /*convierte todas en mayusculas*/
    padding-bottom:10px;
}
```

Seguimos con el menu:

```
#menu {
    float:left;
    margin:10px 10px auto 0;
    border:1px solid #333333;
    width:320px;
    height:24px;
}
```

Y luego con la lista. las listas traen varios pre-formatos desde HTML, como las viñetas, margen, saltos de línea a cada item, padding, etc... Aqui vamos a cambiar completamente el aspecto de una lista, con sus vínculos dentro.

```
ul {
    list-style-type:none; /*con esto quitamos las viñetas*/
    margin:0; /*le quitamos el margen a la lista*/
    padding:0; /*y el relleno*/
}
li {
    margin:0; /*le quito el margen al elemento de la lista*/
    float:left; /*y los floto a la izquierda para eliminar el salto de linea*/
}
li a {
    display:block; /*con esto el vinculo tendrá un área rectangular, asi no será solo el texto*/
    background-color:#CC3300; /*algo de color*/
    color:#FFFFFF; /*mas*/
    width:58px; /*defino el ancho del rectangulo del vinculo*/
    padding:4px 0 5px 22px; /*sumamos el relleno al ancho y alto del rectángulo para obtener el div
#menu completamente ocupado con los ítems del menú*/
    text-decoration:none; /*elimino el subrayado del vínculo*/
    font-weight:bold; /*decoración*/
    text-transform:uppercase; /*decorare los vínculos en mayúsculas*/
}
li a:hover {
    background-color:#999900; /*decoración para el evento hover (mouse encima)*/
```

}

Esto es suficiente para cambiar el aspecto de la lista, y los vínculos en el menu. Así podemos jugar con los anchos y rellenos para lograr menúes mas complejos, poniéndole bordes, etc ...

Ahora el contenido:

```
#contenido {
    width:580px; /*el ancho mas el padding me da 600px de ancho que es lo que mide la pagina */
    clear:both; /*con esto nos aseguramos de que no se ponga nada a los lados*/
    padding:10px;
}
```

Algo de estilo para los titulos:

```
#contenido h2 {
    font-size:16px;
    color:#CC3300;
    width:246px;
    text-transform:uppercase;
    border-bottom:1px dotted #CC3300;
}
#contenido h3 {
    width:246px;
    font-size:14px;
    color:#999900;
    border-bottom:1px dotted #999900;
}
```

Y terminamos con el footer:

```
#footer {
    width:560px; /*menos porque debemos sumar el padding del div contenido*/
    text-align:right;
    padding:10px;
    font-size:80%; /*mas pequeño el texto*/
    font-style:italic;
    color:#999999;
}
```

Los comentarios en el código explican lo que hace cada uno de los atributos clave usados en el ejemplo.¿¿¿ PASAMOS AHORA EL EJERCICIO A HTML 5 ??? No olvidemos la estructura semántica.

MÓDULO 2: XHTML
UNIDAD Didáctica 8:xml (anexo)

Conceptos XML

¿Qué es XML?

¿Para qué podemos usar XML?

Transformar datos en información

¿Porqué usar XML para crear estructuras de datos?

¿Si todo el mundo ya conoce HTML, porqué no seguir usándolo?

Elementos, marcas y anidamiento

Dos tipos de documentos XML

¿Para qué sirve un DTD?

Información para realizar la práctica XML

Conceptos XML

XML es una potente herramienta para definir estructuras de datos susceptibles de ser procesadas por una gran variedad de aplicaciones para realizar un eficiente intercambio electrónico de datos.

El propósito de esta práctica no es sumergirse de lleno dentro de la sintaxis del lenguaje XML. En la página web: www.w3.org puede consultarse todos los detalles de su especificación. La finalidad de ella es explicar qué es y para qué sirve XML, presentar sus elementos principales y, fundamentalmente, trabajar diferentes casos prácticos que ilustren su funcionalidad.

Una vez finalizada la práctica los asistentes dispondrán del conocimiento sobre las posibilidades reales que ofrece XML, sabrán cómo evaluar las distintas herramientas XML que ofrece el mercado y cómo preparar una estrategia de formación e implantación de XML en su ámbito de negocio.

¿Qué es XML?

XML (eXtensible Markup Language) es un lenguaje orientado a identificar estructuras de datos en un documento. La especificación XML define la manera estándar de cómo hay que realizar el marcado de expresiones en un documento no estructurado , para que con dicho marcado se defina una determinada estructura de datos.

La especificación XML no define el contenido de las estructuras de datos, son los expertos de cada dominio y las entidades reguladoras, los agentes que pueden utilizar el estándar XML para consensuar un lenguaje común que permita transformar los documentos no estructurados en estructuras procesables por un sistema "machine readable system" (SGBD, HL7, EDI, etc.).

Cuando hablamos de un documento nos referimos no solo al concepto tradicional de documento en papel o soporte electrónico sino a todos los tipos de documentos actuales: páginas Web, correo electrónico, gráficos vectoriales, transacciones de comercio electrónico, etc. Un documento XML es un documento que puede ser leído y entendido por una persona "human readable system" y a la vez puede ser procesado por un sistema para extraer información "machine readable system".

¿Para qué podemos usar XML?

Transformar datos en información, añadiéndoles un significado concreto y asociándolos a un contexto, siempre genera valor en la cadena de utilización de los datos fuente por parte de sus clientes. Consideremos la siguiente expresión:

> "Con fecha 30.05.00, remito el paciente J.J.C. HC 334455 a Neumología por presentar bronquitis aguda con broncoespasmo"

Si sabemos de antemano que: **HC 334455** es el número de historia clínica de un paciente, que **Neumología** es un punto de asistencia ambulatorio para las consultas externas de un hospital y que **bronquitis aguda** es un diagnóstico que dispone del código 466.0 dentro del sistema de clasificación CIE9-MC, obviamente este trozo de texto aunque no disponga de ninguna estructura subyacente, para nosotros es significativo. Sin embargo, un ordenador por muy potente que sea poca cosa podrá hacer más que trocear las palabras, indexarlas y procesarlas por separado.

Si ahora intentamos recuperar información con la ayuda de un agente inteligente de búsqueda a cerca de los casos clínicos tratados, la pieza de texto que hemos descrito será presentada como uno de los muchos resultados, con independencia de su relevancia para nuestro propósito de busca.

Transformar datos en información

```
<Derivacion>Con fecha <FechaEntrada>30.05.00</FechaEntrada>remito el paciente
<Paciente>HC334455</Paciente>    a    <Servicio>Neumología</Servicio>    por
presentar        <Diagnostico>bronquitis        aguda</Diagnostico>        con
broncoespasmo.</Derivacion>
```

Las marcas XML añaden el contexto necesario para indicar a las personas y a los sistemas capaces de leer su especificación, que estamos realizando un derivación donde HC334455 identifica la historia clínica de un paciente, con todos sus datos demográficos, administrativo asistenciales y por supuesto, clínicos; que Neumología es el nombre identificador de un servicio de consulta externa del hospital hacia donde es remitido el paciente, y que bronquitis aguda es el descriptor de un diagnóstico. Conociendo todo esta estructura podremos obtener recuperaciones de información mucho más relevantes y ajustadas a nuestros propósitos de búsqueda.

¿Porqué usar XML para crear estructuras de datos?

¿Hay otras maneras para estructurar datos que no sean XML? Por supuesto, de hecho cada fabricante de hardware y software desde el origen de los tiempos ha creado sus propios mecanismos propietarios para añadir contexto a datos fuente y definir estructuras de datos. La ventaja de XML es que es un estándar con independencia del tipo de implementación seleccionado. Esto significa que podemos usar herramientas de distintos proveedores para estructurar datos con la especificación XML, almacenarlos en una base de datos, realizar búsquedas o ejecutar cualquier proceso. En conclusión, nuestros datos serán accesibles y procesables por todas las herramientas que siguen el estándar XML con independencia de su plataforma y su fabricante.

La mayoría de compañías han optado por seleccionar los estándares más aceptados en todas sus herramientas de información (un buen ejemplo son los procesadores de textos y los gestores de correo electrónico), con la finalidad de intercambiar información sin tener problemas con el formato del soporte. Cualquier procesador de textos, por muy extendido que esté en el mercado, dispone de un formato específico propiedad de su fabricante que puede ocasionar problemas en el caso de intercambio de datos a través de distintas plataformas. XML establece un formato de datos que representa un estándar abierto independiente de fabricantes y de plataformas (sistemas operativos), también permite producir documentos en entornos multimedia (web, CD-ROM) de manera muy eficiente.

¿Si todo el mundo ya conoce HTML, porqué no seguir usándolo?

HTML es el estándar de facto en la web. Sin embargo, HTML dispone de un número limitado de etiquetas (tags) diseñadas en su mayoría para mostrar textos en los navegadores (browsers) con diferentes estilos. XML, con su capacidad para definir cualquier nombre de etiqueta y, por lo tanto, marcar de manera precisa una pieza (o una colección de piezas anidadas) de datos, ofrece una gran potencia y flexibilidad para estructurar documentos y realizar un intercambio electrónico de datos de manera muy eficiente.

Para apreciar todas las posibilidades de interoperabilidad de XML es importante saber que fue creado originalmente para poder utilizar documentos con estructuras complejas dentro de la web. De hecho incorpora una serie de nuevos elementos con respecto al HTML, pero sigue siendo una variante evolutiva del SGML. HTML y SGML no están diseñados para definir estructuras de datos. Las últimas versiones del Explorer y Netscape ya soportan la especificación XML y aunque importantes gurús del sector anuncian la extinción del HTML, lo más probable es que ambos cohabiten en las miríadas de páginas web publicadas.

Elementos, marcas y anidamiento

XML suministra los medios para etiquetar (marcar) piezas de datos (elementos). Por ejemplo, en el caso anterior podíamos haber marcado el paciente con la etiqueta: <Cliente>. Los elementos son marcados rodeándolos por una etiqueta (tag) que indica su punto final de marcado con esta expresión: </Cliente>.

Las etiquetas pueden estar anidadas, es decir, los elementos definidos pueden estar contenidos dentro de otros elementos. Por ejemplo en el caso anterior donde describimos la derivación de un paciente, ésta puede contener los siguientes subelementos para describir la fecha de la derivación, la historia clínica del paciente, el servicio y el diagnóstico que motiva la derivación.

```
<Derivacion>

<FechaEntrada>30.05.00</FechaEntrada>

<Paciente>HC334455</Paciente>

<Servicio>Neumología</Servicio>

<Diagnostico>bronquitis
```

```
aguda</Diagnostico>


</Derivacion>
```

Este ejemplo está indentado sólo a efectos de ilustrar un anidamiento básico. Normalmente un anidamiento puede disponer de muchos niveles de detalle, por ejemplo, la estructura que define la "Derivación" puede estar contenida en otra estructura mayor definida como "Consulta Externa" y ésta a su vez en otra estructura mayor definida como "Actividad Ambulatoria", y así sucesivamente definiendo un directorio como la estructura general de los documentos de nuestro sistema de información.

En estos ejemplos hemos utilizado diferentes nombres para definir las etiquetas, y esto es así porque a diferencia del HTML (que dispone de un número fijo y predeterminado de etiquetas) con XML no existe ninguna limitación en cuanto al número ni a la diversidad de etiquetas posibles. Cada usuario, o mejor dicho, cada diseñador de documentos, construye estructuras de datos asignando aquellas etiquetas que mejor describen sus datos y, como hemos dicho al principio, son los expertos de cada dominio y las entidades reguladoras, los agentes que pueden utilizar el estándar XML para consensuar un lenguaje común que facilite un intercambio eficiente de datos en su ámbito de actuación.

A partir de ahora vamos a usar el concepto de "documento" para describir una estructura de datos. Un documento puede llegar a describir desde una estructura de datos tan sencilla como un simple mensaje (que no requiere ningún anidamiento) entre distintos ordenadores, a algo tan grande y complejo como la Enciclopedia Británica que dispondrá de una gran cantidad de tipos de elementos y muchos niveles de granularidad en sus anidamientos.

Dos tipos de documentos XML

Los documentos XML pueden construirse para ser documentos "válidos" o para ser documentos "bien formados". Si hablamos de un documento válido, es que éste documento está asociado a un conjunto de reglas que definen su estructura lógica. El documento se certifica conforme a estas reglas que en conjunto reciben el nombre de "Definición de tipo de documento" (DTD). Cuando hablamos de un documento bien formado, manifestamos que éste sigue las reglas de sintaxis especificadas para el lenguaje XML, pero no dispone de reglas de certificación asociadas. Un documento bien formado puede ser muy simple, todo lo que necesita contener son elementos de datos.

¿Para qué sirve un DTD?

Un DTD (Definición de tipo de documento) es una colección de reglas usadas con el propósito de identificar un tipo o clase de documento. Por ejemplo, podemos escribir una gran cantidad de informes, pero en general algunos de ellos tendrán una serie de puntos de común. Los informes pueden contener el nombre del autor, el nombre del sujeto a quien se refiere el informe, quizás una lista de distribución, un número de referencia, fecha de creación, título del informe, títulos de secciones, gráficos, etc.

El DTD realiza las siguientes tareas:

Define todos los elementos (nombres de etiquetas) que pueden aparecer en el documento.

Define las relaciones establecidas entre los distintos elementos.

Suministra información adicional que puede ser incluida en el documento: Atributos, Entidades y Notaciones.

Aporta comentarios e instrucciones para su procesamiento.

Cómo pasar un documento XML a otro HTML sin necesidad de hacerlo del lado del servidor.

Los navegadores cada vez están más avanzados. Una característica que ya tienen desde hace años es la posibilidad de mostrarte gráficamente un fichero XML.

Vemos un fichero XML

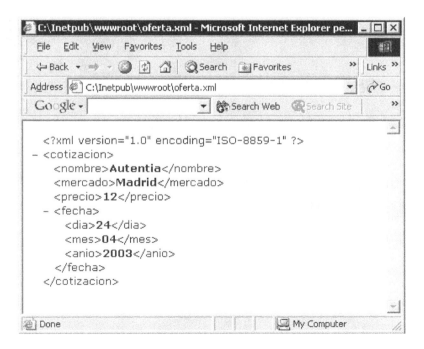

Si queremos convertir ese documento a HTML, podemos, sin necesidad de crear ninguna rutina en el servidor, hacerlo.

Para ello podemos usar XSL (XML STyleSheet Language)

XSL es un tipo de documento XML (aplicación XML) que tiene un conjunto fijo de etiquetas usado para definir plantillas para maniñupar documentos XML y decidir como se desean mostrar.

Un documento XSL es un XML por lo que tendrá la etiqueta:

```
<?xml version="1.0" encoding="ISO-8859-1"?>
```

Para indicar que es una hoja XSL

```
<xsl:stylesheet xmlns:xsl="http://www.w3.org/TR/WD-xsl">
```

Ahora intercalamos dentro de código HTML las etiquetas especiales para iterar

```
<?xml version="1.0" encoding="ISO-8859-1"?>
<xsl:stylesheet xmlns:xsl="http://www.w3.org/TR/WD-xsl">

  <xsl:template match="/">
  <html>
    <body>
      <table border="1">
        <tr>
          <td><b>Nombre</b></td>
          <td><b>Mercado</b></td>
          <td><b>Precio</b></td>
          <td><b>Fecha</b></td>
        </tr>

        <xsl:for-each select="/cotizacion">
        <tr>
          <td><xsl:value-of select="nombre"/></td>
          <td><xsl:value-of select="mercado"/></td>
          <td><xsl:value-of select="precio"/></td>
          <td><xsl:value-of select="fecha/dia"/>-
          <xsl:value-of select="fecha/mes"/>-
          <xsl:value-of select="fecha/anio"/></td>
        </tr>
        </xsl:for-each>
      </table>
    </body>
  </html>
  </xsl:template>
</xsl:stylesheet>
```

Para decirle a un documento XML que XSL queremos utilizar solo tenemos que usar

```
<?xml-stylesheet type="text/xsl" href="oferta.xsl"?>
```

El resultado será:

Impresionante verdad

Bueno este es un ejercicio simple, vamos a complicarlo, introduciendo más cotizaciones y pidiendo que nos ordene la salida.

```
<?xml version="1.0" encoding="ISO-8859-1"?>
<?xml-stylesheet type="text/xsl" href="oferta.xsl"?>
  <fichero>
    <cotizacion>
      <nombre>Autentia</nombre>
      <mercado>Madrid</mercado>
      <precio>12</precio>
      <fecha>
        <dia>24</dia>
        <mes>04</mes>
        <anio>2003</anio>
      </fecha>
    </cotizacion>
    <cotizacion>
      <nombre>Acertia</nombre>
      <mercado>Madrid</mercado>
      <precio>21</precio>
      <fecha>
        <dia>23</dia>
        <mes>04</mes>
```

```
        <anio>2003</anio>
      </fecha>
    </cotizacion>
  </fichero>
```

Cambiamos el XSL

```
<?xml version="1.0" encoding="ISO-8859-1"?>
<xsl:stylesheet xmlns:xsl="http://www.w3.org/TR/WD-xsl">

  <xsl:template match="/">
    <html>
      <body>
        <table border="1">
          <tr>
            <td><b>Nombre</b></td>
            <td><b>Mercado</b></td>
            <td><b>Precio</b></td>
            <td><b>Fecha</b></td>
          </tr>

          <xsl:for-each select="*/cotizacion" order-by="nombre">
          <tr>
            <td><xsl:value-of select="nombre"/></td>
            <td><xsl:value-of select="mercado"/></td>
            <td><xsl:value-of select="precio"/></td>
            <td><xsl:value-of select="fecha/dia"/>-
            <xsl:value-of select="fecha/mes"/>-
            <xsl:value-of select="fecha/anio"/></td>
          </tr>
          </xsl:for-each>
        </table>
      </body>
    </html>
  </xsl:template>
</xsl:stylesheet>
```

Y el resultado seria

Nombre	Mercado	Precio	Fecha
Acertia	Madrid	21	23- 04- 2003
Autentia	Madrid	12	24- 04- 2003

Si queremos que sea ascendente o descendente

```
<xsl:for-each select="*/cotizacion" order-by="-nombre">
```

Ahora vamos a introducir condicionales

```xml
<?xml version="1.0" encoding="ISO-8859-1"?>
<?xml-stylesheet type="text/xsl" href="oferta.xsl"?>
  <fichero>
    <cotizacion>
      <nombre>Autentia</nombre>
      <mercado>Madrid</mercado>
      <precio>12</precio>
      <fecha>
        <dia>24</dia>
        <mes>04</mes>
        <anio>2003</anio>
      </fecha>
    </cotizacion>
    <cotizacion>
      <nombre>Acertia</nombre>
      <mercado>Madrid</mercado>
      <precio>21</precio>
      <fecha>
        <dia>23</dia>
        <mes>04</mes>
        <anio>2003</anio>
      </fecha>
    </cotizacion>
    <cotizacion>
      <nombre>AdictosAlTrabajo</nombre>
      <mercado>Barcelona</mercado>
      <precio>2</precio>
      <fecha>
        <dia>25</dia>
        <mes>04</mes>
        <anio>2003</anio>
      </fecha>
    </cotizacion>
  </fichero>
```

Modificamos en XSL

```xml
<?xml version="1.0" encoding="ISO-8859-1"?>
<xsl:stylesheet xmlns:xsl="http://www.w3.org/TR/WD-xsl">

  <xsl:template match="/">
    <html>
      <body>
        <table border="1">
          <tr>
            <td><b>Nombre</b></td>
```

```
            <td><b>Mercado</b></td>
            <td><b>Precio</b></td>
            <td><b>Fecha</b></td>
        </tr>

        <xsl:for-each select="*/cotizacion" order-by="-nombre">
        <tr>
          <td><xsl:value-of select="nombre"/></td>

          <td>
          <xsl:if test="mercado[.='Barcelona']">
          <b><xsl:value-of select="mercado"/></b>
          </xsl:if>

          <xsl:if test="mercado[.='Madrid']">
          <i><xsl:value-of select="mercado"/></i>
          </xsl:if>

          </td>
          <td>
          <xsl:value-of select="precio"/>
          </td>
          <td><xsl:value-of select="fecha/dia"/>-
          <xsl:value-of select="fecha/mes"/>-
          <xsl:value-of select="fecha/anio"/></td>
        </tr>
        </xsl:for-each>
      </table>
    </body>
  </html>
  </xsl:template>
</xsl:stylesheet>
```

Así vemos el resultado

Nombre	Mercado	Precio	Fecha
Autentia	Madrid	12	24- 04- 2003
AdictosAlTrabajo	Barcelona	2	25- 04- 2003
Acertia	Madrid	21	23- 04- 2003

Hay veces que el código se complica por lo que hay que dividir una plantilla en varias secciones. Es algo parecido a las funciones dentro de plantillas XSL.

```
<?xml version="1.0" encoding="ISO-8859-1"?>
```

```xsl
<xsl:stylesheet xmlns:xsl="http://www.w3.org/TR/WD-xsl">

  <xsl:template match="/">
    <html>
      <body>
        <table border="1">
          <tr>
          <td><b>Nombre</b></td>
          <td><b>Mercado</b></td>
          <td><b>Precio</b></td>
          <td><b>Fecha</b></td>
        </tr>

          <xsl:for-each select="*/cotizacion" order-by="-nombre">
          <tr>
            <td><xsl:apply-templates select="nombre"/></td>

            <td><xsl:value-of select="mercado"/></td>
            <td>
            <xsl:value-of select="precio"/>
            </td>
            <td><xsl:value-of select="fecha/dia"/>-
            <xsl:value-of select="fecha/mes"/>-
            <xsl:value-of select="fecha/año"/></td>
          </tr>
          </xsl:for-each>
          </table>
      </body>
    </html>
  </xsl:template>

  <xsl:template match="nombre">
  <b><xsl:value-of select="."/></b>
  </xsl:template>

</xsl:stylesheet>
```

Tened en cuenta que hemos generado un documento HTML a partir de un XML, pero poriamos haber generador cualquier otra salida: csv, rtf, wml, etc.

XSL da mucho más de si ..... ya lo veremos más adelante .... y uno de los aspectos más importantes, como encontrar los errores y depurar las transformaciones .....

Aplicando el ejemplo al principio solo funciona en IE, y da error de parseo en Firefox. La manera correcta de declarar una hoja del estilo de XSL según la recomendación de W3C XSLT es:
<xsl:stylesheet version="1.0"
xmlns:xsl="http://www.w3.org/1999/XSL/Transform">

MÓDULO 2: XHTML
UNIDAD Didáctica 9:anexo – xml

Ejercicio prácticos sobre XSL y XML a formato HTML

INTRODUCCIÓN

En esta práctica los ejercicios se centran en la conversión de documentos XML a otros formatos mediante el uso de hojas de estilo XSLT

Objetivos

- Comprender la estructura de una hoja de estilo XSLT
- Comprender que una hoja de estilo es a su vez un documento XML
- Comprender la sintaxis de las hojas de estilo
- Ser capaz de crear un doucumento HTML que represente a un documento XML dado.
- Ser capaz de crear una hoja de estilo XSLT que haga la conversión de un documento XML a un documento HTML.

- Ser capaz de utilizar un parser (analizador) de XSLT para realizar la conversión de un documento XML en un documento HTML

EJERCICIO 1: Comprensión y utilización de una hoja de estilo

Objetivos

- Comprender la sintaxis y el funcionamiento de una hoja de estilo sencilla XSLT
- Comprender la estructura de una plantilla y ser capaz de seleccionar el contenido de los elementos y atributos de un documento XML
- Ser capaz de aplicar una plantilla de forma recursiva para todos los elementos iguales de un documento XML.

- Ser capaz de utilizar un parser para generar un documento HTML a partir de un documento XML y una hoja de estilo.

- En este ejercicio vamos a ver algunas de las etiquetas básicas definidas en la especificación de XSLT para transformar un documento:

- o Para definir una plantilla **<xsl:template match="elementoSeleccionado">** **</xsl:template>**
- o Para seleccionar un elemento o atributo en un documento XML y devolver su valor:
  - **<xsl:value-of select="elementoSeleccionado"/>**
  - **<xsl:value-of select="@atributoSeleccionado"/>**
- o Para aplicar una plantilla a:
  - un elemento concreto: **<xsl:apply-templates select="elementoSeleccionado" />**
  - todos los elementos que se encuentran por debajo del actual en la jerarquía: **<xsl:apply-templates/>**

Apartado 1: Plantillas básicas

En la siguiente figura puedes ver un ejemplo sencillo de transformación de un documento XML en un documento HTML. En este caso sólo hay una plantilla para el elemento "document" , su contenido coíncide con el del documento HTML salvo en el contenido de la etiqueta <p> donde hemos sustituido la frase literal "mi primer parrafo" por una etiqueta que selecciona el contenido del elemento párrafo en el documento XML.

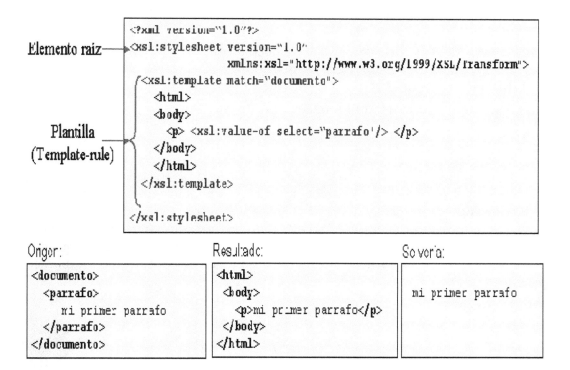

Prueba la transformación indicada en el ejemplo anterior. Para ello:

Abre el notepad y crea un fichero de texto llamado documento1.xml con el contenido que indica la figura anterior en el recuadro "origen". Acuérdate de añadir la declaración de documento XML al principio del documento.

Del mismo modo crea un fichero de texto llamado documento1.xsl con el contenido de la hoja de estilo.

Para realizar la conversión necesitarás un parser de XSLT. Para esta práctica puedes utilizar el xt que está instalado en los equipos del laboratorio.

Para utilizarlo desde una ventana de MSDOS ejecuta el xt utilizando como parámetros los ficheros documento1.xml y documento1.xsl que has creado así como el nombre del fichero que quieras obtener como resultado:

c:\tmp> xt documento1.xml documento1.xsl doc1.html

Abre el fichero doc1.html generado por el xt para comprobar si el resultado es el esperado.

Apartado 2: Aplicación de plantillas a elementos que se repiten en el documento

En la siguiente figura puedes ver lo que ocurre cuando un elemento se repite varias veces en la jerarquía como el elemento párrafo. En lugar de sustituir el contenido cada vez que aparece por <xsl:value-of select="parrafo">. Creamos una nueva plantilla en la que hacemos la sustitución y luego hacemos una llamada a la plantilla con el elemento <apply-templates select="parrafo"> que lo que hace es aplicar la plantilla tantas veces como encuentre el elemento "parrafo" dentro del documento XML.

Crea los ficheros de texto documento2.xml y documento2.xsl que indica la figura y prueba su funcionamiento haciendo la transformación a doc2.html con el xt de forma análoga a como lo hiciste en el apartado anterior.:

c:\tmp> xt documento2.xml documento2.xsl doc2.html

Observa que:

cuando la etiqueta <xsl:value-of/> estaba dentro de la plantilla del documento poníamos como valor del atributo select "parrafo" mientras que ahora como la etiqueta <xsl:value-of> esta dentro del propio elemento párrafo hemos puesto como valor del atributo select ".".

Sustituye la línea **<xsl:value-of select="."/>** por **<xsl:apply-templates/>**. Observa que el resultado obtenido al aplicar la hoja de estilo es el mismo. Esto es así porque cuando nos encontramos en un nodo hoja dentro de la jerarquía del documento la aplicación de la plantilla <xsl:apply-templates/>se reduce a sustituir esa línea por el contenido del elemento actual.

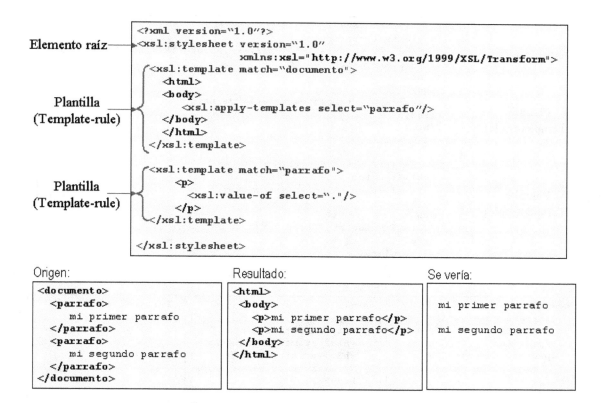

Apartado 3: Selección del contenido de un atributo

En la siguiente figura puedes ver cómo se selecciona un atributo dentro de un documento XML. Crea los ficheros documento3.xml y documento3.xsl y realiza la transformación como en los dos ejemplos anteriores.

c:\tmp> xt documento3.xml documento3.xsl doc3.html

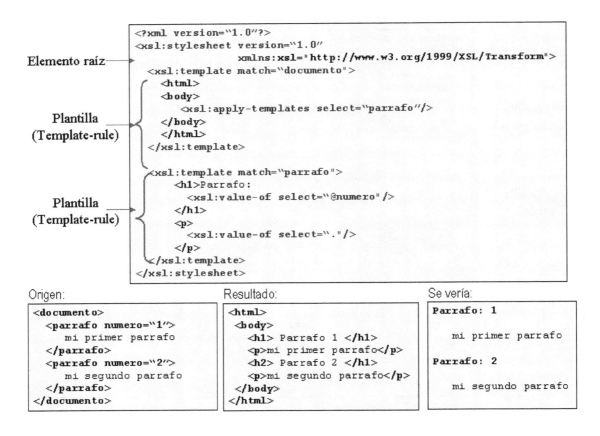

EJERCICIO 2: Creación de una hoja de estilo

Objetivos

Conocer la sintaxis básica de las tablas y listas en HTML

Ser capaz de generar una hoja de estilo que convierta un documento XML que contenga:

1. elementos únicos
2. elementos repetidos y
3. atributos

en un documento HTML

- Descarga en un directorio temporal el fichero persona2.xml que representa una lista de contactos.
- y crea un fichero HTML que al abrirlo en el navegador presente este aspecto:

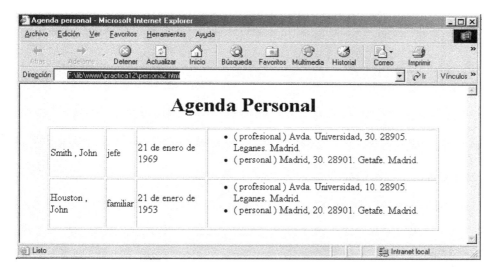

- Crea una hoja de estilo persona2.xsl que permita convertir el documento persona2.xml en persona2.html utilizando el parser xt del mismo modo que lo utilizaste en el ejercicio anterior. Para ello te recomendamos que:
  - o Abre el documento HTML que acabas de generar y añádele la cabecera correspondiente para convertirlo en un documento xslt.
  - o Crea las etiquetas de comienzo y fin de plantilla para el elemento "personas" que es el primero de la jerarquía y deja todo el código HTML en su interior.
  - o A continuación ve sustituyendo cada uno de los valores literales del código HTML por una etiqueta xsl (ejemplo sustituiríamos **John** por **<xsl:value-of select="nombre"/>**
  - o Cuando un elemento se repita varias veces crea una plantilla independiente igual que hicimos en el ejercicio anterior para el elemento "parrafo".
  - o Prueba la hoja de estilo que acabas de generar utilizando el parser:

    c:\tmp> xt persona2.xml persona2.xsl prueba.html

    - ▪ para comprobar si el resultado es el esperado. Una vez que obtengas el resultado esperado añade nuevas personas al documento XML y vuelve a aplicar la hoja de estilo, comprobarás que la página HTML se genera correctamente sin necesidad de retocar la hoja de estilo. Hasta ahora hemos hecho todas las pruebas con documentos XML bien formados (sin dtd). Las hojas de estilo también funcionan para documentos válidos, si quieres probarlo puedes hacerlo utilizando la hoja de estilo que acabas de generar con estos dos documentos: persona2I.xml (utiliza un dtd interno)

    - ▪ persona2E.xml (utiliza un dtd externo)

Hojas de estilo básicas

Para empezar, vamos a tratar de presentar una hoja XML de lo más simple (tienda0.xml):

```
<?xml version="1.0" encoding='ISO-8859-1'?>
```

```
<?xml-stylesheet href="tienda0.xsl" type="text/xsl"?>
<tienda>
<nombre>La tiendecilla </nombre>
  <telefono>953 87 12 23 </telefono>
</tienda>
```

Este ejemplo lo iremos extendiendo hasta que contenga un catálogo de una tienda virtual. Por lo pronto incluimos solamente datos básicos sobre la tienda.

Para convertirlo en HTML, usaremos la siguiente hoja de estilo (tienda0.xsl):

```
<?xml version="1.0" encoding="UTF-8"?>
<xsl:stylesheet version="1.0" xmlns:xsl="http://www.w3.org/1999/XSL/Transform">
<xsl:template match='/'>
<html>
 <head>
<title>Generado con tienda-html.xsl</title>
</head>
<body>
<h1> <xsl:apply-templates />
</h1>
</body>
</html>
</xsl:template>
</xsl:stylesheet>
```

La tiendecilla 953 87 12 23

Done

Tal como está, se puede cargar directamente con Firefox, que mostrará algo similar a la imagen. Asimismo se puede usar cualquier entorno integrado que incluya la posibilidad de hacer transformaciones, como el XMLShell o XMLSpy mencionados anteriormente.

En realidad, para esta hoja de estilo tan simple, podemos incluso quitarle elementos, y dejarla solamente en el interior de la plantilla, así (tienda0-default.xslt):

```
<html>
<head>
```

```
<title>Generado con tienda-html.xsl</title>
</head>
<body>
<h1> <xsl:apply-templates /> </h1>
</body>
</html>
```

"XSL Engines", Manipulaciones y Transformaciones.

XSL ("eXtensible Stylesheet Language") es otra especificación desarrollada por W3C para *transformar y manipular* documentos XML , XSL esta formado de tres partes:

10 XSLT : Se refiere a la *transformación* de documentos en XML
11 XPath: Define como navegar sobre la estructura de un documento XML
12 XSLF : Define el formato que deben tomar objetos dentro del documento en XML.

Teoría a un lado, XSLT utiliza elementos de XPath y XSLF, debido a esto al emplear XSLT implícitamente se esta utilizando XSL en general. Aparentemente al utilizar el término *transformación* se están implicando las mismas labores que realiza DOM y en efecto se esta realizando esto,sin embargo, la transformación se hace en **conjunción** con un "XSL Engine", observe la siguiente gráfica:

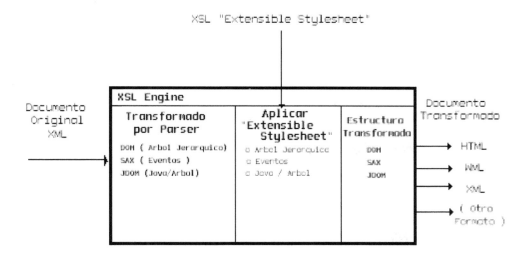

Es sumamente importante saber que **un "XSL Engine" no es un "Parser"** como DOM,SAX o JDOM , inclusive requieren de un "Parser" para funcionar. Es por esta razón que **TODOS** los "XSL Engines" **ya incluyen un "Parser"** en su distribución.

La serie de eventos que es llevada acabo por el "XSL Engine" es la siguiente:

1. Al iniciar cualquier transformación, el documento XML debe ser transformado mediante un "Parser" a una estructura abstracta ya sea: eventos de SAX , árbol jerárquico de DOM o elementos Java JDOM.
2. Una vez transformado el documento en esta abstracción se aplica un "Extensible Stylesheet" al árbol jerárquico, eventos o elementos Java según sea el caso.
3. Ya que ha sido aplicado el "Extensible Stylesheet" se genera otra estructura abstracta: eventos de SAX , árbol jerárquico de DOM o elementos Java JDOM.
4. Finalmente la estructura abstracta es transformada | enviada a una aplicación de servidor , bases de datos o "flat file" según sea el caso.

Una de las ventajas que se puede notar a diferencia de DOM es que **no se manipula através de funciones** la información en XML, sino que es através "XSL Stylesheets" los cuales serán descritos a continuación.

TraX.

Al igual que **parsers**, cuando recién fueron definidos los estándares de XSL , hubo ciertas secciones que no fueron lo suficientemente estrictas para estos "XSL Engines", por esta razón , Sun decidió crear **TraX** que logra la interoperabilidad de los diversos "XSL Engines" escritos para Java; **TraX** forma parte del API JAXP definido por Sun, el cual como fue mencionado anteriormente ya se incluye en todo JDK (1.4).

XSL Stylesheets.

Un "XSL Stylesheet" al igual que otras estructuras XML también utiliza un Namespace de acuerdo a un standard :

```
<?xml version="1.0" encoding="ISO-8859-1"?>


<xsl:stylesheet

xmlns:xsl="http://www.w3.org/1999/XSL/Transform"

  version="1.0">


<xsl:output method="html" version="4.0" encoding="ISO-8859-1"/>
```

La primer declaración define el vocablo xsl al que es asignado el Namespace standard para XSL http://www.w3.org/1999/XSL/Transform. La declaración <xsl:output>, aunque opcional, representa un elemento XSL que define el tipo de contenido y características del documento que será generado al ser realizada la transformación, en este caso se

esta indicando que la transformación será un documento tipo HTML.

El concepto de "XSL Stylesheets" es relativamente sencillo: *definir un juego de reglas para que sea transformado cierto elemento.*Si se tiene un fragmento XML como el siguiente:

```
<documento>
 <contenido>Solo un ejemplo</contenido>
</documento>
```

Através de un "XSL Stylesheet" es posible **transformar** este fragmento a cualquier formato imaginable, como se muestra a continuación:

```
<HTML>
 <BODY>Solo un ejemplo</BODY>
</HTML>
```

En el caso anterior se aplicó un "XSL Stylesheet" que **transformó** el elemento <documento> a <HTML> y <contenido> a <BODY>, esta estructura representa un documento HTML utilizado para paginas Web, sin embargo , de la misma manera pudieron ver sido aplicados diversos "XSL Stylesheets" para convertir XML a WML, PDF (Acrobat) y cualquier otro formato.

En la siguiente sección se describen a detalle los diversos elementos que pueden ser utilizados dentro de "XSL Stylesheets" para transformar elementos XML .

template, XPath, Condicionales, Ciclos y otros elementos en XSL.

template

El componente o ingrediente principal detrás de un "XSL Stylesheet" son los elementos template, através de éstos se indica la **transformación** que debe ser llevada acabo para XML, observe:

```
<xsl:template match="documento">
<HTML>
 <xsl:apply-templates/>
</HTML>
</xsl:template>


<xsl:template match="contenido">
<BODY>
 <xsl:value-of select="."/>
</BODY>
</xsl:template>
```

Los templates anteriores indican lo siguiente:

> Al encontrarse un elemento documento,éste debe ser substituido por el término <HTML> , enseguida debe ser ejecutado <xsl:apply-templates/>.
> La ejecución de <xsl:apply-templates/> implica que debe continuarse con la evaluación del documento XML, esto es, continuar aplicando *templates* a los elementos que prosiguen a documento.

El elemento que prosigue a documento es contenido, analizando los respectivos *templates*, se puede observar que se debe substituir por el elemento BODY seguido de la ejecución de <xsl:value-of select="."/>

<xsl:value-of select="."> significa que debe ser extraído el valor de un elemento XML, el uso del . (punto) es nomenclatura de XPath y en este caso se refiere al elemento en cuestión contenido, el uso de XPath será ilustrado posteriormente; una vez extraído debe ser cerrado el elemento BODY para que cumpla con las reglas generales de XML.

Una vez ejecutado el *template* para contenido es necesario regresar el control al template que inicio su proceso, en este caso es el *template* documento , al regresarse control lo único que falta por ejecutarse es cerrar el elemento <HTML> que fue abierto desde un principio.

El comportamiento de "XSL Stylesheets" es conocido como recursivo en el mundo de programación, esto es, una vez terminada la ejecución de cierta lógica se retorna al punto donde fue iniciada, lo anterior encuadra perfectamente con la estructura *anidada* de XML.

Los *templates* anteriores solo demuestran las funcionalidades basicas de "XSL Stylesheets", también existen definiciones para ciclos *(for's)*, operaciones condicionales *(if's)*, operaciones matemáticas y prácticamente cualquier otra funcionalidad esperada de un lenguaje de programación.

Lo anterior permite manipular depósitos de XML en una manera muy poderosa, a continuación se demuestra el uso de varios "XSL Stylesheets" utilizados para manipular XML en distintos formatos.

XPath

XPath es una parte de XSL que permite *navegar* los diversos nodos que componen al documento XML, aunque abstracto en definción su uso es relativamente transparente en "XSL Stylesheets", a continuación se describen diversos usos.

- Utilizando XPath en "XSL Stylesheets"

Para que sea más claro el uso de XPath, los siguientes ejemplos están basados en el fragmento XML que se muestra a continuación:

```
<?xml version="1.0"?>

<CentroRecreativo>

    <Miembro nivel="basica">
        <Nombre>José </Nombre>
        <Telefono tipo="casa">5555-1234</Telefono>
        <Telefono tipo="trabajo">5555-4321</Telefono>
        <Casilla>8700</Casilla>
    </Miembro>
```

```
<Miembro nivel="premier">
    <Nombre>David</Nombre>
    <Telefono tipo="casa">3838-1234</Telefono>
    <Telefono tipo="trabajo">3838-4321</Telefono>
    <Casilla>5600</Casilla>
</Miembro>
</CentroRecreativo>
```

El siguiente template extrae el valor del elemento Nombre:

```
<xsl:template match="CentroRecreativo">
    Bienvenido <xsl:value-of select="Miembro/Nombre"/>
</xsl:template>
```

Nótese que dentro del template de CentroRecreativo se descendió al elemento Nombre; el siguiente template demuestra como extraer el valor de un *atributo*:

```
<xsl:template match="CentroRecreativo">

    Bienvenido <xsl:value-of select="Miembro/Nombre"/>
    Su teléfono en casa es: <xsl:value-of
select="Miembro/Telefono[@tipo='casa']"/>

</xsl:template>
```

También es posible ascender a un elemento dentro de la estructura XML atravéz de XPath:

```
<xsl:template match="Casilla">

    La casilla  <xsl:value-of select="."/>
        esta asignada a <xsl:value-of select="../Nombre"/>

</xsl:template>
```

Para extraer un *atributo* cuando se esta dentro de un nodo especifico:

```
<xsl:template match="Miembro">

    Bienvenido <xsl:value-of select="Nombre"/>
```

Su membresía es tipo <xsl:value-of select="**@nivel**"/>

</xsl:template>

Además es posible definir un template para que éste sea aplicado a diversos elementos del documento XML, lo anterior se realiza mediante el símbolo | que indica un condicional (OR) en XPath :

<xsl:template match="**Nombre | Casilla**">

  <xsl:value-of select="."/>

</xsl:template>

Los elementos XPath antes mencionados representan los más utilizados en "XSL Stylesheets" y entre los más comunes para navegar documentos XML, sin embargo, XPath posee una sintaxis extensa, que aunque no utilizada en muchos casos, ofrece diversas alternativas para navegar elementos XML, dichas variaciones son descritas en la siguiente tabla:

Sintaxis	Funcionamiento
//Miembro	Seleccionaría todos los elementos Miembro del documento
//*	Indica la selección de todos los elementos del fragmento XML, empezando de su nodo raíz.
/CentroRecreativo/Miembro/*	Seleccionaría todos los elementos anidados ("child") del elemento Miembro.
/Miembro/Telefono[1]	Através de corchetes (**[..]**) en XPath se especifica una selección determinada, en este caso se esta indicando el primer elemento Telefono anidado en el elemento Miembro.
/CentroRecreativo/Miembro[2]/Telefono[2]	Seleccionaría el segundo elemento Telefono ubicado en el segundo elemento Miembro, partiendo de CentroRecreativo

Otra facilidad que ofrece XPath son una serie de funciones que varían desde la navegación del documento (para ser utilizadas en conjunción de la sintaxis antes descrita), hasta la manipulación de String's y elementos numéricos, dichas funciones son descritas a continuación :

Función de Navegación	Funcionamiento
count(Miembro)	La función count() es empleada para generar el numero de elementos en cuestión; en este caso el resultado sería 2, ya que existen dos elementos llamados Miembro.
last(Miembro)	El método last() selecciona el último elemento indicado en su estructura; en este caso correspondería al segundo elemento Miembro, dicha función proporciona el mismo comportamiento que el uso corchetes (**[..]**), sin la necesidad de conocer anticipadamente el número de elementos presentes.
position(Miembro)	La función position() genera el numero del elemento que esta siendo procesado; en este caso el resultado podría ser 1 o 2, dependiendo del elemento Miembro que este siendo procesado.
namespace-uri(CentroRecreativo)	La función namespace-uri() es empleada para generar el Namespace del elemento en cuestién, retornando el URI del mismo en caso de existir.

XML con Números y Strings

Vale mencionar que aunque existan funciones para manipular números y string's en XPath, éstas no representan las mejores practicas de diseño, por la misma naturaleza de XML que es un lenguaje de *marcación*.

Generalmente las manipulaciones a ese nivel (números o caracteres) son mejor realizadas en el ambiente de programación pre-XML (Java, C#, Perl u otro).

Función de String	Funcionamiento
concat('XML',' y XPath')	La función concat() concatena sus valores de entrada; el caso anterior generaría el String: 'XML y XPath'.
contains('osmosislatina','osmosis')	La función contains() es utilizada para verificar si determinado String (primer dato de entrada) contiene cierta secuencia (segundo dato de entrada) ; el ejemplo anterior retornaría verdadero (true) ya que osmosis se encuentra en el String osmosislatina; NOTA: El resultado de esta función siempre da un resultado booleano

	(true/false) .
normalize-space(' Uso de XPath ')	El método normalize-space() es utilizado para eliminar los espacios al inicio y fin de un String; el caso anterior modifica el String a simplemente 'Uso de XPath'.
string-length('CentroRecreativo')	La función string-length() genera el numero de caracteres del String indicado; la declaración anterior resulta en 16.
substring('CentroRecreativo', 1, 6)	La función substring() genera una secuencia a partir del String proporcionado (primer dato de entrada), partiendo de un carácter (segundo dato de entrada) y terminando en otra posición (tercer datos de entrada) ; el ejemplo anterior genera el String Centro.
substring-after('3838-4321','-')	La función substring-after genera una secuencia con los caracteres posteriores a determinado String partiendo de otro String original; el caso anterior generaría el String: 4321.
substring-before('5555-1234','-')	La función substring-before genera una secuencia con los caracteres previos a determinado String partiendo de otro String original; el caso anterior generaría el String: 5555.
translate('todo','to','na')	La función translate() convierte todos los elementos en determinado String (primer dato de entrada), basado en una secuencia original (segundo dato de entrada) hacia caracteres alternos (tercer dato de entrada) ; el caso anterior generaría el String: 'nada', todo carácter t es substituido por n y todo carácter o por a .

Función/ Expresión Numérica	Funcionamiento
+	Representa el signo para realizar una suma
-	Representa el signo para realizar una resta
*	Representa el signo para realizar una multiplicación
div	El vocablo div es utilizado para realizar una división
12 mod 5	mod representa el residuo de una operación ; la

	declaración anterior generaría 2.
ceiling(3.2)	La función ceiling() genera el *techo* ("ceiling") de un numero decimal, en términos matemáticos esto implica el numero entero superior al presente; el ejemplo anterior generaría 4
floor(6.7)	La función floor() genera el *piso* ("floor") de un numero decimal, en términos matemáticos esto implica el numero entero inferior al presente; el ejemplo anterior generaría 6
number('7')	La función number() convierte un String a número para que puedan ser realizadas operaciones matemáticas.
round(9.3)	La función round redondea un numero, en términos matemáticos esto implica el numero entero inferior al presente si la decimal es menor a .5 , o bien, el numero entero superior al presente si su decimal es .5 o superior; el ejemplo anterior generaría 9
sum(Miembro/Casilla)	La función sum() realiza una sumatoria sobre los elementos proporcionados; la declaración anterior generaría la sumatoria de todos los valores presentes en los elementos Casilla.

Función/ Expresión Condicional (Booleana)	Funcionamiento
not(*expresión*)	La función not() genera la negación de la expresión proporcionada, esto es, si la expresión resulta verdadera (true) la función generaría un resultado falso (false), y viceversa.
!=	Representa una desigualdad entre dos elementos, si ambos elementos son iguales resulta verdadera (true), caso contrario false (false)
<	Representa una comparación menor que entre dos elementos, resultando en un valores verdadero (true) o falso (false) según la comparación.
<=	Representa una comparación menor que o igual entre dos elementos, resultando en un valores verdadero (true) o falso (false) según la comparación.
>	Representa una comparación mayor que entre dos

	elementos, resultando en un valores verdadero (true) o falso (false) según la comparación.
>=	Representa una comparación mayor que o igual entre dos elementos , resultando en un valores verdadero (true) o falso (false) según la comparación.
or	Representa una condicional entre dos elementos, si cualquiera de estos elementos es verdadero (true) la condicional también resulta verdadera (true), en caso contrario resulta falsa (false).
and	Representa una unión entre dos elementos, solo sí ambos elementos son verdaderos (true) resulta verdadera (true) la unión, en caso contrario la unión resulta falsa (false).

Condicionales, Ciclos y otros elementos

Dentro de cada "XSL Stylesheet" es posible utilizar varios elementos que permiten *manipular* el documento XML através de ciclos y condicionales, su uso se describe a continuación :

6. Condicionales y Ciclos en "XSL Stylesheets"

El uso de condicionales y ciclos resulta *esencial* cuando se intentan manipular ciertos elementos en XML, a continuación se utilizan estas estructuras; los siguientes ejemplos están basados en el fragmento XML que se muestra a continuación:

```xml
<?xml version="1.0"?>

<CentroRecreativo>

    <Miembro nivel="basica">
        <Nombre>Jose </Nombre>
        <Telefono tipo="casa">5555-1234</Telefono>
        <Telefono tipo="trabajo">5555-4321</Telefono>
        <Casilla>8700</Casilla>
    </Miembro>

    <Miembro nivel="premier">
```

```
        <Nombre>David</Nombre>
        <Telefono tipo="casa">3838-1234</Telefono>
        <Telefono tipo="trabajo">3838-4321</Telefono>
        <Casilla>5600</Casilla>
    </Miembro>

    <Miembro nivel="basica">
        <Nombre>Rogelio</Nombre>
        <Telefono tipo="casa">8888-1234</Telefono>
        <Telefono tipo="trabajo">8888-4321</Telefono>
        <Casilla>4000</Casilla>
    </Miembro>


</CentroRecreativo>
```

<xsl:for-each>

Para extraer el valor de los diversos miembros es posible utilizar el siguiente template:

```
<xsl:template match="CentroRecreativo">
  Los miembros del centro son:

 <xsl:for-each select="Miembro">
        Nombre : <xsl:value-of select="Nombre"/>
            Membresía : <xsl:value-of select="@nivel"/>
 </xsl:for-each>

</xsl:template>
```

Otro ejemplo de ciclo utilizado para extraer los valores de los elementos telefono sería el siguiente:

```
<xsl:template match="Miembro">

<xsl:for-each select="Telefono">

        <xsl:value-of select="@tipo"/>   <xsl:value-of select="."/>
```

```
</xsl:for-each>
</xsl:template>
```

<xsl:if>

El uso de condicionales en XSL permite una mayor flexibilidad al transformar elementos, el siguiente template es utilizado para generar un mensaje en base al tipo de membresía del usuario:

```
<xsl:template match="CentroRecreativo">

  Bienvenido <xsl:value-of select="Miembro/Nombre"/>

          <xsl:if test="Miembro/@nivel='premier'">
              Por ser miembro especial le ofrecemos lo siguiente.....
          </xsl:if>

          <xsl:if test="Miembro/@nivel='basico'">
              Le recordamos que si asciende su membresía a "premier"
          obtiene.....
              </xsl:if>

</xsl:template>
```

<xsl:sort>

En ciertas ocasiones resulta conveniente realizar un ordenamiento de los elementos XML dentro del "XSL Stylesheet", esto puede ser realizado através de <xsl:sort>:

```
<xsl:template match="CentroRecreativo">

<xsl:for-each select="Miembro">

  <xsl:sort select="Nombre"/>
  <xsl:sort select="Casilla"/>
 <xsl:apply-templates/>

 </xsl:for-each>
</xsl:template>
```

El template anterior procesa el ciclo tomando como primer elemento el contenido en orden alfabético del elemento Nombre, y en caso de existir ambigüedad toma como ordenamiento los valores del elemento Casilla; los atributos opcionales para <xsl:sort> son order que puede tomar un valor asc o desc para indicar un ordenamiento ascendente o descendente respectivamente (asc es por *default*) y data-type que puede tomar un valor text o number para procesar el contenido como texto o número respectivamente (text es por *default*) .

<xsl:choose>

Finalmente, vale mencionar el uso del elemento <xsl:choose> que permite definir una serie de casos/opciones para determinados valores, este elemento es de utilidad para aquellas situaciones en las que se requiere seleccionar entre más de dos opciones, resultando más eficiente que emplear ciclos *if's* anidados:

```
<xsl:template match="CentroRecreativo">

<xsl:for-each select="Miembro/Nombre">
    <xsl:choose>

    <xsl:when test="Miembro/@nivel='premier'">
            Por ser miembro especial le ofrecemos lo siguiente.....
    </xsl:when>

    <xsl:when test="Miembro/@nivel='basico'">
            Le recordamos que si asciende su membresía a "premier"
            obtiene.....
    </xsl:when>

    <xsl:otherwise>
        Actualmente no tiene asignada su membresía...
    </xsl:otherwise>

    </xsl:choose>

</xsl:for-each>

</xsl:template>
```

El elemento <xsl:choose> anida los elementos <xsl:when> que contienen una evaluación/prueba escrita en *XPath* y el respectivo contenido a ejecutarse, y además se puede incluir el elemento

<xsl:otherwise> para ejecutarse en caso de no cumplirse ninguna evaluación definida en <xsl:when>.

En la siguiente sección serán descritos otra serie de elementos que pueden ser empleados en "XSL Stylesheets" que facilitan la manipulación de variables y numeros, así como otras variaciones de elementos que pueden ser empleados en "XSL Stylesheets".

MÓDULO 3: PHP
UNIDAD Didáctica 10:LENGUAJE PHP – POO – anexo

Programación Orientada a Objetos.

La programación Orientada a objetos (POO) es una forma especial de programar, más cercana a como expresaríamos las cosas en la vida real que otros tipos de programación.

Con la POO tenemos que aprender a pensar las cosas de una manera distinta, para escribir nuestros programas en términos de objetos, propiedades, métodos y otras cosas que veremos rápidamente para aclarar conceptos y dar una pequeña base que permita soltarnos un poco con este tipo de programación.

Motivación

Durante años, los programadores se han dedicado a construir aplicaciones muy parecidas que resolvían una y otra vez los mismos problemas. Para conseguir que los esfuerzos de los programadores puedan ser utilizados por otras personas se creó la POO. Que es una serie de normas de realizar las cosas de manera que otras personas puedan utilizarlas y adelantar su trabajo, de manera que consigamos que el código se pueda reutilizar.

La POO no es difícil, pero es una manera especial de pensar, a veces subjetiva de quien la programa, de manera que la forma de hacer las cosas puede ser diferente según el programador. Aunque podamos hacer los programas de formas distintas, no todas ellas son correctas, lo difícil no es programar orientado a objetos sino programar bien. Programar bien es importante porque así nos podemos aprovechar de todas las ventajas de la POO.

Cómo se piensa en objetos

Pensar en términos de objetos es muy parecido a cómo lo haríamos en la vida real. Por ejemplo vamos a pensar en un coche para tratar de modelizarlo en un esquema de POO. Diríamos que el coche es el elemento principal que tiene una serie de características, como podrían ser el color, el modelo o la marca. Además tiene una serie de funcionalidades asociadas, como pueden ser ponerse en marcha, parar o aparcar.

Pues en un esquema POO el coche sería el objeto, las propiedades serían las características como el color o el modelo y los métodos serían las funcionalidades asociadas como ponerse en marcha o parar.

Por poner otro ejemplo vamos a ver cómo modelizaríamos en un esquema POO una fracción, es decir, esa estructura matemática que tiene un numerador y un denominador que divide al numerador, por ejemplo 3/2.

La fracción será el objeto y tendrá dos propiedades, el numerador y el denominador. Luego podría tener varios métodos como simplificarse, sumarse con otra fracción o número, restarse con otra fracción, etc.

Estos objetos se podrán utilizar en los programas, por ejemplo en un programa de matemáticas harás uso de objetos fracción y en un programa que gestione un taller de coches utilizarás objetos coche. Los programas Orientados a objetos utilizan muchos objetos para realizar las acciones que se desean realizar y ellos mismos también son objetos. Es decir, el taller de coches será un objeto que utilizará objetos coche, herramienta, mecánico, recambios, etc.

Clases en POO

Las clases son declaraciones de objetos, también se podrían definir como abstracciones de objetos. Esto quiere decir que la definición de un objeto es la clase. Cuando programamos un objeto y definimos sus características y funcionalidades en realidad lo que estamos haciendo es programar una clase. En los ejemplos anteriores en realidad hablábamos de las clases coche o fracción porque sólo estuvimos definiendo, aunque por encima, sus formas.

Propiedades en clases

Las propiedades o atributos son las características de los objetos. Cuando definimos una propiedad normalmente especificamos su nombre y su tipo. Nos podemos hacer a la idea de que las propiedades son algo así como variables donde almacenamos datos relacionados con los objetos.

Métodos en las clases

Son las funcionalidades asociadas a los objetos. Cuando estamos programando las clases las llamamos métodos. Los métodos son como funciones que están asociadas a un objeto.

Objetos en POO

Los objetos son ejemplares de una clase cualquiera. Cuando creamos un ejemplar tenemos que especificar la clase a partir de la cual se creará. Esta acción de crear un objeto a partir de una clase se llama instanciar (que viene de una mala traducción de la palabra instace que en inglés significa ejemplar). Por ejemplo, un objeto de la clase fracción es por ejemplo 3/5. El concepto o definición de fracción sería la clase, pero cuando ya estamos hablando de una fracción en concreto 4/7, 8/10 ó cualquier otra, la llamamos objeto.

Para crear un objeto se tiene que escribir una instrucción especial que puede ser distinta dependiendo el lenguaje de programación que se emplee, pero será algo parecido a esto.

miCoche = new Coche()

Con la palabra new especificamos que se tiene que crear una instancia de la clase que sigue a continuación. Dentro de los paréntesis podríamos colocar parámetros con los que inicializar el objeto de la clase coche.

Estados en objetos

Cuando tenemos un objeto sus propiedades toman valores. Por ejemplo, cuando tenemos un coche la propiedad color tomará un valor en concreto, como por ejemplo rojo o gris metalizado. El valor concreto de una propiedad de un objeto se llama estado.

Para acceder a un estado de un objeto para ver su valor o cambiarlo se utiliza el operador punto.

miCoche.color = rojo

El objeto es miCoche, luego colocamos el operador punto y por último el nombre e la propiedad a la que deseamos acceder. En este ejemplo estamos cambiando el valor del estado de la propiedad del objeto a rojo con una simple asignación.

Mensajes en objetos

Un mensaje en un objeto es la acción de efectuar una llamada a un método. Por ejemplo, cuando le decimos a un objeto coche que se ponga en marcha estamos pasándole el mensaje "ponte en marcha".

Para mandar mensajes a los objetos utilizamos el operador punto, seguido del método que deseamos invocar.

miCoche.ponerseEnMarcha()

En este ejemplo pasamos el mensaje ponerseEnMarcha(). Hay que colocar paréntesis igual que cualquier llamada a una función, dentro irían los parámetros.

Otras cosas

Hay mucho todavía que conocer de la POO ya que sólo hemos hecho referencia a las cosas más básicas. También existen mecanismos como la herencia y el polimorfismo que son unas de las posibilidades más potentes de la POO.

La herencia sirve para crear objetos que incorporen propiedades y métodos de otros objetos. Así podremos construir unos objetos a partir de otros sin tener que reescribirlo todo.

El polimorfismo sirve para que no tengamos que preocuparnos sobre lo que estamos trabajando, y abstraernos para definir un código que sea compatible con objetos de varios tipos.

Cómo trabaja PHP 5 con la orientación a objetos.

Como decíamos, uno de los problemas más básicos de las versiones anteriores de PHP era la clonación de objetos, que se realizaba al asignar un objeto a otra variable o al pasar un objeto por parámetro en una función. Para solventar este problema PHP5 hace uso de los manejadores de objetos (Object handles), que son una especie de punteros que apuntan hacia los espacios en memoria donde residen los objetos. Cuando se asigna un manejador de objetos o se pasa como parámetro en una función, se duplica el propio object handle y no el objeto en si.

> **Nota:** También se puede realizar una clonación de un objeto, para obtener una copia exacta, pero que no es el propio objeto. Para ello utilizamos una nueva instrucción llamada "clone", que veremos más adelante.

Algunas características del trabajo con POO en PHP 5

Veamos a continuación una lista de las nuevas características de la programación orientada a objetos (POO) en PHP5. No vamos a describir exhaustivamente cada característica. Ya lo haremos más adelante en este mismo manual.

1.- Nombres fijos para los constructores y destructores

En PHP 5 hay que utilizar unos nombres predefinidos para los métodos constructores y destructores (Los que se encargan de resumir las tareas de inicialización y destrucción de los objetos. Ahora se han de llamar __construct() y __destruct().

2.- Acceso public, private y protected a propiedades y métodos

A partir de ahora podemos utilizar los modificadores de acceso habituales de la POO. Estos modificadores sirven para definir qué métodos y propiedades de las clases son accesibles desde cada entorno.

3.- Posibilidad de uso de interfaces

Las interfaces se utilizan en la POO para definir un conjunto de métodos que implementa una clase. Una clase puede implementar varias interfaces o conjuntos de métodos. En la práctica, el uso de interfaces es utilizado muy a menudo para suplir la falta de herencia múltiple de lenguajes como PHP o Java. Lo explicaremos con detalle más adelante.

4.- Métodos y clases final

En PHP 5 se puede indicar que un método es "final". Con ello no se permite sobrescribir ese método, en una nueva clase que lo herede. Si la clase es "final", lo que se indica es que esa clase no permite ser heredada por otra clase.

5.- Operador instanceof

Se utiliza para saber si un objeto es una instancia de una clase determinada.

6.- Atributos y métodos static

En PHP5 podemos hacer uso de atributos y métodos "static". Son las propiedades y funcionalidades a las que se puede acceder a partir del nombre de clase, sin necesidad de haber instanciado un objeto de dicha clase.

7.- Clases y métodos abstractos

También es posible crear clases y métodos abstractos. Las clases abstractas no se pueden instanciar, se suelen utilizar para heredarlas desde otras clases que no tienen porque ser abstractas. Los métodos abstractos no se pueden llamar, se utilizan más bien para ser heredados por otras clases, donde no tienen porque ser declarados abstractos.

8.- Constantes de clase

Se pueden definir constantes dentro de la clase. Luego se pueden acceder dichas constantes a través de la propia clase.

9.- Funciones que especifican la clase que reciben por parámetro

Ahora se pueden definir funciones y declarar que deben recibir un tipo específico de objeto. En caso que el objeto no sea de la clase correcta, se produce un error.

10.- Función __autoload()

Es habitual que los desarrolladores escriban un archivo por cada clase que realizan, como técnica para organizar el código de las aplicaciones. Por esa razón, a veces resulta tedioso realizar los incluyes de cada uno de los códigos de las clases que se utilizana en un script. La función __autoload() sirve para intentar incluir el código de una clase que se necesite, y que no haya sido declarada todavía en el código que se está ejecutando.

11.- Clonado de objetos

Si se desea, se puede realizar un objeto a partir de la copia exacta de otro objeto. Para ello se utiliza la instrucción "clone". También se puede definir el método __clone() para realizar tareas asociadas con la clonación de un objeto.

PHP ofrece funcionalidades propias de la POO.

La programación orientada a objetos es una metodología de programación avanzada y bastante extendida, en la que los sistemas se modelan creando clases, que son un conjunto de datos y funcionalidades. Las clases son definiciones, a partir de las que se crean objetos. Los objetos son ejemplares de una clase determinada y como tal, disponen de los datos y funcionalidades definidos en la clase.

La programación orientada a objetos permite concebir los programas de una manera bastante intuitiva y cercana a la realidad. La tendencia es que un mayor número de lenguajes de programación adopten la programación orientada a objetos como paradigma para modelizar los sistemas. Prueba de ello es la nueva versión de PHP (5), que implanta la programación de objetos como metodología de desarrollo. También Microsoft ha dado un vuelco hacia la programación orientada a objetos, ya que .NET dispone de varios lenguajes para programar y todos orientados a objetos.

Así pues, la programación orientada a objetos es un tema de gran interés, pues es muy utilizada y cada vez resulta más esencial para poder desarrollar en casi cualquier lenguaje moderno. En este artículo vamos ver algunas nociones sobre la programación orientada a objetos en PHP. Aunque es un tema bastante amplio, novedoso para muchos y en un principio, difícil de asimilar, vamos a tratar de explicar la sintaxis básica de PHP para utilizar objetos, sin meternos en mucha teoría de programación orientada a objetos en general.

Las clases: class

Una clase es un conjunto de variables, llamados atributos, y funciones, llamadas métodos, que trabajan sobre esas variables. Las clases son, al fin y al cabo, una definición: una especificación de propiedades y funcionalidades de elementos que van a participar en nuestros programas.

Class Caja{

Por ejemplo, la clase "Caja" tendría como atributos características como las dimensiones, color, contenido y cosas semejantes. Las funciones o métodos que podríamos incorporar a la clase "caja" son las funcionalidades que deseamos que realice la caja, como introduce(), muestra_contenido(), comprueba_si_cabe(), vaciate()...

Las clases en PHP se definen de la siguiente manera:

```
<?
class Caja{
   var $alto;
   var $ancho;
   var $largo;
   var $contenido;
   var $color;

function introduce($cosa){
   $this->contenido = $cosa;
}

function muestra_contenido(){
   echo $this->contenido;
}
}
?>
```

En este ejemplo se ha creado la clase Caja, indicando como atributos el ancho, alto y largo de la caja, así como el color y el contenido. Se han creado, para empezar, un par de métodos, uno para introducir un elemento en la caja y otro para mostrar el contenido.

Si nos fijamos, los atributos se definen declarando unas variables al principio de la clase. Los métodos se definen declarando funciones dentro de la clase. La variable $this, utilizada dentro de los métodos la explicaremos un poco más abajo.

Utilizar la clase

Las clases solamente son definiciones. Si queremos utilizar la clase tenemos que crear un ejemplar de dicha clase, lo que corrientemente se le llama instanciar un objeto de una clase.

$micaja = new Caja;

Con esto hemos creado, o mejor dicho, instanciado, un objeto de la clase Caja llamado $micaja.

$micaja->introduce("algo");
$micaja->muestra_contenido();

Con estas dos sentencias estamos introduciendo "algo" en la caja y luego estamos mostrando ese contendido en el texto de la página. Nos fijamos que los métodos de un objeto se llaman utilizando el código "->".

nombre_del_objeto->nombre_de_metodo()

Para acceder a los atributos de una clase también se accede con el código "->". De esta forma:

nombre_del_objeto->nombre_del_atributo

La variable $this

Dentro de un método, la variable $this hace referencia al objeto sobre el que invocamos el método. En la invocación $micaja->introduce("algo") se está llamando al método introduce sobre el objeto $micaja. Cuando se está ejecutando ese método, se vuelca el valor que recibe por parámetro en el atributo contenido. En ese caso $this->contenido hace referencia al atributo contenido del objeto $micaja, que es sobre el que se invocaba el método.

Otros ejemplos de clases
Clases en PHP 5

Las clases en Programación orientada a objetos (POO) son definiciones de los elementos que forman un sistema, en este caso, definiciones de los objetos que van a intervenir en nuestros programas.

Un objeto se define indicando qué propiedades y funcionalidades tiene. Justamente esas declaraciones son lo que es una clase. Cuando se hace una clase simplemente se especifica qué propiedades y funcionalidades tiene. Por ejemplo, un hombre podría tener como propiedades el nombre o la edad y como funcionalidades, comer, moverse o estudiar.

En la clase hombre declararíamos dos atributos: la edad o el nombre, que serían como dos variables. También deberíamos crear tres métodos, con los procedimientos a seguir para que el hombre pueda comer, moverse o estudiar. Estos métodos se definen declarando funciones dentro de la clase.

El código para definir una clase se puede ver a continuación:

```php
class hombre{
var $nombre;
var $edad;

function comer($comida){
//aquí el código del método
}

function moverse($destino){
//aquí el código del método
}

function estudiar($asignatura){
//aquí el código del método
}
}
```

Podrá comprobarse que este código no difiere en nada del de las versiones anteriores de PHP, que ya soportaban ciertas características de la POO. Esta situación cambiará a poco que exploremos las características más avanzadas de PHP 5, que implicarán mejoras que no estaban presentes en las versiones anteriores.

Instanciar objetos a partir de clases

Hemos visto que una clase es tan sólo una definición. Si queremos trabajar con las clases debemos instanciar objetos, proceso que consiste en generar un ejemplar de una clase.

Por ejemplo, tenemos la clase hombre anterior. Con la clase en si no podemos hacer nada, pero podemos crear objetos hombre a partir de esa clase. Cada objeto hombre tendrá unas características propias, como la edad o el nombre. Además podrá desempeñar unas funciones como comer o moverse, ahora bien, cada uno comerá o se moverá por su cuenta cuando le sea solicitado, sin interferir en principio con lo que pueda estar haciendo otro hombre.

Ya que estamos, vamos a ver cómo se generarían un par de hombres, es decir, cómo se instanciarían un par de objetos de la clase hombre. Para ello utilizamos el operador new.

```php
$pepe = new hombre();
$juan = new hombre();
```

Conclusión

Es importante darse cuenta de la diferencia entre un objeto y una clase. La clase es una definición de unas características y funcionalidades, algo abstracto que se concreta con la instancia de un objeto de dicha clase.

Un objeto ya tiene propiedades, con sus valores concretos, y se le pueden pasar mensajes (llamar a los métodos) para que hagan cosas.

Vamos a ver qué es un constructor y para que sirven, además de un sencillo ejemplo de una clase que define un constructor.

Los constructores se encargan de resumir las acciones de inicialización de los objetos. Cuando se instancia un objeto, se tienen que realizar varios pasos en su inicialización, por ejemplo dar valores a sus atributos y eso es de lo que se encarga el constructor. Los constructores pueden recibir unos datos para inicializar los objetos como se desee en cada caso.

La sintaxis para la creación de constructor varía con respecto a la de PHP 3 y 4, pues debe llamarse con un nombre fijo: __construct(). (Son dos guiones bajos antes de la palabra "construct")

A lo largo de los ejemplos de este manual vamos a ir creando un código para gestión de un videoclub. Vamos a empezar definiendo una clase cliente, que utilizaremos luego en nuestro programa.

```php
class cliente{
    var $nombre;
    var $numero;
    var $peliculas_alquiladas;

    function __construct($nombre,$numero){
        $this->nombre=$nombre;
        $this->numero=$numero;
        $this->peliculas_alquiladas=array();
    }

    function dame_numero(){
        return $this->numero;
    }
}
```

El constructor en esta clase recibe el nombre y número que asignar al cliente, que introduce luego en sus correspondientes propiedades. Además inicializa el atributo películas_alquiladas como un array, en este caso vacío porque todavía no tiene ninguna película en su poder.

Nota: En programación orientada a objetos $this hace referencia al objeto sobre el que se está ejecutando el método. En este caso, como se trata de un constructor, $this hace referencia al objeto que se está construyendo. Con $this->nombre=$nombre; estamos asignando al atributo "nombre" del objeto que se está construyendo el valor que contiene la variable $nombre, que se ha recibido por parámetro.

Luego hemos creado un método muy sencillo para poder utilizar el objeto. Vamos a ver unas acciones simples para ilustrar el proceso de instanciación y utilización de los objetos.

```
//instanciamos un par de objetos cliente
$cliente1 = new cliente("Pepe", 1);
$cliente2 = new cliente("Roberto", 564);

//mostramos el numero de cada cliente creado
echo "El identificador del cliente 1 es: " . $cliente1->dame_numero();
echo "El identificador del cliente 2 es: " . $cliente2->dame_numero();
```

Este ejemplo obtendría esta salida como resultado de su ejecución:

```
El identificador del cliente 1 es: 1
El identificador del cliente 2 es: 564
```

Explicación de los destructores en PHP5 y ejemplos de funcionamiento.

Los destructores son funciones que se encargan de realizar las tareas que se necesita ejecutar cuando un objeto deja de existir. Cuando un objeto ya no está referenciado por ninguna variable, deja de tener sentido que esté almacenado en la memoria, por tanto, el objeto se debe destruir para liberar su espacio. En el momento de su destrucción se llama a la función destructor, que puede realizar las tareas que el programador estime oportuno realizar.

La creación del destructor es opcional. Sólo debemos crearlo si deseamos hacer alguna cosa cuando un objeto se elimine de la memoria.

El destructor es como cualquier otro método de la clase, aunque debe declararse con un nombre fijo: __destruct().

En el código siguiente vamos a ver un destructor en funcionamiento. Aunque la acción que realiza al destruirse el objeto no es muy útil, nos puede servir bien para ver cómo trabaja.

```
class cliente{
    var $nombre;
```

```php
    var $numero;
    var $peliculas_alquiladas;

    function __construct($nombre,$numero){
      $this->nombre=$nombre;
      $this->numero=$numero;
      $this->peliculas_alquiladas=array();
    }

    function __destruct(){
      echo "<br>destruido: " . $this->nombre;
    }

    function dame_numero(){
      return $this->numero;
    }
}

//instanciamos un par de objetos cliente
$cliente1 = new cliente("Pepe", 1);
$cliente2 = new cliente("Roberto", 564);

//mostramos el numero de cada cliente creado
echo "El identificador del cliente 1 es: " . $cliente1->dame_numero();
echo "<br>El identificador del cliente 2 es: " . $cliente2->dame_numero();
```

Este código es igual que el anterior. Sólo se ha añadido el destructor, que imprime un mensaje en pantalla con el nombre del cliente que se ha destruido. Tras su ejecución obtendríamos la siguiente salida.

El identificador del cliente 1 es: 1
El identificador del cliente 2 es: 564
destruido: Pepe
destruido: Roberto

Como vemos, antes de acabar el script, se libera el espacio en memoria de los objetos, con lo que se ejecuta el destructor y aparece el correspondiente mensaje en la página.

Un objeto puede quedar sin referencias y por lo tanto ser destruido, por muchas razones. Por ejemplo, el objeto puede ser una variable local de una función y al finalizarse la ejecución de esa función la variable local dejaría de tener validez, con lo que debe destruirse.

El código siguiente ilustra cómo una variable local a cualquier ámbito (por ejemplo, local a una función), se destruye cuando ese ámbito ha finalizado.

```php
function crea_cliente_local(){
    $cliente_local = new cliente("soy local", 5);
```

}
crea_cliente_local()

La función simplemente crea una variable local que contiene la instanciación de un cliente. Cuando la función se acaba, la variable local deja de existir y por lo tanto se llama al destructor definido para ese objeto.

> **Nota:** También podemos deshacernos de un objeto sin necesidad que acabe el ámbito donde fue creado. Para ello tenemos la función unset() que recibe una variable y la elimina de la memoria. Cuando se pierde una variable que contiene un objeto y ese objeto deja de tener referencias, se elimina al objeto y se llama al destructor.

Modificadores de acceso a métodos y propiedades en PHP5

Son los Public, Protected y Private, que pueden conocerse porque ya se utilizan en otros lenguajes orientados a objetos.

Veremos en este capítulo los nuevos modificadores de acceso a los métodos y atributos de los objetos que se han incorporado en PHP 5. Estos modificadores de acceso no son otros que los conocidos public, protected y private, que ya disponen otros lenguajes como Java.

Uno de los principios de la programación orientada a objetos es la encapsulación, que es un proceso por el que se ocultan las características internas de un objeto a aquellos elementos que no tienen porque conocerla. Los modificadores de acceso sirven para indicar los permisos que tendrán otros objetos para acceder a sus métodos y propiedades.

Modificador public

Es el nivel de acceso más permisivo. Sirve para indicar que el método o atributo de la clase es público. En este caso se puede acceder a ese atributo, para visualizarlo o editarlo, por cualquier otro elemento de nuestro programa. Es el modificador que se aplica si no se indica otra cosa.

Veamos un ejemplo de clase donde hemos declarado como public sus elementos, un método y una propiedad. Se trata de la clase "dado", que tiene un atributo con su puntuación y un método para tirar el dado y obtener una nueva puntuación aleatoria.

```
class dado{
  public $puntos;

  function __construct(){
    srand((double)microtime()*1000000);
  }

  public function tirate(){
    $this->puntos=$randval = rand(1,6);
```

```
   }
}

$mi_dado = new dado();

for ($i=0;$i<30;$i++){
   $mi_dado->tirate();
   echo "<br>Han salido " . $mi_dado->puntos . " puntos";
}
```

Vemos la declaración de la clase dado y luego unas líneas de código para ilustrar su funcionamiento. En el ejemplo se realiza un bucle 30 veces, en las cuales se tira el dado y se muestra la puntuación que se ha obtenido.

Como el atributo $puntos y el método tirate() son públicos, se puede acceder a ellos desde fuera del objeto, o lo que es lo mismo, desde fuera del código de la clase.

Modificador private

Es el nivel de acceso más restrictivo. Sirve para indicar que esa variable sólo se va a poder acceder desde el propio objeto, nunca desde fuera. Si intentamos acceder a un método o atributo declarado private desde fuera del propio objeto, obtendremos un mensaje de error indicando que no es posible a ese elemento.

Si en el ejemplo anterior hubiéramos declarado private el método y la propiedad de la clase dado, hubiéramos recibido un mensaje de error.

Aquí tenemos otra posible implementación de la clase dado, declarando como private el atributo puntos y el método tirate().

```
class dado{
   private $puntos;

   function __construct(){
      srand((double)microtime()*1000000);
   }

   private function tirate(){
      $this->puntos=$randval = rand(1,6);
   }

   public function dame_nueva_puntuacion(){
      $this->tirate();
      return $this->puntos;
   }
}
```

```
$mi_dado = new dado();

for ($i=0;$i<30;$i++){
    echo "<br>Han salido " . $mi_dado->dame_nueva_puntuacion() . " puntos";
}
```

Hemos tenido que crear un nuevo método público para operar con el dado, porque si es todo privado no hay manera de hacer uso de él. El mencionado método es dame_nueva_puntuación(), que realiza la acción de tirar el dado y devolver el valor que ha salido.

Modificador protected

Este indica un nivel de acceso medio y un poco más especial que los anteriores. Sirve para que el método o atributo sea público dentro del código de la propia clase y de cualquier clase que herede de aquella donde está el método o propiedad protected. Es privado y no accesible desde cualquier otra parte. Es decir, un elemento protected es público dentro de la propia clase y en sus heredadas.

Más adelante explicaremos la herencia y podremos ofrecer ejemplos con el modificador protected.

Conclusión

Muchas veces el propio desarrollador es el que fija su criterio a la hora de aplicar los distintos modificadores de acceso a atributos y métodos. Poca protección implica que los objetos pierdan su encapsulación y con ello una de las ventajas de la POO. Una protección mayor puede hacer más laborioso de generar el código del programa, pero en general es aconsejable.

Explicamos la herencia en PHP 5, un proceso por el cual los objetos pueden heredar las características de otros, de modo que se pueden hacer objetos especializados, basados en otros más generales.

La herencia es uno de los mecanismos fundamentales de la programación orientada a objetos. Por medio de la herencia, se pueden definir clases a partir de la declaración de otras clases. Las clases que heredan incluyen tanto los métodos como las propiedades de la clase a partir de la que están definidos.

Por ejemplo, pensemos en la clase "vehículo". Esta clase general puede incluir las características generales de todos los vehículos (atributos de la clase), como la matrícula, año de fabricación y potencia. Además, incluirá algunas funcionalidades (métodos de la clase) como podrían ser, arrancar() o moverse().

Ahora bien, en la práctica existen varios tipos de vehículos, como los coches, los autobuses y los camiones. Todos ellos tienen unas características comunes, que han sido definidas en la clase vehículo. Además, tendrán una serie de características propias del tipo de vehículo, que, en principio, no tienen otros tipos de vehículos. Por ejemplo, los camiones pueden tener una carga máxima permitida o los autobuses un número de plazas disponibles. Del mismo modo, las clases más específicas pueden tener unas funcionalidades propias, como los camiones cargar() y descargar(), o los autobuses aceptar_pasajeros() o vender_billete().

Lo normal en sistemas de herencia es que las clases que heredan de otras incluyan nuevas características y funcionalidades, aparte de los atributos y métodos heredados. Pero esto no es imprescindible, de modo que se pueden crear objetos que hereden de otros y no incluyan nada nuevo.

Sintaxis de herencia en PHP 5

La programación orientada a objetos nos ofrece una serie de mecanismos para definir este tipo de estructuras, de modo que se puedan crear jerarquías de objetos que heredan unos de otros. Veremos ahora cómo definir estas estructuras de herencia en PHP 5. Para ello, continuando con nuestro ejemplo de video club, vamos a crear los distintos tipos de elementos que se ofrecen en alquiler.

Como todo el mundo conoce, los video clubs ofrecen distintos tipos de elementos para alquiler, como pueden ser las películas (cintas de vídeo o DVD) y los juegos. Cada elemento tiene unas características propias y algunas comunes. Hemos llamado "soporte" a la clase general, que incluye las características comunes para todos los tipos de elementos en alquiler. Luego hemos creado tres tipos de soportes distintos, que heredan de la clase soporte, pero que incluyen algunas características y funcionalidades nuevas. Estos tipos de soporte serán "cinta_video", "dvd" y "juego".

El esquema de herencia que vamos a realizar en este ejemplo se puede ver en la siguiente imagen.

Empezamos por la clase soporte. Su código será el siguiente:

```php
class soporte{
  public $titulo;
  protected $numero;
  private $precio;

  function __construct($tit,$num,$precio){
    $this->titulo = $tit;
    $this->numero = $num;
    $this->precio = $precio;
  }

  public function dame_precio_sin_iva(){
    return $this->precio;
  }

  public function dame_precio_con_iva(){
    return $this->precio * 1.16;
  }

  public function dame_numero_identificacion(){
    return $this->numero;
  }

  public function imprime_caracteristicas(){
    echo $this->titulo;
    echo "<br>" . $this->precio . " (IVA no incluido)";
  }
}
```

Los atributos que hemos definido son, título, numero (un identificador del soporte) y precio. Hemos aplicado a cada uno un modificador de acceso distinto, para poder practicar los distintos tipos de acceso.

Hemos definido un constructor, que recibe los valores para la inicialización del objeto. Un método dame_precio_sin_iva(), que devuelve el precio del soporte, sin aplicarle el IVA. Otro método dame_precio_con_iva(), que devuelve el precio una vez aplicado el 16% de IVA. El método dame_numero_identificacion(), que devuelve el número de identificador y imprime_caracteristicas(), que muestra en la página las características de este soporte.

> **Nota:** Como se ha definido como private el atributo precio, este atributo sólo se podrá acceder dentro del código de la clase, es decir, en la propia definición del objeto. Si queremos acceder al precio desde fuera de la clase (algo muy normal si tenemos en cuenta que vamos a necesitar el precio de un soporte desde otras partes de la aplicación) será necesario crear un método que nos devuelva el valor del precio. Este método debería definirse como public, para que se pueda acceder desde cualquier sitio que se necesite.

En todos los métodos se hace uso de la variable $this. Esta variable no es más que una referencia al objeto sobre el que se está ejecutando el método. En programación orientada a objetos, para ejecutar cualquiera de estos métodos, primero tenemos que haber creado un objeto a partir de una clase. Luego podremos llamar los métodos de un objeto. Esto se hace con $mi_objeto->metodo_a_llamar(). Dentro de método, cuando se utiliza la variable $this, se está haciendo referencia al objeto sobre el que se ha llamado al método, en este caso, el objeto $mi_objeto. Con $this->titulo estamos haciendo referencia al atributo "titulo" que tiene el objeto $mi_objeto.

Si queremos probar la clase soporte, para confirmar que se ejecuta correctamente y que ofrece resultados coherentes, podemos utilizar un código como el siguiente.

```
$soporte1 = new soporte("Los Intocables",22,3);
echo "<b>" . $soporte1->titulo . "</b>";
echo "<br>Precio: " . $soporte1->dame_precio_sin_iva() . " euros";
echo "<br>Precio IVA incluido: " . $soporte1->dame_precio_con_iva() . " euros";
```

En este caso hemos creado una instancia de la clase soporte, en un objeto que hemos llamado $soporte1. Luego imprimimos su atributo titulo (como el título ha sido definido como public, podemos acceder a él desde fuera del código de la clase.

Luego se llaman a los métodos dame_precio_sin_iva() y dame_precio_con_iva() para el objeto creado.

Nos daría como resultado esto:

Los Intocables
Precio: 3 euros
Precio IVA incluido: 3.48 euros

Continuamos con los mecanismos de herencia en PHP5. Creamos clases que heredan de otra clase y aprendemos a sobrescribir métodos.

Como estamos viendo, los mecanismos de herencia en PHP5 son similares a los existentes en otros lenguajes de programación. Ahora vamos a relatar cómo construir una clase que hereda de otra.

Continuando con nuestro ejemplo de videoclub, vamos a construir una clase para los soportes de tipo cinta de video. Las cintas de vídeo tienen un atributo nuevo que es la duración de la cinta. No tienen ninguna clase nueva, aunque debemos aprender a sobrescribir métodos creados para el soporte, dado que ahora tienen que hacer tareas más específicas.

Sobrescribir métodos

Antes de mostrar el código de la clase cinta_video, vamos a hablar sobre la sobrescritura o sustitución de métodos, que es un mecanismo por el cual una clase que hereda puede redefinir los métodos que está heredando.

Pensemos en una cafetera. Sabemos que existen muchos tipos de cafeteras y todas hacen café, pero el mecanismo para hacer el café es distinto dependiendo del tipo de cafetera. Existen cafeteras express, cafeteras por goteo y hasta se puede hacer café con un calcetín. Nuestra cafetera "padre" (de la que va a heredar todas las cafeteras) puede tener definido un método hacer_cafe(), pero no necesariamente todas las cafeteras que puedan heredar de esta hacen el café siguiendo el mismo proceso.

Entonces podemos definir un método para hacer café estándar, que tendría la clase cafetera. Pero al definir las clases cafetera_express y cafetera_goteo, deberíamos sobrescribir el método hacer_cafe() para que se ajuste al procedimiento propio de estas.

La sobrescritura de métodos es algo bastante común en mecanismos de herencia, puesto que los métodos que fueron creados para una clase "padre" no tienen por qué ser los mismos que los definidos en las clases que heredan.

Veremos cómo sobrescribir o sustituir métodos en un ejemplo de herencia, siguiendo nuestro ejemplo de videoclub.

Sintaxis para heredar en PHP 5

Habíamos comentado que el videoclub dispone de distintos elementos para alquilar, como cintas de vídeo, DVD o juegos. Habíamos creado una clase soporte, que vamos a heredar en cada uno de los elementos disponibles para alquiler. Vamos a empezar por la clase cinta_video, cuyo código será el siguiente.

```php
class cinta_video extends soporte{
  private $duracion;

  function __construct($tit,$num,$precio,$duracion){
    parent::__construct($tit,$num,$precio);
    $this->duracion = $duracion;
  }

  public function imprime_caracteristicas(){
    echo "Película en VHS:<br>";
    parent::imprime_caracteristicas();
    echo "<br>Duración: " . $this->duracion;
  }
}
```

Con la primera línea class cinta_video extends soporte estamos indicando que se está definiendo la clase cinta_video y que va a heredar de la clase soporte.

> **Nota:** Como se está heredando de una clase, PHP tiene que conocer el código de la clase "padre", en este caso la clase soporte. De modo que el código de la clase soporte debe estar incluido dentro del archivo de la clase cinta_video. Podemos colocar los dos códigos en el mismo fichero, o si están en ficheros independientes, debemos incluir el código de la clase soporte con la instrucción include o require de PHP.

En la clase cinta_video hemos definido un nuevo atributo llamado $duracion, que almacena el tiempo que dura la película.

Aunque la clase sobre la que heredamos (la clase soporte) tenía definido un constructor, la cinta de vídeo debe inicializar la nueva propiedad $duracion, que es específica de las cintas de video. Por ello, vamos a sobrescribir o sustituir el método constructor, lo que se hace simplemente volviendo a escribir el método. La gracia aquí consiste en que el sistema puede basar la nueva declaración del constructor en la declaración que existía para la clase de la que hereda.

Es decir, ya se había definido un constructor para la clase soporte, que inicializaba los atributos de esta clase. Ahora, para la clase cinta_video, hay que inicializar los atributos definidos en la clase soporte, más el atributo $duracion, que es propio de cinta_video.

El código del constructor es el siguiente:

```
function __construct($tit,$num,$precio,$duracion){
   parent::__construct($tit,$num,$precio);
   $this->duracion = $duracion;
}
```

En la primera línea del constructor se llama al constructor creado para la clase "soporte". Para ello utilizamos parent:: y luego el nombre del método de la clase padre al que se quiere llamar, en este caso __constructor(). Al constructor de la clase padre le enviamos las variables que se deben inicializar con la clase padre.

En la segunda línea del constructor se inicializa el atributo duracion, con lo que hayamos recibido por parámetro.

Nos pasa lo mismo con el método imprime_caracteristicas(), que ahora debe mostrar también el nuevo atributo, propio de la clase cinta_video. Como se puede observar en el código de la función, se hace uso también de parent::imprime_caracteristicas() para utilizar el método definido en la clase padre.

Si queremos probar la clase cinta_video, podriamos utilizar un código como este:

```
$micinta = new cinta_video("Los Otros", 22, 4.5, "115 minutos");
echo "<b>" . $micinta->titulo . "</b>";
echo "<br>Precio: " . $micinta->dame_precio_sin_iva() . " euros";
echo "<br>Precio IVA incluido: " . $micinta->dame_precio_con_iva() . " euros";
```

Lo que nos devolvería lo siguiente:

Los Otros
Precio: 4.5 euros
Precio IVA incluido: 5.22 euros
Película en VHS:
Los Otros
4.5 (IVA no incluido)
Duración: 115 minutos

Creamos otras clases a partir de una clase padre, para continuar con nuestro ejemplo de videoclub.

La clase soporte tiene otras clases que heredan de ella y que todavía no hemos definido.

Veamos primero el código de la clase "dvd", que es muy parecido al visto para la clase cinta_video. Lo único que cambia es que ahora vamos a definir otros atributos relacionados con los DVD, como son los idiomas disponibles en el DVD y el formato de pantalla que tiene la grabación.

```
class dvd extends soporte{
  public $idiomas_disponibles;
  private $formato_pantalla;

  function __construct($tit,$num,$precio,$idiomas,$pantalla){
    parent::__construct($tit,$num,$precio);
    $this->idiomas_disponibles = $idiomas;
    $this->formato_pantalla = $pantalla;
}

  public function imprime_caracteristicas(){
    echo "Película en DVD:<br>";
    parent::imprime_caracteristicas();
    echo "<br>" . $this->idiomas_disponibles;
  }
}
```

Nota: Para una explicación detallada de este código os referimos al capítulo anterior, donde se explicaba la clase cinta_video y la sobrescritura de métodos.

Por su parte, la clase juego, tendrá 3 nuevos atributos. Estos son "consola", para especificar la consola para la que está creado este juego, "min_num_jugadores", para especificar el número de jugadores mínimo y "max_num_jugadores", para especificar el máximo número de jugadores que pueden participar en el juego.

Este será el código de la clase juego.

```
class juego extends soporte{
   public $consola; //nombre de la consola del juego ej: playstation
   private $min_num_jugadores;
   private $max_num_jugadores;

   function __construct($tit,$num,$precio,$consola,$min_j,$max_j){
     parent::__construct($tit,$num,$precio);
     $this->consola = $consola;
     $this->min_num_jugadores = $min_j;
     $this->max_num_jugadores = $max_j;
   }

   public function imprime_jugadores_posibles(){
     if ($this->min_num_jugadores == $this->max_num_jugadores){
       if ($this->min_num_jugadores==1)
       echo "<br>Para un jugador";
       else
       echo "<br>Para " . $this->min_num_jugadores . " jugadores";
     }else{
      echo "<br>De " . $this->min_num_jugadores . " a " . $this->max_num_jugadores . "
Jugadores.";
     }
   }

   public function imprime_caracteristicas(){
     echo "Juego para: " . $this->consola . "<br>";
     parent::imprime_caracteristicas();
     echo "<br>" . $this->imprime_jugadores_posibles();
   }
}
```

Nos fijamos en el constructor, que llama al constructor de la clase padre para inicializar algunos atributos propios de los soportes en general.

Luego nos fijamos en el método imprime_jugadores_posibles(), que muestra los jugadores permitidos. Ha sido declarada como public, para que se pueda acceder a ella desde cualquier lugar. Nos da un mensaje como "Para un jugador" o "De 1 a 2 Jugadores", dependiendo de los valores min_num_jugadores y max_num_jugadores.

Por su parte, se sobrescribe la función imprime_caracteristicas(), para mostrar todos los datos de cada juego. Primero se muestra la consola para la que se ha creado el juego. Los datos generales (propios de la clase "soporte") se muestran llamando al mismo método de la clase "parent" y el número de jugadores disponibles se muestra con una llamada al método imprime_jugadores_posibles().

Podríamos utilizar un código como el que sigue, si es que queremos comprobar que la clase funciona correctamente y que nos ofrece la salida que estábamos pensando.

```
$mijuego = new juego("Final Fantasy", 21, 2.5, "Playstation",1,1);
$mijuego->imprime_caracteristicas();

//esta línea daría un error porque no se permite acceder a un atributo private del objeto
//echo "<br>Jugadores: " . $mijuego->min_num_jugadores;
//habria que crear un método para que acceda a los atributos private
$mijuego->imprime_jugadores_posibles();

echo "<p>";
$mijuego2 = new juego("GP Motoracer", 27, 3, "Playstation II",1,2);
echo "<b>" . $mijuego2->titulo . "</b>";
$mijuego2->imprime_jugadores_posibles();
```

Este código que utiliza la clase "juego" dará como salida:

Juego para: Playstation
Final Fantasy
2.5 (IVA no incluido)
Para un jugador

Para un jugador
GP Motoracer
De 1 a 2 Jugadores.

Los atributos o propiedades de los objetos pueden ser de cualquier tipo, incluso pueden ser otros objetos.

Las características de los objetos, que se almacenan por medio de los llamados atributos o propiedades, pueden ser de diversa naturaleza. La clase hombre puede tener distintos tipos de atributos, como la edad (numérico), el nombre propio (tipo cadena de caracteres), color de piel (que puede ser un tipo cadena de caracteres o tipo enumerado, que es una especie de variable que sólo puede tomar unos pocos valores posibles). También puede tener una estatura o un peso (que podrían ser de tipo float o número en coma flotante).

En general, podemos utilizar cualquier tipo para los atributos de los objetos, incluso podemos utilizar otros objetos. Por ejemplo, podríamos definir como atributo de la clase hombre sus manos.

Dada la complejidad de las manos, estas podrían definirse como otro objeto. Por ejemplo, las manos tendrían como características la longitud de los dedos, un coeficiente de elasticidad. Como funcionalidades o métodos, podríamos definir agarrar algo, soltarlo, pegar una bofetada, o cortarse las uñas. Así pues, uno de los atributos de la clase hombre podría ser un nuevo objeto, con su propias características y funcionalidades. La complejidad de las manos no le importa al desarrollador de la clase hombre, por el principio de encapsulación, dado que este conoce sus propiedades (o aquellas declaradas como public) y los métodos (también los que se hayan decidido declarar como públicos) y no necesita preocuparse sobre cómo se han codificado.

Clase cliente del videoclub

Para continuar el ejemplo del videoclub, hemos creado la clase cliente que vamos a explicar a continuación. En los clientes hemos definido como atributo, entre otros, las películas o juegos alquilados.

> **Nota:**Como vemos, los objetos pueden tener algunos atributos también de tipo objeto. En ese caso pueden haber distintos tipos de relaciones entre objetos. Por ejemplo, por pertenencia, como en el caso de la clase hombre y sus manos, pues a un hombre le pertenecen sus manos. También se pueden relacionar los objetos por asociación, como es el caso de los clientes y las películas que alquilan, pues en ese caso un cliente no tiene una película propiamente dicha, sino que se asocia con una película momentáneamente.

La clase cliente que hemos creado tiene cierta complejidad, esperamos que no sea demasiada para que se pueda entender fácilmente. La explicaremos poco a poco para facilitar las cosas.

Atributos de la clase cliente

Hemos definido una serie de atributos para trabajar con los clientes. Tenemos los siguientes:

```
public $nombre;
private $numero;
private $soportes_alquilados;
private $num_soportes_alquilados;
private $max_alquiler_concurrente;
```

Como se puede ver, se han definido casi todos los atributos como private, con lo que sólo se podrán acceder dentro del código de la clase.

El atributo nombre, que guarda el nombre propio del cliente, es el único que hemos dejado como público y que por tanto se podrá referenciar desde cualquier parte del programa, incluso desde otras clases. El atributo numero se utiliza para guardar el identificador numérico del cliente. Por su parte, soportes alquilados nos servirá para asociar al cliente las películas o juegos cuando este las alquile. El atributo num_soportes_alquilados almacenará el número de películas o juegos que un cliente tiene alquilados en todo momento. Por último, max_alquiler_concurrente indica el número máximo de soportes que puede tener alquilados un cliente en un mismo instante, no permitiéndose alquilar a ese cliente, a la vez, más que ese número de películas o juegos.

El único atributo sobre el que merece la pena llamar la atención es soportes_alquilados, que contendrá un array de soportes. En cada casilla del array se introducirán las películas o juegos que un cliente vaya alquilando, para asociar esos soportes al cliente que las alquiló. El array contendrá tantas casillas como el max_alquiler_concurrente, puesto que no tiene sentido asignar mayor espacio al array del que se va a utilizar. Para facilitar las cosas, cuando un cliente no tiene alquilado nada, tendrá el valor null en las casillas del array.

Constructor de la clase cliente

```
function __construct($nombre,$numero,$max_alquiler_concurrente=3){
  $this->nombre=$nombre;
  $this->numero=$numero;
  $this->soportes_alquilados=array();
  $this->num_soportes_alquilados=0;
  $this->max_alquiler_concurrente = $max_alquiler_concurrente;
  //inicializo las casillas del array de alquiler a "null"
  //un valor "null" quiere decir que el no hay alquiler en esa casilla
  for ($i=0;$i<$max_alquiler_concurrente;$i++){
    $this->soportes_alquilados[$i]=null;
  }
}
```

El constructor de la clase cliente recibe los datos para inicializar el objeto. Estos son $nombre, $numero y $max_alquiler_concurrente. Si nos fijamos, se ha definido por defecto a 3 el número máximo de alquileres que puede tener un cliente, de modo que, en el caso de que la llamada al constructor no envíe el parámetro $max_alquiler_concurrente se asumirá el valor 3.

El atributo soportes_alquilados, como habíamos adelantado, será un array que tendrá tantas casillas como el máximo de alquileres concurrentes. En las últimas líneas se inicializan a null el contenido de las casillas del array.

Continuación del artículo sobre las propiedades de los objetos.

Método dame_numero()

```
function dame_numero(){
  return $this->numero;
}
```

Este método simplemente devuelve el numero de identificación del cliente. Como se ha definido el atributo numero como private, desde fuera del código de la clase, sólo se podrá acceder a este a través del método dame_numero().

Método tiene_alquilado($soporte)

```
function tiene_alquilado($soporte){
  for ($i=0;$i<$this->max_alquiler_concurrente;$i++){
   if (!is_null($this->soportes_alquilados[$i])){
    if ($this->soportes_alquilados[$i]->dame_numero_identificacion() == $soporte->dame_numero_identificacion()){
      return true;
     }
    }
   }
  //si estoy aqui es que no tiene alquilado ese soporte
  return false;
}
```

Este recibe un soporte y devuelve true si está entre los alquileres del cliente. Devuelve false en caso contrario.

A este método lo llamamos desde dentro de la clase cliente, en la codificación de otro método. Podríamos haber definido entonces el método como private, si pensásemos que sólo lo vamos a utilizar desde dentro de esta clase. En este caso lo hemos definido como public (el modificador por defecto) porque pensamos que puede ser útil para otras partes del programa.

Este método recibe un soporte (cualquier tipo de soporte, tanto cintas de vídeo, como DVDs o juegos). Realiza un recorrido por el array de soportes alquilados preguntando a cada soporte que tenga alquilado el cliente si su número de identificación es igual que el del soporte recibido por parámetro. Como el número de identificación del soporte está definido como private en la clase soporte, para acceder a su valor tenemos que utilizar el método de soporte

dame_numero_identificación().

Otra cosa importante. Como no es seguro que en el array de soportes alquilados haya algún soporte (recordamos que si el cliente no tiene nada alquilado las casillas están a null), antes de llamar a ningún método del soporte debemos comprobar que realmente existe. Esto se hace con la función is_null() a la que le enviamos la casilla del array donde queremos comprobar si existe un soporte. Si la función is_null() devuelve true es que tiene almacenado el valor null, con lo que sabremos que no hay soporte. De manera contraria, si la casilla almacena un soporte, la función is_null() devolverá false.

Método alquila($soporte)

```
function alquila($soporte){
```

```
if ($this->tiene_alquilado($soporte)){
 echo "<p>El cliente ya tiene alquilado el soporte <b>" . $soporte->titulo . "</b>";
}elseif ($this->num_soportes_alquilados==$this->max_alquiler_concurrente){
 echo "<p>Este cliente tiene " . $this->num_soportes_alquilados . " elementos alquilados. ";
 echo "No puede alquilar más en este videoclub hasta que no devuelva algo";
}else{
 //miro en el array a ver donde tengo sitio para meter el soporte
 $cont = 0;
 while (!is_null($this->soportes_alquilados[$cont])){
  $cont++;
 }
 $this->soportes_alquilados[$cont]=$soporte;
 $this->num_soportes_alquilados++;
 echo "<p><b>Alquilado soporte a: </b>" . $this->nombre . "<br>";
 $soporte->imprime_caracteristicas();
 }
}
```

Este método sirve para alquilar una película o juego por parte del cliente. Recibe el soporte a alquilar y, en caso que el alquiler se pueda producir, debe introducir el objeto soporte recibido en el array de soportes alquilados del cliente.

Lo primero que hace es comprobar que el cliente no tiene alquilado ese mismo soporte, utilizando el método tiene_alquilado() de la clase soporte. Si no lo tiene alquilado comprueba que todavía tiene capacidad para alquilar otro soporte, es decir, que no ha llegado al máximo en el número de soportes alquilados.

Si se puede alquilar el soporte, lo introduce dentro del array soportes_alquilados en una posición vacía (una casilla donde antes hubiera un null), incrementa en uno el número de soportes alquilados e imprime las características del soporte que se ha alquilado.

Método devuelve($identificador_soporte)

```
function devuelve($identificador_soporte){
 if ($this->num_soportes_alquilados==0){
  echo "<p>Este cliente no tiene alquilado ningún elemento";
  return false;
 }
 //recorro el array a ver si encuentro el soporte con identificador recibido
 for ($i=0;$i<$this->max_alquiler_concurrente;$i++){
  if (!is_null($this->soportes_alquilados[$i])){
   if ($this->soportes_alquilados[$i]->dame_numero_identificacion() == $identificador_soporte){
    echo "<p>Soporte devuelto: " . $identificador_soporte;
    echo " <b>" . $this->soportes_alquilados[$i]->titulo . "</b>";
    $this->soportes_alquilados[$i]=null;
    $this->num_soportes_alquilados--;
    return true;
```

```
        }
      }
    }
  //si estoy aqui es que el cliente no tiene ese soporte alquilado
  echo "<p>No se ha podido encontrar el soporte en los alquileres de este cliente";
  return false;
}
```

El método devuelve recibe el identificador del soporte que debe devolver el cliente. Devuelve true si se consiguió devolver el soporte, false en caso contrario. Lo primero que hace es comprobar si el cliente tiene alquilado algún soporte, comprobando que la variable num_soportes_alquilados no sea cero.

Luego hace un recorrido por el array de soportes alquilados para ver si encuentra el soporte que se desea devolver. Para cada soporte alquilado (cada casilla del array que no contenga el valor null) comprueba si el identificador es el mismo que el recibido por parámetro. Cuando encuentra el soporte, muestra un mensaje por pantalla y lo devuelve simplemente poniendo a null la casilla correspondiente del array soportes_alquilados y decrementando en uno el atributo num_soportes_alquilados.

Si se encuentra el soporte, se sale de la función devolviendo true. Por lo que, si no se ha salido de la función después de hacer el recorrido por el array, sabemos que no se ha encontrado ese soporte. Entonces mostramos un mensaje en pantalla y devolvemos false.

Método lista_alquileres()

```
function lista_alquileres(){
  if ($this->num_soportes_alquilados==0){
   echo "<p>Este cliente no tiene alquilado ningún elemento";
  }else{
   echo "<p><b>El cliente tiene " . $this->num_soportes_alquilados . " soportes alquilados</b>";
   //recorro el array para listar los elementos que tiene alquilados
   for ($i=0;$i<$this->max_alquiler_concurrente;$i++){
    if (!is_null($this->soportes_alquilados[$i])){
     echo "<p>";
     $this->soportes_alquilados[$i]->imprime_caracteristicas();
    }
   }
  }
}
```

Este método hace un recorrido por el array de soportes alquilados y muestra las características de cada soporte. Comprueba que el cliente tiene algo alquilado antes de hacer el recorrido.

Recordar siempre, antes de llamar a un método del soporte almacenado en cada casilla del array, comprobar que el contenido de esa casilla no es null.

Método imprime_caracteristicas()

```
function imprime_caracteristicas() {
  echo "<p><b>Cliente " . $this->numero . ":</b> " . $this->nombre;
  echo "<br>Alquileres actuales: " . $this->num_soportes_alquilados
}
```

Simplemente muestra algunos de los datos del cliente. Es un método para obtener algún dato por pantalla de un cliente.

Comprobar el funcionamiento de la clase cliente

Es importante señalar que, para que la clase cliente funcione, debe disponer de los códigos de las distintas clases de las que hace uso (la clase soporte, cinta_video, juego y dvd). Estos códigos se pueden haber escrito en el mismo archivo o bien incluirse con unas instrucciones como estas:

```
include "soporte.php";
include "dvd.php";
include "juego.php";
include "cinta_video.php";
```

La clase cliente se puede poner en funcionamiento, para probar su correcta implementación, con un código como este:

```
//instanciamos un par de objetos cliente
$cliente1 = new cliente("Pepe", 1);
$cliente2 = new cliente("Roberto", 564);

//mostramos el numero de cada cliente creado
echo "El identificador del cliente 1 es: " . $cliente1->dame_numero();
echo "<br>El identificador del cliente 2 es: " . $cliente2->dame_numero();

//instancio algunos soportes
$soporte1 = new cinta_video("Los Otros", 1, 3.5, "115 minutos");
$soporte2 = new juego("Final Fantasy", 2, 2.5, "Playstation",1,1);
$soporte3 = new dvd("Los Intocables", 3, 3, "Inglés y español","16:9");
$soporte4 = new dvd("El Imperio Contraataca", 4, 3, "Inglés y español","16:9");

//alquilo algunos soportes
```

```
$cliente1->alquila($soporte1);
$cliente1->alquila($soporte2);
$cliente1->alquila($soporte3);

//voy a intentar alquilar de nuevo un soporte que ya tiene alquilado
$cliente1->alquila($soporte1);

//el cliente tiene 3 soportes en alquiler como máximo
//este soporte no lo va a poder alquilar
$cliente1->alquila($soporte4);

//este soporte no lo tiene alquilado
$cliente1->devuelve(4);
//devuelvo un soporte que sí que tiene alquilado
$cliente1->devuelve(2);
//alquilo otro soporte
$cliente1->alquila($soporte4);

//listo los elementos alquilados
$cliente1->lista_alquileres();
```

La ejecución de este código, si todo funciona correctamente, debería devolvernos como resultado esta salida:

El identificador del cliente 1 es: 1
El identificador del cliente 2 es: 564

Alquilado soporte a: Pepe
Película en VHS:
Los Otros
3.5 (IVA no incluido)
Duración: 115 minutos

Alquilado soporte a: Pepe
Juego para: Playstation
Final Fantasy
2.5 (IVA no incluido)
Para un jugador

Alquilado soporte a: Pepe
Película en DVD:
Los Intocables
3 (IVA no incluido)
Inglés y español
El cliente ya tiene alquilado el soporte **Los Otros**

Este cliente tiene 3 elementos alquilados. No puede alquilar más en este videoclub hasta que no devuelva algo

No se ha podido encontrar el soporte en los alquileres de este cliente

Soporte devuelto: **2 Final Fantasy**

Alquilado soporte a: Pepe
Película en DVD:
El Imperio Contraataca
3 (IVA no incluido)
Inglés y español

El cliente tiene 3 soportes alquilados

Película en VHS:
Los Otros
3.5 (IVA no incluido)
Duración: 115 minutos

Película en DVD:
El Imperio Contraataca
3 (IVA no incluido)
Inglés y español

Película en DVD:
Los Intocables
3 (IVA no incluido)
Inglés y español

Para afianzar los conocimientos sobre programación orientada a objetos vamos a concluir por ahora la creación de nuestro videoclub con PHP5.

Para continuar la creación del videoclub y las explicaciones sobre la programación orientada a objetos (POO), vamos a programar la clase principal, que engloba a todas las clases que hemos ido creando hasta el momento. La clase principal se llama videoclub y modela el comportamiento general del videoclub.

Llegado este punto sería bueno que remarcar dos cosas sobre el desarrollo de programas orientados a objetos.

1. La clase principal de un sistema que deseamos modelar en POO se suele llamar como el propio sistema que estamos modelando. Por ejemplo, si estuviéramos creando una

biblioteca, la clase principal se llamaría biblioteca. En este caso, que estamos haciendo un videoclub, la clase principal se llamará videoclub.

2. El proceso de creación de un programa POO se realiza al revés de como hemos hecho en este manual, empezando el desarrollo de la clase general y finalizando por las clases más específicas. De este modo, al crear la clase general, podemos ir viendo qué otros objetos necesitaremos, cuáles serán sus métodos y propiedades. En este manual lo hemos hecho al revés porque nos venía bien para ir describiendo las características de la POO.

La clase videoclub tendrá como propiedades a los soportes en alquiler (películas o juegos) y por otra parte, los socios o clientes que alquilan los productos. Los métodos de la clase videoclub serán la inclusión y listado de soportes en alquiler y de socios, el alquiler de soportes por parte de clientes.

Nota: Ni que decir tiene que el videoclub que estamos creando está simplificado al máximo. Está claro que si estuviésemos creando un videoclub con el propósito de utilizarlo en producción, habría que pensar y desarrollar muchas otras funcionalidades.

Vamos ya con el código y sus explicaciones.

Atributos de la clase videoclub

```
public $nombre;
private $productos;
private $num_productos;
private $socios;
private $num_socios;
```

El atributo $productos será un array con los distintos soportes en alquiler. $num_productos lo utilizaremos para llevar la cuenta del número de productos que tenemos disponibles. De modo similar, $socios será un array de clientes y $num_socios llevará la cuenta de los socios que tenemos dados de alta. Aparte, nuestro videoclub tendrá un nombre, que almacenaremos en la variable $nombre.

Constructor

```
function __construct($nombre){
  $this->nombre=$nombre;
  $this->productos=array();
  $this->num_productos=0;
  $this->socios=array();
  $this->num_socios=0;
}
```

Este método inicializará los atributos del objeto que se está construyendo. Recibe únicamente el nombre del videoclub. Como tareas destacables están las inicializaciones de los arrays de productos y socios y la puesta a cero de los contadores que vamos a utilizar.

Método incluir_producto()

```
private function incluir_producto($nuevo_producto){
    $this->productos[$this->num_productos]=$nuevo_producto;
    echo "<p>Incluido soporte " . $this->num_productos;
    $this->num_productos++;
}
```

Este método ha sido declarado como private, porque sólo queremos que se llame desde dentro de la clase. Recibe el nuevo producto que se quiere dar de alta y lo guardar en el array de productos, en la posición marcada por el atributo num_productos. Luego muestra un mensaje por pantalla y por último incrementa a uno el atributo num_productos.

Métodos incluir_dvd(),incluir_cinta_video() e incluir_juego()

Los tres siguientes métodos que vamos a ver, instancian los tres productos con los que trabaja el videoclub y luego los introducen en array de productos llamando a incluir_producto().

```
function incluir_dvd($tit,$precio,$idiomas,$pantalla){
    $dvd_nuevo = new dvd($tit, $this->num_productos, $precio, $idiomas, $pantalla);
    $this->incluir_producto($dvd_nuevo);
}

function incluir_cinta_video($tit,$precio,$duracion){
    $cinta_video_nueva = new cinta_video($tit, $this->num_productos, $precio, $duracion);
    $this->incluir_producto($cinta_video_nueva);
}

function incluir_juego($tit,$precio,$consola,$min_j,$max_j){
    $juego_nuevo = new juego($tit, $this->num_productos, $precio, $consola, $min_j, $max_j);
    $this->incluir_producto($juego_nuevo);
}
```

Podemos fijarnos que el número de identificación del soporte, que recibe el constructor de las cintas de vídeo, DVDs o juegos, lo generamos por medio del atributo de la clase de videclub num_productos, que guarda el número de productos dados de alta.

Método incluir_socio()

Este método hace las tareas de instanciación del socio nuevo y su inclusión en el array de socios.

```
function incluir_socio($nombre,$max_alquiler_concurrente=3){
    $socio_nuevo = new cliente($nombre,$this->num_socios,$max_alquiler_concurrente);
    $this->socios[$this->num_socios]=$socio_nuevo;
    echo "<p>Incluido socio " . $this->num_socios;
    $this->num_socios++;
}
```

Reciben los datos del nuevo socio: nombre y el máximo número de películas que puede alquilar (siendo 3 el valor por defecto). Una vez instanciado el nuevo socio, lo introduce en el array, en la posición marcada por el atributo num_socios. Luego muestran un mensaje por pantalla y por último incrementan a uno los atributos num_productos o num_socios.

El número de socio, que recibe entre otros parámetros, el constructor de la clase socio lo generamos por medio del contador de socios num_socios, de la clase videclub.

Métodos listar_productos() y listar_socios()

Dos métodos muy similares, que veremos de una sola vez.

```
function listar_productos(){
    echo "<p>Listado de los " . $this->num_productos . " productos disponibles:";
    for ($i=0;$i<$this->num_productos;$i++){
        echo "<p>";
        $this->productos[$i]->imprime_caracteristicas();
    }
}

function listar_socios(){
    echo "<p>Listado de $this->num_socios socios del videoclub:";
    for ($i=0;$i<$this->num_socios;$i++){
        echo "<p>";
        $this->socios[$i]->imprime_caracteristicas();
    }
}
```

Estos métodos imprimen un listado completo de los socios y productos dados de alta. Simplemente hacen un recorrido del array de productos o de socios y van imprimiendo sus características.

Método alquila_a_socio()

Realiza las acciones necesarias para alquiler un producto a un socio.

```
function alquila_a_socio($numero_socio,$numero_producto){
  if (is_null($this->socios[$numero_socio])){
    echo "<p>No existe ese socio";
  }elseif(is_null($this->productos[$numero_producto])){
    echo "<p>No existe ese soporte";
  }else{
    $this->socios[$numero_socio]->alquila($this->productos[$numero_producto]);
  }
}
```

Este método recibe el identificador del socio y del producto en alquiler. Antes de proceder, realiza un par de comprobaciones. La primera para ver si existe un socio con el número de socio indicado por parámetro y la segunda para ver si también existe un producto con el número de producto dado.

Si todo fue bien, llama al método alquila() del socio, enviándole el producto que desea alquilar.

> **Nota:**El método alquila() del socio tiene cierta complejidad, pero ya la vimos cuando explicamos la clase socio. En este momento, por el principio de encapsulación de la POO, debemos abstraernos de su dificultad y no prestarle atención porque sabemos que funciona y no nos debe preocupar cómo lo hace.

Para probar la clase videoclub podríamos utilizar un código como este:
```
$vc = new videoclub("La Eliana Video");

//voy a incluir unos cuantos soportes de prueba
$vc->incluir_juego("Final Fantasy", 2.5, "Playstation",1,1);
$vc->incluir_juego("GP Motoracer", 3, "Playstation II",1,2);
$vc->incluir_dvd("Los Otros", 4.5, "Inglés y español","16:9");
$vc->incluir_dvd("Ciudad de Diós", 3, "Portugués, inglés y español","16:9");
$vc->incluir_dvd("Los Picapiedra", 3, "Español","16:9");
$vc->incluir_cinta_video("Los Otros", 4.5, "115 minutos");
$vc->incluir_cinta_video("El nombre de la Rosa", 1.5, "140 minutos");

//listo los productos
$vc->listar_productos();

//voy a crear algunos socios
$vc->incluir_socio("José Fuentes");
$vc->incluir_socio("Pedro García",2);

$vc->alquila_a_socio(1,2);
$vc->alquila_a_socio(1,3);
//alquilo otra vez el soporte 2 al socio 1.
```

```
// no debe dejarme porque ya lo tiene alquilado
$vc->alquila_a_socio(1,2);
//alquilo el soporte 6 al socio 1.
//no se puede porque el socio 1 tiene 2 alquileres como máximo
$vc->alquila_a_socio(1,6);

//listo los socios
$vc->listar_socios();
```

Se hace una carga de datos y una llamada a todos los métodos que hemos visto para el videoclub. Este código dará como resultado una salida como la siguiente:

Incluido soporte 0

Incluido soporte 1

Incluido soporte 2

Incluido soporte 3

Incluido soporte 4

Incluido soporte 5

Incluido soporte 6

Listado de los 7 productos disponibles:

Juego para: Playstation
Final Fantasy
2.5 (IVA no incluido)
Para un jugador

Juego para: Playstation II
GP Motoracer
3 (IVA no incluido)
De 1 a 2 Jugadores.

Película en DVD:
Los Otros
4.5 (IVA no incluido)
Inglés y español

Película en DVD:
Ciudad de Diós
3 (IVA no incluido)
Portugués, inglés y español

Película en DVD:
Los Picapiedra
3 (IVA no incluido)
Español

Película en VHS:
Los Otros
4.5 (IVA no incluido)
Duración: 115 minutos

Película en VHS:
El nombre de la Rosa
1.5 (IVA no incluido)
Duración: 140 minutos

Incluido socio 0

Incluido socio 1

Alquilado soporte a: Pedro García
Película en DVD:
Los Otros
4.5 (IVA no incluido)
Inglés y español

Alquilado soporte a: Pedro García
Película en DVD:
Ciudad de Diós
3 (IVA no incluido)
Portugués, inglés y español

El cliente ya tiene alquilado el soporte **Los Otros**

Este cliente tiene 2 elementos alquilados. No puede alquilar más en este videoclub hasta que no devuelva algo

Listado de 2 socios del videoclub:

Cliente 0: José Fuentes
Alquileres actuales: 0

Cliente 1: Pedro García
Alquileres actuales: 2

Hasta aquí ha llegado por ahora el desarrollo de este videoclub, que no es muy funcional pero esperamos que haya servido para empezar a conocer las características de la programación orientada a objetos.

En adelante, seguiremos este manual comentando otras particularidades de la POO en PHP 5, que también hay que conocer.

Conoceremos lo que es una clase abstracta y los métodos abstractos. Cómo se definen y en qué situaciones se deben utilizar.

Una clase abstracta es la que tiene métodos abstractos. Los métodos abstractos son los que están declarados en una clase, pero no se ha definido en la clase el código de esos métodos.

Esa puede ser una buena definición de clases y métodos abstractos, pero veamos con calma una explicación un poco más detallada y comprensible por todos.

En ocasiones, en un sistema de herencia como el de la programación orientada a objetos (POO), tenemos entidades que declarar aunque no se puede dar su definición todavía, simplemente las deseamos definir por encima para empezar una jerarquía de clases.

Pensemos en los productos lácteos (los derivados de la leche). No cabe duda que los productos lácteos son una gran familia. Incluyen a los yogures, mantequillas, quesos, helados e incluso a la propia leche. Sin embargo, los productos lácteos en si no se encuentran en la vida real. En el supermercado no te venden un producto lácteo en general. Por ejemplo, nadie compra un kilo de producto lácteo... más bien preguntarán por un litro de leche, un litro de helado o un pack de yogures.

Todos los productos lácteos tienen algunas características comunes, como el porcentaje en leche o la fecha de caducidad. También tienen algunas funcionalidades comunes como conservarse o consumirse. Sin embargo, la manera de conservarse es distinta dependiendo del producto lácteo. La leche se conserva fuera de la nevera, mientras que no esté abierto el brick, y los yogures deben conservarse en la nevera en todo momento. Los quesos se conservan en la nevera, pero metidos dentro de un recipiente por si acaso desprenden olores fuertes. Por lo que respecta a los helados, se deben conservar en el congelador, siempre que deseemos que no se conviertan en líquido. Al consumir un producto lácteo la cosa también cambia, puesto que el queso se suele acompañar con pan o tostadas, la leche se bebe y el helado se toma con cuchara.

En definitiva, a donde queremos demostrar es que podemos tener un conjunto de objetos que tienen unas características comunes y funcionalidades, también comunes, pero que difieren en la manera de llevarlas a cabo. Para esto está la abstracción.

La clase de los productos lácteos, tendrá una serie de propiedades y unos métodos abstractos. Los métodos abstractos, como habíamos adelantado, son aquellos que no incluyen una codificación, sino que simplemente se declaran, dejando para las clases que hereden la tarea de codificarlos.

En este caso, la clase producto lácteo tendrá los métodos abstractos conservarse() y consumirse(), pero no se especificará el código fuente de estos métodos (por eso son abstractos). Las clases que hereden de producto lácteo serán las encargadas de definir un código para los métodos definidos como abstractos en la clase padre. Así, cada clase que herede de producto lácteo, deberá especificar el mecanismo concreto y específico por el cual se van a conservar o consumir.

Las clases que incorporan métodos abstractos se deben declarar como abstractas. Es una condición forzosa. Las clases abstractas no se pueden instanciar. Es decir, no podemos crear objetos a partir de ellas. Es algo lógico. Pensemos en los productos lácteos, estos no existen más que como una idea general. Sólo podremos encontrar productos lácteos de un tipo en concreto, como leche o yogur, pero no la idea de producto lácteo en general.

Una clase que herede de un producto lácteo debe definir los métodos abstractos declarados en la clase abstracta. De lo contrario, la clase que hereda estaría obligada a declararse como abstracta.

En nuestro ejemplo de videoclub, tratado a lo largo de los distintos capítulos del manual de PHP 5, tenemos una clase que también sería un buen ejemplo de clase abstracta. Se trata de la clase soporte. De esta clase heredaban los distintos productos del videoclub, como películas en DVD, cintas de vídeo o juegos. No hubiera sido mala idea declarar como abstracta la clase soporte, dado que no se van a utilizar, ni existen, soportes en general, sino que lo que existen son los distintos soportes concretos.

La sintaxis de la abstracción

Para declarar clases y métodos abstractos se utiliza la siguiente sintaxis.

```
abstract class nombre_clase{

  //propiedades
public x;
  private y;

  //métodos

  public function __construct(){
  ...
  }

  public abstract function nombre_metodo();

}
```

Nos fijamos que se utiliza la palabra clave "abstract" para definir las clases o métodos abstractos. Además, los métodos abstractos no llevan ningún código asociado, ni siquiera las llaves para abrir y cerrar el método.

Vemos lo que son las interfaces, para qué se utilizan y cómo trabajar con ellas en PHP5.

Las interfaces son un sistema bastante común, utilizado en programación orientada a objetos. Son algo así como declaraciones de funcionalidades que tienen que cubrir las clases que implementan las interfaces.

En una interfaz se definen habitualmente un juego de funciones que deben codificar las clases que implementan dicha interfaz. De modo que, cuando una clase implementa una interfaz, podremos estar seguros que en su código están definidas las funciones que incluía esa interfaz.

A la hora de programar un sistema, podemos contar con objetos que son muy diferentes y que por tanto no pertenecen a la misma jerarquía de herencia, pero que deben realizar algunas acciones comunes. Por ejemplo, todos los objetos con los que comercia unos grandes almacenes deben contar con la funcionalidad de venderse. Una mesa tiene poco en común con un calefactor o unas zapatillas, pero todos los productos disponibles deben implementar una función para poder venderse.

Otro ejemplo. Una bombilla, un coche y un ordenador son clases muy distintas que no pertenecen al mismo sistema de herencia, pero todas pueden encenderse y apagarse. En este caso, podríamos construir una interfaz llamada "encendible", que incluiría las funcionalidades de encender y apagar. En este caso, la interfaz contendría dos funciones o métodos, uno encender() y otro apagar().

Cuando se define una interfaz, se declaran una serie de métodos o funciones sin especificar ningún código fuente asociado. Luego, las clases que implementen esa interfaz serán las encargadas de proporcionar un código a los métodos que contiene esa interfaz. Esto es seguro: si una clase implementa una interfaz, debería declarar todos los métodos de la interfaz. Si no tenemos código fuente para alguno de esos métodos, por lo menos debemos declararlos como abstractos y, por tanto, la clase también tendrá que declararse como abstracta, porque tiene métodos abstractos.

Código para definir una interfaz

Veamos el código para realizar una interfaz. En concreto veremos el código de la interfaz encendible, que tienen que implementar todas las clases cuyos objetos se puedan encender y apagar.

```
interface encendible{
   public function encender();
   public function apagar();
}
```

Vemos que para definir una interfaz se utiliza la palabra clave interface, seguida por el nombre de la interfaz y, entre llaves, el listado de métodos que tendrá. Los métodos no se deben codificar, sino únicamente declararse.

Implementación de interfaces

Ahora veamos el código para implementar una interfaz en una clase.

```
class bombilla implements encendible{
   public function encender(){
      echo "<br>Y la luz se hizo...";
```

```
    }

    public function apagar(){
        echo "<br>Estamos a oscuras...";
    }
}
```

Para implementar una interfaz, en la declaración de la clase, se debe utilizar la palabra implements, seguida del nombre de la interfaz que se va a implementar. Se podrían implementar varias interfaces en la misma clase, en cuyo caso se indicarían todos los nombres de las interfaces separadas por comas.

En el código de la clase estamos obligados a declarar y codificar todos los métodos de la interfaz.

> **Nota:** en concreto, PHP 5 entiende que si una clase implementa una interfaz, los métodos de esa interfaz estarán siempre en la clase, aunque no se declaren. De modo que si no los declaramos explícitamente, PHP 5 lo hará por nosotros. Esos métodos de la interfaz serán abstractos, así que la clase tendrá que definirse como abstracta..

Ahora veamos el código de la clase coche, que también implementa la interfaz encendible. Este código lo hemos complicado un poco más.

```
class coche implements encendible{
    private $gasolina;
    private $bateria;
    private $estado = "apagado";

    function __construct(){
        $this->gasolina = 0;
        $this->bateria = 10;
    }

    public function encender(){
        if ($this->estado == "apagado"){
            if ($this->bateria > 0){
                if ($this->gasolina > 0){
                    $this->estado = "encendido";
                    $this->bateria --;
                    echo "<br><b>Enciendo...</b> estoy encendido!";
                }else{
                    echo "<br>No tengo gasolina";
                }
            }else{
                echo "<br>No tengo batería";
            }
        }else{
            echo "<br>Ya estaba encendido";
        }
    }
```

```
    public function apagar(){
       if ($this->estado == "encendido"){
          $this->estado = "apagado";
          echo "<br><b>Apago...</b> estoy apagado!";
       }else{
          echo "<br>Ya estaba apagado";
       }
    }

    public function cargar_gasolina($litros){
       $this->gasolina += $litros;
       echo "<br>Cargados $litros litros";
    }
}
```

A la vista del anterior código, se puede comprobar que no hay mucho en común entre las clases bombilla y coche. El código para encender una bombilla era muy simple, pero para poner en marcha un coche tenemos que realizar otras tareas. Antes tenemos que ver si el coche estaba encendido previamente, si tiene gasolina y si tiene batería. Por su parte, el método apagar hace una única comprobación para ver si estaba o no el coche apagado previamente.

También hemos incorporado un constructor que inicializa los atributos del objeto. Cuando se construye un coche, la batería está llena, pero el depósito de gasolina está vacío. Para llenar el depósito simplemente se debe utilizar el método cargar_gasolina().

Llamadas polimórficas pasando objetos que implementan una interfaz

Las interfaces permiten el tratamiento de objetos sin necesidad de conocer las características internas de ese objeto y sin importar de qué tipo son... simplemente tenemos que saber que el objeto implementa una interfaz.

Por ejemplo, tanto los coches como las bombillas se pueden encender y apagar. Así pues, podemos llamar al método encender() o apagar(), sin importarnos si es un coche o una bombilla lo que hay que poner en marcha o detener.

En la declaración de una función podemos especificar que el parámetro definido implementa una interfaz, de modo que dentro de la función, se pueden realizar acciones teniendo en cuenta que el parámetro recibido implementa un juego de funciones determinado.

Por ejemplo, podríamos definir una función que recibe algo por parámetro y lo enciende. Especificaremos que ese algo que recibe debe de implementar la interfaz encendible, así podremos llamar a sus métodos enciende() o apaga() con la seguridad de saber que existen.

```
function enciende_algo (encendible $algo){
    $algo->encender();
}

$mibombilla = new bombilla();
$micoche = new coche();
```

```
enciende_algo($mibombilla);
enciende_algo($micoche);
```

Si tuviéramos una clase que no implementa la interfaz encendible, la llamada a esta función provocaría un error. Por ejemplo, un CD-Rom no se puede encender ni apagar.

```
class cd{
    public $espacio;
}
$micd = new cd();
enciende_algo($micd); //da un error. cd no implementa la interfaz encendible
```

Esto nos daría un error como este: Fatal error: Argument 1 must implement interface encendible in c:\www\ejphp5\funcion_encender.php on line 6. Queda muy claro que deberíamos implementar la interfaz encendible en la clase cd para que la llamada a la función se ejecute correctamente.

Implementación del Patrón clásico de diseño web Modelo-Vista-Controlador (MVC) en PHP

El patrón clásico del diseño web conocido como arquitectura MVC, está formado por tres niveles:

Uno de los patrones de diseño web más conocido es la arquitectura MVC (Model-View-Controller), el cual es utilizado en la Ingeniería de Software y consta de 3 niveles:

El Modelo (Model) es la lógica del negocio, la cual representa la información en la cual la aplicación opera. Para persistir esta información, muchas aplicaciones usan un mecanismo de almacenaje tal como una base de datos. Pero el patrón MVC no hace mención específicamente a la capa de acceso a la información porque está sobreentendido que está encapsulada por el modelo.

La Vista (View) renderiza el modelo dentro de una página web apropiada para que el usuario pueda interactuar. Cabe destacar que con esta arquitectura múltiples vistas pueden existir para un simple modelo.

El Controlador (Controller) responde a las acciones del usuario e invoca cambios en el modelo ó genera la vista apropiada, dependiendo de las peticiones del usuario.

La arquitectura MVC separa la lógica de negocio (model) y la presentación (view), resultando en un código muy mantenible. Por ejemplo, si una aplicación debe correr tanto en un browser web como en dispositivos de mano, tu solo necesitas una nueva vista (view); y puedes mantener el controlador y modelo originales. El controlador ayuda a ocultar los detalles del protocolo usado en la petición del modelo y la vista, mientras que el modelo abstrae la lógica de la información, lo cual hace a la vista y la acción independientes de, por ejemplo, el tipo de base de datos usado por la aplicación.

La arquitectura MVC separa la *lógica de negocio* (**el modelo**) y *la presentación* (**la vista**) por lo que se consigue un mantenimiento más sencillo de las aplicaciones. Si por ejemplo una misma aplicación debe ejecutarse tanto en un navegador estándar como un navegador de un dispositivo móvil, solamente es necesario crear una vista nueva para cada dispositivo; manteniendo el controlador y el modelo original. El **controlador se encarga de aislar al modelo y a la vista de los detalles del protocolo** utilizado para las peticiones (HTTP, consola de comandos, email, etc.). **El modelo se encarga de la abstracción de la lógica relacionada con los datos**, haciendo que la vista y las acciones sean independientes de, por ejemplo, el tipo de gestor de bases de datos utilizado por la aplicación.

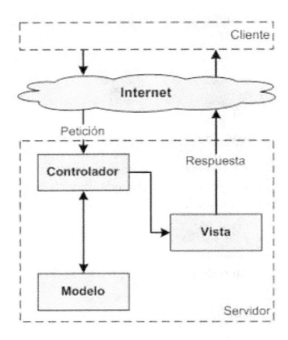

Las capas de la arquitectura MVC

Para poder entender las **ventajas de utilizar el patrón MVC**, se va a transformar una aplicación simple realizada con PHP en una aplicación que sigue la arquitectura MVC. Un buen ejemplo para ilustrar esta explicación es el de mostrar una lista con las últimas entradas o artículos de un blog como este mismo http://arquitectura-capas.blogspot.com.

Programación simple y llana

Utilizando solamente PHP normal y corriente, el script necesario para mostrar los artículos almacenados en una base de datos se muestra a continuación:

Un script simple

```php
<?php
// Conectar con la base de datos y seleccionarla
$conexion = mysql_connect('localhost', 'miusuario', 'micontrasena');
mysql_select_db('blog_db', $conexion);
// Ejecutar la consulta SQL
$resultado = mysql_query('SELECT fecha, titulo FROM articulo', $conexion);
?>
<html>
<head>
<title>Listado de Artículos</title>
</head>
<body>
<h1>Listado de Artículos</h1>
```

```
<table>
<tr><th>Fecha</th><th>Titulo</th></tr>
<?php
// Mostrar los resultados con HTML
while ($fila = mysql_fetch_array($resultado, MYSQL_ASSOC))
{
echo "\t<tr>\n";
printf("\t\t<td> %s </td>\n", $fila['fecha']);
printf("\t\t<td> %s </td>\n", $fila['titulo']);
echo "\t</tr>\n";
}
?>
</table>
</body>
</html>
<?php
// Cerrar la conexion
mysql_close($conexion);
?>
```

El script anterior es fácil de escribir y rápido de ejecutar, pero muy difícil de mantener y actualizar. Los principales problemas del código anterior son:

- No existe protección frente a errores (¿qué ocurre si falla la conexión con la base de datos?).

- El código HTML y el código PHP están mezclados en el mismo archivo e incluso en algunas partes están entrelazados.

- El código solo funciona si la base de datos es MySQL.

Separando la presentación

Las llamadas a echo y printf del listado anterior dificultan la lectura del código. De hecho, modificar el código HTML del script anterior para mejorar la presentación es un muy complicado debido a cómo está programado. Así que el código va a ser dividido en dos partes. En primer lugar, el código PHP puro con toda la *lógica de negocio* se incluye en el **script del controlador**, como se muestra a continuación.

La parte del controlador, en index.php

```
<?php
// Conectar con la base de datos y seleccionarla
$conexion = mysql_connect('localhost', 'miusuario', 'micontrasena');
mysql_select_db('blog_db', $conexion);
// Ejecutar la consulta SQL
$resultado = mysql_query('SELECT fecha, titulo FROM articulo', $conexion);
// Crear el array de elementos para la capa de la vista
$articulos = array();
while ($fila = mysql_fetch_array($resultado, MYSQL_ASSOC))
```

```php
{
$articulos[] = $fila;
}
// Cerrar la conexión
mysql_close($conexion);
// Incluir la lógica de la vista
require('vista.php');
?>
```

El código HTML, que contiene cierto código PHP a modo de plantilla, se almacena en el script de la vista, como se muestra a continuación.

La parte de la vista, en vista.php

```html
<html>
<head>
<title>Listado de Artículos</title>
</head>
<body>
<h1>Listado de Artículos</h1>
<table>
<tr><th>Fecha</th><th>Título</th></tr>
<?php foreach ($articulos as $articulo): ?>
<tr>
<td><?php echo $articulo['fecha'] ?></td>
<td><?php echo $articulo['titulo'] ?></td>
</tr>
<?php endforeach; ?>
</table>
</body>
</html>
```

Una buena regla general para determinar si la parte de **la vista** está suficientemente limpia de código es que debería contener una cantidad mínima de código PHP, la suficiente como para que un diseñador HTML sin conocimientos de PHP pueda entenderla. Las instrucciones más comunes en la parte de la vista suelen ser echo, if/else, foreach/endforeach y poco más. Además, no se deben incluir instrucciones PHP que generen etiquetas HTML.

Toda la lógica se ha centralizado en el script del **controlador,** que solamente contiene código PHP y ningún tipo de HTML. De hecho, y como puedes imaginar, el mismo controlador se puede reutilizar para otros tipos de presentaciones completamente diferentes, como por ejemplo un archivo PDF o una estructura de tipo XML.

Separando la manipulación de los datos

La mayor parte del script del **controlador** se encarga de la manipulación de los datos. Pero, ¿qué ocurre si se necesita la lista de entradas del blog para otro controlador, por ejemplo uno que se dedica a generar el canal RSS de las entradas del blog? ¿Y si se quieren centralizar todas las consultas a la base de datos en un único sitio para evitar duplicidades?

¿Qué ocurre si cambia el modelo de datos y la tabla articulo pasa a llamarse articulo_blog? ¿Y si se quiere cambiar a PostgreSQL en vez de MySQL? Para poder hacer todo esto, es imprescindible eliminar del controlador todo el código que se encarga de la manipulación de los datos y ponerlo en otro script, llamado el modelo, tal y como se muestra a continuación.

La parte del modelo, en modelo.php

```php
<?php
function getTodosLosArticulos()
{
// Conectar con la base de datos y seleccionarla
$conexion = mysql_connect('localhost', 'miusuario', 'micontrasena');
mysql_select_db('blog_db', $conexion);
// Ejecutar la consulta SQL
$resultado = mysql_query('SELECT fecha, titulo FROM articulo', $conexion);
// Crear el array de elementos para la capa de la vista
$articulos = array();
while ($fila = mysql_fetch_array($resultado, MYSQL_ASSOC))
{
$articulos[] = $fila;
}
// Cerrar la conexión
mysql_close($conexion);
return $articulos;
}
?>
```

El controlador modificado se puede ver aquí.

La parte del controlador, modificada, en index.php

```php
<?php
// Incluir la lógica del modelo
require_once('modelo.php');
// Obtener la lista de artículos
$articulos = getTodosLosArticulos();
// Incluir la lógica de la vista
require('vista.php');
?>
```

Ahora **el controlador** es mucho más fácil de leer. Su única tarea es la de **obtener los datos del modelo y pasárselos a la vista.** En las aplicaciones más complejas, el controlador se encarga además de **procesar las peticiones, las sesiones de los usuarios, la autenticación,** etc. El uso de nombres apropiados para las funciones del modelo hace que sea innecesario añadir comentarios al código del controlador.

El script del **modelo** solamente se encarga del **acceso a los datos** y puede ser reorganizado a tal efecto. Todos los parámetros que no dependen de la **capa de datos** (como por ejemplo los parámetros de la petición del usuario) se deben obtener a través del controlador y por tanto, no se puede acceder a ellos directamente desde el modelo. Las funciones del modelo se pueden reutilizar fácilmente en otros controladores.

Separación en capas más allá del MVC

El principio más importante de la arquitectura MVC es la separación del código del programa en tres capas, dependiendo de su naturaleza. La lógica relacionada con los datos se incluye en el modelo, el código de *la presentación* en la vista y la lógica de la aplicación en el controlador.

La programación se puede simplificar si se utilizan otros patrones de diseño. De esta forma, las *capas del modelo*, la vista y el controlador se pueden subidividir en más *capas*.

Abstracción de la base de datos

La capa del modelo se puede dividir en la ***capa de acceso a los datos*** y en la ***capa de abstracción de la base de datos***. De esta forma, las funciones que acceden a los datos no utilizan sentencias ni consultas que dependen de una base de datos, sino que utilizan otras funciones para realizar las consultas. Así, si se cambia de sistema gestor de bases de datos, solamente es necesario actualizar la *capa de abstracción de la base de datos*.
La parte del modelo correspondiente a la abstracción de la base de datos: muestra una capa de acceso a datos específica para MySQL.

```php
<?php
function crear_conexion($servidor, $usuario, $contrasena)
{
return mysql_connect($servidor, $usuario, $contrasena);
}
function cerrar_conexion($conexion)
{
mysql_close($conexion);
}
function consulta_base_de_datos($consulta, $base_datos, $conexion)
{
mysql_select_db($base_datos, $conexion);
return mysql_query($consulta, $conexion);
}
function obtener_resultados($resultado)
{
return mysql_fetch_array($resultado, MYSQL_ASSOC);
}
?>
```

La parte del modelo correspondiente al acceso a los datos: muestra una capa sencilla de abstracción de la base de datos.

```php
<?php
function getTodosLosArticulos()
{
// Conectar con la base de datos
$conexion = crear_conexion('localhost', 'miusuario', 'micontrasena');
// Ejecutar la consulta SQL
$resultado = consulta_base_de_datos('SELECT fecha, titulo FROM articulo', 'blog_db', $conexion);
// Crear el array de elementos para la capa de la vista
$articulos = array();
while ($fila = obtener_resultados($resultado))
{
$articulos[] = $fila;
}
// Cerrar la conexión
cerrar_conexion($conexion);
return $articulos;
}
?>
```

Como se puede comprobar, *la capa de acceso a datos* no contiene funciones dependientes de ningún sistema gestor de bases de datos, por lo que es independiente de la base de datos utilizada. Además, las funciones creadas en la capa de abstracción de la base de datos se pueden reutilizar en otras funciones del modelo que necesiten acceder a la base de datos.

NOTA

Estos últimos dos ejemplos no son completos, y todavía hace falta añadir algo de código para tener una completa abstracción de la base de datos (**abstraer el código SQL** mediante un **constructor de consultas** independiente de la base de datos, añadir todas las funciones a una clase, etc.) El propósito de este artículo no es mostrar cómo se puede escribir todo ese código.

Los elementos de la vista

La *capa de la vista* también puede aprovechar la **separación de código**. Las páginas web suelen contener elementos que se muestran de forma idéntica a lo largo de toda la aplicación: cabeceras de la página, el layout genérico, el pie de página y la navegación global. Normalmente sólo cambia el interior de la página. Por este motivo, la vista se separa en un *layout* y en una plantilla. Normalmente, el layout es global en toda la aplicación o al menos en un grupo de páginas. La plantilla sólo se encarga de visualizar las variables definidas en el controlador. Para que estos componentes interaccionen entre sí correctamente, es necesario añadir cierto código. Siguiendo estos principios, la parte de la vista del scrip inicial se puede separar en tres partes.

La parte de la plantilla de la vista, en miplantilla.php

```html
<h1>Listado de Artículos</h1>
<table>
```

```
<tr><th>Fecha</th><th>Título</th></tr>
<?php foreach ($articulos as $articulo): ?>
<tr>
<td><?php echo $articulo['fecha'] ?></td>
<td><?php echo $articulo['titulo'] ?></td>
</tr>
<?php endforeach; ?>
</table>
```

La parte de la lógica de la vista

```
<?php
$titulo = 'Listado de Artículos';
$contenido = include('miplantilla.php');
?>
```

La parte del layout de la vista

```
<html>
<head>
<title><?php echo $titulo ?></title>
</head>
<body>
<?php echo $contenido ?>
</body>
</html>
```

Acciones y controlador frontal

En el ejemplo anterior, **el controlador** no se encargaba de realizar muchas tareas, pero en las aplicaciones web reales el controlador suele tener mucho trabajo. Una parte importante de su trabajo es común a todos los controladores de la aplicación. Entre las tareas comunes se encuentran el manejo de las peticiones del usuario, el manejo de la seguridad, cargar la configuración de la aplicación y otras tareas similares. Por este motivo, el controlador normalmente se divide en un **controlador frontal**, que es único para cada aplicación, y las acciones, que incluyen el código específico del controlador de cada página.

Una de las principales ventajas de utilizar un *controlador frontal* es que **ofrece un punto de entrada único para toda la aplicación**. Así, en caso de que sea necesario impedir el acceso a la aplicación, solamente es necesario editar el script correspondiente al *controlador frontal*. Si la aplicación no dispone de controlador frontal, se debería modificar cada uno de los controladores.

Orientación a objetos

Los ejemplos anteriores utilizan la ***programación procedimental***. Las posibilidades que ofrecen los lenguajes de programación modernos para trabajar con objetos permiten simplificar la programación, ya que los objetos pueden *encapsular la lógica*, *heredar métodos y atributos* entre diferentes objetos y proporcionan una serie de convenciones claras sobre la forma de nombrar a los objetos.

La implementación de una **arquitectura MVC** en un lenguaje de programación que no está orientado a objetos puede encontrarse con problemas de *namespaces* y *código duplicado*, dificultando la lectura del código de la aplicación.

La orientación a objetos permite a los *desarrolladores* trabajar con *objetos de la vista*, **objetos del controlador** y **clases del modelo**, transformando las funciones de los ejemplos anteriores en métodos. Se trata de un requisito obligatorio para las arquitecturas de tipo MVC.

Otro ejemplo de MVC en php procedimental y con funciones.

¿Qué es MVC?

MVC viene de **M**odel, **V**iew, **C**ontroller, o bien: **M**odelo, **V**ista y **C**ontrolador. Es un <u>patrón de diseño</u> que empecé a utilizar hace algún tiempo y la verdad es que me dió muy buenos resultados en los sistemas donde lo pude aplicar. La idea básica de éste patrón es separar nuestros sistemas en 3 capas, El Modelo, La Vista y el Controlador.

El Modelo se encarga de todo lo que tiene que ver con la persistencia de datos. Guarda y recupera la información del medio persistente que utilicemos, ya sea una base de datos, ficheros de texto, XML, etc.

La Vista presenta la información obtenida con el modelo de manera que el usuario la pueda visualizar.

El Controlador, dependiendo de la acción solicitada por el usuario, es el que pide al modelo la información necesaria e invoca a la plantilla(de la vista) que corresponda para que la información sea presentada.

Un pequeño ejemplo

1. Marcos entra a nuestro sitio mediante la URL **www.example.com/items/listar**.

2. Se carga el **Controlador** Items para ejecutar la **acción** de Listar.

3. El **controlador** solicita al **modelo** que le entregue un arreglo con todos los items que hay almacenados en la base de datos.

4. Una vez que posee dicha información le indica a la **vista** que va a utilizar la plantilla correspondiente al listado de items y le provee el arreglo con todos los usuarios.

5. La **vista**, por su parte, toma el arreglo de items y los muestra uno a uno en la plantilla que le indico el **controlador**.

6. Finalmente Marcos recibe el listado de items; lo observa un instante y decide que quiere agregar un nuevo item por lo que hace click en un enlace que lo lleva a la URL **www.example.com/items/agregar**.

7. Se repite el proceso desde el paso 1 pero con la nueva URL

Vamos al codigo

Para ir de a poco tomaré un ejemplo sencillo similar a los que utilice cuando hable de <u>PHP Data Objects</u> y lo iré separando en capas paso a paso. El ejemplo que voy a utilizar es el siguiente:

```php
1   < ?php
2   require 'conexion.php';
3   $db = new PDO('mysql:host=' . $servidor . ';dbname=' . $bd, $usuario, $contrasenia);
4   $consulta = $db->prepare('SELECT * FROM items WHERE id_item = ? OR id_item = ?');
5   $consulta->execute(array(2, 4));
6   $items = $consulta->fetchAll();
7   $db = null;
8   ?>
9   < !DOCTYPE html PUBLIC "-//W3C//DTD XHTML 1.0 Strict//EN"
10          "http://www.w3.org/TR/xhtml1/DTD/xhtml1-strict.dtd">
11
12  <html xmlns="http://www.w3.org/1999/xhtml" xml:lang="en" lang="en">
13  <head>
14          <meta http-equiv="Content-Type" content="text/html; charset=utf-8"/>
15          <title>PDO - Jourmoly</title>
16  </head>
17  <body>
18  <table>
19          <tr>
20                  <th>ID
21                  </th><th>Item
22          </th></tr>
23          < ?php
24          foreach($items as $item)
25          {
26          ?>
27          <tr>
28                  <td>< ?php echo $item['id_item']?></td>
29                  <td>< ?php echo $item['item']?></td>
30          </tr>
31          < ?php
32          }
```

```
33        ?>
34 </table>
35 <a href="index.php">Men&uacute;</a>
36 </body>
37 </html>
```

Ver Ejemplo

Nada del otro mundo, es un simple listado común presentado en una tabla HTML. Separaremos dicho ejemplo, por el momento, en 3 ficheros. Uno corresponderá al modelo, otro a la vista y el tercero será el controlador.

¿Cual es el modelo en este ejemplo?
Como mencione mas arriba, el modelo es el que se ocupa, básicamente, de todo lo que tiene que ver con el acceso a la información. Sin dudarlo, en este ejemplo PDO es quien cumple el papel de Modelo.

modelo.php

```
1 < ?php
2 $db = new PDO('mysql:host=' . $servidor . ';dbname=' . $bd, $usuario, $contrasenia);
3 $consulta = $db->prepare('SELECT * FROM items');
4 $consulta->execute();
5 $items = $consulta->fetchAll();
6 ?>
```

¿Y cual es la vista?
La vista es quien representa la información para que el usuario la pueda entender, en este caso, el HTML, la tabla y todo lo usado para mostrar la información forma parte de la vista.

vista.php

```
1  < !DOCTYPE html PUBLIC "-//W3C//DTD XHTML 1.0 Strict//EN"
2        "http://www.w3.org/TR/xhtml1/DTD/xhtml1-strict.dtd">
3
4  <html xmlns="http://www.w3.org/1999/xhtml" xml:lang="en" lang="en">
5  <head>
6        <meta http-equiv="Content-Type" content="text/html; charset=utf-8"/>
7        <title>PDO - Jourmoly</title>
8  </head>
9  <body>
10 <table>
11        <tr>
12              <th>ID
```

```
13              </th><th>Item
14      </th></tr>
15      < ?php
16      foreach($items as $item)
17      {
18      ?>
19      <tr>
20              <td>< ?php echo $item['id_item']?></td>
21              <td>< ?php echo $item['item']?></td>
22      </tr>
23      < ?php
24      }
25      ?>
26 </table>
27 </body>
28 </html>
```

¿Y el controlador?

El controlador es el que permite que todo funcione.

controlador.php

```
1 < ?php
2 //Se incluye el modelo
3 require 'modelo.php';
4
5 //En $items tenemos un arreglo con todos los items gracias al modelo
6
7 //Ahora la vista recibe dicho arreglo para mostrarlo por pantalla
8 require 'vista.php';
9 ?>
```

Por último, tendremos un fichero mas *index.php* que lo único que hará es incluir algunas variables de configuración y nuestro controlador. Es decir, para ver el resultado del script entraremos por *index.php*

Ver ejemplo

Afinando nuestro ejemplo

El ejemplo anterior esta bien para un primer acercamiento, pero cuando trabajamos a diario las cosas no son tan sencillas como en este caso, una sola sección o elemento(items), una sola acción(listar), etc. Lo mas normal es que necesitemos de varios controladores y que cada controlador tenga varias acciones. A su vez, cada controlador puede utilizar uno o mas modelos como así también plantillas. Para lograr todo esto, es necesario que automaticemos un poco el primer ejemplo para que admita, en principio, varios controladores y acciones.

Como primera medida vamos a crear una estructura de ficheros para que que todo quede mas o menos ordenado, sencillo:

controladores/

.....itemsControlador.php

modelos/

.....itemsModelo.php

vistas/

.....listar.php

index.php

Donde listar.php equivale a vista.php de nuestro primer ejemplo. itemsModelo.php equivale a modelo.php con algunos cambios:

itemsModelo.php

```php
1  < ?php
2  global $servidor, $bd, $usuario, $contrasenia;
3  $db = new PDO('mysql:host=' . $servidor . ';dbname=' . $bd, $usuario, $contrasenia);
4
5  function buscarTodosLosItems($db)
6  {
7      $consulta = $db->prepare('SELECT * FROM items');
8      $consulta->execute();
9      return $consulta->fetchAll();
10 }
11 ?>
```

e itemsControlador.php equivale a controlador.php también con algunos cambios:

itemsControlador.php

```php
1  < ?php
2  function listar()
3  {
4      //Incluye el modelo que corresponde
5      require 'modelos/itemsModelo.php';
6
7      //Le pide al modelo todos los items
8      $items = buscarTodosLosItems($db);
```

```
9

10        //Pasa a la vista toda la información que se desea representar

11        require 'vistas/listar.php';

12 }

13 ?>
```

Como verán los únicos cambios han sido armar los scripts con funciones, de modo que cada fichero pueda tener mas de una de ellas y puedan ser llamadas en cualquier momento e independientemente.

De ahora en mas, nuestro fichero index.php será quien se encargue de *averiguar* cual es el controlador y acción que busca el usuario, incluirá los archivos que sean necesarios y ejecutara la acción solicitada. Todos los accesos a nuestro sistema serán por medio de index.php y las URL serán similares a las siguientes:

www.example.com/index.php?controlador=**items**&accion=**listar**
www.example.com/index.php?controlador=**items**&accion=**agregar**
www.example.com/index.php?controlador=**items**&accion=**eliminar**

www.example.com/index.php?controlador=**usuarios**&accion=**listar**

Ahora solo nos queda hacer un pequeño script que interprete nuestra URL y llame al controlador y la acción que corresponda.

index.php

```
1   < ?php

2   //Primero algunas variables de configuracion

3   require 'conexion.php';

4

5   //La carpeta donde buscaremos los controladores

6   $carpetaControladores = "controladores/";

7

8   //Si no se indica un controlador, este es el controlador que se usará

9   $controladorPredefinido = "items";

10

11  //Si no se indica una accion, esta accion es la que se usará

12  $accionPredefinida = "listar";

13

14  if(! empty($_GET['controlador']))

15       $controlador = $_GET['controlador'];

16  else

17       $controlador = $controladorPredefinido;

18

19  if(! empty($_GET['accion']))
```

```
20      $accion = $_GET['accion'];
21 else
22      $accion = $accionPredefinida;
23
24 //Ya tenemos el controlador y la accion
25
26 //Formamos el nombre del fichero que contiene nuestro controlador
27 $controlador = $carpetaControladores . $controlador . 'Controlador.php';
28
29 //Incluimos el controlador o detenemos todo si no existe
30 if(is_file($controlador))
31      require_once $controlador;
32 else
33      die('El controlador no existe - 404 not found');
34
35 //Llamamos la accion o detenemos todo si no existe
36 if(is_callable($accion))
37      $accion();
38 else
39      die('La accion no existe - 404 not found');
40 ?>
```

Y ya lo podemos probar:

index.php?controlador=items&accion=listar

¿Y si ahora quiero insertar items?

Es muy sencillo, solo debemos agregar la accion de *agregar* a nuestro controlador.

itemsControlador.php

```
1 function listar()
2 {
3          //Incluye el modelo que corresponde
4          require 'modelos/itemsModelo.php';
5
6          //Le pide al modelo todos los items
7          $items = buscarTodosLosItems($db);
8
```

```
9          //Pasa a la vista toda la información que se desea representar

10         require 'vistas/listar.php';

11  }

12

13  function agregar()

14  {

15         echo 'Aqui incluiremos nuestro formulario para insertar items';

16

17         require 'modelos/itemsModelo.php';

18

19         if($_POST)

20         {

21             insertar();

22         }

23

24         require 'vistas/agregar.php';

25  }
```

Desde luego que el modelo ahora también debería incluir una función insertar() y debería existir una plantilla agregar.php. Para ver nuestro formulario solo deberiamos ingresar por:

index.php?controlador=items&accion=agregar

No olvides que el action del formulario debe apuntar a
www.tusitio.com/index.php?controlador=items&accion=agregar

¿Y si quiero agregar un listado de usuarios?

Para ello, solo debes crear un controlador usuariosControlador.php con una funcion listar() similar a la de itemsControlador, y obviamente, también debes crear las plantillas que creas necesarias o, por que no, reutilizar alguna que ya tengas.

index.php?controlador=usuarios&accion=listar

Notas finales

Y hasta aquí llega esta primera parte. Logramos implementar un script separado en 3 capas y dimos el primer paso con MVC usando programación estructurada/funcional. En el articulo que sigue mostraré esto mismo pero con programación orientada a objetos y algunas funcionalidades extras como aplicar URL amigables a un sistema de este tipo.

En esta parte, como había comentado, mostraré una mini implementación de mvc basada en el ejemplo de la primera parte del artículo pero con programación orientada a objetos. No explicaré la utilización de clases, descuento que saben herencia y demás, solo me limitaré al mvc y poco mas.

Lecturas recomendadas antes de leer este artículo

Empecemos, ingredientes

La estructura de archivos se mantiene bastante con respecto a nuestro ejemplo anterior, pero ahora cada archivo es una Clase, salvo el index.php y el config.php.

index.php

Será la única entrada de nuestro sistema como en el ejemplo anterior, pero en este caso no realiza otra tarea mas que incluir e iniciar el *FrontController*.

```php
1  < ?php
2  //Incluimos el FrontController
3  require 'libs/FrontController.php';
4  //Lo iniciamos con su método estático main.
5  FrontController::main();
6  ?>
```

libs/FrontController.php

El *FrontController* es el que recibe todas las peticiones, incluye algunos ficheros, busca el controlador y llama a la acción que corresponde.

```php
1   < ?php
2   class FrontController
3   {
4          static function main()
5          {
6                  //Incluimos algunas clases:
7
8                  require 'libs/Config.php'; //de configuracion
9                  require 'libs/SPDO.php'; //PDO con singleton
10                 require 'libs/View.php'; //Mini motor de plantillas
11
12                 require 'config.php'; //Archivo con configuraciones.
13
14                 //Con el objetivo de no repetir nombre de clases, nuestros controladores
15                 //terminaran todos en Controller. Por ej, la clase controladora Items, será ItemsController
16
17                 //Formamos el nombre del Controlador o en su defecto, tomamos que es el IndexController
18                 if(! empty($_GET['controlador']))
19                     $controllerName = $_GET['controlador'] . 'Controller';
20                 else
```

```php
21                    $controllerName = "IndexController";
22
23            //Lo mismo sucede con las acciones, si no hay accion, tomamos index como accion
24            if(! empty($_GET['accion']))
25                    $actionName = $_GET['accion'];
26            else
27                    $actionName = "index";
28
29            $controllerPath = $config->get('controllersFolder') . $controllerName . '.php';
30
31            //Incluimos el fichero que contiene nuestra clase controladora solicitada
32            if(is_file($controllerPath))
33                    require $controllerPath;
34            else
35                    die('El controlador no existe - 404 not found');
36
37            //Si no existe la clase que buscamos y su acción, tiramos un error 404
38            if (is_callable(array($controllerName, $actionName)) == false)
39            {
40                    trigger_error ($controllerName . '->' . $actionName . '` no existe',
41 E_USER_NOTICE);
42                    return false;
43            }
44            //Si todo esta bien, creamos una instancia del controlador y llamamos a la accion
45            $controller = new $controllerName();
46            $controller->$actionName();
47        }
48 }
   ?>
```

libs/View.php

Es una pequeña clase que hace de motor de plantilla, aunque con poquitas funcionalidades. Solo nos permite incluir una plantilla y asignarle variables.

```php
1  < ?php
2  class View
3  {
```

```php
4        function __construct()
5        {
6        }
7
8        public function show($name, $vars = array())
9        {
10               //$name es el nombre de nuestra plantilla, por ej, listado.php
11               //$vars es el contenedor de nuestras variables, es un arreglo del tipo llave => valor, opcional.
12
13               //Traemos una instancia de nuestra clase de configuracion.
14               $config = Config::singleton();
15
16               //Armamos la ruta a la plantilla
17               $path = $config->get('viewsFolder') . $name;
18
19               //Si no existe el fichero en cuestion, tiramos un 404
20               if (file_exists($path) == false)
21               {
22                       trigger_error ('Template `' . $path . '` does not exist.',
23  E_USER_NOTICE);
24                       return false;
25               }
26
27               //Si hay variables para asignar, las pasamos una a una.
28               if(is_array($vars))
29               {
30               foreach ($vars as $key => $value)
31               {
32               $$key = $value;
33               }
34       }
35
36               //Finalmente, incluimos la plantilla.
37               include($path);
38       }
```

```
39 }
40 /*
41 El uso es bastante sencillo:
42 $vista = new View();
43 $vista->show('listado.php', array("nombre" => "Juan"));
44 */
?>
```

libs/SPDO.php

SPDO es una clase que extiende de *PDO*, su única ventaja es que nos permite aplicar el patron *Singleton* para mantener una única instancia de *PDO*.

```
1  < ?php
2  class SPDO extends PDO
3  {
4      private static $instance = null;
5
6      public function __construct()
7      {
8          $config = Config::singleton();
9          parent::__construct('mysql:host=' . $config->get('dbhost') . ';dbname=' . $config->get('dbname'),
10         $config->get('dbuser'), $config->get('dbpass'));
11     }
12
13     public static function singleton()
14     {
15         if( self::$instance == null )
16         {
17             self::$instance = new self();
18         }
19         return self::$instance;
20     }
21 }
22 ?>
```

Models/*Model.php

En el ejemplo anterior los modelos eran ficheros comunes con algunas funciones sueltas, en este caso son clases, y lo que antes eran funciones ahora son métodos. Al igual que en el primer ejemplo, usamos *PDO* (esta vez a traves de *SPDO*) para el acceso a datos.

```php
1  < ?php
2  class ItemsModel
3  {
4      protected $db;
5
6      public function __construct()
7      {
8          //Traemos la unica instancia de PDO
9          $this->db = SPDO::singleton();
10     }
11
12     public function listadoTotal()
13     {
14         //realizamos la consulta de todos los items
15         $consulta = $this->db->prepare('SELECT * FROM items');
16         $consulta->execute();
17         //devolvemos la colección para que la vista la presente.
18         return $consulta;
19     }
20 }
21 ?>
```

Controllers/*Controller.php
Sucede lo mismo que con los modelos, ahora los controladores son Clases y las acciones son los métodos. La única diferencia con respecto al ejemplo anterior es el uso de la clase *View* para asignar variables y presentar la plantilla.

```php
1  < ?php
2  class ItemsController
3  {
4      function __construct()
5      {
6          //Creamos una instancia de nuestro mini motor de plantillas
7          $this->view = new View();
8      }
9
10     public function listar()
```

```php
11        {
12                //Incluye el modelo que corresponde
13                require 'models/ItemsModel.php';
14
15                //Creamos una instancia de nuestro "modelo"
16                $items = new ItemsModel();
17
18                //Le pedimos al modelo todos los items
19                $listado = $items->listadoTotal();
20
21                //Pasamos a la vista toda la información que se desea representar
22                $data['listado'] = $listado;
23
24                //Finalmente presentamos nuestra plantilla
25                $this->view->show("listar.php", $data);
26        }
27
28        public function agregar()
29        {
30                echo 'Aquí incluiremos nuestro formulario para insertar items';
31        }
32 }
33 ?>
```

Views/listar.php

Poco tengo para decir sobre las plantillas, son archivos .php comunes.

```html
1  < !DOCTYPE html PUBLIC "-//W3C//DTD XHTML 1.0 Strict//EN"
2        "http://www.w3.org/TR/xhtml1/DTD/xhtml1-strict.dtd">
3
4  <html xmlns="http://www.w3.org/1999/xhtml" xml:lang="en" lang="en">
5  <head>
6        <meta http-equiv="Content-Type" content="text/html; charset=utf-8"/>
7        <title>MVC - Modelo, Vista, Controlador - Jourmoly</title>
8  </head>
9  <body>
10 <table>
```

```
11        <tr>
12                <th>ID
13                </th><th>Item
14        </th></tr>
15        < ?php
16        // $listado es una variable asignada desde el controlador ItemsController.
17        while($item = $listado->fetch())
18        {
19        ?>
20        <tr>
21                <td>< ?php echo $item['id_item']?></td>
22                <td>< ?php echo $item['item']?></td>
23        </tr>
24        < ?php
25        }
26        ?>
27 </table>
28 </body>
29 </html>
```

libs/Config.php

Es una pequeña clase de configuración con un funcionamiento muy sencillo, implementa el patron singleton para mantener una única instancia y poder acceder a sus valores desde cualquier sitio.

```
1   < ?php
2   class Config
3   {
4       private $vars;
5       private static $instance;
6
7       private function __construct()
8       {
9          $this->vars = array();
10      }
11
12      //Con set vamos guardando nuestras variables.
13      public function set($name, $value)
```

```php
14   {
15      if(!isset($this->vars[$name]))
16      {
17          $this->vars[$name] = $value;
18      }
19   }
20
21   //Con get('nombre_de_la_variable') recuperamos un valor.
22   public function get($name)
23   {
24      if(isset($this->vars[$name]))
25      {
26          return $this->vars[$name];
27      }
28   }
29
30   public static function singleton()
31   {
32      if (!isset(self::$instance)) {
33          $c = __CLASS__;
34          self::$instance = new $c;
35      }
36
37      return self::$instance;
38   }
39 }
40 /*
41 Uso:
42
43 $config = Config::singleton();
44 $config->set('nombre', 'Federico');
45 echo $config->get('nombre');
46
47 $config2 = Config::singleton();
48 echo $config2->get('nombre');
```

49

50 */

51 **?>**

config.php

Es el archivo de configuración, hace uso de una instancia de la clase *Config*.

```
1  < ?php
2  $config = Config::singleton();
3
4  $config->set('controllersFolder', 'controllers/');
5  $config->set('modelsFolder', 'models/');
6  $config->set('viewsFolder', 'views/');
7
8  $config->set('dbhost', 'localhost');
9  $config->set('dbname', 'pruebas');
10 $config->set('dbuser', 'root');
11 $config->set('dbpass', '');
12 ?>
```

¿Y como funciona todo esto?

Tomando como ejemplo la siguiente URL:

http://www.jourmoly.com.ar/ejemplos/mvc/ejemplo-poo/?controlador=Items&accion=listar

El recorrido detallado es el siguiente:

1. El usuario ingresa por el index.php, aqui se incluye el FrontController y se inicia nuestro sistema.

2. El FrontController incluye los ficheros basicos, averigua el controlador y la acción, incluye el controlador, crea una instancia del mismo y llama a la accion correspondiente. En este caso el controlador es ItemsController y la acción (método) es listar().

3. La acción listar() de ItemsController incluye el modelo que necesita (ItemsModel) y crea una instancia, solicita todos los datos y se los pasa a la instancia de la vista junto con el nombre de la plantilla a presentar (listar.php).

4. La vista incluye la plantilla y asigna las variable $listado.

5. El usuario recibe en pantalla el listado total.

Afinando el mini mvc

Para afinar un poquito nuestro sistema nos convendria hacer que nuestros controladores y modelos no sean clases base, sino que extiendan de otras clases que contengan las funcionalidades básicas. De este modo todas las funcionalidades que agreguemos a nuestro ControladorBase y ModeloBase seran heredadas por los controladores y modelos que utilicemos.

libs/ControllerBase.php

```php
1   < ?php
2   abstract class ControllerBase {
3
4       protected $view;
5
6       function __construct()
7       {
8           $this->view = new View();
9       }
10  }
11  ?>
```

Como verán inclui en este controlador base la creación de la instancia de la vista en el constructor, es decir que ya no sera necesario hacer esto en los demas controladores. Deben recordar que si en los controladores sobreescriben el constructor, deben llamar al constructor de la clase base para poder tener la instancia de la vista (parent::__construct()).

Con esta clase base, nuestro controlador Items nos quedaria de la siguiente manera:

controllers/ItemsController.php

```php
1   < ?php
2   class ItemsController extends ControllerBase
3   {
4           public function listar()
5           {
6                   //Incluye el modelo que corresponde
7                   require 'models/ItemsModel.php';
8
9                   //Creamos una instancia de nuestro "modelo"
10                  $items = new ItemsModel();
11
12                  //Le pedimos al modelo todos los items
13                  $listado = $items->listadoTotal();
14
15                  //Pasamos a la vista toda la información que se desea representar
16                  $data['listado'] = $listado;
17
18                  //Finalmente presentamos nuestra plantilla
```

```php
19              $this->view->show("listar.php", $data);
20          }
21
22      public function agregar()
23      {
24              echo 'Aqui incluiremos nuestro formulario para insertar items';
25      }
26 }
27 ?>
```

libs/ModelBase.php

```php
1  < ?php
2  abstract class ModelBase
3  {
4          protected $db;
5
6      public function __construct()
7      {
8              $this->db = SPDO::singleton();
9      }
10 }
11 ?>
```

Similar a ControllerBase, nos permitira ahorrarnos el paso de iniciar PDO en cada modelo. Esta clase podria tener muchísimas funcionalidades mas y podria ahorrarnos escribir muchísimo código SQL si implementáramos en ella el patron Active Table por ejemplo, pero eso es otra historia.

libs/ItemsModel.php

```php
1  < ?php
2  class ItemsModel extends ModelBase
3  {
4          public function listadoTotal()
5          {
6              //realizamos la consulta de todos los items
7              $consulta = $this->db->prepare('SELECT * FROM items');
8              $consulta->execute();
9              //devolvemos la coleccion para que la vista la presente.
10             return $consulta;
```

```
11        }
12 }
13 ?>
```

El último cambio está en el *FrontController* pero es mínimo, solo es la inclusión de los archivos que contienen las clases Base para que puedan ser heredadas.

Aclaraciones finales

1. Esta es una forma sencilla de implementar mvc con poo, no quiere decir que se ala única ni la mejor, hay algunas variantes pero me parecio bastante mas sencilla de comprender de esta manera.

2. Cuando me refiero a motor de plantillas y plantillas no lo tomen tan literal, fijense que las plantillas son simples .php donde igual se puede incluir codigo php de cualquier tipo. Solo es una manera sencilla y liviana, sin tener que usar Smarty u otro motor de plantillas.

MÓDULO 3: PHP
UNIDAD Didáctica 11: LENGUAJE PHP – POO - ejercicios

Concepto de programación orientada a objetos (POO)

Este tutorial tiene por objetivo el mostrar en forma sencilla la Programación Orientada a Objetos utilizando como lenguaje PHP 5.

Se irán introduciendo conceptos de objeto, clase, atributo, método etc. y de todos estos temas se irán planteando problemas resueltos que pueden ser modificados. También es muy importante tratar de resolver los problemas propuestos.

Prácticamente todos los lenguajes desarrollados en los últimos años implementan la posibilidad de trabajar con POO (Programación Orientada a Objetos)

El lenguaje PHP tiene la característica de permitir programar con las siguientes metodologías:

- Programación Lineal: Es cuando desarrollamos todo el código disponiendo instrucciones PHP alternando con el HTML de la página.

- Programación Estructurada: Es cuando planteamos funciones que agrupan actividades a desarrollar y luego dentro de la página llamamos a dichas funciones que pueden estar dentro del mismo archivo o en una librería separada.

- Programación Orientada a Objetos: Es cuando planteamos clases y definimos objetos de las mismas (Este es el objetivo del tutorial, aprender la metodología de programación orientada a objetos y la sintaxis particular de PHP 5 para la POO)

Conceptos básicos de Objetos

Un objeto es una entidad independiente con sus propios datos y programación. Las ventanas, menúes, carpetas de archivos pueden ser identificados como objetos; el motor de un auto también es considerado un objeto, en este caso, sus datos (atributos) describen sus características físicas y su programación (métodos) describen el funcionamiento interno y su interrelación con otras partes del automóvil (también objetos).

El concepto renovador de la tecnología Orientación a Objetos es la suma de funciones a elementos de datos, a esta unión se le llama encapsulamiento. Por ejemplo, un objeto página contiene las dimensiones físicas de la página (ancho, alto), el color, el estilo del borde, etc, llamados atributos.

Encapsulados con estos datos se encuentran los métodos para modificar el tamaño de la página, cambiar el color, mostrar texto, etc.

La responsabilidad de un objeto pagina consiste en realizar las acciones apropiadas y mantener actualizados sus datos internos. Cuando otra parte del programa (otros objetos) necesitan que la pagina realice alguna de estas tareas (por ejemplo, cambiar de color) le envía un mensaje.

A estos objetos que envían mensajes no les interesa la manera en que el objeto página lleva a cabo sus tareas ni las estructuras de datos que maneja, por ello, están ocultos.

Entonces, un objeto contiene información pública, lo que necesitan los otros objetos para interactuar con él e información privada, interna, lo que necesita el objeto para operar y que es irrelevante para los otros objetos de la aplicación.

Declaración de una clase y creación de un objeto.

La programación orientada a objetos se basa en la programación de clases; a diferencia de la programación estructurada, que está centrada en las funciones.

Una clase es un molde del que luego se pueden crear múltiples objetos, con similares características.

Un poco más abajo se define una clase Persona y luego se crean dos objetos de dicha clase.

Esa clase es una plantilla (molde), que define propiedades-atributos (lo que conocemos como variables) y métodos (lo que conocemos como funciones).

La clase define los atributos y métodos comunes a los objetos de ese tipo, pero luego, cada objeto tendrá sus propios valores y compartirán las mismas funciones.

Debemos crear una clase antes de poder crear objetos (instancias) de esa clase. Al crear un objeto de una clase, se dice que se crea una instancia de la clase o un objeto propiamente dicho.

Confeccionaremos nuestra primera clase para conocer la sintaxis en el lenguaje PHP, luego definiremos dos objetos de dicha clase.

Implementaremos una clase llamada Persona que tendrá como atributo (variable) su nombre y dos métodos (funciones), uno de dichos métodos inicializará el atributo nombre y el siguiente método mostrará en la página el contenido del mismo.

pagina1.php

```php
<?php
class Persona {
  private $nombre;
  public function inicializar($nom)
  {
    $this->nombre=$nom;
  }
  public function imprimir()
  {
    echo $this->nombre;
    echo '<br>';
  }
}

$per1=new Persona();
$per1->inicializar('Juan');
$per1->imprimir();
$per2=new Persona();
$per2->inicializar('Ana');
$per2->imprimir();
?>
```

La sintaxis básica para declarar una clase es:

```
class [Nombre de la Clase] {
  [propiedades/atributos]
  [métodos]
}
```

Siempre conviene buscar un nombre de clase lo más próximo a lo que representa. La palabra clave para declarar la clase es class, seguidamente el nombre de la clase y luego encerramos entre llaves de apertura y cerrado todos sus atributos(variable) y métodos(funciones).

Nuestra clase Persona queda definida entonces:

```
class Persona {
  private $nombre;
  public function inicializar($nom)
```

```
  {
    $this->nombre=$nom;
  }
  public function imprimir()
  {
    echo $this->nombre;
    echo '<br>';
  }
}
```

Los atributos normalmente son privados (private), ya veremos que esto significa que no podemos acceder al mismo desde fuera de la clase. Luego para definir los métodos se utiliza la misma sintaxis que las funciones del lenguaje PHP.

Decíamos que una clase es un molde que nos permite definir objetos. Ahora veamos cual es la sintaxis para la definición de objetos de la clase Persona:

```
$per1=new Persona();

$per1->inicializar('Juan');

$per1->imprimir();
```

Definimos un objeto llamado $per1 y lo creamos asignándole lo que devuelve el operador new. Siempre que queremos crear un objeto de una clase utilizamos la sintaxis new [Nombre de la Clase].

Luego para llamar a los métodos debemos anteceder el nombre del objeto el operador -> y por último el nombre del método. Para poder llamar al método,éste debe ser definido público (con la palabra clave public). En el caso que tenga parámetros se los enviamos:

```
$per1->inicializar('Juan');
```

También podemos ver que podemos definir tantos objetos de la clase Persona como sean necesarios para nuestro algoritmo:

```
$per2=new Persona();

$per2->inicializar('Ana');

$per2->imprimir();
```

Esto nos da una idea que si en una página WEB tenemos 2 menúes, seguramente definiremos una clase Menu y luego crearemos dos objetos de dicha clase.

Esto es una de las ventajas fundamentales de la Programación Orientada a Objetos (POO), es decir reutilización de código (gracias a que está encapsulada en clases) es muy sencilla.

Lo último a tener en cuenta en cuanto a la sintaxis de este primer problema es que cuando accedemos a los atributos dentro de los métodos debemos utilizar los operadores $this-> (this y ->):

```
  public function inicializar($nom)
  {
```

```php
$this->nombre=$nom;
}
```

El atributo $nom solo puede ser accedido por los métodos de la clase Persona.

ejercicio

Confeccionar una clase Empleado, definir como atributos su nombre y sueldo. Definir un método inicializar que lleguen como dato el nombre y sueldo. Plantear un segundo método que imprima el nombre y un mensaje si debe o no pagar impuestos (si el sueldo supera a 3000 paga impuestos)

Problema:

```php
<html>
<head>
<title>Pruebas</title>
</head>
<body>
<?php
class Empleado {
 private $nombre;
 private $sueldo;
 public function inicializar($nom,$sue)
 {
  $this->nombre=$nom;
  $this->sueldo=$sue;
 }
 public function pagaImpuestos()
 {
  echo $this->nombre;
  echo '-';
  if ($this->sueldo>3000)
   echo 'Debe pagar impuestos';
  else
   echo 'No paga impuestos';
  echo '<br>';
 }
}
```

```php
$empleado1=new Empleado();

$empleado1->inicializar('Luis',2500);

$empleado1->pagaImpuestos();

$empleado1=new Empleado();

$empleado1->inicializar('Carla',4300);

$empleado1->pagaImpuestos();

?>
</body>
</html>
```

Atributos de una clase.

Ahora trataremos de concentrarnos en los atributos de una clase. Los atributos son las características, cualidades, propiedades distintivas de cada clase. Contienen información sobre el objeto. Determinan la apariencia, estado y demás particularidades de la clase. Varios objetos de una misma clase tendrán los mismos atributos pero con valores diferentes.

Cuando creamos un objeto de una clase determinada, los atributos declarados por la clase son localizadas en memoria y pueden ser modificados mediante los métodos.

Lo más conveniente es que los atributos sean privados para que solo los métodos de la clase puedan modificarlos.

Plantearemos un nuevo problema para analizar detenidamente la definición, sintaxis y acceso a los atributos.

Problema: Implementar una clase que muestre una lista de hipervínculos en forma horizontal (básicamente un menú de opciones)

Lo primero que debemos pensar es que valores almacenará la clase, en este caso debemos cargar una lista de direcciones web y los títulos de los enlaces. Podemos definir dos vectores paralelos que almacenen las direcciones y los títulos respectivamente.

Definiremos dos métodos: cargarOpcion y mostrar.

```php
pagina1.php
<html>
<head>
<title>Pruebas</title>
</head>
<body>
<?php
class Menu {
```

```php
    private $enlaces=array();
    private $titulos=array();
    public function cargarOpcion($en,$tit)
    {
      $this->enlaces[]=$en;
      $this->titulos[]=$tit;
    }
    public function mostrar()
    {
      for($f=0;$f<count($this->enlaces);$f++)
      {
        echo '<a href="'.$this->enlaces[$f].'">'.$this->titulos[$f].'</a>';
        echo "-";
      }
    }
}


$menu1=new Menu();
$menu1->cargarOpcion('http://www.google.com','Google');
$menu1->cargarOpcion('http://www.yahoo.com','Yhahoo');
$menu1->cargarOpcion('http://www.msn.com','MSN');
$menu1->mostrar();
?>
</body>
</html>
```

Analicemos ahora la solución al problema planteado, como podemos ver normalmente los atributos de la clase se definen inmediatamente después que declaramos la clase:

```php
class Menu {
    private $enlaces=array();
    private $titulos=array();
```

Si queremos podemos hacer un comentario indicando el objetivo de cada atributo.

Luego tenemos el primer método que añade a los vectores los datos que llegan como parámetro:

```php
    public function cargarOpcion($en,$tit)
    {
      $this->enlaces[]=$en;
```

```
    $this->titulos[]=$tit;

}
```

Conviene darle distinto nombre a los parámetros y los atributos (por lo menos inicialmente para no confundirlos).

Utilizamos la característica de PHP que un vector puede ir creciendo solo con asignarle el nuevo valor. El dato después de esta asignación $this->enlaces[]=$en; se almacena al final del vector.

Este método será llamado tantas veces como opciones tenga el menú.

El siguiente método tiene por objetivo mostrar el menú propiamente dicho:

```
 public function mostrar()
 {
   for($f=0;$f<count($this->enlaces);$f++)
   {
    echo '<a href="'.$this->enlaces[$f].'">'.$this->titulos[$f].'</a>';
    echo "-";
   }
 }
```

Disponemos un for y hacemos que se repita tantas veces como elementos tenga el vector $enlaces (es lo mismo preguntar a uno u otro cuantos elementos tienen ya que siempre tendrán la misma cantidad). Para obtener la cantidad de elementos del vector utilizamos la función count.

Dentro del for imprimimos en la página el hipervínculo:

```
    echo '<a href="'.$this->enlaces[$f].'">'.$this->titulos[$f].'</a>';
```

Hay que acostumbrarse que cuando accedemos a los atributos de la clase se le antecede el operador $this-> y seguidamente el nombre del atributo propiamente dicho. Si no hacemos esto estaremos creando una variable local y el algoritmo fallará.

Por último para hacer uso de esta clase Menu debemos crear un objeto de dicha clase (lo que en programación estructurada es definir una variable):

$menu1=new Menu();

$menu1->cargarOpcion('http://www.google.com','Google');

$menu1->cargarOpcion('http://www.yahoo.com','Yhahoo');

$menu1->cargarOpcion('http://www.msn.com','MSN');

$menu1->mostrar();

Creamos un objeto mediante el operador new y seguido del nombre de la clase. Luego llamamos al método cargarOpcion tantas veces como opciones necesitemos para nuestro menú (recordar que SOLO podemos llamar a los métodos de la clase si definimos un objeto de la misma)

Finalmente llamamos al método mostrar que imprime en la página nuestro menú.

Confeccionar una clase Menu. Permitir añadir la cantidad de opciones que necesitemos. Mostrar el menú en forma horizontal o vertical (según que método llamemos.

Problema:

```php
<html>
<head>
<title>Pruebas</title>
</head>
<body>
<?php
class Menu {
  private $enlaces=array();
  private $titulos=array();
  public function cargarOpcion($en,$tit)
  {
    $this->enlaces[]=$en;
    $this->titulos[]=$tit;
  }
  public function mostrarHorizontal()
  {
    for($f=0;$f<count($this->enlaces);$f++)
    {
      echo '<a href="'.$this->enlaces[$f].'">'.$this->titulos[$f].'</a>';
      echo "-";
    }
  }
  public function mostrarVertical()
  {
    for($f=0;$f<count($this->enlaces);$f++)
    {
      echo '<a href="'.$this->enlaces[$f].'">'.$this->titulos[$f].'</a>';
      echo "<br>";
    }
  }
}
```

```php
$menu1=new Menu();
$menu1->cargarOpcion('http://www.google.com','Google');
$menu1->cargarOpcion('http://www.yahoo.com','Yhahoo');
$menu1->cargarOpcion('http://www.msn.com','MSN');
$menu1->mostrarVertical();
?>
</body>
</html>
```

Métodos de una clase.

Los métodos son como las funciones en los lenguajes estructurados, pero están definidos dentro de una clase y operan sobre los atributos de dicha clase.

Los métodos también son llamados las responsabilidades de la clase. Para encontrar las responsabilidades de una clase hay que preguntarse qué puede hacer la clase.

El objetivo de un método es ejecutar las actividades que tiene encomendada la clase a la cual pertenece.

Los atributos de un objeto se modifican mediante llamadas a sus métodos.

Confeccionaremos un nuevo problema para concentrarnos en la definición y llamada a métodos.

Problema:Confeccionar una clase CabeceraPagina que permita mostrar un título, indicarle si queremos que aparezca centrado, a derecha o izquierda.

Definiremos dos atributos, uno donde almacenar el título y otro donde almacenar la ubicación.

Ahora pensemos que métodos o responsabilidades debe tener esta clase para poder mostrar la cabecera de la página. Seguramente deberá tener un método que pueda inicializar los atributos y otro método que muestre la cabecera dentro de la página.

Veamos el código de la clase CabeceraPagina (pagina1.php)

```php
<html>
<head>
<title>Pruebas</title>
</head>
<body>
<?php
```

```php
class CabeceraPagina {
  private $titulo;
  private $ubicacion;
  public function inicializar($tit,$ubi)
  {
    $this->titulo=$tit;
    $this->ubicacion=$ubi;
  }
  public function graficar()
  {
    echo '<div style="font-size:40px;text-align:'.$this->ubicacion.'">';
    echo $this->titulo;
    echo '</div>';
  }
}

$cabecera=new CabeceraPagina();
$cabecera->inicializar('El blog del profesor','center');
$cabecera->graficar();
?>
</body>
</html>
```

La clase CabeceraPagina tiene dos atributos donde almacenamos el texto que debe mostrar y la ubicación del mismo ('center', 'left' o 'right'), nos valemos de CSS para ubicar el texto en la página:

```php
  private $titulo;
  private $ubicacion;
```

Ahora analicemos lo que más nos importa en el concepto que estamos concentrados (métodos de una clase):

```php
  public function inicializar($tit,$ubi)
  {
    $this->titulo=$tit;
    $this->ubicacion=$ubi;
  }
```

Un método hasta ahora siempre comienza con la palabra clave public (esto significa que podemos llamarlo desde fuera de la clase, con la única salvedad que hay que definir un objeto de dicha clase)

Un método tiene un nombre, conviene utilizar verbos para la definición de métodos (mostrar, inicializar, graficar etc.) y sustantivos para la definición de atributos ($color, $enlace, $titulo etc)

Un método puede tener o no parámetros. Generalmente los parámetros inicializan atributos del objeto:

```
$this->titulo=$tit;
```

Luego para llamar a los métodos debemos crear un objeto de dicha clase:

```
$cabecera=new CabeceraPagina();
$cabecera->inicializar('El blog del profesor','center');
$cabecera->graficar();
```

Es importante notar que siempre que llamamos a un método le antecedemos el nombre del objeto. El orden de llamada a los métodos es importante, no va a funcionar si primero llamamos a graficar y luego llamamos al método inicializar.

Confeccionar una clase CabeceraPagina que permita mostrar un título, indicarle si queremos que aparezca centrado, a derecha o izquierda, además permitir definir el color de fondo y de la fuente.

Problema:

```
<html>
<head>
<title>Pruebas</title>
</head>
<body>
<?php
class CabeceraPagina {
  private $titulo;
  private $ubicacion;
  private $colorFuente;
  private $colorFondo;
  public function inicializar($tit,$ubi,$colorFuen,$colorFon)
  {
    $this->titulo=$tit;
    $this->ubicacion=$ubi;
    $this->colorFuente=$colorFuen;
    $this->colorFondo=$colorFon;
  }
```

```php
  public function graficar()
  {
    echo '<div style="font-size:40px;text-align:'.$this->ubicacion.';color:';
    echo $this->colorFuente.';background-color:'.$this->colorFondo.'">';
    echo $this->titulo;
    echo '</div>';
  }
}


$cabecera=new CabeceraPagina();
$cabecera->inicializar('El blog del profesor','center','#FF1A00','#CDEB8B');
$cabecera->graficar();
?>
</body>
</html>
```

Método constructor de una clase (__construct)

El constructor es un método especial de una clase. El objetivo fundamental del constructor es inicializar los atributos del objeto que creamos.

Básicamente el constructor remplaza al método inicializar que habíamos hecho en el concepto anterior.

Las ventajas de implementar un constructor en lugar del método inicializar son:

1. El constructor es el primer método que se ejecuta cuando se crea un objeto.

2. El constructor se llama automáticamente. Es decir es imposible de olvidarse llamarlo ya que se llamará automáticamente.

3. Quien utiliza POO (Programación Orientada a Objetos) conoce el objetivo de este método.

Otras características de los constructores son:

- El constructor se ejecuta inmediatamente luego de crear un objeto y no puede ser llamado nuevamente.

- Un constructor no puede retornar dato.

- Un constructor puede recibir parámetros que se utilizan normalmente para inicializar atributos.

- El constructor es un método opcional, de todos modos es muy común definirlo.

Veamos la sintaxis del constructor:

```
public function __construct([parámetros])
{
  [algoritmo]
}
```

Debemos definir un método llamado __construct (es decir utilizamos dos caracteres de subrayado y la palabra construct). El constructor debe ser un método público (public function).

Además hemos dicho que el constructor puede tener parámetros.

Confeccionaremos el mismo problema del concepto anterior para ver el cambio que debemos hacer de ahora en más.

Problema:Confeccionar una clase CabeceraPagina que permita mostrar un título, indicarle si queremos que aparezca centrado, a derecha o izquierda.

```
<html>
<head>
<title>Pruebas</title>
</head>
<body>
<?php
class CabeceraPagina {
  private $titulo;
  private $ubicacion;
  public function __construct($tit,$ubi)
  {
    $this->titulo=$tit;
    $this->ubicacion=$ubi;
  }
  public function graficar()
  {
    echo '<div style="font-size:40px;text-align:'.$this->ubicacion.'">';
    echo $this->titulo;
    echo '</div>';
  }
}

$cabecera=new CabeceraPagina('El blog del profesor','center');
```

```php
$cabecera->graficar();
?>
</body>
</html>
```

Ahora podemos ver como cambió la sintaxis para la definición del constructor:

```php
public function __construct($tit,$ubi)
{
  $this->titulo=$tit;
  $this->ubicacion=$ubi;
}
```

Hay que tener mucho cuidado cuando definimos el constructor, ya que el más mínimo error (nos olvidamos un caracter de subrayado, cambiamos una letra de la palabra construct) nuestro algoritmo no funcionará correctamente ya que nunca se ejecutará este método (ya que no es el constructor).

Veamos como se modifica la llamada al constructor cuando se crea un objeto:

```php
$cabecera=new CabeceraPagina('El blog del profesor','center');
$cabecera->graficar();
```

Es decir el constructor se llama en la misma línea donde creamos el objeto, por eso disponemos después del nombre de la clase los parámetros:

```php
$cabecera=new CabeceraPagina('El blog del profesor','center');
```

Generalmente todo aquello que es de vital importancia para el funcionamiento inicial del objeto se lo pasamos mediante el constructor.

Confeccionar una clase CabeceraPagina que permita mostrar un título, indicarle si queremos que aparezca centrado, a derecha o izquierda, además permitir definir el color de fondo y de la fuente. Pasar los valores que cargaran los atributos mediante un constructor.

Problema:

```php
<html>
<head>
<title>Pruebas</title>
</head>
<body>
<?php
class CabeceraPagina {
  private $titulo;
  private $ubicacion;
  private $colorFuente;
```

```php
  private $colorFondo;
  public function __construct($tit,$ubi,$colorFuen,$colorFon)
  {
    $this->titulo=$tit;
    $this->ubicacion=$ubi;
    $this->colorFuente=$colorFuen;
    $this->colorFondo=$colorFon;
  }
  public function graficar()
  {
    echo '<div style="font-size:40px;text-align:'.$this->ubicacion.';color:';
    echo $this->colorFuente.';background-color:'.$this->colorFondo.'">';
    echo $this->titulo;
    echo '</div>';
  }
}


$cabecera=new CabeceraPagina('El blog del profesor','center','#FF1A00','#CDEB8B');
$cabecera->graficar();
?>
</body>
</html>
```

Llamada de métodos dentro de la clase.

Hasta ahora todos los problemas planteados hemos llamado a los métodos desde donde definimos un objeto de dicha clase, por ejemplo:

$cabecera=new CabeceraPagina('El blog del profesor','center');

$cabecera->graficar();

Utilizamos la sintaxis:

[nombre del objeto]->[nombre del método]

Es decir antecedemos al nombre del método el nombre del objeto y el operador ->

Ahora bien que pasa si queremos llamar dentro de la clase a otro método que pertenece a la misma clase, la sintaxis es la siguiente:

$this->[nombre del método]

Es importante tener en cuenta que esto solo se puede hacer cuando estamos dentro de la misma clase.

Confeccionaremos un problema que haga llamadas entre métodos de la misma clase.

Problema:Confeccionar una clase Tabla que permita indicarle en el constructor la cantidad de filas y columnas. Definir otra responsabilidad que podamos cargar un dato en una determinada fila y columna. Finalmente debe mostrar los datos en una tabla HTML.

pagina1.php

```php
<html>
<head>
<title>Pruebas</title>
</head>
<body>
<?php
class Tabla {
 private $mat=array();
 private $cantFilas;
 private $cantColumnas;

 public function __construct($fi,$co)
 {
  $this->cantFilas=$fi;
  $this->cantColumnas=$co;
 }

 public function cargar($fila,$columna,$valor)
 {
  $this->mat[$fila][$columna]=$valor;
 }

 public function inicioTabla()
 {
  echo '<table border="1">';
 }

 public function inicioFila()
```

```php
{
  echo '<tr>';
}

public function mostrar($fi,$co)
{
  echo '<td>'.$this->mat[$fi][$co].'</td>';
}

public function finFila()
{
  echo '</tr>';
}

public function finTabla()
{
  echo '</table>';
}

public function graficar()
{
  $this->inicioTabla();
  for($f=1;$f<=$this->cantFilas;$f++)
  {
    $this->inicioFila();
    for($c=1;$c<=$this->cantColumnas;$c++)
    {
      $this->mostrar($f,$c);
    }
    $this->finFila();
  }
  $this->finTabla();
}
}
```

```php
$tabla1=new Tabla(2,3);
$tabla1->cargar(1,1,"1");
$tabla1->cargar(1,2,"2");
$tabla1->cargar(1,3,"3");
$tabla1->cargar(2,1,"4");
$tabla1->cargar(2,2,"5");
$tabla1->cargar(2,3,"6");
$tabla1->graficar();
?>
</body>
</html>
```

Vamos por parte, primero veamos los tres atributos definidos, el primero se trata de un array donde almacenaremos todos los valores que contendrá la tabla HTML y otros dos atributos que indican la dimensión de la tabla HTML (cantidad de filas y columnas):

```php
private $mat=array();
private $cantFilas;
private $cantColumnas;
```

El constructor recibe como parámetros la cantidad de filas y columnas que tendrá la tabla:

```php
public function __construct($fi,$co)
{
  $this->cantFilas=$fi;
  $this->cantColumnas=$co;
}
```

Otro método de vital importancia es el de cargar datos. Llegan como parámetro la fila, columna y dato a almacenar:

```php
public function cargar($fila,$columna,$valor)
{
  $this->mat[$fila][$columna]=$valor;
}
```

Otro método muy importante es el graficar:

```php
public function graficar()
{
  $this->inicioTabla();
  for($f=1;$f<=$this->cantFilas;$f++)
  {
```

```php
    $this->inicioFila();
    for($c=1;$c<=$this->cantColumnas;$c++)
    {
      $this->mostrar($f,$c);
    }
    $this->finFila();
  }
  $this->finTabla();
}
```

El método graficar debe hacer las salidas de datos dentro de una tabla HTML. Para simplificar el algoritmo definimos otros cinco métodos que tienen por objetivo hacer la generación del código HTML propiamente dicho. Así tenemos el método inicioTabla que hace la salida de la marca table e inicialización del atributo border:

```php
public function inicioTabla()
{
  echo '<table border="1">';
}
```

De forma similar los otros métodos son:

```php
public function inicioFila()
{
  echo '<tr>';
}
```

```php
public function mostrar($fi,$co)
{
  echo '<td>'.$this->mat[$fi][$co].'</td>';
}
```

```php
public function finFila()
{
  echo '</tr>';
}
```

```php
public function finTabla()
{
  echo '</table>';
}
```

}

Si bien podíamos hacer todo esto en el método graficar y no hacer estos cinco métodos, la simplicidad del código aumenta a mediada que subdividimos los algoritmos. Esto es de fundamental importancia a medida que los algoritmos sean más complejos.

Lo que nos importa ahora ver es como llamamos a métodos que pertenecen a la misma clase:

```
public function graficar()
{
  $this->inicioTabla();
  for($f=1;$f<=$this->cantFilas;$f++)
  {
   $this->inicioFila();
   for($c=1;$c<=$this->cantColumnas;$c++)
   {
    $this->mostrar($f,$c);
   }
   $this->finFila();
  }
  $this->finTabla();
}
```

Es decir le antecedemos el operador $this-> al nombre del método a llamar. De forma similar a como accedemos a los atributos de la clase.

Por último debemos definir un objeto de la clase Tabla y llamar a los métodos respectivos:

```
$tabla1=new Tabla(2,3);
$tabla1->cargar(1,1,"1");
$tabla1->cargar(1,2,"2");
$tabla1->cargar(1,3,"3");
$tabla1->cargar(2,1,"4");
$tabla1->cargar(2,2,"5");
$tabla1->cargar(2,3,"6");
$tabla1->graficar();
```

Es importante notar que donde definimos un objeto de la clase Tabla no llamamos a los métodos inicioTabla(), inicioFila(), etc

Confeccionar una clase Tabla que permita indicarle en el constructor la cantidad de filas y columnas. Definir otra responsabilidad que podamos cargar un dato en una determinada fila y columna además de definir su color de fuente y fondo. Finalmente debe mostrar los datos en una tabla HTML.

Problema:

```php
<html>
<head>
<title>Pruebas</title>
</head>
<body>
<?php
class Tabla {
  private $mat=array();
  private $colorFuente=array();
  private $colorFondo=array();
  private $cantFilas;
  private $cantColumnas;

  public function __construct($fi,$co)
  {
    $this->cantFilas=$fi;
    $this->cantColumnas=$co;
  }

  public function cargar($fila,$columna,$valor,$cfue,$cfon)
  {
    $this->mat[$fila][$columna]=$valor;
    $this->colorFuente[$fila][$columna]=$cfue;
    $this->colorFondo[$fila][$columna]=$cfon;
  }

  public function inicioTabla()
  {
    echo '<table border="1">';
  }

  public function inicioFila()
  {
```

```php
    echo '<tr>';
  }

  public function mostrar($fi,$co)
  {
    echo '<td style="color:'.$this->colorFuente[$fi][$co].';background-color:'.$this->colorFondo[$fi][$co].'">'.$this->mat[$fi][$co].'</td>';
  }

  public function finFila()
  {
   echo '</tr>';
  }

  public function finTabla()
  {
   echo '</table>';
  }

  public function graficar()
  {
   $this->inicioTabla();
   for($f=1;$f<=$this->cantFilas;$f++)
   {
    $this->inicioFila();
    for($c=1;$c<=$this->cantColumnas;$c++)
    {
      $this->mostrar($f,$c);
    }
    $this->finFila();
   }
   $this->finTabla();
  }
}

$tabla1=new Tabla(10,3);
```

```php
$tabla1->cargar(1,1,"titulo 1","#356AA0","#FFFF88");
$tabla1->cargar(1,2,"titulo 2","#356AA0","#FFFF88");
$tabla1->cargar(1,3,"titulo 3","#356AA0","#FFFF88");
for($f=2;$f<=10;$f++)
{
  $tabla1->cargar($f,1,"x","#0000ff","#EEEEEE");
  $tabla1->cargar($f,2,"x","#0000ff","#EEEEEE");
  $tabla1->cargar($f,3,"x","#0000ff","#EEEEEE");
}
$tabla1->graficar();
?>
</body>
</html>
```

Modificadores de acceso a atributos y métodos (public - private)

Hasta ahora hemos dicho que los atributos conviene definirlos con el modificador private y los métodos los hemos estado haciendo a todos public.

Analisemos que implica disponer un atributo privado (private), en el concepto anterior definíamos dos atributos para almacenar la cantidad de filas y columnas en la clase Tabla:

    private $cantFilas;

    private $cantColumnas;

Al ser privados desde fuera de la clase no podemos modificarlos:

$tabla1->cantFilas=20;

El resultado de ejecutar esta línea provoca el siguiente error:

Fatal error: Cannot access private property Tabla::$cantFilas

No olvidemos entonces que los atributos los modificamos llamando a un método de la clase que se encarga de inicializarlos (en la clase Tabla se inicializan en el constructor):

$tabla1=new Tabla(2,3);

Ahora vamos a extender este concepto de modificador de acceso a los métodos de la clase. Veíamos hasta ahora que todos los métodos planteados de la clase han sido públicos. Pero en muchas situaciones conviene que haya métodos privados (private).

Un método privado (private) solo puede ser llamado desde otro método de la clase. No podemos llamar a un método privados desde donde definimos un objeto.

Con la definición de métodos privados se elimina la posibilidad de llamar a métodos por error, consideremos el problema del concepto anterior (clase Tabla) donde creamos un objeto de dicha clase y llamamos por error al método finTabla:

$tabla1=new Tabla(2,3);

$tabla1->finTabla();

$tabla1->cargar(1,1,"1");

$tabla1->cargar(1,2,"2");

$tabla1->cargar(1,3,"3");

$tabla1->cargar(2,1,"4");

$tabla1->cargar(2,2,"5");

$tabla1->cargar(2,3,"6");

$tabla1->graficar();

Este código produce un error lógico ya que al llamar al método finTabla() se incorpora al archivo HTML la marca </html>.

Este tipo de error lo podemos evitar definiendo el método finTabla() con modificador de acceso private:

```
 private function finTabla()
 {
   echo '</table>';
 }
```

Luego si volvemos a ejecutar:

$tabla1=new Tabla(2,3);

$tabla1->finTabla();

$tabla1->cargar(1,1,"1");

...

Se produce un error sintáctico:

Fatal error: Call to private method Tabla::finTabla()

Entonces el modificador private nos permite ocultar en la clase atributos y métodos que no queremos que los accedan directamente quien definen objetos de dicha clase. Los métodos públicos es aquello que queremos que conozcan perfectamente las personas que hagan uso de nuestra clase (también llamada interfaz de la clase)

Nuestra clase Tabla ahora correctamente codificada con los modificadores de acceso queda:

<html>

<head>

<title>Pruebas</title>

</head>

```php
<body>
<?php
class Tabla {
 private $mat=array();
 private $cantFilas;
 private $cantColumnas;
 public function __construct($fi,$co)
  {
   $this->cantFilas=$fi;
   $this->cantColumnas=$co;
  }

 public function cargar($fila,$columna,$valor)
  {
   $this->mat[$fila][$columna]=$valor;
  }

 private function inicioTabla()
  {
   echo '<table border="1">';
  }

 private function inicioFila()
  {
   echo '<tr>';
  }

 private function mostrar($fi,$co)
  {
   echo '<td>'.$this->mat[$fi][$co].'</td>';
  }

 private function finFila()
  {
   echo '</tr>';
```

```php
  }

  private function finTabla()
  {
    echo '</table>';
  }

  public function graficar()
  {
    $this->inicioTabla();
    for($f=1;$f<=$this->cantFilas;$f++)
    {
      $this->inicioFila();
      for($c=1;$c<=$this->cantColumnas;$c++)
      {
        $this->mostrar($f,$c);
      }
      $this->finFila();
    }
    $this->finTabla();
  }
}

$tabla1=new Tabla(2,3);
$tabla1->cargar(1,1,"1");
$tabla1->cargar(1,2,"2");
$tabla1->cargar(1,3,"3");
$tabla1->cargar(2,1,"4");
$tabla1->cargar(2,2,"5");
$tabla1->cargar(2,3,"6");
$tabla1->graficar();
?>
</body>
</html>
```

Tenemos tres métodos públicos:

public function __construct($fi,$co)

public function cargar($fila,$columna,$valor)

public function graficar()

Y cinco métodos privados:

private function inicioTabla()

private function inicioFila()

private function mostrar($fi,$co)

private function finFila()

private function finTabla()

Tengamos en cuenta que cuando definimos un objeto de la clase Tabla solo podemos llamar a los métodos públicos. Cuando documentamos una clase debemos hacer mucho énfasis en la descripción de los métodos públicos, que serán en definitiva los que deben llamarse cuando definamos objetos de dicha clase.

Uno de los objetivos fundamentales de la POO es el encapsulamiento. El encapsulamiento es una técnica por el que se ocultan las características internas de una clase de todos aquellos elementos (atributos y métodos) que no tienen porque conocerla otros objetos. Gracias al modificador private podemos ocultar las características internas de nuestra clase.

Cuando uno planea una clase debe poner mucha atención cuales responsabilidades (métodos) deben ser públicas y cuales responsabilidades no queremos que las conozcan los demás.

Confeccionar una clase Menu. Permitir añadir la cantidad de opciones que necesitemos. Mostrar el menú en forma horizontal o vertical, pasar a este método como parámetro el texto "horizontal" o "vertical". El método mostrar debe llamar alguno de los dos métodos privados mostrarHorizontal() o mostrarVertical().

Problema:

```html
<html>
<head>
<title>Pruebas</title>
</head>
<body>
<?php
class Menu {
  private $enlaces=array();
  private $titulos=array();
  public function cargarOpcion($en,$tit)
  {
    $this->enlaces[]=$en;
    $this->titulos[]=$tit;
```

```php
    }
    private function mostrarHorizontal()
    {
      for($f=0;$f<count($this->enlaces);$f++)
      {
        echo '<a href="'.$this->enlaces[$f].'">'.$this->titulos[$f].'</a>';
        echo "-";
      }
    }
    private function mostrarVertical()
    {
      for($f=0;$f<count($this->enlaces);$f++)
      {
        echo '<a href="'.$this->enlaces[$f].'">'.$this->titulos[$f].'</a>';
        echo "<br>";
      }
    }

    public function mostrar($orientacion)
    {
      if (strtolower($orientacion)=="horizontal")
        $this->mostrarHorizontal();
      if (strtolower($orientacion)=="vertical")
        $this->mostrarVertical();
    }
}


$menu1=new Menu();
$menu1->cargarOpcion('http://www.lanacion.com.ar','La Nación');
$menu1->cargarOpcion('http://www.clarin.com.ar','El Clarín');
$menu1->cargarOpcion('http://www.lavoz.com.ar','La Voz del Interior');
$menu1->mostrar("horizontal");
echo '<br>';
$menu2=new Menu();
$menu2->cargarOpcion('http://www.google.com','Google');
```

```php
$menu2->cargarOpcion('http://www.yahoo.com','Yhahoo');
$menu2->cargarOpcion('http://www.msn.com','MSN');
$menu2->mostrar("vertical");
?>
</body>
</html>
```

Colaboración de objetos.

Hasta ahora nuestros ejemplos han presentado una sola clase, de la cual hemos definido uno o varios objetos. Pero una aplicación real consta de muchas clases.

Veremos que hay dos formas de relacionar las clases. La primera y la que nos concentramos en este concepto es la de COLABORACIóN.

Cuando dentro de una clase definimos un atributo o una variable de otra clase decimos que esta segunda clase colabora con la primera. Cuando uno a trabajado por muchos años con la metodología de programación estructurada es difícil subdividir un problema en clases, tiende a querer plantear una única clase que resuelva todo.

Presentemos un problema:Una página web es común que contenga una cabecera, un cuerpo y un pié de página. Estas tres secciones podemos perfectamente identificarlas como clases. También podemos identificar otra clase pagina. Ahora bien como podemos relacionar estas cuatro clases (pagina, cabecera, cuerpo, pie), como podemos imaginar la cabecera, cuerpo y pie son partes de la pagina. Luego podemos plantear una clase pagina que contenga tres atributos de tipo objeto.

En forma simplificada este problema lo podemos plantear así:

```php
class Cabecera {
  [atributos y métodos]
}
class Cuerpo {
  [atributos y métodos]
}
class Pie {
  [atributos y métodos]
}
class Pagina {
  private $cabecera;
  private $cuerpo;
  private $pie;
```

[métodos]

}

$pag=new Pagina();

Como podemos ver declaramos cuatro clases (Cabecera, Cuerpo, Pie y Pagina), fuera de cualquier clase definimos un objeto de la clase Pagina:

$pag=new Pagina();

Dentro de la clase Pagina definimos tres atributos de tipo objeto de las clases Cabecera, Cuerpo y Pie respectivamente. Luego seguramente dentro de la clase Pagina crearemos los tres objetos y llamaremos a sus métodos respectivos.

Veamos una implementación real de este problema:

```php
<html>
<head>
<title>Pruebas</title>
</head>
<body>
<?php
class Cabecera {
  private $titulo;
  public function __construct($tit)
  {
    $this->titulo=$tit;
  }
  public function graficar()
  {
    echo '<h1 style="text-align:center">'.$this->titulo.'</h1>';
  }
}

class Cuerpo {
  private $lineas=array();
  public function insertarParrafo($li)
  {
    $this->lineas[]=$li;
  }
```

```php
  public function graficar()
  {
    for($f=0;$f<count($this->lineas);$f++)
    {
      echo '<p>'.$this->lineas[$f].'</p>';
    }
  }
}

class Pie {
  private $titulo;
  public function __construct($tit)
  {
    $this->titulo=$tit;
  }
  public function graficar()
  {
    echo '<h4 style="text-align:left">'.$this->titulo.'</h4>';
  }
}

class Pagina {
  private $cabecera;
  private $cuerpo;
  private $pie;
  public function __construct($texto1,$texto2)
  {
    $this->cabecera=new Cabecera($texto1);
    $this->cuerpo=new Cuerpo();
    $this->pie=new Pie($texto2);
  }
  public function insertarCuerpo($texto)
  {
    $this->cuerpo->insertarParrafo($texto);
  }
```

```php
 public function graficar()
 {
  $this->cabecera->graficar();

  $this->cuerpo->graficar();

  $this->pie->graficar();

 }
}


$pagina1=new Pagina('Título de la Página','Pie de la página');

$pagina1->insertarCuerpo('Esto es una prueba que debe aparecer dentro del cuerpo de la página 1');

$pagina1->insertarCuerpo('Esto es una prueba que debe aparecer dentro del cuerpo de la página 2');

$pagina1->insertarCuerpo('Esto es una prueba que debe aparecer dentro del cuerpo de la página 3');

$pagina1->insertarCuerpo('Esto es una prueba que debe aparecer dentro del cuerpo de la página 4');

$pagina1->insertarCuerpo('Esto es una prueba que debe aparecer dentro del cuerpo de la página 5');

$pagina1->insertarCuerpo('Esto es una prueba que debe aparecer dentro del cuerpo de la página 6');

$pagina1->insertarCuerpo('Esto es una prueba que debe aparecer dentro del cuerpo de la página 7');

$pagina1->insertarCuerpo('Esto es una prueba que debe aparecer dentro del cuerpo de la página 8');

$pagina1->insertarCuerpo('Esto es una prueba que debe aparecer dentro del cuerpo de la página 9');

$pagina1->graficar();

?>

</body>

</html>
```

La primer clase llamada Cabecera define un atributo llamada $titulo que se carga en el constructor, luego se define otro método que imprime el HTML:

```php
class Cabecera {
 private $titulo;
 public function __construct($tit)
 {
  $this->titulo=$tit;
 }
 public function graficar()
 {
  echo '<h1 style="text-align:center">'.$this->titulo.'</h1>';
 }
}
```

La clase Pie es prácticamente idéntica a la clase Cabecera, solo que cuando genera el HTML lo hace con otro tamaño de texto y alineado a izquierda:

```
class Pie {
  private $titulo;
  public function __construct($tit)
  {
    $this->titulo=$tit;
  }
  public function graficar()
  {
    echo '<h4 style="text-align:left">'.$this->titulo.'</h4>';
  }
}
```

Ahora la clase Cuerpo define un atributo de tipo array donde se almacenan todos los párrafos. Esta clase no tiene constructor, sino un método llamado insertarParrafo que puede ser llamado tantas veces como párrafos tenga el cuerpo de la página. Esta actividad no la podríamos haber hecho en el constructor ya que el mismo puede ser llamado solo una vez.

Luego el código de la clase Cuerpo es:

```
class Cuerpo {
  private $lineas=array();
  public function insertarParrafo($li)
  {
    $this->lineas[]=$li;
  }
  public function graficar()
  {
    for($f=0;$f<count($this->lineas);$f++)
    {
      echo '<p>'.$this->lineas[$f].'</p>';
    }
  }
}
```

Para graficar todos los párrafos mediante una estructura repetitiva disponemos cada uno de los elementos del atributo $lineas dentro de las marcas <p> y </p>.

Ahora la clase que define como atributos objetos de la clase Cabecera, Cuerpo y Pie es la clase Pagina:

```
class Pagina {
  private $cabecera;
  private $cuerpo;
  private $pie;
  public function __construct($texto1,$texto2)
  {
    $this->cabecera=new Cabecera($texto1);
    $this->cuerpo=new Cuerpo();
    $this->pie=new Pie($texto2);
  }
  public function insertarCuerpo($texto)
  {
    $this->cuerpo->insertarParrafo($texto);
  }
  public function graficar()
  {
    $this->cabecera->graficar();
    $this->cuerpo->graficar();
    $this->pie->graficar();
  }
}
```

Al constructor llegan dos cadenas con las que inicializamos los atributos $cabecera y $pie:

```
    $this->cabecera=new Cabecera($texto1);
    $this->cuerpo=new Cuerpo();
    $this->pie=new Pie($texto2);
```

Al atributo $cuerpo también lo creamos pero no le pasamos datos ya que dicha clase no tiene constructor con parámetros.

La clase Pagina tiene un método llamado:

```
  public function insertarCuerpo($texto)
```

que tiene como objetivo llamar al método insertarParrafo del objeto $cuerpo.

El método graficar de la clase Pagina llama a los métodos graficar de los objetos Cabecera, Cuerpo y Pie en el orden adecuado:

```
  public function graficar()
  {
    $this->cabecera->graficar();
```

```
$this->cuerpo->graficar();
$this->pie->graficar();
}
```

Finalmente hemos llegado a la parte del algoritmo donde se desencadena la creación del primer objeto, definimos un objeto llamado $pagina1 de la clase Pagina y le pasamos al constructor los textos a mostrar en la cabecera y pie de pagina, seguidamente llamamos al método insertarCuerpo tantas veces como información necesitemos incorporar a la parte central de la página. Finalizamos llamando al método graficar:

```
$pagina1=new Pagina('Título de la Página','Pie de la página');
$pagina1->insertarCuerpo('Esto es una prueba que debe aparecer dentro del cuerpo de la página 1');
$pagina1->insertarCuerpo('Esto es una prueba que debe aparecer dentro del cuerpo de la página 2');
$pagina1->insertarCuerpo('Esto es una prueba que debe aparecer dentro del cuerpo de la página 3');
$pagina1->insertarCuerpo('Esto es una prueba que debe aparecer dentro del cuerpo de la página 4');
$pagina1->insertarCuerpo('Esto es una prueba que debe aparecer dentro del cuerpo de la página 5');
$pagina1->insertarCuerpo('Esto es una prueba que debe aparecer dentro del cuerpo de la página 6');
$pagina1->insertarCuerpo('Esto es una prueba que debe aparecer dentro del cuerpo de la página 7');
$pagina1->insertarCuerpo('Esto es una prueba que debe aparecer dentro del cuerpo de la página 8');
$pagina1->insertarCuerpo('Esto es una prueba que debe aparecer dentro del cuerpo de la página 9');
$pagina1->graficar();
```

Confeccionar la clase Tabla vista en conceptos anteriores. Plantear una clase Celda que colabore con la clase Tabla. La clase Tabla debe definir una matriz de objetos de la clase Celda.

La clase Celda debe definir los atributos: $texto, $colorFuente y $colorFondo.

Problema:

```
<html>
<head>
<title>Pruebas</title>
</head>
<body>
<?php
class Celda {
  private $texto;
  private $colorFuente;
  private $colorFondo;
  function __construct($tex,$cfue,$cfon)
  {
```

```php
    $this->texto=$tex;
    $this->colorFuente=$cfue;
    $this->colorFondo=$cfon;
  }
  public function graficar()
  {
  echo '<td style="color:'.$this->colorFuente.';background-color:'.$this->colorFondo.'">'.$this->texto.'</td>';
  }
}

class Tabla {
  private $celdas=array();
  private $cantFilas;
  private $cantColumnas;

  public function __construct($fi,$co)
  {
    $this->cantFilas=$fi;
    $this->cantColumnas=$co;
  }

  public function cargar($fila,$columna,$valor,$cfue,$cfon)
  {
    $this->celdas[$fila][$columna]=new Celda($valor,$cfue,$cfon);
  }

  private function inicioTabla()
  {
    echo '<table border="1">';
  }

  private function inicioFila()
  {
    echo '<tr>';
  }
```

```php
  private function mostrar($fi,$co)
  {
    $this->celdas[$fi][$co]->graficar();
  }

  private function finFila()
  {
   echo '</tr>';
  }

  private function finTabla()
  {
   echo '</table>';
  }

  public function graficar()
  {
   $this->inicioTabla();
   for($f=1;$f<=$this->cantFilas;$f++)
   {
    $this->inicioFila();
    for($c=1;$c<=$this->cantColumnas;$c++)
    {
      $this->mostrar($f,$c);
    }
    $this->finFila();
   }
   $this->finTabla();
  }
}

$tabla1=new Tabla(10,3);
$tabla1->cargar(1,1,"titulo 1","#356AA0","#FFFF88");
$tabla1->cargar(1,2,"titulo 2","#356AA0","#FFFF88");
```

```php
$tabla1->cargar(1,3,"titulo 3","#356AA0","#FFFF88");
for($f=2;$f<=10;$f++)
{
  $tabla1->cargar($f,1,"x","#0000ff","#EEEEEE");
  $tabla1->cargar($f,2,"x","#0000ff","#EEEEEE");
  $tabla1->cargar($f,3,"x","#0000ff","#EEEEEE");
}
$tabla1->graficar();
?>
</body>
</html>
```

Parámetros de tipo objeto.

Otra posibilidad que nos presenta el lenguaje PHP es pasar parámetros no solo de tipo primitivo (enteros, reales, cadenas etc.) sino parámetros de tipo objeto.

Vamos a desarrollar un problema que utilice esta característica. Plantearemos una clase Opcion y otra clase Menu. La clase Opcion definirá como atributos el titulo, enlace y color de fondo, los métodos a implementar serán el constructor y el graficar.

Por otro lado la clase Menu administrará un array de objetos de la clase Opcion e implementará un métodos para insertar objetos de la clase Menu y otro para graficar. Al constructor de la clase Menu se le indicará si queremos el menú en forma 'horizontal' o 'vertical'.

El código fuente de las dos clases es (pagina1.php):

```php
<html>
<head>
<title>Pruebas</title>
</head>
<body>
<?php
class Opcion {
  private $titulo;
  private $enlace;
  private $colorFondo;
  public function __construct($tit,$enl,$cfon)
  {
    $this->titulo=$tit;
    $this->enlace=$enl;
```

```php
  $this->colorFondo=$cfon;
  }
  public function graficar()
  {
   echo '<a style="background-color:'.$this->colorFondo.
      '" href="'.$this->enlace.'">'.$this->titulo.'</a>';
  }
}

class Menu {
  private $opciones=array();
  private $direccion;
  public function __construct($dir)
  {
   $this->direccion=$dir;
  }
  public function insertar($op)
  {
   $this->opciones[]=$op;
  }
  private function graficarHorizontal()
  {
   for($f=0;$f<count($this->opciones);$f++)
   {
    $this->opciones[$f]->graficar();
   }
  }
  private function graficarVertical()
  {
   for($f=0;$f<count($this->opciones);$f++)
   {
    $this->opciones[$f]->graficar();
    echo '<br>';
   }
  }
```

```php
  public function graficar()
  {
    if (strtolower($this->direccion)=="horizontal")
      $this->graficarHorizontal();
    else
      if (strtolower($this->direccion)=="vertical")
        $this->graficarVertical();
  }
}


$menu1=new Menu('horizontal');
$opcion1=new Opcion('Google','http://www.google.com','#C3D9FF');
$menu1->insertar($opcion1);
$opcion2=new Opcion('Yahoo','http://www.yahoo.com','#CDEB8B');
$menu1->insertar($opcion2);
$opcion3=new Opcion('MSN','http://www.msn.com','#C3D9FF');
$menu1->insertar($opcion3);
$menu1->graficar();
?>
</body>
</html>
```

La clase Opcion define tres atributos donde se almacenan el título del hipervínculo, direccón y el color de fondo del enlace:

```php
  private $titulo;
  private $enlace;
  private $colorFondo;
```

En el constructor recibimos los datos con los cuales inicializamos los atributos:

```php
  public function __construct($tit,$enl,$cfon)
  {
    $this->titulo=$tit;
    $this->enlace=$enl;
    $this->colorFondo=$cfon;
  }
```

Por último en esta clase el método graficar muestra el enlace de acuerdo al contenido de los atributos inicializados previamente en el constructor:

```php
public function graficar()
{
  echo '<a style="background-color:'.$this->colorFondo.'" href="'.
      $this->enlace.'">'.$this->titulo.'</a>';
}
```

La clase Menu recibe la colaboración de la clase Opcion. En esta clase definimos un array de objetos de la clase Opcion (como vemos podemos definir perfectamente vectores con componente de tipo objeto), además almacena la dirección del menú (horizontal,vertical):

```php
private $opciones=array();

private $direccion;
```

El constructor de la clase Menu recibe la dirección del menú e inicializa el atributo $direccion:

```php
public function __construct($dir)
{
  $this->direccion=$dir;
}
```

Luego tenemos el método donde se encuentra el concepto nuevo:

```php
public function insertar($op)
{
  $this->opciones[]=$op;
}
```

El método insertar llega un objeto de la clase Opcion (previamente creado) y se almacena en una componente del array. Este método tiene un parámetro de tipo objeto ($op es un objeto de la clase Menu)

Luego la clase Menu define dos métodos privados que tienen por objetivo pedir que se grafique cada una de las opciones:

```php
private function graficarHorizontal()
{
  for($f=0;$f<count($this->opciones);$f++)
  {
    $this->opciones[$f]->graficar();
  }
}
private function graficarVertical()
{
  for($f=0;$f<count($this->opciones);$f++)
```

```
    {
      $this->opciones[$f]->graficar();
      echo '<br>';
    }
  }
```

Los algoritmos solo se diferencian en que el método graficarVertical añade el elemento <br> después de cada opción.

Queda en la clase Menú el método público graficar que tiene por objetivo analizar el contenido del atributo $direccion y a partir de ello llamar al método privado que corresponda:

```
  public function graficar()
  {
    if (strtolower($this->direccion)=="horizontal")
      $this->graficarHorizontal();
    else
      if (strtolower($this->direccion)=="vertical")
        $this->graficarVertical();
  }
```

El código donde definimos y creamos los objetos es:

$menu1=new Menu('horizontal');

$opcion1=new Opcion('Google','http://www.google.com','#C3D9FF');

$menu1->insertar($opcion1);

$opcion2=new Opcion('Yahoo','http://www.yahoo.com','#CDEB8B');

$menu1->insertar($opcion2);

$opcion3=new Opcion('MSN','http://www.msn.com','#C3D9FF');

$menu1->insertar($opcion3);

$menu1->graficar();

Primero creamos un objeto de la clase Menu y le pasamos al constructor que queremos implementar un menú 'horizontal':

$menu1=new Menu('horizontal');

Creamos seguidamente un objeto de la clase Opcion y le pasamos como datos al constructor el titulo, enlace y color de fondo:

$opcion1=new Opcion('Google','http://www.google.com','#C3D9FF');

Seguidamente llamamos al método insertar del objeto menu1 y le pasamos como parámetro un objeto de la clase Menu (es decir pasamos un objeto por lo que el parámetro del método insertar debe recibir la referencia a dicho objeto):

$menu1->insertar($opcion1);

Luego creamos tantos objetos de la clase Opcion como opciones tenga nuestro menú, y llamamos también sucesivamente al método insertar del objeto $menu1. Finalmente llamamos al método graficar del objeto $menu1.

Confeccionar la clase Tabla vista en conceptos anteriores. Plantear una clase Celda que colabore con la clase Tabla. La clase Tabla debe definir una matriz de objetos de la clase Celda.

En la clase Tabla definir un método insertar que llegue un objeto de la clase Celda y además dos enteros que indiquen que posición debe tomar dicha celda en la tabla. La clase Celda debe definir los atributos: $texto, $colorFuente y $colorFondo.

Problema:

```php
<html>
<head>
<title>Pruebas</title>
</head>
<body>
<?php
class Celda {
  private $texto;
  private $colorFuente;
  private $colorFondo;
  function __construct($tex,$cfue,$cfon)
  {
    $this->texto=$tex;
    $this->colorFuente=$cfue;
    $this->colorFondo=$cfon;
  }
  public function graficar()
  {
   echo '<td style="color:'.$this->colorFuente.';background-color:'.$this->colorFondo.'">'.$this->texto.'</td>';
  }
}


class Tabla {
  private $celdas=array();
  private $cantFilas;
```

```php
private $cantColumnas;

public function __construct($fi,$co)
{
  $this->cantFilas=$fi;
  $this->cantColumnas=$co;
}

public function insertar($cel,$fila,$columna)
{
  $this->celdas[$fila][$columna]=$cel;
}

private function inicioTabla()
{
  echo '<table border="1">';
}

private function inicioFila()
{
  echo '<tr>';
}

private function mostrar($fi,$co)
{
  $this->celdas[$fi][$co]->graficar();
}

private function finFila()
{
  echo '</tr>';
}

private function finTabla()
{
```

```php
    echo '</table>';
  }

  public function graficar()
  {
   $this->inicioTabla();
   for($f=1;$f<=$this->cantFilas;$f++)
   {
    $this->inicioFila();
    for($c=1;$c<=$this->cantColumnas;$c++)
    {
      $this->mostrar($f,$c);
    }
    $this->finFila();
   }
   $this->finTabla();
  }
}

$tabla1=new Tabla(10,2);
$celda=new Celda('titulo 1','#356AA0','#FFFF88');
$tabla1->insertar($celda,1,1);
$celda=new Celda('titulo 2','#356AA0','#FFFF88');
$tabla1->insertar($celda,1,2);
for($f=2;$f<=10;$f++)
{
 $celda=new Celda('x','#0000ff','#eeeeee');
 $tabla1->insertar($celda,$f,1);
 $celda=new Celda('y','#0000ff','#eeeeee');
 $tabla1->insertar($celda,$f,2);
}
$tabla1->graficar();
?>
</body>
</html>
```

Parámetros opcionales.

Esta característica está presente tanto para programación estructurada como para programación orientada a objetos. Un parámetro es opcional si en la declaración del método le asignamos un valor por defecto. Si luego llamamos al método sin enviarle dicho valor tomará el que tiene por defecto.

Con un ejemplo se verá más claro: Crearemos nuevamente la clase CabeceraDePagina que nos muestre un título alineado con un determinado color de fuente y fondo.

pagina1.php

```php
<html>
<head>
<title>Pruebas</title>
</head>
<body>
<?php
class CabeceraPagina {
  private $titulo;
  private $ubicacion;
  private $colorFuente;
  private $colorFondo;
  public function __construct($tit,$ubi='center',$colorFuen='#ffffff',$colorFon='#000000')
  {
    $this->titulo=$tit;
    $this->ubicacion=$ubi;
    $this->colorFuente=$colorFuen;
    $this->colorFondo=$colorFon;
  }
  public function graficar()
  {
    echo '<div style="font-size:40px;text-align:'.$this->ubicacion.';color:';
    echo $this->colorFuente.';background-color:'.$this->colorFondo.'">';
    echo $this->titulo;
    echo '</div>';
  }
}


$cabecera1=new CabeceraPagina('El blog del profesor');
```

```php
$cabecera1->graficar();
echo '<br>';
$cabecera2=new CabeceraPagina('El blog del profesor','left');
$cabecera2->graficar();
echo '<br>';
$cabecera3=new CabeceraPagina('El blog del profesor','right','#ff0000');
$cabecera3->graficar();
echo '<br>';
$cabecera4=new CabeceraPagina('El blog del profesor','right','#ff0000','#ffff00');
$cabecera4->graficar();
?>
</body>
</html>
```

En esta clase hemos planteado parámetros opcionales en el constructor:

```php
public function __construct($tit,$ubi='center',$colorFuen='#ffffff',$colorFon='#000000')
 {
   $this->titulo=$tit;
   $this->ubicacion=$ubi;
   $this->colorFuente=$colorFuen;
   $this->colorFondo=$colorFon;
 }
```

El constructor tiene 4 parámetros, uno obligatorio y tres opcionales, luego cuando lo llamemos al crear un objeto de esta clase lo podemos hacer de la siguiente forma:

$cabecera1=new CabeceraPagina('El blog del profesor');

En este primer caso el parámetro $tit recibe el string 'El blog del profesor' y los siguientes tres parámetros se inicializan con los valores por defecto, es decir al atributo $ubicacion se carga con el valor por defecto del parámetro que es 'center'. Lo mismo ocurre con los otros dos parámetros del constructor.

Luego si llamamos al constructor con la siguiente sintaxis:

$cabecera2=new CabeceraPagina('El blog del profesor','left');

el parámetro $ubi recibe el string 'left' y este valor remplaza al valor por defecto que es 'center'.

También podemos llamar al constructor con las siguientes sintaxis:

$cabecera3=new CabeceraPagina('El blog del profesor','right','#ff0000');

.....

$cabecera4=new CabeceraPagina('El blog del profesor','right','#ff0000','#ffff00');

Veamos cuales son las restricciones que debemos tener en cuenta cuando utilizamos parámetros opcionales:

- No podemos definir un parámetro opcional y seguidamente un parámetro obligatorio. Es decir los parámetros opcionales se deben ubicar a la derecha en la declaración del método.

- Cuando llamamos al método no podemos alternar indicando algunos valores a los parámetros opcionales y otros no. Es decir que debemos pasar valores a los parámetros opcionales teniendo en cuenta la dirección de izquierda a derecha en cuanto a la ubicación de parámetros. Para que quede más claro no podemos no indicar el parámetro $ubi y sí el parámetro $colorFuen (que se encuentra a la derecha).

- Es decir debemos planificar muy bien que orden definir los parámetros opcionales para que luego sea cómodo el uso de los mismos.

Podemos definir parámetros opcionales tanto para el constructor como para cualquier otro método de la clase. Los parámetros opcionales nos permiten desarrollar clases que sean más flexibles en el momento que definimos objetos de las mismas.

Confeccionar una clase Empleado, definir como atributos su nombre y sueldo. El constructor recibe como parámetros el nombre y el sueldo, en caso de no pasar el valor del sueldo inicializarlo con el valor 1000.

Confeccionar otro método que imprima el nombre y el sueldo. Crear luego dos objetos del la clase Empleado, a uno de ellos no enviarle el sueldo.

Problema:

```
<html>
<head>
<title>Pruebas</title>
</head>
<body>
<?php
class Empleado {
 private $nombre;
 private $sueldo;
 public function __construct($nom,$sue=1000)
 {
  $this->nombre=$nom;
  $this->sueldo=$sue;
 }
 public function imprimir()
 {
  echo 'Nombre:'.$this->nombre.' - Sueldo:'.$this->sueldo.'<br>';
```

```
    }
}
```

```php
$empleado1=new Empleado('Luis',2500);

$empleado1->imprimir();

$empleado2=new Empleado('Ana');

$empleado2->imprimir();


?>
</body>
</html>
```

Herencia.

Otra requisito que tiene que tener un lenguaje para considerarse orientado a objetos es la HERENCIA.

La herencia significa que se pueden crear nuevas clases partiendo de clases existentes, que tendrá todas los atributos y los métodos de su 'superclase' o 'clase padre' y además se le podrán añadir otros atributos y métodos propios.

En PHP, a diferencia de otros lenguajes orientados a objetos (C++), una clase sólo puede derivar de una única clase, es decir, PHP no permite herencia múltiple.

Superclase o clase padre

Clase de la que desciende o deriva una clase. Las clases hijas (descendientes) heredan (incorporan) automáticamente los atributos y métodos de la la clase padre.

Subclase

Clase desciendiente de otra. Hereda automáticamente los atributos y métodos de su superclase. Es una especialización de otra clase. Admiten la definición de nuevos atributos y métodos para aumentar la especialización de la clase.

Veamos algunos ejemplos teóricos de herencia:

1) Imaginemos la clase Vehículo. Qué clases podrían derivar de ella?

Vehiculo

Colectivo   Moto   Auto

Ford-K   Renault 9

Siempre hacia abajo en la jerarquía hay una especialización (las subclases añaden nuevos atributos y métodos.

2) Imaginemos la clase Software. Qué clases podrían derivar de ella?

Software

DeAplicacion   DeBase

ProcesadorTexto   PlanillaDeCalculo   SistemaOperativo

Word   Openoffice   Excel   Lotus123   Linux   Windows

El primer tipo de relación que habíamos visto entre dos clases, es la de colaboración. Recordemos que es cuando una clase contiene un objeto de otra clase como atributo. Cuando la relación entre dos clases es del tipo "...tiene un..." o "...es parte de...", no debemos implementar herencia. Estamos frente a una relación de colaboración de clases no de herencia.

Si tenemos una ClaseA y otra ClaseB y notamos que entre ellas existe una relacion de tipo "... tiene un...", no debe implementarse herencia sino declarar en la clase ClaseA un atributo de la clase ClaseB.
Por ejemplo: tenemos una clase Auto, una clase Rueda y una clase Volante. Vemos que la relación entre ellas es: Auto "...tiene 4..." Rueda, Volante "...es parte de..." Auto; pero la clase Auto no debe derivar de Rueda ni Volante de Auto porque la relación no es de tipo-subtipo sino de colaboración. Debemos declarar en la clase Auto 4 atributos de tipo Rueda y 1 de tipo Volante.

Luego si vemos que dos clase responden a la pregunta ClaseA "..es un.." ClaseB es posible que haya una relación de herencia.
Por ejemplo:
Auto "es un" Vehiculo
Circulo "es una" Figura
Mouse "es un" DispositivoEntrada
Suma "es una" Operacion

Ahora plantearemos el primer problema utilizando herencia en PHP. Supongamos que necesitamos implementar dos clases que llamaremos Suma y Resta. Cada clase tiene como atributo $valor1, $valor2 y $resultado. Los métodos a definir son cargar1 (que inicializa el atributo $valor1), carga2 (que inicializa el atributo $valor2), operar (que en el caso de la clase "Suma" suma los dos atributos y en el caso de la clase "Resta" hace la diferencia entre $valor1 y $valor2, y otro método mostrarResultado.
Si analizamos ambas clases encontramos que muchos atributos y métodos son idénticos. En estos casos es bueno definir una clase padre que agrupe dichos atributos y responsabilidades comunes.

La relación de herencia que podemos disponer para este problema es:

Operacion

Suma   Resta

Solamente el método operar es distinto para las clases Suma y Resta (esto hace que no lo podamos disponer en la clase Operacion), luego los métodos cargar1, cargar2 y mostrarResultado son idénticos a las dos clases, esto hace que podamos disponerlos en la clase Operacion. Lo mismo los atributos $valor1, $valor2 y $resultado se definirán en la clase padre Operacion.

En PHP la codificación de estas tres clases es la siguiente:

```php
<html>
<head>
<title>Pruebas</title>
</head>
<body>
<?php
class Operacion {
  protected $valor1;
  protected $valor2;
  protected $resultado;
  public function cargar1($v)
  {
    $this->valor1=$v;
  }
  public function cargar2($v)
  {
    $this->valor2=$v;
  }
  public function imprimirResultado()
  {
    echo $this->resultado.'<br>';
  }
}
class Suma extends Operacion{
  public function operar()
  {
    $this->resultado=$this->valor1+$this->valor2;
  }
}


class Resta extends Operacion{
```

```php
  public function operar()
  {
    $this->resultado=$this->valor1-$this->valor2;
  }
}
$suma=new Suma();
$suma->cargar1(10);
$suma->cargar2(10);
$suma->operar();
echo 'El resultado de la suma de 10+10 es:';
$suma->imprimirResultado();

$resta=new Resta();
$resta->cargar1(10);
$resta->cargar2(5);
$resta->operar();
echo 'El resultado de la diferencia de 10-5 es:';
$resta->imprimirResultado();

?>
</body>
</html>
```

La clase Operación define los tres atributos:

```php
class Operacion {
  protected $valor1;
  protected $valor2;
  protected $resultado;
```

Ya veremos que definimos los atributos con este nuevo modificador de acceso (protected) para que la subclase tenga acceso a dichos atributos. Si los definimos private las subclases no pueden acceder a dichos atributos.

Los métodos de la clase Operacion son:

```php
  public function cargar1($v)
  {
    $this->valor1=$v;
  }
```

```php
public function cargar2($v)
{
  $this->valor2=$v;
}
public function imprimirResultado()
{
  echo $this->resultado.'<br>';
}
```

Ahora veamos como es la sintaxis para indicar que una clase hereda de otra en PHP:

```php
class Suma extends Operacion{
```

Utilizamos la palabra clave extends y seguidamente el nombre de la clase padre (con esto estamos indicando que todos los métodos y atributos de la clase Operación son también métodos de la clase Suma.

Luego la característica que añade la clase Suma es el siguiente método:

```php
public function operar()
{
  $this->resultado=$this->valor1+$this->valor2;
}
```

El método operar puede acceder a los atributos heredados (siempre y cuando los mismos se declaren protected, en caso que sean private si bien lo hereda de la clase padre solo los pueden modificar métodos de dicha clase padre.

Ahora podemos decir que la clase Suma tiene cuatro métodos (tres heredados y uno propio) y 3 atributos (todos heredados)

Si creamos un objeto de la clase Suma tenemos:

```php
$suma=new Suma();
$suma->cargar1(10);
$suma->cargar2(10);
$suma->operar();
echo 'El resultado de la suma de 10+10 es:';
$suma->imprimirResultado();
```

Podemos llamar tanto al método propio de la clase Suma "operar()" como a los métodos heredados. Quien utilice la clase Suma solo debe conocer que métodos públicos tiene (independientemente que pertenezcan a la clase Suma o a una clase superior)

La lógica es similar para declarar la clase Resta:

```php
class Resta extends Operacion{
```

```php
public function operar()
{
  $this->resultado=$this->valor1-$this->valor2;
}
}
```

y la definición de un objeto de dicha clase:

```php
$resta=new Resta();
$resta->cargar1(10);
$resta->cargar2(5);
$resta->operar();
echo 'El resultado de la diferencia de 10-5 es:';
$resta->imprimirResultado();
```

La clase Operación agrupa en este caso un conjunto de atributos y métodos comunes a un conjunto de subclases (Suma, Resta). No tiene sentido definir objetos de la clase Operacion.

El planteo de jerarquías de clases es una tarea compleja que requiere un perfecto entendimiento de todas las clases que intervienen en un problema, cuales son sus atributos y responsabilidades.

Confeccionar una clase Persona que tenga como atributos el nombre y la edad. Definir como responsabilidades un método que cargue los datos personales y otro que los imprima.

Plantear una segunda clase Empleado que herede de la clase Persona. Añadir un atributo sueldo y los métodos de cargar el sueldo e imprimir su sueldo.

Definir un objeto de la clase Persona y llamar a sus métodos. También crear un objeto de la clase Empleado y llamar a sus métodos.

Problema:

```html
<html>
<head>
<title>Pruebas</title>
</head>
<body>
<?php
class Persona {
 protected $nombre;
 protected $edad;
 public function cargarDatosPersonales($nom,$ed)
 {
   $this->nombre=$nom;
```

```php
   $this->edad=$ed;
  }
  public function imprimirDatosPersonales()
  {
   echo 'Nombre:'.$this->nombre.'<br>';
   echo 'Edad:'.$this->edad.'<br>';
  }
}


class Empleado extends Persona{
  protected $sueldo;
  public function cargarSueldo($su)
  {
   $this->sueldo=$su;
  }
  public function imprimirSueldo()
  {
   echo 'Sueldo:'.$this->sueldo.'<br>';
  }
}


$persona1=new Persona();
$persona1->cargarDatosPersonales('Rodriguez Pablo',24);
echo 'Datos personales de la persona:<br>';
$persona1->imprimirDatosPersonales();
$empleado1=New Empleado();
$empleado1->cargarDatosPersonales('Gonzalez Ana',32);
$empleado1->cargarSueldo(2400);
echo 'Datos personales y sueldo del empleado:<br>';
$empleado1->imprimirDatosPersonales();
$empleado1->imprimirSueldo();
?>
</body>
</html>
```

Modificadores de acceso a atributos y métodos (protected)

En el concepto anterior presentamos la herencia que es una de las características fundamentales de la programación orientada a objetos.

Habíamos dicho que otro objetivo de la POO es el encapsulamiento (es decir ocultar todo aquello que no le interese a otros objetos), para lograr esto debemos definir los atributos y métodos como privados. El inconveniente es cuando debemos utilizar herencia.

Una subclase no puede acceder a los atributos y métodos privados de la clase padre. Para poder accederlos deberíamos definirlos como públicos (pero esto trae como contrapartida que perdemos el encapsulamiento de la clase)

Aquí es donde entra en juego el modificador protected. Un atributo o método protected puede ser accedido por la clase, por todas sus subclases pero no por los objetos que definimos de dichas clases.

En el problema de las clases Operacion y Suma se producirá un error si tratamos de acceder a un atributo protected donde definimos un objeto del mismo:

```
<html>
<head>
<title>Pruebas</title>
</head>
<body>
<?php
class Operacion {
  protected $valor1;
  protected $valor2;
  protected $resultado;
  public function cargar1($v)
  {
    $this->valor1=$v;
  }
  public function cargar2($v)
  {
    $this->valor2=$v;
  }
  public function imprimirResultado()
  {
    echo $this->resultado.'<br>';
  }
```

```php
}

class Suma extends Operacion{
  public function operar()
  {
    $this->resultado=$this->valor1+$this->valor2;
  }
}

$suma=new Suma();
$suma->valor1=10;
$suma->cargar2(10);
$suma->operar();
echo 'El resultado de la suma de 10+10 es:';
$suma->imprimirResultado();
?>
</body>
</html>
```

Cuando se ejecuta esta línea:

```php
$suma->valor1=10;
```

Aparece el mensaje de error:

Fatal error: Cannot access protected property Suma::$valor1

Confeccionar una clase Persona que tenga como atributos protegidos, el nombre y la edad. Definir como responsabilidades un método que cargue los datos personales y otro que los imprima.

Plantear una segunda clase Empleado que herede de la clase Persona. Añadir un atributo sueldo y los métodos de cargar el sueldo e imprimir su sueldo.

Definir un objeto de la clase Empleado y tratar de modificar el atributo edad.

Problema:

```php
<html>
<head>
<title>Pruebas</title>
</head>
<body>
<?php
```

```php
class Persona {
 protected $nombre;
 protected $edad;
 public function cargarDatosPersonales($nom,$ed)
 {
  $this->nombre=$nom;
  $this->edad=$ed;
 }
 public function imprimirDatosPersonales()
 {
  echo 'Nombre:'.$this->nombre.'<br>';
  echo 'Edad:'.$this->edad.'<br>';
 }
}

class Empleado extends Persona{
 protected $sueldo;
 public function cargarSueldo($su)
 {
  $this->sueldo=$su;
 }
 public function imprimirSueldo()
 {
  echo 'Sueldo:'.$this->sueldo.'<br>';
 }
}

$empleado1=New Empleado();
$empleado1->edad=34;
?>
</body>
</html>
```

MÓDULO 4: MYSQL
UNIDAD Didáctica 12: SIS. DE GESTIÓN DE BASES DE DATOS

Introducción a los Sistemas de Base de Datos

1. **Base de Datos**

2. **Componentes de una Base de Datos**

3. **Tipos de Usuarios en Base de Datos**

4. **Conceptos Básicos de Base de datos**

5. **Niveles de Abstracción en Base de datos**

6. **DBMS**

7. **Integridad de Datos**

8. **Base de Datos**

9. **Recuperación de Datos**

10. **Mirror o Espejo**

11. **Seguridad de los Datos**

12. **Control y Administraciónde Recursos**

13. **Ciclo de vida de las operaciones de Base de datos**

14. **Diseño de Base de datos**

15. **Modelo Entidad – Relaciòn**

16. **Ejercicios**

Es un sistema que almacena datos que están relacionados.

Es un repositorio en donde guardamos información integrada que podemos almacenar y recuperar.

- Un conjunto de información almacenada en memoria auxiliar que permite acceso directo y un conjunto de programas que manipulan esos datos

Componentes de una Base de Datos:

- *Hardware:* constituido por dispositivo de almacenamiento como discos, tambores, cintas, etc.

- *Software:* que es el DBMS o Sistema Administrador de Base de Datos.

- *Datos:* los cuales están almacenados de acuerdo a la estructura externa y van a ser procesados para convertirse en información.

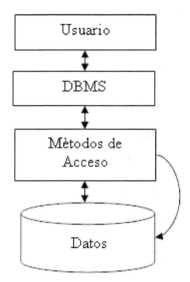

Tipos de Usuarios en Base de Datos

- *Usuario Final:* es la persona que utiliza los datos, esta persona ve datos convertidos en información:

- *Desarrollador de Aplicaciones:* es la persona que desarrolla los sistemas que interactuàn con la Base de Datos.

- *DBA:* es la persona que asegura integridad, consistencia, redundancia, seguridad este es el Administrador de Base de Datos quien sed encarga de realizar el mantenimiento diario o periòdico de los datos.

Las personas tienen acceso DBMS se clasifican de la siguiente manera:

USUARIOS NORMALES. – Son aquellos que interactuan con el sistema por medio de aplicaciones permanentes.

USUARIOS SOFISTICADOS.- son aquellos con la capacidad de acceder a la información por medios de lenguajes de consulta.

PROGRAMADORES DE APLICACIÓN.- son aquellos con un amplio dominio del DML capaces de generar nuevos módulos o utilerias capaces de manejar nuevos datos en el sistema.

USUARIOS ESPECIALIZADOS.- son aquellos que desarrollan y programan con lenguajes de programación y que se refieren precisamente al manejo de los datos, y a aplicaciones avanzadas.

Conceptos Bàsicos de Base de datos

- *Archivo:* son conjuntos de registros.

- *Registros:* son conjuntos de campos.

- *Campos:* es la minìma unidad de referencia.

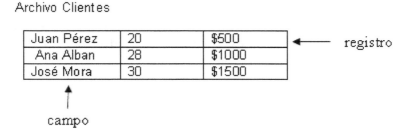

Niveles de Abstracción en Base de datos

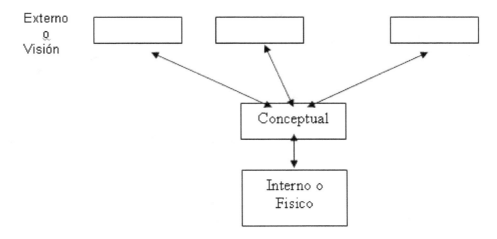

Externo: esa es la visiòn del usuario final, se ve como se maneja los datos ya convertidos en información.

Es aquel en el que se presenta al usuario final y que puede combinaciones o relaciones entre los datos que conforman a la base de datos global. Puede definirse como la forma en el que el usuario aprecia la información y sus relaciones.

Conceptual: se ve como esta estructurado la Base Datos, equipos de campo tiene como estan estructurado los registros.

Es aquel en el que se definen las estructuras *lógicas* de almacenamiento y las relaciones que se darán entre ellas. Ejemplos comunes de este nivel son el diseño de los registros y las ligas que permitirán la conexión entre registros de un mismo archivo, de archivos distintos incluso, de ligas hacia archivos.

Interno: se ve como se almacena los datos fisicamente.

Es aquel en el que se determinan las características de almacenamiento en el medio secundario. Los diseñadores de este nivel poseen un amplio dominio de cuestiones técnicas y de manejo de hardware. Muchas veces se opta por mantener el nivel físico proporcionado por el sistema operativo para facilitar y agilizar el desarrollo.

DBMS(Data Managment System (Sistema Administrador de Base de Datos))

Los **Sistemas Gestores de Bases de Datos** son un tipo de software muy específico, dedicado a servir de interfaz entre las bases de datos y las aplicaciones que la utilizan. Se compone de un lenguaje de definición de datos, de un lenguaje de manipulación de datos y de un lenguaje de consulta. En los textos que tratan este tema, o temas relacionados, se mencionan los términos SGBD y DBMS, siendo ambos equivalentes, y acrónimos, respectivamente, de Sistema Gestor de Bases de Datos y *DataBase Management System*, su expresión inglesa.

Subsistema de un DBMS

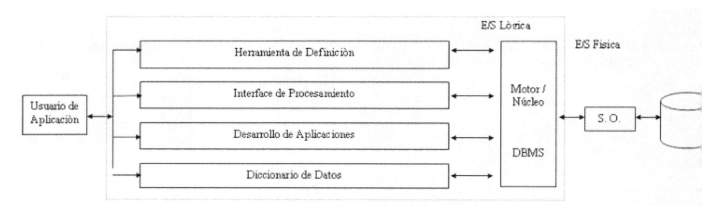

Motor ò Núcleo DBMS: recibe los requerimientos lògicos de E/S y los convierte en operaciones de lectura y escritura.

Lògicos: son cualquier tipo de consulta requerimiento de lectura con ingreso de datos (requerimiento de estructura) es ayudado por el Sistema Operativo para convertir estos requerimientos lògicos en fisicos que actuàn sobre dispositivos de almacenamiento.

Herramientas de definición: permite definir y modificar la estructura de la Base de Datos, a este nivel definimos lo que se conoce como "Esquema " que es la definición total de Base de Datos, es que definimos la estructura de la tabla, los tipos de campos, las restricciones para los campos.

- *Subesquema:* manejo de vistas de datos, de niveles externos.

- *Esquema:* manejo de niveles conceptuales.

Interface de Procesamiento: me provee de las facilidades de actualizaciòn, despliegue y visualizaciòn de datos.

Desarrollo de Aplicaciones: me permite generar una aplicación por Ej: generadores de formas, pantalla, còdigo, herramientas case, etc.

Diccionario de Datos: este es el componente al subsistema con el que interactuàn directamente el DBA, le proporciona niveles de consulta y reportes útiles para su trabajo de administración. Es la descripción de la estructura de Base de Datos y relaciones entre datos, y programas.

DBMS

Caracterìsticas y Objetos:

- *Independencia de Datos:* el DBMS me provee una independencia de mis datos vs. las aplicaciones.

- Cambio en datos no implica cambio en programas y viceversa (Menor coste de mantenimiento).

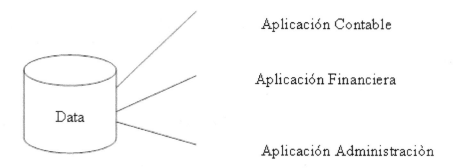

Aplicación Contable

Aplicación Financiera

Data

Aplicación Administración

Se cambia las aplicaciones y no se afecta la Data

- *Minimizar Redundancia* (Datos repetidos): desperdicio de Espacio de Almacenamiento.

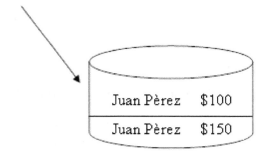

| Juan Pèrez | $100 |
| Juan Pèrez | $150 |

Independencia de datos es proteger nuestro programa de aplicaciones frente a las modificaciones en la estructura de datos y viceversa, ya sea en forma física ò lógica.

- *Independencia Física:* es protección a los programas de aplicación debido a cambios en la estructura de archivos, con cambios en las características de los campos. Ej: cambio de clave primaria a secundaria.

- *Independencia Lógica:* protección a los programas de aplicación cuando se modifica el esquema.

Redundancia, datos repetidos y distribuidos en cualquier parte. El efecto que ocasiona la redundancia es tener inconsistencia de datos y desperdicio de espacio de almacenamiento.

Esta se presenta cuando se repiten innecesariamente datos en los archivos que conforman la base de datos.

- *Inconsistencia de Datos:* dato que esta en lugar con un valor y encuentra en otro lugar con otro valor. Ej: se actualiza el archivo cliente pero no se actualiza el archivo de transacciones.

Ocurre cuando existe información contradictoria o incongruente en la base de datos.

Integridad de Datos

Integridad: conjunto de seguridades que son utilizadas para mantener los datos correctos.

Ocurre cuando no existe a través de todo el sistema procedimientos uniformes de validación para los datos.

- *Fuente de Error:* estas fuentes de error se origina si el programa de entrada de datos no esta validado. Ej: fallas de hardware, actualizaciones incompletas, defectos del software, inserción de datos no vàlidos, errores humanos.

Una tècnica que usa el BDMS de una entrada de datos no vàlida es la validación.

Validación: es proteger los datos, validar los datos en la entrada de datos. Existen tipos de validaciones:

- *Tipo de Dato:* es si se define un campo como carácter ò char y no puede ingresar nùmeros enteros.

- *Valor de Dato:* si se define un valor entero se puede especificar un rango y no se puede pasar de ese valor.

- *Valores Claves / No Nulos:* asegura registros ùnicos y cuyos valores no sean nulos.

- *Integridad Referencial:* asegura al DBMS que no exista registros hijos sin sus registros padres correspondientes.

Control de Concurrencia ò Simultaniedad

Se da en ambiente multi-usuario, tratando de acceder aun objeto de datos al mismo tiempo.

Ocurre cuando el sistema es multiusuario y no se establecen los controles adecuados para sincronizar los procesos que afectan a la base de datos. Comúnmente se refiere a la poca o nula efectividad de los procedimientos de bloqueo

Granularidad: que es el tamaño de las unidades aseguradas. Ej: la granularidad puede proteger un campo, un registro, un archivo,etc.

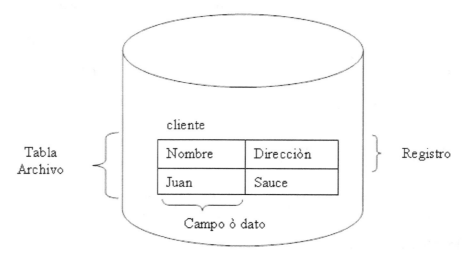

Dead-look(bloqueo): es la tècnica que evita errores de concurrencia, se da cuando se desarrolla una espera circular entre dos transacciones y cada una de estas solicita una actualizaciòn sobre el mismo archivo, no permite a otros usuarios el recurso hasta que tèrmine el proceso, se da la espera circular.

Recuperaciòn de Datos

Recuperar los datos frente a las fuentes de error mencionadas anteriormente. La restauración de la Base de Datos a su estado normal es responsabilidad del DBA, quien esl el responsable de implantar procedimientos de detecciòn de error y recuperaciòn.

El DBA es quien tiene el control centralizado de la base de datos. Se persigue con esto reducir el número de personas que tengan acceso a los detalles técnicos y de diseño para la operación del DBMS.

Las soluciones principales de un DBA son:

DEFINICION DEL ESQUEMA.- Crea el esquema original de la base de datos y genera el diccionario de datos por medio de proposiciones en DDL.

DEFINICION DE ESTRUCTURAS DE ALMACENAMIENTO Y METODOS DE ACCESO.- Se encarga de generar a seleccionar estructuras para el medio secundario y definir los métodos de acceso a la información, esto ultimo por medio de proposiciones en DML.

MODIFICACION DE ESQUEMA Y ORGANIZACIÓN.- Es una actividad poco frecuente que consiste en rediseñar el esquema de la base de datos. Esto se haría necesario ante la modificación abrupta de las condiciones originales que dieron pie al diseño del esquema primario. Las proposiciones para llevar a cabo esta tarea se realizan en DDL.

CONCESION DE AUTORIZACIONES DE ACCESO.- Se encarga de registrar a los usuarios para permitir su acceso al DBMS. Asigna a cada uno de ellos una serie de atributos que le permiten gozar de privilegios como el acceso a determinadas áreas de aplicación, de los datos o del uso de recursos en el sistema.

ESPECIFICACION DE LAS LIMITANTES DE INTEGRIDAD.- Crea una serie de tablas donde se especifica el conjunto de restricciones que serán aplicables durante los procesos de actualización

Para recuperar:

Backup(respaldo): disco duro,cinta.

- *Backup caliente:* Base de Datos esta operativa.

- *Backup frio:* Base de Datos no esta operativa.

Mirror o Espejo

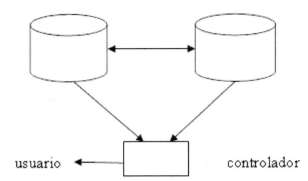

Las dos Base de Datos estan operativas. El controlador decide a que Base de Datos a puntar

usuario ← controlador

Archivos de Logs: (registro de transacciòn)

Son las transacciones diarias que se registran en la Base de Datos. Cuando ocurre un problema se acude a los archivos de logs se hace un REVERSO y tambièn se puede recuperar la ùltima transacción que se hizo.

Seguridad de los Datos

Se presentan cuando no es posible establecer claves de acceso y resguardo en forma uniforme para todo el sistema, facilitando así el acceso a intrusos.

La seguridad de los datos se puede definir en las siguientes aspectos:

- Objeto a asegurar: el primer objeto a asegurar son los objetos, programas y finalmente al esquema.

- Codificaciòn de Claves: el DBMS provee la seguridad de los Login (usuario y password).

- Control de Acceso: se especifican seguridades contra accesos indicados orientado a personas no autorizada.

Control y Administraciònde Recursos

El DBMS debe proveer al DBA de todos los mecanismos para control y administración de recursos. Para que el DBA con integridad de datos, recuperaciòn de errores e implementaciòn de seguridad.

Establecimiento de Relaciones entre Datos

El BDMS debe proveer los recursos para el establecimiento de relaciones entre los datos, cuales son las relaciones: 1 -> 1, 1 -> n, n -> n

Ciclo de vida de las operaciones de Base de datos

Etapas:

- Planificación del Proyecto

- Definición del Sistema

- Recolección y Análisis de los Requisitos

- Diseño de la Base de Datos

- Selección del SGDB / DBMS

- Diseño de la Aplicación

- Prototipo

- Implementaciòn

- Conversión y Carga de datos

- Prueba

- Mantenimiento

Estas etapas no son estrictamente secuenciales de hecho hay que repetir algunas de las etapas varias veces haciendo lo que se conoce como "Ciclos de Re-alimentaciòn" por Ej: los problemas que se encuentran en la etapa de Diseño de la Base de Datos pueden requerir una recolección de requisitos adicional y su posterior análisis.

El ciclo de vida de un desarrollo de una base de datos consta de siete pasos:

Análisis de las necesidades

Estudio de viabilidad

Definición de requisitos

Diseño conceptual / lógico

Implementación

Evaluación y Mantenimiento

Planificación del Proyecto:

Esta etapa con lleva la planificación de como se puede llevar acabo las etapas de ciclo de vida de la manera màs eficiente, hay tres componentes principales:

- El trabajo que se va arealizar.

- Los recurso para llevarlo acabo.

- El dinero para pagar todo ello.

Definición del Sistema

En esta etapa se especifica el àmbito y los ìndices de la aplicación de la Base de Datos asì como con que otros sistemas interactua. Tambièn hay que determinar quienes son los usuarios y las àreas de la aplicación.

Recolección y Análisis de los Requisitos:

En esta etapa se recoge y analiza los requerimientos de los usuarios y de las àreas de aplicación. Esta información se la puede recoger de varias formas:

- Entrevistando el personal de la empresa concretamente aquellos que son considerando expertos en la àrea que se de.

- Observando el funcionamiento de la empresa.

- Examinando documentos sobre todo aquellos que se utilizan para recoger o visualizar la información.

- Utilizando cuestionario para recoger información de grandes grupos de usuarios.

- Utilizan la experiencia adquirida en el Diseño de Sistemas similares.

Esta etapa tiene como resultado en conjunto de documentos con las especificaciones de requisitos de los usuarios en donde se describen las operaciones que se realizan en la empresa desde distintos puntos de vista.

Los requisitos de desarrollo involucran el software y hardware necesario para la implementación, los recursos humanos necesarios (tanto internos como externos), la formación al personal.

Diseño de Base de datos:

En esta etapa se crea un esquema conceptual de la base de datos. Se desarrollan las especificaciones hasta el punto en que puede comenzar la implementación. Durante esta etapa se crean modelos detallados de las vistas de usuario y sobre todo las relaciones entre cada elemento del sistema, documentando los derechos de uso y manipulación de los diferentes grupos de usuarios.

Si parte de la información necesaria para crear algún elemento establecido ya se encuentra implementado en otro sistema de almacenamiento hay que documentar que relación existirá entre uno y otro y detallar los sistemas que eviten la duplicidad o incoherencia de los datos.

El diseño consta, como se vio anteriormente, de tres fases: el diseño global o conceptual, el diseño lógico y el modelo físico.

Esta etapa consta de tres fases: diseño conceptual, diseño lògico, diseño fisico de la Base de Datos.

La primera fase consiste en la producción de un esquema conceptual que es independiente de todos los consideraciones fisicas.este modelo se refina después en un

esquema lògico eliminando las construcciones que no se puede representar en el modelo de Base de Datos escogido (relacional, orientado a objeto,etc). En la tercera

fase el esquema lògico que traduce un esquema fisico para el sistema gestor de Base de Datos escogido. La fase de diseño fisico considera las estructuras de

almacenamiento y los mètodos de acceso necesarios para proporcionar un acceso eficiente a la Base de Datos en memoria secundaria.

Selección del SGBD / DBMS:

Si no se dispone de un Sistema Gestor de Base de Datos o que se encuentre obsoleto se debe escoger un SGBD que sea adecuado para el sistema de información esta

elecciòn se debe hacer en cualquier momento antes del diseño lògico.

Diseño de aplicación:

En esta etapa de diseña los programas de aplicación que usaràn y aplicarà la Base de Datos, esta etapa el diseño de la Base de Datos son paralelos en la mayor parte de

los casos no se puede finalizar el diseño de las aplicaciones hasta que se a terminado el diseño de Base de Datos. Por otra lado la Base de Datos exige para dar soporte

a las aplicaciones por lo que ahora una retroalimentación desde el diseño de las aplicaciones al diseño de la Base de Datos. En esta etapa hay que asegurarse de que

toda la funcionalidad especificada en los requisitos de usuarios se encuentra en el diseño de la aplicación.

Prototipo:

Esta etapa es opcional es para construir prototipo de la aplicaiòn que permiten a los diseñadores y al usuario probar el sistema, un prototipo es un modelo de trabajo de las aplicaciones del sistema. El prototipo no tiene toda la funcionalidad del sistema final pero es suficiente para que los usuarios puedan usar el sistema e identificar que aspectos estan bien, cuales no son adecuados ademàs de poder sugerir mejora ò la inclusión de nuevos elementos.

Implementaciòn:

En esta etapa se crean las definiciones de la Base de Datos a nivel conceptual externo ò interno, asì como los programas de aplicación la implementaciòn de la Base de Datos se realiza mediante las sentencias SQL, estas sentencias se encargan de crear el sistema d la base, los ficheros donde se almacenaràn los datos y las vistas de los usuarios.

Los programas de aplicación se implementan utilizando lenguaje de tercera y cuarta generaciòn, partes de estas aplicaciones son transacciones de la Base de Datos que se implementan tambièn mediante lenguaje SQL. La sentencia de este lenguaje se pueden embeber en un lenguaje de programciòn anfitrion como Visual Basic, Java, etc. Tambièn se implementan en esta etapa todos l,os controles de seguridad e integridad.

Una vez totalmente detallado el modelo conceptual se comienza con la implementación física del modelo de datos, a medida que se va avanzando en el modelo el administrador del sistema va asegurando la corrección del modelo y el validador la utilidad del mismo.

Conversión y Carga de datos:

Esta etapa es necesaria cuando se esta reemplazando un sistema antiguo por uno nuevo. Los datos se cargan desde el sistema viejo al nuevo directamente ò si es necesario se convierte al formato que requiera el nuevo SGBD y luego se carga esta etapa se la suele llamar "Migraciòn".

Prueba:

En esta etapa se prueba y vàlida el sistema con los requisitos especificados por los usuarios. Para ello se debe diseñar una materia de test con datos reales que se deben llevar acabo de manera metòdica y rigurosa. Si la fase de prueba se lleva correctamente descubrirà los errores en los programas de aplicación y en la estructura de la Base de Datos.

Mantenimiento:

Una vez que el sistema esta completamente probado o implementado se pone en marcha. El sistema esta ahora en la fase de mantenimiento en la que se lleva acabo los siguientes tareas: monitoreo de las prestaciones del sistema y mantenimiento, y actualizaciòn del sistema.

En esta última etapa todos los usuarios del sistema acceden a la base de datos y deben asegurarse el correcto funcionamiento de la misma, que sus derechos son los adecuados, teniendo a su disposición cuanta información necesiten. También deberán asegurarse que el acceso a los datos es cómodo, práctico, seguro y que se han eliminado, en la medida de lo posible, las posibilidades de error.

El administrador se asegura que todos los derechos y todas las restricciones han sido implementadas correctamente y que se ha seguido en manual de estilo en la totalidad de la implementación

Modelo Entidad – Relaciòn

- *Modelaje:* es el proceso mediante el cual podemos identificar las propiedades dinàmicas ò estàticas de un dominio de aplicación con mira a su transformación en un diseño interpretable en un sistema computarizado. Es el plasmar los requerimientos de los usuarios en un programa para poder implementarlo.

- *Entidad:* es el objeto sobre el cual se requiere mantener ò almacenar información.

- *Relaciòn:* es la asociación significativa y estable entre dos entidades

- *Atributo:* son las propiedades que describen y califican una entidad. Ej: Entidad cliente(nombre, apelliido, direcciòn, edad, sexo)

Las entidades se las representa mediante cajas que se colocan el nombre de la entidad con letras mayùsculas. Ej:

Las relaciones se representan con lìneas que conectan las cajas de las entidades. Ej:

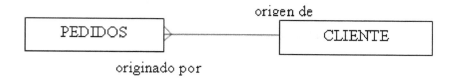

Los atributos se incluyen dentro de las cajas de las entidades y se escriben con minùsculas. Ej:

Entidades: se puede considerar entidades a los sujetos, objetos, a los eventos, a los lugares y a los abstracciones.

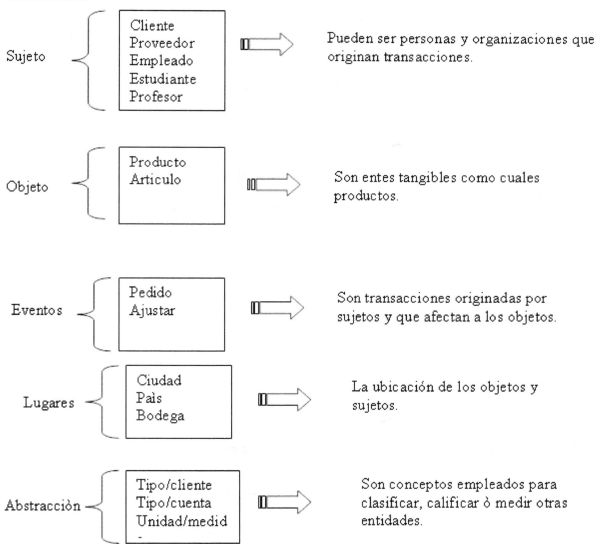

Relaciones: las relaciones tiene tres propiedades ò caracterìsticas:

- *Grado ò Cardinalidad:* que se clasifica en:

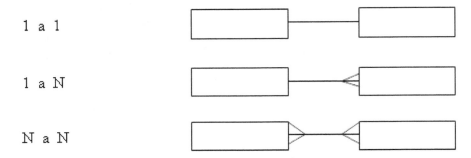

1 a 1

1 a N

N a N

- *Opcionalidad:* es la participación obligatoria u opcional en la entidad de la relaciòn.

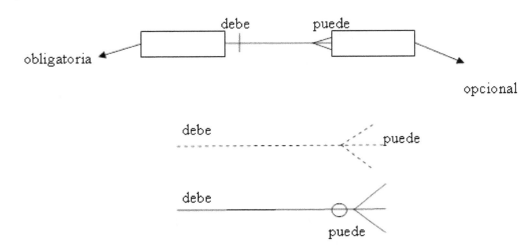

- *Leyenda:* es una expresión que escribe el rol de cada entidad en la relaciòn.

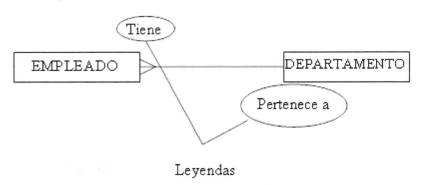

Leyendas

Como se lee el Grado ò Cardinalidad:

- *Uno a muchos:* una instancia de la entidad A se relaciona con una ò màs instancias de la entidad B.

- *Muchos a muchos:* una instancia de la entidad A se relaciona con una ò màs instancias de la entidad B y una instancia de la entidad B se relaciona con uno ò màs instancias de le entidad B.

- *Uno a uno:* una instancia de la entidad A se relaciona con uno y sòlo unainstancia de la entidad B.

Relaciòn Recursiva

Una instancia de una entidad se asocia con instancia de si misma, es opcional en los dos extremos,es decir, no hay el carácter de obligatorio. Ej:

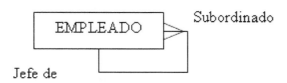

Un Empleado puede ser jefe de uno o más empleados y un
Empleado puede ser subordinado de un y sólo un Empleado

Atributo:

Los atributos son empleados para identificar, describir, calificar ò expresar el estado de una entidad.

Todo entidad posee un atributo ò combinación de atributos que se denomina "clave primaria" y que emplea para diferenciar cada instancia de los demàs.

Adicionalmente los atributos pueden ser obligatoriou opcionales.

- A los atributos que forman parte de la clave primaria se los identifica anteponiendoles el signo de numero (#).

- A los atributos obligatoriose les antepone el asterisco (*).

- A los atributos opcionales se les antepone un circulo (o).

Ejemplo:

PROFESOR	CLIENTE
# numero * fecha_colocaciòn o fecha_pago	# Código * Nombre * Dirección * Teléfono 1 o teléfono 2 o teléfono 3

En un diagrama entidad-relaciòn tambièn puede agrupar las entidades en supertipo y en subtipo.

- Los supertipo agrupa a dos ò màs entidades subtipo.

- Los subtipo heredan los atributos de las entidades supertipo.

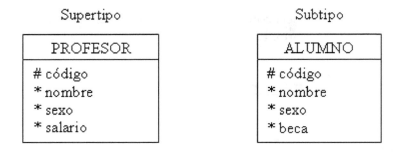

Supertipo	Subtipo
PROFESOR	ALUMNO
# código * nombre * sexo * salario	# código * nombre * sexo * beca

- Cada subtipo puede tener relaciones propias independientes del supertipo.

- Los subtipos se representan como cajas dibujadas dentro de la caja del supertipo.

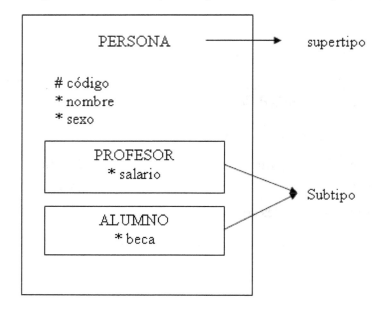

EJERCICIOS:

COMPAÑÍA DE BOTES SAN JUAN

San Juan es un agente que renta embarcaciones a los clientes por una determinada tarifa. San Juan no posee barcos, en lugar de eso los arrienda a nombre a los propietarios que deseen obtener ingresos cuando no usan sus botes. Por tal servicio San Juan cobra una cuota y se especializa en barcos que puedan usarse para viajes de varios días o semanas.

La embarcación más pequeña tiene 28 pies de largo y la más grande es de 44. Cada barco esta por completo equipado cuando se renta; gran parte del equipo proporciona el propietario, San Juan agrega otra parte. El equipo que proporciona el propietario incluye lo que es parte del bote como: radio, brújula, indicadores de profundidad. Otros importantes instrumentos como estufas y refrigeradores.

Otros que proporciona el propietario no están instalados como parte del bote tales implementos incluyen velas, cuerdas, anclas bolsas de caucho, salvavidas, y en la cabina platos, cubiertos, utensilios de cocina, etc. San Juan aporta el equipo de consumo que podría considerarse como provisiones, libros, jabón, toallas de cocina y artículos similares.

Una importante responsabilidad de San Juan es registrar el equipo que este en el bote, en particular lo que no están fijos en la embarcación.

San Juan prefiere conservar registros precisos de sus clientes y los viajes para tener estadísticas de cuales clientes han ido y en que viaje; algunos itinerarios son más peligrosos que otros por tal motivo a San Juan le gustaría saber que clientes tienen determinado experiencias.

En algunos viajes los clientes solicitan servicios de una tripulación y San Juan contrata por hora a tales personas.

Las embarcaciones necesitan mantenimiento, San Juan incluye servicios precisos de todos esos procesos y costos de mantenimiento incluyendo actividades normales como limpieza, cambia de aceite o representaciones no programadas.

En algunos casos son necesarias las invitaciones durante un viaje, en tal caso los clientes se comunican por radio con el despachador de San Juan quien determina la mejor opción para hacer la reparación. Por tanto más estas decisiones los despachadores necesitan información sobre sus opciones de reparación y antecedentes sobre costos y calidad de la reparación.

ENTIDADES:

- CLIENTE
- PROPIETARIO
- BOTE
- EQUIPO
- VIAJE
- MANTENIMIENTO

- REPARACIÓN

- TRIPULACIÓN

- TIP_EQUIPO

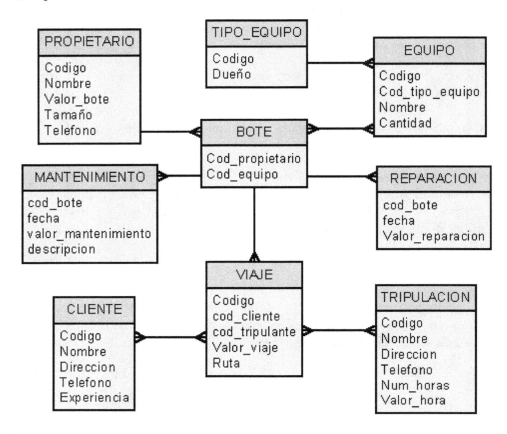

Video club

En una tienda de video se necesita mantener información de alrededor de 3000 casetas cada uno de los casetes tiene asignado un número por cada `película se necesita conocer un titulo y categoría por ejemplo: comedia, suspenso, drama, acción, ciencia ficción, etc. Se mantienen algunas copias de muchas películas. Se le da a cada película una identificación y se mantiene seguimiento de lo que contiene cada casete.

Un casete puede venir en varios formatos y una película es grabada en un solo casete; frecuentemente las películas son pedidas de acuerdo a un actor especifico Tom Cruise y Demi More son los más populares es por esto que se debe mantener información de los actores que pertenecen a cada película.

No en todas las películas actúan artistas famosos, a los clientes de la tienda le gusta conocer datos como el nombre real del actor, y su fecha de nacimiento.

En la tienda se mantienen información solo d los actores que aparecen en las películas y que se tiene a disposición. Solo se alquila videos a aquellos que pertenecen al club de videos. Para pertenecer al club se debe tener un buen crédito. Por cada miembro del club se mantiene una ficha con su nombre, teléfono y dirección, cada miembro del club tiene asignado un número de membresía. Se desea mantener información de todos los casetes que un cliente alquila, cuando un cliente alquila un casete se debería conocer e nombre de la película, la fecha en la que se alquila y la fecha de devolución.

ENTIDAD

- CLIENTE

- PELÍCULAS

- TIPO_PEL

- ACTORES

- CASETE

- ALQUILER

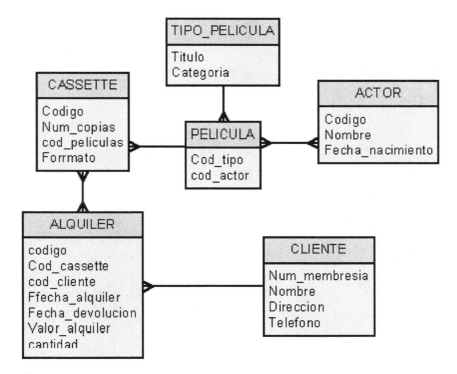

ACTOS VANDÁLICOS

Una cadena de hoteles a decidido acabar con los clientes que deterioran el mobiliario del hotel. Quieren guardar en una base de datos los clientes que han deteriorado o robado muebles y cuales son estos muebles.

En la base de datos tendremos información de cada hotel (código, dirección, teléfono), así como un conjunto de habitaciones identificadas con un número de identificación único para cada hotel y un número de inmobiliario estándar con un código, descripción precio, por ejemplo: "Silla de cuero, diseño clásico, $43 ".

Después de hacer un inventario todo el mobiliario de los hoteles esta identificado, es decir, sabemos que y cuanto elemento de mobiliario hay en cada habitación de cada hotel.

Los muebles pueden cambiar de habitación pero no necesitamos guardar la habitación antigua. Para cada habitación guardaremos también si es soleada, si tiene lavado y si tiene nevera. Cada cliente tiene información personal (cedula de identidad, nombre, etc.) y además un historial de sus actos vandálicos. Para cada cliente guardaremos que muebles y cuantos han deteriorado.

También queremos saber la estancia que ha hecho cada cliente en el hotel, guardaremos en un atributo la fecha de llegada y de salida, así como la de la habitación en la que se ha alojado.

Un cliente puede alojarse en una misma habitación del hotel en diferentes estancias.

Queremos saber los actos vandálicos (que y cuantos muebles) que ha hecho cada cliente en conjunto independientemente de la habitación que se halla producido.

Queremos saber los actos vandálicos de cada cliente en cada habitación.

ENTIDADES

- CLIENTE
- HOTEL
- HABITACIÓN
- MOBILIARIO
- ESTANCIA
- TIPO_CLIENTE
- ACTO_VANDALICO
- TIPO_HABITACION
- TIPO_MUEBLE

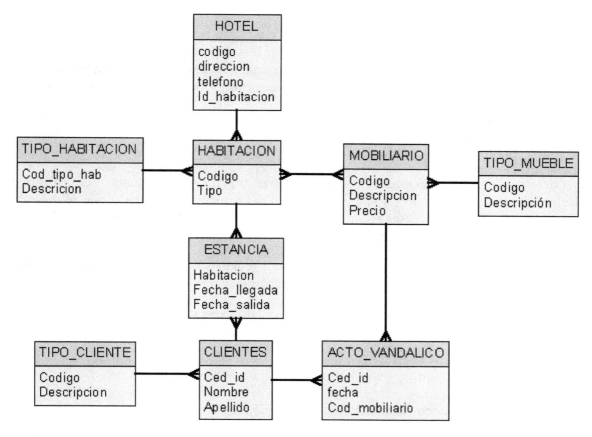

Ejercicios Propuestos

El Instituto Se pretende dotar a un centro escolar de medios informáticos con el fin de automatizar su gestión.

Descripción

En el centro se utilizan cuadernillos de notas para cada alumno, donde se ponen las notas correspondientes a cada evaluación de las asignaturas a las que asiste el alumno. Para ello es preciso tener una lista de alumnos que siguen una asignatura y una lista de alumnos que no tienen nota de una asignatura determinada. También se quiere la lista de notas dada por un profesor. Además, cada clase tiene un profesor que hace las funciones de tutor, un profesor puede ser tutor de varias clases e impartir varias asignaturas en una clase, pero una asignatura solo puede ser impartida por un profesor en una clase. En cada clase, hay también dos representantes o delegados.

Resultados a considerar

El sistema debe dar respuesta a las siguientes preguntas:

1. El profesor J. Pérez imparte Ingles en 4o C (Lista de destinos del profesor por asignatura y clase).
2. P. Sánchez es alumno de la clase 3o A (Lista de alumnos por clase).
3. P. Rodríguez ha obtenido una nota de 6 en Ingles el 12/3/97 (Libretas de notas).
4. La profesora C. Castillo es tutora de 5o B (Lista de tutores).

5. J. Largo es delegado de 3o A (Lista de delegados).

6. El profesor J. Pérez es profesor del Instituto desde Septiembre de 1992.

La asociación "Amigos de la Fiesta" desea recoger en una base de datos toda la información acerca de las corridas de todos que se celebran en España y de todos los datos relacionados con ellas.

Se desea tener información acerca de cada corrida, identificada conjuntamente por un número de orden, la feria en la que se celebra y el año de celebración (por ejemplo: orden = 2, feria = San Isidro, Año = 1999).

En una determinada corrida actúan una serie de toreros (mínimo 1 y máximo 3) de los que desea guardar su DNI, nombre, apodo y fecha en que tomó la alternativa (fecha en la que se convirtió en matador de toros). Además se desea saber quien fue el torero que le dio la alternativa (padrino) en su día (un torero puede dar la alternativa a varios toreros o a ninguno).

En cada corrida un torero obtiene una serie de premios (cuántas orejas, cuántos rabos y si salió por la puerta grande o no) de los que se desea mantener información.

Cada torero puede tener un apoderado del que es protegido. A su vez, un apoderado lo puede ser de varios toreros. De él se desea saber su DNI, nombre, dirección y teléfono.

Una corrida se celebra en una plaza de toros de la que se desea saber su nombre que se supone único, localidad, dirección y aforo.

En una misma plaza se pueden celebrar varias corridas de toros.

En cada corrida son estoqueados al menos 6 toros. Cada toro viene identificado por el código de la ganadería a la que pertenece, el año en que nació y un número de orden. Además se desea mantener información acerca de su nombre y color así como el orden en que fue toreado.

Cada toro pertenece a una ganadería determinada. De cada ganadería se pretende saber su código, localidad y antigüedad (fecha de creación).

Ejemplos de Enunciados

1.

2. Cada orden de comprar da lugar a una factura.

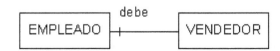

3. Un empleado pueden o no puede ser un vendedor pero un vendedor puede ser un empleado.

4. Un cliente solamente puede enviar una orden de compra al mismo tiempo cualquier persona que no tenga una orden pendiente no es un cliente.

5. Un cliente es un cliente sin importar el número de orden de compra que tenga pendiente hasta la fecha. Cada orden de compra pertenece a un cliente.

6. Un vendedor puede tener una o más clientes.

7. Cada producto que tenemos en stock esta compuesto de uno ó más partes, cada parte es usada en un solo producto.

MODELO RELACIONAL

Modelo Relacional	Programador	Campo
Relación	Archivo	Tabla
Tupla	Registro	Fila
Atributo	Campo	Columna

El conjunto de una base de datos es el conjunto de tabla relacional.

La tabla.- Es un conjunto de restricciones.

NORMALIZACIÓN.- El proceso que revisa que la tabla este bien estructurado se llama normalización.

La normalización esta basada en el concepto de formas normales cada forma normal tiene un conjunto de reglas que deben ser verificada (1NF, 2NF, 3NF).

Estas formas normales son anidados, es decir que para que una relación este en 3FN debe haber pasado por 2FN y esta por la 1FN.

Conceptos usados en la normalización

- **Dependencia Funcional.-** es la relación que existe entre dos atributos. Ejemplo:

Dado un valor de X existe un valor de Y entonces Y es funcionalmente dependiente de Y.

EMPLEADO

Cod_empleado	Nombre
001	Juan Perez
002	Ana Quiroz
X à Y	

- **Claves o llaves.-** Es el atributo que le da la diferencia a cada tabla este atributo hace que no tengamos tuplas o filas repetidas.

Cod_cliente	Nombre_cliente
001	Juan Perez
002	Ana Quiroz
003	Ana Quiroz
004	Juan Perez
005	José Lopez

- **Dependencia transitoria.-** Es la dependencia que esta encadenada.

X Y Z = Dado un valor de "X" existe un valor de "Y" y dado un valor de "Y" existe un valor de "Z" entonces se dice que "z" es transitivamente dependiente de "X".

X ——————————————————— Y

Codigo_empleado	Nombre_empleado	Cod_departamento
001	Juan Perez	01
002	Ana Quiroz	02
003	Jorge Tean	02
004	Juan Perez	03

Z

Cod_departamento	Nombre_departamento
01	Juan Perez
02	Ana Quiroz
03	Ana Quiroz

Primera Forma Normal (1FN)

1. Las celdas o campos deben tener valores singulares.

2. Las entradas de cualquier columna o atributo deben ser de la misma clase.

3. Cada columna debe tener un nombre único.

4. Dos filas o tuplas no pueden ser iguales.

ID	Deporte	Valor
100	Ski	200
150	Natación	50
175	Squas	50
200	Natación	50

Al realizar operaciones sobre la tabla se pueden presentar problemas, estos problemas son llamadas anomalías, estas anomalías pueden ser de inserción, actualización, eliminación, etc.

Segunda Forma Normal (2FN)

Todo atributo no clave depende de un atributo clave "Eliminar dependencias parciales a la clave Primaria de una Tabla"

Tercera Forma Normal (3FN)

Una relación esta en 3FN si y solo si esta en 2FN y tiene dependencias transitivas, es decir, dependencia encadenada.

EJERCICIO APLICANDO NORMALIZACION

EMPRESA XYZ

| Cliente: _____ | | | | | | N° Factura: _____ | | | |
| Fecha: _____ | | | | | | N° Orden: _____ | | | |

Código Producto	Detalle	Tamaño	Cantidad			Precio Venta	Precio Dscto.	Precio Especial	Valor
			O	E	R				
xxx	xxxxxx	xx	x			xxx.xx	xxx.xx	xxx.xx	xxx.xx
xxx	xxxxxx	xx		x		xxx.xx	xxx.xx	xxx.xx	xxx.xx
xxx	xxxxxx	xx			x	xxx.xx	xxx.xx	xxx.xx	xxx.xx

Total Factura $ xxx.xx

- **1FN**

```
    Número_factura

    Fecha_factura

    Total_factura

*   Numero_orden

    Fecha_orden

    Cta_bco_cliente
*
    Nombre_cliente
*
    Direccion_cliente

    Direccion_entrega

    Codigo_producto
*
    Descripcion_producto

    Tamaño_producto

    Cantidad_ordenada

    Cantidad_entregada

    Cantidad_restante

    Precio_venta
```

Precio_dscto

Precio_especial

Valor_linea

- **2FN**

* Número_factura

Fecha_factura

Total_factura

* Numero_orden

Fecha_orden

* Cta_bco_cliente

Nombre_cliente

Direccion_cliente

Direccion_entrega

Codigo_producto

Descripcion_producto

Tamaño_producto

Cantidad_ordenada

* Cantidad_entregada

Cantidad_restante

Precio_venta

Precio_dscto

Precio_especial

Valor_linea

- **3 FN**

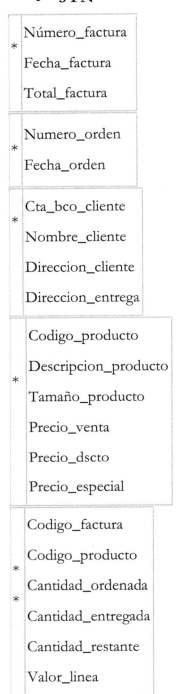

Número_factura

Fecha_factura

Total_factura

Numero_orden

Fecha_orden

Cta_bco_cliente

Nombre_cliente

Direccion_cliente

Direccion_entrega

Codigo_producto

Descripcion_producto

Tamaño_producto

Precio_venta

Precio_dscto

Precio_especial

Codigo_factura

Codigo_producto

Cantidad_ordenada

Cantidad_entregada

Cantidad_restante

Valor_linea

Ejercicio 1. Actos vandálicos

Una cadena de hoteles ha decidido acabar con los clientes que deterioran el mobiliario del hotel. Quieren guardar en una base de datos los clientes que han deteriorado o robado muebles y cuáles son estos muebles.

En la base de datos tendremos información de cada hotel (código, dirección y teléfono), así como un conjunto de habitaciones identificadas por un número de habitación único para cada hotel y un conjunto de elementos de mobiliario estándard con un código, descripción y precio, por ejemplo: "silla de cuero diseño clásico, 98'75 €".

Después de hacer un inventario, todo el mobiliario de los hoteles está identificado, es decir, sabemos qué y cuantos elementos de mobiliario hay en cada habitación de cada hotel. Los muebles pueden cambiar de habitación, pero no necesitamos guardar la habitación antigua.

Para cada habitación, guardaremos también si es soleada, si tiene lavabo y si tiene nevera. Cada cliente tiene información personal (DNI, nombre, etc), y además un historial de sus actos vandálicos: para cada cliente guardaremos qué muebles y cuántos ha deteriorado.También queremos saber las estancias que ha hecho cada cliente en los hoteles, guardando en un único atributo la fecha de llegada y la de salida, así como la habitación en que se ha alojado. Un cliente puede alojarse en una misma habitación de hotel en diferentes estancias.

Ejercicio 1.1: Queremos saber los actos vandálicos (qué y cuantos muebles) que ha hecho cada cliente en conjunto, independientemente de la habitación y hotel que se hayan producido.

Ejercicio 1.2: Queremos saber los actos vandálicos de cada cliente en cada habitación del hotel.

Ejercicio 2. Almacenes

Unos almacenes quieren hacer un estudio sobre los hábitos de compra de sus clientes. Disponen de un conjunto de artículos identificados por su código de barras, cada uno con una descripción y el nombre de su fabricante. Para cada artículo, quieren probar diversas colocaciones para estudiar como varía su venta.

Para cada colocación tendremos un precio y un lema (del tipo "Más dulces que la miel"), no necesariamente diferentes. Como un artículo y un lugar determinan una colocación, no puede existir una colocación sin ningún artículo.

Los clientes de nuestro almacén se identifican por su nombre, número de visa, y además queremos guardar su dirección y teléfono. De las compras que realizan, sólo queremos saber qué articulo, en qué colocación y el número de unidades que ha comprado. Diversas compras del mismo artículo en la misma colocación se acumulan en la misma tupla sumando el número de unidades.

Ejercicio 3. Biblioteca

En una biblioteca hay que guardar la información de todas las publicaciones que se tienen. Cada publicación tiene un título único. Las publicaciones pueden ser periódicas o no. De las periódicas hay que saber su periodicidad. Las publicaciones periódicas constan de revistas, cada una definida por un volumen, número y año. Cada revista contiene artículos, especificados por autores, título y páginas de la revista. De cada revista (volumen y número) se puede tener más de un ejemplar, caracterizado por un número de ejemplar. Se puede tener más de un ejemplar, aunque no de todos los volúmenes o números.

Las publicaciones se pueden clasificar en diferentes temas, que pueden estar agrupados en una relación jerárquica de tema-subtema.

Los socios de la biblioteca pueden coger en préstamo todas las publicaciones periódicas que deseen por un periodo de quince días. Los préstamos siempre hacen referencia a los ejemplares concretos de las publicaciones. Si al solicitar un préstamo de una publicación, ésta tiene todos los ejemplares ocupados, el socio se puede poner en una lista de espera para la publicación periódica, para ser avisado en el momento que se devuelva alguno de los ejemplares.

Ejercicio 4. Electricista

La empresa de suministros eléctricos "El Chispa" te encarga hacer un diseño de BD de control de stocks y facturación con los siguientes requerimientos:

"El Chispa" vende artículos. De cada artículo se quiere guardar el código del artículo, nombre, color, medidas, fabricante y precio de venta. Por ejemplo:

E12, enchufe txuco, blanco, 9x 9 cm, Simon, 2'10 €.

Un artículo no puede ser suministrado por más de un fabricante y no queremos guardar los precios de venta antiguos, sólo el actual.

De cada fabricante queremos guardar infomación del código del fabricante, nombre, dirección, población, teléfono y forma de pago (al contado, cheque o transferencia).

De cada venta "El Chispa" hace un Doc de entrega/venta, donde constan el código de entrega/venta, fecha, datos del cliente, número y código de los artículos vendidos, precio por unidad y precio total por artículo (número de unidades x precio/unidad).

A finales de mes o cuando toque, se agrupan los albaranes hechos a un cliente en una factura donde queremos que conste: código de factura, fecha, datos del cliente, la información de cada albarán (número y nombre de los artículos, precio por unidad y precio total por artículo), total de la factura, forma de pago y vencimiento en caso que el pago no sea al contado. Todo albarán sólo se puede facturar una sola vez.

De un cliente se quiere guardar el NIF, nombre, dirección, población y teléfono. Una factura pertenece únicamente a un cliente.

Tenemos un único almacen donde guardamos todos los artículos. Queremos guardar el número de artículos que tenemos en el almacen en un momento determinado.

Los fabricantes envian artículos al almacen. Queremos guardar los envíos de entrada al almacen. Todo envío consta únicamente de un artículo. De cada envío queremos saber la fecha, código del artículo y número de unidades enviadas. Un fabricante puede enviar el mismo día unidades de un mismo artículo. En este caso se suma el número de unidades enviadas en la misma fecha.

Ejercicio 5. Conflictos bélicos

Una organización internacional quiere hacer un seguimiento de los conflictos bélicos que se producen en el mundo. Por esto quiere crear una BD que responda a los siguientes requerimientos:

Un conflicto es cualquier lucha armada que afecte a uno o a diversos paises, donde se producen muertos i/o heridos. Todo conflicto se identificará por un nombre o causa que provoca el conflicto. Este nombre puede cambiar con el paso del tiempo, por lo que cada conflicto se identificará con un código numérico único. Para cada conflicto se quiere guardar los paises que afecta así como el número de muertos y heridos par cada país y el total.

Los conflictos pueden ser de diferentes tipos, según la causa que los haya originado, clasificándose, como mucho, en cuatro grupos: territoriales, religiosos, económicos y raciales. En cada uno se guardarán diferentes datos. En los territoriales tendremos las regiones afectadas, en los religiosos las religiones en conflicto, en los económicos las materias primas disputadas y en los raciales las razas enfrentadas.

En los conflictos intervienen diferentes grupos armados (como mínimo dos) y diferentes organizaciones intermediarias, pudiendo no haber ninguna. Los mismos grupos armados y organizaciones intermediarias pueden intervenir en diferentes conflictos. Tanto los grupos como las organizaciones podrán entrar y salir del conflicto. En este caso se recogerán las fechas de incorporación y de salida. Podría ser que en un momento determinado un grupo u organización no interviniera en ningún conflicto.

Para cada grupo armado se guarda un código que se le asigna y un nombre. Cada grupo armado dispone de una o más divisiones y es liderado por un único líder político. Las divisiones de que dispone un grupo se numeran consecutivamente y se registra el número de barcos, tanques, aviones y hombres de que dispone así como les bajas que ha tenido. Para los grupos armados se obtiene el número de bajas como la suma de las bajas producidas en todas las divisiones.

Los traficantes de armas suministran diferentes tipos de armamento a los grupos armados. De cada tipo de arma se recoge un nombre y un indicador de su capacidad destructiva. De cada traficante se tiene un nombre y los diferentes tipos y cantidades de armas que puede suministrar. Se guarda el número total de armas de cada tipo que cada traficante suministra a un grupo armado.

Los líderes políticos se identifican por su nombre y por código del grupo armado que lideran.

Además se guarda una descripción en texto de los apoyos que ha recibido.

Cada división la pueden dirigir conjuntamente un máximo de tres jefes militares, a pesar de que cada jefe militar no dirige más que una división. A cada jefe militar se le identifica por un código y rango que tiene. Dado que un jefe militar no actúa por iniciativa propia, sino por iniciativa de un único líder político de los que lideran el grupo armado donde pertenece el jefe, queremos saber quién es este líder político a quien obedece.

De las organizaciones intermediarias se recojerá su código, nombre, tipo (gubernamental, no gubernamental, internacional), la organización de quien depende (una como máximo), el número de personas que mantiene desplegadas en cada conflicto y el tipo de ayuda que da en cada conflicto que puede ser únicamente uno dels siguientes tipos: médica, diplomática o presencial.

Con diferentes finalidades, los líderes políticos dialogan con las organizaciones. Se desea recoger explícitamente esta información. Así, para cada líder se guardarán aquellas organizaciones con las que dialoga y viceversa.

Ejercicio 6. Parques naturales

El ministerio de Medio Ambiente decide crear un sistema de información sobre parques naturales gestionados por cada Comunidad Autónoma. Después de un análisis exhaustivo del contexto se ha llegado a las siguientes conclusiones:

Una Comunidad Autónoma (CA) puede tener varios parques naturales. En toda la comunidad autónoma existe un único organismo responsable de los parques. Un parque puede estar compartido por más de una comunidad.

Un parque natural se identifica por un nombre y la fecha en que fué declarado parque natural, y está compuesto por varias áreas identificadas por un nombre (único dentro del parque pero puede ser genérico entre parques naturales) y una extensión en kilómetros cuadrados. Por motivos de eficiencia se quiere favorecer las consultas que hagan referencia al número de parques existentes en cada CA y la superficie total declarada como parque natural en cada CA.

En cada área residen especies que pueden ser de tres tipos: vegetales, animales i minerales.

Cada especie tiene una denominación científica, una denominación vulgar y un número de individuos en cada área. De las especies vegetales se quiere saber si tienen floración y en qué periodo (mes) se produce. De los animales se quiere saber su tipo de alimentación (herbívora, carnívora u omnívora) y su periodo de celo. De los minerales se quiere saber si se trata de cristales o rocas. Interesa, además, registrar qué especies sirven de alimento a otras especies, teniendo en cuenta que ninguna especie mineral se considera alimento de ninguna otra especie y que una especie vegetal no se alimenta de ninguna otra especie.

Cada parque tiene un personal en dedicación exclusiva. De este personal se guarda el DNI, número de la SS, nombre y apellidos, dirección, teléfonos (fijo y movil) y sueldo. Se distinguen cuatro tipos de personal:

• Personal de gestión: registra los datos de los visitantes del parque y se situan a la entrada del parque. Las entradas se identifican por un número y orientación (N, S, E, O).

• Personal de vigilancia: vigila una área determinada del parque que recorre un vehículo de un tipo determinado y con una matrícula.

• Personal de conservación: mantiene y conserva un área determinada del parque. Cada uno realiza una tarea determinada (limpiar, dar de comer, jardinería, etc.) en un lugar concreto del área (caminos, zona recreativa, jardines, etc.).

• Personal investigador: tiene una titulación que hay que guardar y puede realizar sólo o en grupo proyectos de investigación sobre una determinada especie.

Un proyecto de investigación tiene un título, presupuesto, un único investigador principal, un periodo de realización y un conjunto de investigadores que participan.

Un visitante (DNI, nombre, apellidos, dirección y profesión) puede alojarse en els alojamientos que tiene el parque. Los alojamientos tienen una capacidad limitada y una determinada categoría.

Los alojamientos organizan excursiones al parque en vehículo o a pié unos determinados días de la semana y a horas determinadas. Para ir a estas excursiones hay que ser visitante del parque.

Ejercicio 7. ONG

La coordinadora nacional de ONGs quiere mantener una base de datos de las asociaciones de este tipo que existen en nuestro país. Por ello necesita guardar información sobre cada asociación, los socios que las forman, los proyectos que realizan y los trabajadores que particpan. De las asociaciones se quiere almacenar su CIF, nombre, dirección, provincia, el tipo de ONG (ecologista, de integración, de desarrollo, etc.) así como si está declarada de utilidad pública por el Ministerio de Interior.

Cada asociación está formada por socios de quienes se quiere conocer su DNI, nombre y apellidos, dirección, provincia, fecha de alta de la asociación, cuota mensual con la que colaboran y la aportación anual que realizan. La aportación anual será el total de las cuotas mensuales más otras aportaciones voluntarias.

Cada trabajador de una ONG se identifica por su DNI, nombre y apellidos, dirección, teléfonos y fecha de ingreso. Todo trabajador trabaja para una única ONG. Estos trabajadores pueden ser de dos tipos: profesionales y voluntarios. Los profesionales cobran un sueldo y ocupan un cierto cargo en la asociación. Se quiere guardar el cargo que ocupan, la cantidad que pagan a la SS i el porcentaje de IRPF que se les descuenta. Los voluntarios trabajan en la organización desinteresadamente. Queremos saber de ellos su edad, profesión y horas que dedican a la asociación.

Las asociaciones realizan proyectos a los cuales están asignados sus trabajadores. Un trabajador puede trabajar en diferentes proyectos de un mismo país. De cada proyecto se quiere almacenar un número de identificación en la ONG, país y región donde se realiza, el objectivo que pretende y el nombre de personas que afecta.

Ejercicio 8. Pinacoteca

El Ministerio de Educación y Ciencia quiere tener información sobre todos los cuadros que se encuentran en las pinacotecas.

De cada pinacoteca se quiere saber el nombre único, ciudad donde se encuentra, dirección y extensión en metros cadrados.

Cada pinacoteca tiene un conjunto de cuadros de los cuales se quiere guardar el código (único para todas las pinacotecas), nombre, medidas, fecha en que se pintó y técnica utilizada par pintarlo.

Cada cuadro es pintado por un único pintor, del que queremos saber el nombre y apellidos, ciudad y país donde nació, fecha de nacimiento y fecha de la muerte. Un pintor puede tener un único maestro, pero un maestro puede serlo de varios pintores.

Los pintores pueden pertenecer o no a una escuela de la cual se quiere saber el nombre así como el país y fecha en que apareció.

Los pintores pueden tener también uno o varios mecenas que los protejen. De los mecenas queremos saber el nombre y apellidos, país y fecha de nacimiento, fecha de la muerte y la fecha de inicio y final del soporte que dió al pintor. Un mecenas puede serlo de varios pintores y un pintor puede tener varios mecenas en periodos diferentes. Se quiere recoger la relación que existe entre un pintor y su mecenas.

Ejercicio 9. Proyectos de investigación

En la UAB se quiere llevar un un control sobre els proyectos de investigación que se realizan.

Se quiere diseñar una BD que contenga toda la información sobre los proyectos, departamentos, grupos de investigación y profesores. Se consideran los siguientes requisitos: Un departamento se identifica por un nombre, código, centro (Facultad o Escuela) donde está situado, dirección, profesor de la universidad que ejerce como director de departamento y un teléfono de contacto (secretaría de departamento).

Dentro de un departamento se crean Unidades donde están adscritos los profesores. Todo profesor ha de pertenecer a una unidad. Cada unidad tiene un nombre único dentro de la universidad, pertenece a un único departamento i está asociada a un área de conocimiento (CCIA, ATC, etc.). Cada unidad tiene un jefe de unidad que ha de ser profesor de universidad.

Un profesor del departamento está identificado por un DNI, nombre y apellidos, años de experiencia en investigación, unidad a la que pertenece y proyectos en que trabaja. Existen tres tipos de profesorado: Funcionario (Catedráticos de Universidad y Titulares de Universidad), Ayudantes de Universidad y Asociados. Del personal funcionario queremos saber el código de funcionario, el año de su toma de posesión y perfil de la asignatura a la que opositó. De los Ayudantes de Universidad queremos saber la fecha de incorporación. Del Asociado queremos saber la fecha de incorporación y la empresa en que trabaja.

Cada proyecto de investigación tiene un nombre, código único, presupuesto, fechas de inicio y final del proyecto y un único profesor que ejerce de investigador principal del proyecto. Un proyecto puede estar financiado por uno o varios programas nacionales.

Un programa nacional viene identificado per un nombre único y la cantidad total de dinero que el programa dispone para financiar proyectos. Dentro de cada programa cada proyecto tiene un número asociado y una cantidad de dinero con que el programa financia el proyecto.

Un profesor puede participar en varios proyectos y puede ser investigador principal de varios proyectos. En cada proyecto un profesor se incorpora en una determinada fecha y lo abandona en otra con una determinada dedicación (horas por semana). Un profesor puede incorporarse más de una vez a un proyecto en fechas separadas.

Ejercicio 10. Reserva de salas

La ETSE quiere controlar el sistema de reservas de sus salas que pone a disposición del personal de la Escuela durante un curso académico con las siguientes restricciones:

De cada sala (sala de grados, sala de actos, seminarios, aulas) queremos saber el código (Q2/xxxx,Q0/xxxx, etc.), el tipo de sala (aula, seminario, sala de actos, sala de grados, etc.), capacidad y equipamiento audiovisual que contiene de forma permamente.

Del equipamiento audiovisual que tiene la Escuela queremos guardar un código único, nombre (proyector, cañón, etc.), si és permanente o móvil y la sala donde se encuentra, caso de que sea fijo. Tenemos cuatro tipos de equipamiento: cañón de proyección, projector de transparencias, proyector de diapositivas y ordenador. Del cañón de proyección queremos saber la marca, modelo, luminosidad y resolución máxima en la que trabaja. Del proyector de transparencias queremos conocer su luminosidad y si acepta transparencias en color o no. Del proyector de diapositivas interesa guardar la marca, modelo, si admite cargador clásico o moderno y luminosidad. Del ordenador queremos saber el procesador, RAM y resolución máxima.

Un profesor puede reservar una sala en una fecha concreta (dia, mes y año) a intervalos de hora (de 12:00 a 13:00, de 17:00 a 18:00). Cuando reserva la sala, el profesor también reserva todo el equipamiento fijo que contiene la sala.

Un profesor también puede reservar equipamiento audiovisual móvil con un número variable (2 cañones, 3 proyectores, etc.) en una fecha concreta (día, mes y año) a intervalos de una hora. Dada una fecha y una hora, queremos saber las salas disponibles y el equipamiento audiovisual disponible. A finales de curso queremos saber el grado de ocupación de las salas.

Manipulación de datos

Creación de la base de datos

El nombre de la base de datos que vamos a crear será **videoteca**. Crearemos la base de datos utilizando estas dos líneas:

DROP DATABASE IF EXISTS videoteca;

CREATE DATABASE videoteca;

Con la primera de ellas le decimos a MySQL que borre la base de datos de películas en caso de que exista. La segunda línea es la que se encarga de la creación de nuestra base de datos.

Creación de la tabla

Crearemos la tabla de películas dentro de la base de datos creada anteriormente.

USE videoteca;

DROP TABLE IF EXISTS pelicula;

CREATE TABLE pelicula(

  titulo VARCHAR(64),

  director VARCHAR(128),

  actor VARCHAR(128)

);

La primera línea nos permite indicar a MySQL la base de datos con la que queremos trabajar. De esa forma, MySQL sabrá que las siguientes instrucciones que reciba irán referidas a esa base de datos.

A continuación le pedimos a MySQL que borre la tabla **pelicula** si ya existe. Como puede comprobar, en ninguna parte de esta instrucción se hace referencia a ninguna base de datos. Esto es así gracias a la instrucción anterior, en la que indicamos con qué base de datos íbamos a trabajar.

Y llegamos a la parte complicada. A partir de la tercera línea le damos instrucciones a MySQL para que cree una tabla nueva, llamada **pelicula**, dentro de la base de datos **videoteca**. No se preocupe demasiado por la sintaxis de estas instrucciones, por ahora basta con que sepa que estas instrucciones le indican a MySQL las columnas que tendrá la tabla pelicula y el tipo de datos de cada una de ellas. En este caso, todos los campos contendrán información de texto.

Primera inserción

En nuestro ejemplo sólo tenemos una tabla llamada **pelicula**, con tres columnas: **titulo**, **director** y **actor**. Podemos pedir a MySQL que inserte una nueva fila utilizando las siguientes instrucciones:

```
USE videoteca;
INSERT INTO pelicula (titulo, director, actor)
VALUES(
  'Blade Runner',
  'Ridley Scott',
  'Harrison Ford'
);
```

En primer lugar, le decimos a MySQL que queremos trabajar con la base de datos **videoteca**. A continuación le pedimos algo así como "inserta en la tabla pelicula, en el campo titulo, 'Blade Runner', en el campo director, 'Ridley Scott' y en el campo actor 'Harrison Ford'".

Resto de inserciones

Utilice las siguientes instrucciones para realizar algunas inserciones más en la tabla y así disponer de otros datos con los que poder jugar:

```
USE videoteca;

INSERT INTO pelicula (titulo, director, actor)
VALUES(
  'Alien',
  'Ridley Scott',
  'Sigourney Weaver'
);

INSERT INTO pelicula (titulo, director, actor)
VALUES(
  'Doce monos',
  'Terry Gilliam',
  'Bruce Willis'
);

INSERT INTO pelicula (titulo, director, actor)
VALUES(
  'Contact',
  'Robert Zemeckis',
  'Jodie Foster'
);
```

```
INSERT INTO pelicula (titulo, director, actor)
VALUES(
  'Tron',
  'Steven Lisberger',
  'Jeff Bridges'
);
```

```
INSERT INTO pelicula (titulo, director, actor)
VALUES(
  'La guerra de las galaxias',
  'George Lucas',
  'Harrison Ford'
);
```

Consulta simple

Vamos a ver todos los registros que hay en la tabla **pelicula**. Para ello, debemos ejecutar las siguientes instrucciones:

```
USE videoteca;
SELECT * FROM pelicula;
```

Consulta con condición

Las siguientes instrucciones devuelven sólo las películas dirigidas por Ridley Scott:

```
USE videoteca;
SELECT
  *
FROM
  pelicula
WHERE
  director='Ridley Scott';
```

Consulta con ordenación

Utilice estas instrucciones para obtener sólo el título de las películas dirigidas por Ridley Scott, ordenadas alfabéticamente:

```
USE videoteca;
SELECT
  titulo
```

```
FROM
  pelicula
WHERE
  director='Ridley Scott'
ORDER BY
  titulo;
```

Modificación

Utilizaríamos las siguientes instrucciones para modificar el título de la una película:

```
USE videoteca;
UPDATE
  pelicula
SET
  titulo='Star Wars'
WHERE
  titulo='La guerra de las galaxias';
```

Borrado

Para eliminar registros de un tabla necesitamos decirle a MySQL qué criterios cumplen dichos registros. Por ejemplo, hemos visto tantas veces *La guerra de las galaxias* que la cinta se ha rallado. El criterio de selección del registro a eliminar podría ser el título de la película. De esa manera:

```
USE videoteca;
DELETE
FROM
  pelicula
WHERE
  titulo='Star Wars';
```

Más ejercicios de repaso de mantenimiento de datos en bb.dd., una base de datos sin datos no sirve para mucho, de modo que veremos cómo agregar, modificar o eliminar los datos que contienen nuestras bases de datos.

Inserción de nuevas filas

La forma más directa de insertar una fila nueva en una tabla es mediante una sentencia . En la forma más simple de esta sentencia debemos indicar la tabla a la que queremos añadir filas, y los valores de cada columna. Las columnas de tipo cadena o fechas deben estar entre comillas sencillas o dobles, para las columnas númericas esto no es imprescindible, aunque también pueden estar entrecomilladas.

```
mysql> INSERT INTO gente VALUES ('Fulano','1974-04-12');
```

Query OK, 1 row affected (0.05 sec)

mysql> INSERT INTO gente VALUES ('Mengano','1978-06-15');
Query OK, 1 row affected (0.04 sec)

mysql> INSERT INTO gente VALUES
   -> ('Tulano','2000-12-02'),
   -> ('Pegano','1993-02-10');
Query OK, 2 rows affected (0.02 sec)
Records: 2 Duplicates: 0 Warnings: 0

mysql> SELECT * FROM gente;

```
+---------+------------+
| nombre  | fecha      |
+---------+------------+
| Fulano  | 1974-04-12 |
| Mengano | 1978-06-15 |
| Tulano  | 2000-12-02 |
| Pegano  | 1993-02-10 |
+---------+------------+
```
4 rows in set (0.08 sec)

mysql>

Si no necesitamos asignar un valor concreto para alguna columna, podemos asignarle el valor por defecto indicado para esa columna cuando se creó la tabla, usando la palabra *DEFAULT*:

mysql> INSERT INTO ciudad2 VALUES ('Perillo', DEFAULT);
Query OK, 1 row affected (0.03 sec)

mysql> SELECT * FROM ciudad2;

```
+---------+-----------+
| nombre  | poblacion |
+---------+-----------+
| Perillo |      5000 |
+---------+-----------+
```
1 row in set (0.02 sec)

mysql>

En este caso, como habíamos definido un valor por defecto para población de 5000, se asignará ese valor para la fila correspondiente a 'Perillo'.

Otra opción consiste en indicar una lista de columnas para las que se van a suministrar valores. A las columnas que no se nombren en esa lista se les asigna el valor por defecto. Este sistema, además, permite usar cualquier orden en las columnas, con la ventaja, con respecto a la anterior forma, de que no necesitamos conocer el orden de las columnas en la tabla para poder insertar datos:

mysql> INSERT INTO ciudad5 (poblacion,nombre) VALUES

   -> (7000000, 'Madrid'),

   -> (9000000, 'París'),

   -> (3500000, 'Berlín');

Query OK, 3 rows affected (0.05 sec)

Records: 3 Duplicates: 0 Warnings: 0

mysql> SELECT * FROM ciudad5;

```
+-------+--------+-----------+
| clave | nombre | poblacion |
+-------+--------+-----------+
|     1 | Madrid |   7000000 |
|     2 | París  |   9000000 |
|     3 | Berlín |   3500000 |
+-------+--------+-----------+
```

3 rows in set (0.03 sec)

mysql>

Cuando creamos la tabla "ciudad5" definimos tres columnas: 'clave', 'nombre' y 'poblacion' (por ese orden). Ahora hemos insertado tres filas, en las que hemos omitido la clave, y hemos alterado el orden de 'nombre' y 'poblacion'. El valor de la 'clave' se calcula automáticamente, ya que lo hemos definido como auto-incrementado.

Existe otra sintaxis alternativa, que consiste en indicar el valor para cada columna:

mysql> INSERT INTO ciudad5

   -> SET nombre='Roma', poblacion=8000000;

Query OK, 1 row affected (0.05 sec)

mysql> SELECT * FROM ciudad5;

```
+-------+--------+-----------+
```

```
| clave | nombre | poblacion |
+-------+--------+-----------+
|   1 | Madrid |   7000000 |
|   2 | París  |   9000000 |
|   3 | Berlín |   3500000 |
|   4 | Roma   |   8000000 |
+-------+--------+-----------+
```

4 rows in set (0.03 sec)

mysql>

Una vez más, a las columnas para las que no indiquemos valores se les asignarán sus valores por defecto. También podemos hacer esto usando el valor *DEFAULT*.

Para las sintaxis que lo permitem, podemos observar que cuando se inserta más de una fila en una única sentencia, obtenemos un mensaje desde **MySQL** que indica el número de filas afectadas, el número de filas duplicadas y el número de avisos.

Para que una fila se considere duplicada debe tener el mismo valor que una fila existente para una clave principal o para una clave única. En tablas en las que no exista clave primaria ni índices de clave única no tiene sentido hablar de filas duplicadas. Es más, en esas tablas es perfectamente posible que existan filas con los mismos valores para todas las columnas.

Por ejemplo, en *mitabla5* tenemos una clave única sobre la columna 'nombre':

mysql> INSERT INTO mitabla5 (id, nombre) VALUES

    -> (1, 'Carlos'),

    -> (2, 'Felipe'),

    -> (3, 'Antonio'),

    -> (4, 'Carlos'),

    -> (5, 'Juan');

ERROR 1062 (23000): Duplicate entry 'Carlos' for key 1

mysql>

Si intentamos insertar dos filas con el mismo valor de la clave única se produce un error y la sentencia no se ejecuta. Pero existe una opción que podemos usar para los casos de claves duplicadas: *ON DUPLICATE KEY UPDATE*. En este caso podemos indicar a **MySQL** qué debe hacer si se intenta insertar una fila que ya existe en la tabla. Las opciones son limitadas: no podemos insertar la nueva fila, sino únicamente modificar la que ya existe. Por ejemplo, en la tabla 'ciudad3' podemos usar el último valor de población en caso de repetición:

mysql> INSERT INTO ciudad3 (nombre, poblacion) VALUES

    -> ('Madrid', 7000000);

Query OK, 1 rows affected (0.02 sec)

```
mysql> INSERT INTO ciudad3 (nombre, poblacion) VALUES
    -> ('París', 9000000),
    -> ('Madrid', 7200000)
    -> ON DUPLICATE KEY UPDATE poblacion=VALUES(poblacion);
Query OK, 3 rows affected (0.06 sec)
Records: 2  Duplicates: 1  Warnings: 0

mysql> SELECT * FROM ciudad3;
+--------+-----------+
| nombre | poblacion |
+--------+-----------+
| Madrid |   7200000 |
| París  |   9000000 |
+--------+-----------+
2 rows in set (0.00 sec)

mysql>
```

En este ejemplo, la segunda vez que intentamos insertar la fila correspondiente a 'Madrid' se usará el nuevo valor de población. Si en lugar de *VALUES(poblacion)* usamos poblacion el nuevo valor de población se ignora. También podemos usar cualquier expresión:

```
mysql> INSERT INTO ciudad3 (nombre, poblacion) VALUES
    -> ('París', 9100000)
    -> ON DUPLICATE KEY UPDATE poblacion=poblacion;
Query OK, 2 rows affected (0.02 sec)

mysql> SELECT * FROM ciudad3;
+--------+-----------+
| nombre | poblacion |
+--------+-----------+
| Madrid |   7200000 |
| París  |   9000000 |
+--------+-----------+
2 rows in set (0.00 sec)

mysql> INSERT INTO ciudad3 (nombre, poblacion) VALUES
```

```
    -> ('París', 9100000)
    -> ON DUPLICATE KEY UPDATE poblacion=0;
Query OK, 2 rows affected (0.01 sec)


mysql> SELECT * FROM ciudad3;
+--------+-----------+
| nombre | poblacion |
+--------+-----------+
| Madrid |   7200000 |
| París  |         0 |
+--------+-----------+
2 rows in set (0.00 sec)


mysql>
```

Reemplazar filas

Existe una sentencia , que es una alternativa para , que sólo se diferencia en que si existe algún registro anterior con el mismo valor para una clave primaria o única, se elimina el viejo y se inserta el nuevo en su lugar.

```
REPLACE [LOW_PRIORITY | DELAYED]
    [INTO] tbl_name [(col_name,...)]
    VALUES ({expr | DEFAULT},...),(...),...
REPLACE [LOW_PRIORITY | DELAYED]
    [INTO] tbl_name
    SET col_name={expr | DEFAULT}, ...
mysql> REPLACE INTO ciudad3 (nombre, poblacion) VALUES
    -> ('Madrid', 7200000),
    -> ('París', 9200000),
    -> ('Berlín', 6000000);
Query OK, 5 rows affected (0.05 sec)
Records: 3  Duplicates: 2  Warnings: 0


mysql> SELECT * FROM ciudad3;
+--------+-----------+
| nombre | poblacion |
+--------+-----------+
```

```
| Berlín |   6000000 |
| Madrid |   7200000 |
| París  |   9200000 |
+--------+-----------+
3 rows in set (0.00 sec)
```

mysql>

En este ejemplo se sustituyen las filas correspondientes a 'Madrid' y 'París', que ya existían en la tabla y se inserta la de 'Berlín' que no estaba previamente.

Las mismas sintaxis que existen para , están disponibles para :

mysql> REPLACE INTO ciudad3 VALUES ('Roma', 9500000);

Query OK, 1 rows affected (0.03 sec)

mysql> REPLACE INTO ciudad3 SET nombre='Londres', poblacion=10000000;

Query OK, 1 row affected (0.03 sec)

mysql> SELECT * FROM ciudad3;

```
+---------+-----------+
| nombre  | poblacion |
+---------+-----------+
| Berlín  |   6000000 |
| Londres |  10000000 |
| Madrid  |   7200000 |
| París   |   9200000 |
| Roma    |   9500000 |
+---------+-----------+
5 rows in set (0.00 sec)
```

mysql>

Relaciones entre tablas y su integridad referencial

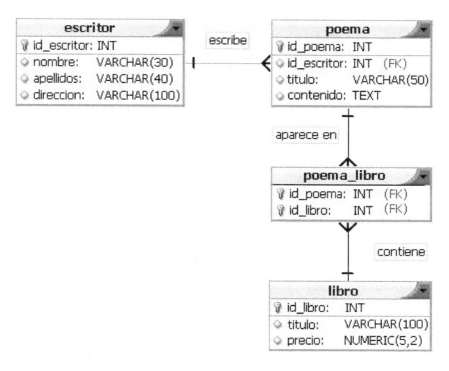

Muchos habreis tenido problemas al crear tablas relacionadas con MySql, pero de verdad que es bastante sencillo, solo hay que tener en cuenta una serie de premisas:

- Las tablas que se van a relacionar tienen que ser tipo InnoDb(InnoDB es el primer tipo de tabla que permite definir estricciones de claves foráneas para garantizar la integridad de los datos).

- Usar sintaxis FOREIGN KEY (campo_fk) REFERENCES nombre_tabla(nombre_campo)

- Crear un gndice en el campo que ha sido declarado claveforánea

Es necesario el uso de índices para que la verificación de las claves foráneas sea más rápida. Vamos a ver un ejemplo de una definición de 2 tablas relacionadas. Clientes y privilegios:

MySQL:

1. **CREATE TABLE** clientes

2. (

3. id_cliente INT **NOT NULL AUTO_INCREMENT**,

4. nombre VARCHAR(30),

5. **PRIMARY KEY** (id_cliente)

6.) TYPE = **INNODB**;

7.

8. **CREATE TABLE** privilegios

9. (

10. id_privilegio INT **NOT NULL AUTO_INCREMENT,**

11. id_cliente INT **NOT NULL,**

12. privilegio   INT(2),

13. **PRIMARY KEY**(id_privilegio),

14. INDEX (id_cliente),

15. **FOREIGN** KEY (id_cliente) **REFERENCES** clientes(id_cliente)

16.) TYPE = **INNODB;**

De esta manera estamos relacionando la tabla clientes y privilegios por el campo id_cliente.

La clave foránea (FOREIGN KEY) y la Referenciada tienen que tener tipos de datos similares para que puedan ser comparadas sin la necesidad de hacer una conversión de tipos.

Ahora ya tenemos las tablas relacionadas y seguro que os haceis la siguiente pregunta:

"¿Cómo inserto registros en las tablas que tengan claves foráneas (FOREIGN KEYS)?"

Bueno, esta pregunta realmente nos la podemos hacer para cuando se inserta un registro, se borra o se actualiza, ya que en las tres lo tendremos que tener en cuenta.

Ahora vamos a insertar algún registro para verificar que todo está correcto:

MySQL:

1. **INSERT INTO** clientes **VALUES** (1, 'Pedro Picapiedras');

2. **INSERT INTO** clientes **VALUES** (2, 'Pablo Marmol');

3. **INSERT INTO** clientes **VALUES** (3, 'Lucas Grijandel');

MySQL:

1. **INSERT INTO** privilegios **VALUES** (1,1,10);

2. **INSERT INTO** privilegios **VALUES** (2,3,05);

3. **INSERT INTO** privilegios **VALUES** (3,2,01);

Hasta ahora ha ido todo bien, pero ¿que pasaría si intentamos insertar un registro en la tabla "privilegios" en el que nos refiramos a un cliente que no exista en la tabla clientes?, vamos a probarlo:

MySQL:

1. **INSERT INTO** privilegios **VALUES** (4,5,10);

Pues sí nos tiene que devolver un error tal como este:

"ERROR 1216: Cannot add or update a child row: a foreign key constraint fails"

La razón es bastante evidente, estamos intentando insertar un registro en la tabla privilegios sobre un cliente "id_cliente=5", y hasta el momento no existe.

Ahora vamos a intentar eliminar un registro de la tabla clientes:

MySQL:

> 1. **DELETE FROM** cliente **WHERE** id_cliente=3;

Debido a que tenemos la restricción de la clave foránea no permitirá eliminar el registro puesto que se hace referencia a él en la tabla "privilegios", por lo tanto Mysql nos devolvería el siguiente error:

"ERROR 1217: Cannot delete or update a parent row: a foreign key constraint fails"

Para eliminar este tipo de registros con claves foráneas existen lo que se llama **eliminación en CASCADA**, en la que todos los registros relacionados se eliminan según las relaciones de claves foráneas.

Para llevar a cabo una eliminación de todos los registros relacionados por las claves foráneas en distintas tablas se usa la funcion "ON DELETE CASCADE".

Si se especifica ON DELETE CASCADE, y una fila en la tabla padre es eliminada, entonces se eliminarán las filas de la tabla hijo cuya clave foránea sea igual al valor de la clave referenciada en la tabla padre. Esta acción siempre ha estado disponible en MySQL. Fuente: Mysql-hispano.org

Veamos un ejemplo de eliminación en cascada:

MySQL:

> 1. **ALTER TABLE** privilegios ADD **FOREIGN** KEY(id_cliente)
>
> 2. **REFERENCES** cliente(id_cliente) ON **DELETE CASCADE**;

Con esta sentencia, ya tendremos dispuesta la tabla para que se pueda eliminar en cascada. Por lo tanto si queremos eliminar ahora al cliente "Lucas Grijandel", tan sólo tendriamos que ejecutar lo sisguiente:

MySQL:

> 1. **DELETE FROM** cliente **WHERE** id_cliente=3;

Si haceis una consulta ahora en las dos bases de datos, "clientes" y "privilegios", vereis como se ha eliminado "Lucas Grijandel" de las dos tablas.

Al igual que la eliminación también podemos actuar en cascada con las actualizaciones con la sentencia "ON UPDATE CASCADE".

Tipos del campos en MySQL

MySQL tiene habilitados diversos tipos de **campos** que en una primera aproximación podrían clasificarse en tres grupos:

- **Campos númericos**

- **Campos de fecha**

- **Campos de cadenas de caracteres**

Campos numéricos

MySQL soporta los tipos numéricos **exactos**(INTEGER, NUMERIC, DECIMAL, y SMALLINT) y los tipos numéricos **aproximados** (FLOAT, DOUBLE precision y REAL).

Los campos que contienen **números enteros** admiten el parámetro **UNSIGNED** que implica que **no admita signos** por lo que solo aceptaría **enteros positivos**.

Todos los campos **númericos** admiten el parámetro **ZEROFILL** cuya función es completar el campo **con ceros a la izquierda** hasta su longitud máxima.

Tipos de campos numéricos enteros

Estos son los distintos tipos de campos numéricos enteros que admite MySQL. Los parámetros señalados entre corchetes son opcionales.

TINYINT *[(M)] [UNSIGNED] [ZEROFILL]*

Número entero *muy pequeño*. Con la opción **UNSIGNED** puede tomar valores entre **0** y **255**. En caso contrario, puede estar comprendido entre **-128** y **127**.

Si el parámetro **ZEROFILL** solo tiene sentido junto con la opción **UNSIGNED** ya que *no tiene ningún sentido* tratar de rellenar con ceros a la izquierda de un número negativo.

El valor por defecto de parámetro **M** (número de cifras) es **4** sin no está activada la opción **UNSIGNED**. Si esta opción estuviera activada el valor por defecto sería **M=3**. Para valores de **M >valor por defecto** reajusta el tamaño al **valor por defecto**.

Si se asigna a M un valor **menor que cuatro** limita el número de carácteres al tamaño especificado considerando el signo solo en los números negativos.

Por ejemplo, si **M=3** admitiría **148** pero si intentamos insertar **-148** recortaría por la izquierda y solo insertaría **-14**.

Si intentamos insertar un valor **fuera de rango** registraría **el valor dentro del rango más próximo a él**.

P. ej.: Si tratamos de insertar el valor **437** escribiría **127** ó **255**, este último en el caso de tener la opción **UNSIGNED**.

Si pretendiéramos insertar **-837** con la opción **UNSIGNED** escribiría **0** y sin ella pondría **-128**.

El tamaño de un campo TINYINT es de *1 byte*.

SMALLINT *[(M)] [UNSIGNED] [ZEROFILL]*

Número entero *pequeño*. Con la opción **UNSIGNED** puede tomar valores entre **0** y **65 535**. En caso contrario, puede estar comprendido entre **-32 768** y **32 767**.

Son válidos los comentarios hechos para **TINYINT** excepto los relativos a los valores **por defecto** de **M** que en este caso serían **6** ó **5**. Su tamaño es de *2 bytes*.

MEDIUMINT *[(M)] [UNSIGNED] [ZEROFILL]*

Número entero *mediano*. Con la opción **UNSIGNED** puede tomar valores entre **0** y **16 777 215**. En caso contrario, puede estar comprendido entre **-8 388 608** y **8 388 607**.

También son válidos los comentarios hechos para **TINYINT** excepto los relativos al valor **por defecto** de **M** que en este caso serían **8**. Su tamaño es de *3 bytes*.

INT *[(M)] [UNSIGNED] [ZEROFILL]*

Número entero. Con la opción **UNSIGNED** puede tomar valores entre **0** y **4 294 967 295**. En caso contrario, puede estar comprendido entre **-2 147 483 648** y **2 147 483 647**.

Son válidos todos los comentarios de los casos anteriores. Su tamaño es de *4 bytes*.

INTEGER *[(M)] [UNSIGNED] [ZEROFILL]*

Es un sinónimo de **INT**

BIGINT *[(M)] [UNSIGNED] [ZEROFILL]*

Número entero *grandes*. Con la opción **UNSIGNED** puede tomar valores entre **0** y **18 446 744 073**

709 551 615. En caso contrario, puede estar comprendido entre **-9 223 372 036 854 775 808** y **21 474 839 223 372 036 854 775 807 647**, pero al usarlo desde PHP estará sujeto a las limitaciones máximas de los valores numéricos de este.

Son válidos todos los comentarios de los casos anteriores. Su tamaño es de *8 bytes*.

Números de coma flotante

Por la estructura binaria de los microprocesadores y habida cuenta de que algunos números **no enteros** -sin ir más lejos, el **0.1**- requerirían *infinitos caracteres binarios* para su representación exacta, se hace necesario introducir un **redondeo** en su tratamiento informático y como consecuencia de ello asumir que se generan **errores de medida**.

Esta circunstancia obligó al tratamiento de los número decimales mediante el llamado **Standar de Aritmética de Punto Flotante**, un algoritmo definido por la **IEEE** (Institute of Electrical and Electronics Engineers que unificó los procesos de representación de números en ordenadores con lo que son uniformemente controlables los errores introducidos.

El **Standar de Aritmética de Punto Flotante** estableció **dos niveles de precisión:**

- Precisión **Simple** en la que **todo número debe ser almacenado en 32 bits** (4 bytes)

- **Doble** precisión en la que los **números se almacenan en 64 bits** (8 bytes).

MySQL admite los siguientes tipos de números de coma flotante:

FLOAT(x) *[ZEROFILL]*

Número de **coma flotante**. Ignora la opción **UNSIGNED** pero si acepta **ZEROFILL** por lo que debe prestarse atención a estas opciones ya que no sería demasiado habitual una presentación como esta: **000-3.47**

El valor de **x** especifica la *precisión*. Si **x<=24** será de **precisión simple.** cuando **24 <x <=53** lo convertirá automáticamente a **doble precisión.**

Cuando no se especifica el valor de **x** considera el campo como de **precisión simple.** Su tamaño es de *4 bytes* si **x<=24** y de *8 bytes* cuando **24 <x <=53**

FLOAT *[(M,D)] [ZEROFILL]*

Número de **coma flotante** de **precisión simple.** Son válidos los comentarios relativos a las opciones **UNSIGNED** y **ZEROFILL** del caso anterior.

Toma valores en los interavalos siguientes:

- **-3.402823466E+38** a **-1.175494351E-38**

- **0** y

- **1.175494351E-38** a **3.402823466E+38**.

M es la **anchura máxima de visualización** y **D** es el número de**decimales**. Si **M > 24** se convierte automaticamente a **doble precisión**
FLOAT sin argumentos, representa un número de **coma flotante** y **precisión simple**.

DOUBLE *[(M,D)] [ZEROFILL]*

Número de **coma flotante** de **doble precisión**. Siguen siendo válidos los comentarios relativos a las opciones **UNSIGNED** y **ZEROFILL** del caso anterior.

Toma valores en los interavalos siguientes:

- **-1.7976931348623157E+308** a **-2.2250738585072014E-308**

- **0** y

- **2.2250738585072014E-308** a **1.7976931348623157E+308**

M es la **anchura máxima de visualización** y **D** es el número de**decimales**.

FLOAT sin argumentos, representa un número de **coma flotante** y **precisión doble**.

REAL *[(M,D)] [ZEROFILL]*

Es sinónimo de **DOUBLE**.

DECIMAL *[(M[,D])] [ZEROFILL]*

Es un número de **coma flotante y doble precisión** que se almacena como un campo de tipo **CHAR**.

El valor es guardado como una cadena donde cada carácter representa una cifra. La *coma* y el *signo menos de los números negativos* no son tenidos en cuenta en el valor de **M** -anchura máxima de visualización- aunque si se reserva -automaticamente- espacio para ellos en campo. Si **D** vale **0** no tendrá parte decimal. Los números toman valores en el mismo intervalo especificado para **DOUBLE**.

Los valores por defecto de **M** y **D** son respectivamente **10** y **0**.

Ocupan *M+2 bytes* si $D > 0$; *M+1 bytes* si $D = 0$ ó *D+2 bytes* si $M < D$

NUMERIC(M,D) *[ZEROFILL]*

Se comporta de forma idéntica a **DECIMAL**

Campos de fecha

MySQL dispone de campos específicos para el almacenamiento de fechas. Son los siguientes:

DATE

Recoge una *fecha* dentro del intervalo **01-01-1000** a **31-12-9999**. MySQL guarda los valores DATE con formato **AAAA-MM-DD** (año-mes-dia) . Su tamaño es de *3 bytes*.

DATETIME

Recoge una combinación de *fecha* y *hora* dentro del intervalo **00:00:00 del día 01-01-1000** y las**23:59:59 del día 31-12-9999**. MySQL guarda los valores DATETIME con formato **AAAA-MM-DD HH:MM:SS** (año-mes-dia hora:minutos:segundos) . Su tamaño es de *8 bytes*.

TIME

Recoge una *hora* dentro del intervalo **-838:59:59** a **838:59:59**. MySQL guarda los valores TIME con formato **HH:MM:SS** (horas:minutos:segundos) . Su tamaño es de *3 bytes*.

YEAR ó YEAR(2) ó YEAR(4)

Recoge un *año* en formato de *cuatro cifras* (**YEAR** ó **YEAR(4)**) o en formato de *dos cifras* (**YEAR(2)**)dentro del intervalo **1901** a **2155** en el caso de cuatro cifras ó de **1970** a **2069** si se trata de dos cifras. Su tamaño es de *1 byte*.

TIMESTAMP *[(M)]*

Recoge un *tiempo UNIX*. El intervalo válido va desde **01-01-1970 00:00:00** a cualquier fecha del año **2037**.

El parámetro **M** puede tomar los valores: **14** (valor por defecto), **12**, **8**, o **6** que se corresponden con los formatos **AAAAMMDDHHMMSS, AAMMDDHHMMSS, AAAAMMDD, ou AAMMDD**. Si se le asigna la opción **NUL** guardará la hora actual. Cuando se asigna **8** ó **14** como parámetros es considerado como **un número** y para las demás opciones como **una cadena**.

Independientemente del valor del parámetro, un campo TIMESTAMP siempre ocupa *4 bytes*.

Campos tipo *cadena de caracteres*

CHAR (M) *[BINARY]*

Es una **cadena de tamaño fijo** que se **completa a la derecha por espacios** si es necesario.

El parámetro M puede valer de **1** a **255** caracteres.

Los espacios finales son suprimidos cuando la cadena es insertada en el registro.

Los valores de tipo CHAR son elegidos y comparados **sin tener en cuenta Mayúsculas / Minúsculas** y utilizan el juego de carácteres *por defecto*.

Se puede utilizar el operador **BINARY** para hacer la cadena **sensible a Mayúsculas / Minúsculas**.

Se puede utilizar un campo tipo **CHAR(0)** con el atributo **NULL** para almacenar una valor booleano. En este caso ocupará un solo byte y podrá tener **únicamente dos valores: NUL** ó **""**.

Su tamaño es de *M bytes* siendo $1 <= M <= 255$.

VARCHAR(M) *[BINARY]*

Es una **cadena de caracteres de longitud variable**. Su tamaño máximo -especificado en el parámetro **M**- puede estar comprendido entre **1** y **255** caracteres. Con la opción **BINARY** es capaz de discriminar entre Mayúsculas / minúsculas.

TINYBLOB o TINYTEXT

TINYBLOB y **TINYTEXT** son **cadenas de caracteres de longitud variable** con un tamaño máximo de 255 (2^8 - 1) caracteres.

La diferencia entre ambas es que **TINYBLOB** si **discrimina** entre Mayúsculas / minúsculas, mientras que **TINYTEXT** no lo hace.

Ninguno de los campos: **BLOB** y **TEXT** admite **valores por DEFECTO**

Las versiones de **MySQL** anteriores a **3.23.2** permiten utilizar estos campos para indexar.

Si se intenta guardar en un campo de este tipo una cadena **de mayor longitud que la especificada** solamente se guardarán los **M** primeros caracteres de la cadena.

BLOB o TEXT

BLOB y **TEXT** son **cadenas de caracteres de longitud variable** con un tamaño máximo de 65535 (2^{16} - 1) caracteres.

La diferencia entre ambas es que **BLOB** si **discrimina** entre Mayúsculas / minúsculas, mientras que **TEXT** no lo hace.

Ninguno de los campos: **BLOB** y **TEXT** admite **valores por DEFECTO**

MEDIUMBLOB o MEDIUMTEXT

MEDIUMBLOB y **MEDIUMTEXT** son **cadenas de caracteres de longitud variable** con un longitud máxima de 16.777.215 (2^{24} - 1) caracteres.
Son válidas las especificaciones hechas en el apartado anterior.

El tamaño máximo de los campos de este tipo está sujeto a limitaciones externas tales como la memoria disponible y el **tamaño del buffer de comunicación servidor/cliente**.

LONGBLOB o LONGTEXT

Su única diferencia con la anterior es el tamaño máximo de la cadena que en este caso es 4.294.967.295 (2^{32} - 1) caracteres.

ENUM('valor1','valor2',...)

Es **una cadena de caracteres** que contiene **uno solo** de los valores de la lista (valor1, valor2, etc. etc.).

A la hora de insertar un nuevo registro en una tabla, el valor a especificar para un campo de este tipo ha de ser **una cadena** que contenga **uno de los valores** especificados en la tabla. Si se tratara de insertar un valor distinto de ellos insertaría una cadena vacía.

SET('valor1','valor2','valor3'...)

Es una cadena de caracteres formados por la **unión** de ninguno, uno varios de los valores de una lista. El máximo de elementos es 64.

Los valores que **deben escribirse** en los **registros** de la tabla que contiene este campo serían de este tipo han de ser **númericos** expresados en forma **binaria** o en forma decimal.

En el supuesto de que contuviera **tres valores** los posibles valores a **insertar** en un campo de este tipo a la hora de añadir un registro serían los siguientes.

Incluir valores			Código valor			Cadena binaria	Equiv. decimal
val1	val2	val3	val1	val2	val3		
Si	Sí	Sí	1	1	1	111	7
Si	Sí	No	1	1	0	011	3
Si	No	Sí	1	0	1	101	5
No	Sí	Sí	0	1	1	110	6
No	No	Sí	0	0	1	100	4
No	Sí	NO	0	1	0	010	2
Si	No	No	1	0	0	001	1
No	No	No	0	0	0	000	0

Trabajo con Bases de Datos desde PHP

Una base de datos necesita tener un canal de comunicación con el servidor web encargado de procesar las páginas. Esta conexión se puede realizar de dos formas diferentes:

- Usando el estándar **ODBC** (Open Database Connectivity), que permite el uso de cualquier base de datos que lo permita.

- Usando un conjunto de funciones que forman parte del interfaz de acceso a dicha base de datos. Se conoce como **API** (Application Programming Interface). Existen APIs totalmente distintas para bases de datos como MySQL u Oracle.

La rapidez de acceso es mucho mayor si se usa la propia API de una base de datos, por lo que este tutorial hará uso de ella para acceder a MySQL desde PHP.

MySQL

Es la elegida por la mayoría de los programadores en PHP. El programa residente es **mysql**, que se encuentra dentro del directorio **bin**, en la carpeta creada durante la instalación.

```
C:\mysql\bin>mysql
Welcome to the MySQL monitor. Commands end with ; or \g.
Your MySQL connection id is 4 to server version: 4.0.17-nt
Type 'help;' or '\h' for help. Type '\c' to clear the buffer.
mysql>
```

Desde ese momento es posible lanzar todo tipo de sentencias SQL sobre la base de datos. Para finalizar la sesión se debe escribir \q o exit. Cualquier sentencia ejecutada en este entorno debe terminar con el signo ; (punto y coma).

MySQL almacena cada una de las tablas de la base de datos en un fichero separado.

Lenguaje SQL

Para acceder y manipular la información que contiene una base de datos relacional se usa el lenguaje SQL (Structured Query Language). Es un estándar reconocido por la mayoría de las bases de datos que existen en la actualidad.

Las sentencias SQL que abordaremos en este tutorial son sólo una muestra de todas las posibilidades que ofrece el lenguaje. Sólo se estudiarán aquellas que se consideran imprescindibles para el manejo de una base de datos. Se aconseja al alumno proveerse de un buen tutorial de este lenguaje y conocer todo lo que puede aportarnos.

Descripción	Instrucción	Ejemplo en MySQL
Muestra el conjunto de bases de datos presentes en el servidor	**show databases;**	mysql> **show databases;** +----------+ | Database | +----------+ | mysql | | test |

		+----------+ 2 rows in set (0.00 sec)
Crea una nueva bd con el nombre especificado	**create database** nombre_bd**;**	mysql> **create database pruebas;** Query OK, 1 row affected (0.12 sec)
Elimina la base de datos del nombre especificado	**drop database** nombre_bd**;**	mysql> **drop database pruebas;** Query OK, 0 rows affected (0.85 sec)
Determina la base de datos sobre la que vamos a trabajar	**use** nombre_de_la_bd**;**	mysql> **use pruebas;** Database changed
Crea una tabla dentro de la base de datos. Para ello es necesario especificar los nombres de las columnas y el tipo de las mismas (int, varchar, char, text, ...). También hay que indicar si se considera clave (pudiendo incrementarse autimáticamente) y si es obligatorio tener un contenido (NOT NULL).	**create table** nombre_tabla [(descripcion_columna1, descripcion_columna2, ...)]**;**	mysql> **create table datos (id INT PRIMARY KEY AUTO_INCREMENT,** **-> nombre VARCHAR(100) NOT NULL,** **-> email VARCHAR(75));** Query OK, 0 rows affected (0.31 sec)
Borra la tabla de la base de datos	**drop table** nombre_tabla**;**	mysql> **drop table datos;** Query OK, 0 rows affected (0.01 sec)
Muestra las tablas presentes en la base de datos actual	**show tables;**	mysql> **show tables;** +------------------+ | Tables_in_pruebas | +------------------+ | datos | +------------------+ 1 row in set (0.00 sec)

Muestra las columnas de una tabla	show columns from nombre_tabla;	mysql> show columns from datos; +------+---------+----+---+-----+----------+ | Field | Type | Null | Key | Default | Extra | +------+---------+----+---+-----+----------+ | id | int(11) | | PRI | NULL | auto_increment | | nombre | varchar(100) | | | | | | | email | varchar(75) | YES | | NULL | | +------+---------+----+---+-------+---------+ 3 rows in set (0.01 sec)
Inserta un nuevo registro en la tabla	**insert into nombre_tabla (columna1, columna2, ...) values (valor1,valor2, ...);** **insert into nombre_tabla set columna1=valor1, columna2=valor2, ...;**	mysql> **insert into datos (nombre,email) values ("Juana","jusanre@hotmail.com");** Query OK, 1 row affected (0.09 sec) mysql> **insert into datos set nombre="Instituto",email="frrova@teleline.es";** Query OK, 1 row affected (0.02 sec)
Selecciona registros dentro de una tabla. Pueden solicitarse todas las columnas (*) o sólo aquellas que se indiquen. Además pueden establecerse criterios de búsqueda que cumplan una condición con WHERE (usando los operadores relacionales =, > o < y los operadores lógicos AND y OR), incluso es posible recuperar la información ordenada (ascendente ASC o	**select * from nombre_tabla;** **select** columa, columb, ... **from** nombre_tabla; **select** columnas **from** nombre_tabla **where** columa=valor; **select** columnas **from** nombre_tabla **order by** columna; **select** columnas **from** nombre_tabla **where** columa **like** cadena_con_comodín;	mysql> **select * from datos;** +--+---------+------------------+ | id | nombre | email | +--+---------+------------------+ | 1 | Juana | jusanre@hotmail.com | | 2 | Instituto | frrova@teleline.es | +--+---------+------------------+ 2 rows in set (0.03 sec) mysql> **select email from datos;** +------------------+ | email | +------------------+ | jusanre@hotmail.com | | frrova@teleline.es | +------------------+ 2 rows in set (0.00 sec) mysql> **select email from datos where nombre="Juana";** +------------------+ | email | +------------------+ | jusanre@hotmail.com | +------------------+ 1 row in set (0.03 sec)

descendentemente DESC). También es posible delimitar el número de registros a recibir con LIMIT o usar LIKE, junto al comodín %, para condicionar la selección a un patrón de caracteres.		mysql> **select * from datos order by nombre;** +--+----------+------------------+ |id|nombre |email | +--+----------+------------------+ |2 |Instituto |frrova@teleline.es | |1 |Juana |jusanre@hotmail.com| +--+----------+------------------+ 2 rows in set (0.00 sec) mysql> **select id,nombre from datos where email like "%hotmail%";** +--+------+ |id|nombre| +--+------+ |1 |Juana | +--+------+ 1 row in set (0.04 sec)
Actualiza un registro de una tabla. Es muy importante el uso de la condición WHERE, puesto que debe identificarse el registro a buscar.	**update** nombre_tabla **set** columa=valora, columb=valorb, ... **where** condicion;	mysql> **update datos set nombre="IES Romero Vargas" where nombre="Instituto";** Query OK, 1 row affected (0.04 sec) Rows matched: 1 Changed: 1 Warnings: 0
Borra un registro de una tabla. Al igual que la anterior, si no se especifica la condición mediante WHERE afectará a todos los registros de la tabla (CUIDADO!!).	**delete from** nombre_tabla **where** condicion;	mysql> **delete from datos where id=1;** Query OK, 1 row affected (0.03 sec)

PHP y MySQL

PHP dispone de un conjunto de funciones que forman la API que permite utilizar una base de datos MySQL. En este tutorial estudiaremos las funciones más importantes y utilizadas. En la página oficial de PHP, el alumno encontrará toda la lista de funciones disponibles (en el apartado MySQL functions).

Cuando desde PHP se quiere realizar alguna acción sobre una tabla de una base de datos, es necesario realizar lo siguiente:

- **Conectarse a la base de datos**, indicando el servidor, el usuario, la clave de acceso y la base de datos. A veces, es necesario indicar junto al servidor el puerto utilizado y, en entornos Unix, el socket que el servidor está usando para recibir las peticiones.

- Enviar la solicitud de realización de una instrucción SQL (**query**).

- **Tratar la información recibida.**

Con conciencia de estos aspectos, el programador en PHP puede manejar una base de datos MySQL desde un script. A continuación, y para presentar las funciones más usuales de la API, veremos un ejemplo sencillo en el que se trata una base de datos con una sola tabla que contendrá los nombres y los correos electrónicos de un conjunto de personas.

En primer lugar crearemos un script básico denominado **basico.php** con las acciones propias de conexión y determinación de la tabla a usar, para incluirlo en todos los demás procesos. Su contenido será el siguiente:

```php
<?
// Datos básicos de la conexión
$servidor="localhost"; // Servidor
$usuario="root"; // Usuario
$clave=" "; // Password
$basedatos="tutorialphp"; // Nombre de la BD
$conexion=mysqli_connect($servidor,$usuario,$clave,$basedatos);
?>
```

A continuación se presentan los scripts necesarios para procesar la base de datos. La toma de información se hará desde formularios, donde los campos de edición tendrán los nombres **nombre** y **email**:

Opción	Llamada desde esta página	Script PHP que realiza la acción

Insertar un nuevo registro	Nombre [ ]
	E-mail [ ]
	
	Insertar Registro
	Restablecer
		`<?`
		`// Inserción de un nuevo registro en la BD`
		`include ("basico.php");`
		`$nombre=$_POST['nombre'];`
		`$email=$_POST['email'];`
		`if ($nombre && $email)`
		`{`
		`$resultado=@mysqli_query($conexion,"select * from datos where nombre='$nombre'");`
		`if ($row=mysqli_fetch_array($resultado))`
		`{`
		`echo "Registro existente";`
		`mysqli_free_result($resultado);`
		`}`
		`else`
		`{`

```
mysqli_query($conexion,"insert into datos set
nombre='".$nombre."',email='".$email."'");
echo "Registro insertado con los valores
nombre=$nombre y e-mail=$email";
}
}
else
echo "Falta nombre o e-mail";
mysqli_close($conexion);
?>
```

Listar los elementos de una tabla	Listar todo	```<?
// Lectura de una tabla en la BD
include("basico.php");
$resultado=@mysqli_query($conexion,"select
* from datos");
?>
<table align="center" border="1">
<tr>
<th>Nombre</th>
<th>E-mail</th>
</tr>
<?
//Muestro los registros
$cuantos=0;
while ($row=mysqli_fetch_array($resultado))
{
$cuantos++;
echo '<tr><td>'.$row["nombre"].'</td>';
echo '<td>'.$row["email"].'</td></tr>';
}
if (!$cuantos)
echo "La base de datos está vacía";
else
mysqli_free_result($resultado);
mysqli_close($conexion);
?>
</table>```
Borrar un registro existente	Nombre [ ] Borrar Registro Restablecer	```<?
// Borrado de un registro en la BD
include("basico.php");
$nombre=$_POST['nombre'];
if ($nombre)
{
$resultado=@mysqli_query($conexion,"select
* from datos where nombre='$nombre'");
if ($row=mysqli_fetch_array($resultado))```

```
{
mysqli_query($conexion,"delete from datos
where nombre='$nombre'");
echo "Registro borrado con nombre
$nombre";
mysql_free_result($resultado);
}
else
echo "Registro inexistente";
}
else
echo "No ha introducido usted ningún
nombre";
mysqli_close($conexion);
?>
```

Modificar el contenido de un registro

Nombre [   ]

E-mail [   ]

[Modificar Registro]

[Restablecer]

```
<?
// Modificación de un registro en la BD
include ("basico.php");
$nombre=$_POST['nombre'];
$email=$_POST['email'];
if ($nombre && $email)
{
$resultado=@mysqli_query($conexion,"select
* from datos where nombre='$nombre'");
if ($row=mysqli_fetch_array($resultado))
{
mysqli_query($conexion,"update datos set
email='$email' where nombre='$nombre'");
echo "Registro modificado";
mysqli_free_result($resultado);
}
else
{
echo "Registro inexistente";
}
}
else
echo "Falta nombre o e-mail";
mysqli_close($conexion);
?>
```

Ejemplos de código fuente

ejemplo paginador

```php
<?php

function conectar()
{

        $base_de_datos = "noticias";
        $db_usuario = "root";
        $db_password = "";

        if (!($link = mysql_connect("localhost", $db_usuario, $db_password)))
        {
                echo "Error conectando a la base de datos.";
                exit();
        }
        if (!mysql_select_db($base_de_datos, $link))
        {
                echo "Error seleccionando la base de datos.";
                exit();
        }
        return $link;
}
```

// Ya tenemos la variable $db apuntada a nuestra base de datos el siguiente paso es definir los valores por defecto, como por ejemplo cada cuantos artículos paginar...

```php
$db = conectar();

$pagina = $_GET["pagina"];
```

// Y detectar si la variable $pagina (indica el numero de pagina actual) esta definida, si no es así le damos el valor 1 ósea que si no se paso por la url la variable $pagina (por ejemplo: "paginacion.php?pagina=2") entramos a la pagina 1 directamente...

```php
$registros = 3;
```

```php
if (!$pagina) {
   $inicio = 0;
   $pagina = 1;
}
else {
   $inicio = ($pagina - 1) * $registros;
}
```

// Como dato adicional la variable $inicio indica desde que registro empezar a mostrar los resultados. Pasemos al corazón de la paginación, miremos primero el código...

```
?>
<!DOCTYPE HTML PUBLIC "-//W3C//DTD HTML 4.01 Transitional//EN"
"http://www.w3.org/TR/html4/loose.dtd">
<html>
<head>
<meta http-equiv="Content-Type" content="text/html; charset=iso-8859-1">
<title>Noticias</title>
<style>
        body { font-family: arial; font-size:12px}
</style>
</head>

<body>
        <?php
```

// realizamos 2 consultas similares en cuanto a su criterio de selección ("WHERE visible = 1"). Con la primer consulta obtenemos el numero de resultados totales...

```php
$resultados = mysql_query("SELECT id FROM articulos WHERE visible = 1");

$total_registros = mysql_num_rows($resultados);

$resultados = mysql_query("SELECT * FROM articulos WHERE visible = 1 ORDER BY fecha DESC LIMIT $inicio, $registros");
```

// Ese dato de $total_registros nos sirve para poder determinar la cantidad de paginas. La segunda consulta tiene en el SQL dos elementos a analizar, el primero es el ORDER BY que lo que hace es ordenar los resultados por fecha y de forma descendente ("DESC") en caso contrario usaríamos "ASC".

// El segundo elemento a ver es LIMIT $inicio, $registros esa cláusula SQL cumple la función de limitar los resultados devueltos, el primer valor pasado como parámetro indica desde que registro empezar a devolver los resultados y el segundo parámetro indica la cantidad de registros que debe devolver desde $inicio.

```
        $total_paginas = ceil($total_registros / $registros);
// www.php.net/nombre de la funcion
// la funcion ceil devuelve redondeo hacia arriba
// echo ceil(4.3);    // 5
// echo ceil(9.999);  // 10


        if($total_registros) {
// Luego solo queda el bucle que devuelve los resultados...
                while($articulo=mysql_fetch_array($resultados)) {


                        echo "<b>".$articulo["titulo"]."</b><br>";
                        echo "<font
color='#666BBB'>".$articulo["descripcion"]."</font><br><br><br>";


                }


        } else {
                echo "<font color='darkgray'>(sin resultados)</font>";
        }


        mysql_free_result($resultados);


        if($total_registros) {


                echo "<center>";
// El código del navegador de paginas se divide en tres partes, primero la que muestra el link a la
pagina anterior
                if(($pagina - 1) > 0) {
                        echo "<a href='paginacion.php?pagina=".($pagina-1)."'>< Anterior</a> ";
                }
```

// El link a la pagina anterior será visible siempre y cuando no estemos en la primer pagina ($pagina - 1) > 0). La segunda parte del navegador de paginas seria la que muestra la cantidad de paginas...

```php
            for ($i=1; $i<=$total_paginas; $i++){
                    if ($pagina == $i)
                            echo "<b>".$pagina."</b> ";
                    else
                            echo "<a href='paginacion.php?pagina=$i'>$i</a> ";
            }
// Y la tercer parte es la que muestra el enlace a la pagina siguiente...
            if(($pagina + 1)<=$total_paginas) {
```
// En este caso muestra el enlace siempre y cuando no estemos en la ultima pagina (($pagina + 1)<=$total_paginas).
```php
                    echo " <a href='paginacion.php?pagina=".($pagina+1)."'>Siguiente ></a>";
            }

            echo "</center>";

        }
        ?>
</body>
</html>
<?php mysql_close($db);?>
```

<u>EJEMPLO DE CLIENTES GRABA</u>

```php
<?
        $cnx = mysql_connect("127.0.0.1","","");

        mysql_select_db("Gestion");

        if ($Id)
                $sql = "update Clientes ";
        else
                $sql = "insert Clientes ";

        $sql .= "set Nombre = '$Nombre',
                Domicilio = '$Domicilio',
                Email = '$Email',
                Notas = '$Notas'";

        if ($Id)
                $sql .= " where Id = $Id";
```

```
        mysql_query($sql);

        if (mysql_errno())
                echo mysql_error();
        else
                header('Location: Clientes.php');
?>
```

CLIENTES ACTUALIZA

```
<?
        $cnx = mysql_connect("127.0.0.1","","");

        mysql_select_db("Gestion");

        if ($Id) {
                $rs = mysql_query("Select Nombre, Domicilio, Email, Notas from Clientes where Id
= $Id");
                list($Nombre, $Domicilio, $Email, $Notas) = mysql_fetch_row($rs);
        }
?>
<h1>Cliente</h1>

<a href='Clientes.php'>Clientes</a>

<form action="ClienteGraba.php" method="post">

<table>
<tr>
<td>Nombre</td>
<td><input type="text" name="Nombre"
        value="<? echo $Nombre; ?>"></td>
</tr>
<tr>
<td>Domicilio</td>
<td><input type="text" name="Domicilio"
        value="<? echo $Domicilio; ?>"></td>
</tr>
<tr>
<td>Email</td>
<td><input type="text" name="Email"
        value="<? echo $Email; ?>"></td>
</tr>
<tr>
<td>Notas</td>
<td>
<textarea cols=40 rows=10 name="Notas">
<? echo $Notas; ?>
</textarea>
```

```
</td>
</tr>
</table>
<input type="submit" value="Aceptar">
<?
        if ($Id) {
?>
<input type="hidden" name="Id" value="<? echo $Id ?>">
<?
        }
?>
</form>
<?
        mysql_close();
?>
```

<u>CLIENTES</u>

```
<?
        $cnx = mysql_connect("127.0.0.1","","");

        mysql_select_db("Gestion");

        $rs = mysql_query("Select Id, Nombre from Clientes");
?>
<h1>Clientes</h1>

<a href='ClienteActualiza.php'>Nuevo Cliente</a>

<table border=1>
<?
        while (list($Id, $Nombre) = mysql_fetch_row($rs)) {
?>
<tr>
<td>
<a href='ClienteActualiza.php?Id=<? echo $Id; ?>'>
<? echo $Nombre ?>
</a>
</td>
</tr>
<?
        }
?>
</table>
<?
        mysql_close();
?>
```

BIBLIOGRAFIA

Foro free man world

http://foro.freemanworld.es/viewtopic.php?f=22&t=147

Desarrolloweb

Los atributos de los *objetos* pueden ser otros *objetos*, 2° parte

www.desarrolloweb.com › Manuales › Manual de PHP 5

Para confeccionar este Manual de Desarrollo WEB he necesitado muchas horas de visitas a tutoriales en la red, cientos de horas como profesor de centros privados y públicos de FPE de Málaga y provincia Homologados por la Junta de Andalucía para crear y contruir ejercicios, prácticas, muchos libros donde investigar, muchos tropiezos en la instalación del software, muchas consultas a expertos programadores, compañeros de trabajo y, sobre todo, mucho trabajo en la sombra de forma autodidacta. Todo dedicado a los alumnos/as de estos cursos para desempleados/as y por mi granito de arena en sus colocaciones en centros de trabajo, empresas y emprendimientos en el mundo de la programación para internet. Está basado en todos mis alumnos de los centros de formación por los que he pasado y es especial a los de FORMAN en el PTA de Andalucía, ICHTON ®, STUDIO-1, FAFFE y de ITECA (Campanillas Málaga).

Sitios en la red tan importantes y conocidos como www.php.net www.apache.org www.mysql.org www.zonaphp.com www.webestilo.com/php/ www.desarrolloweb.com/php/ www.programacion.com/php/tutorial/php/ es.tldp.org/Manuales-LuCAS/manual_PHP/manual_PHP/

Profesor Baltasar Fernández Manjón de la Universidad Complutense de Madrid por sus inestimables emails, permisos para usar sus transparencias en las Aulas y su apoyo.

http://www.fdi.ucm.es/profesor/balta/docencia.html

http://www.fdi.ucm.es/profesor/balta/proyectos.html

PHP - XAMPP: Apache + MySQL + PHP + Perl

geneura.ugr.es/~gustavo/xampp/php.shtml

PHP - Wikipedia, la enciclopedia libre

es.wikipedia.org/wiki/PHP

¿Que se puede decir del PHP? - Articulos PHP - Programación Web

www.programacionweb.net/articulos/articulo/?num=686

http://www.es.hukol.net/themenreihe.p?c=Tecnolog%C3%ADa_digital

Los atributos de los *objetos* pueden ser otros *objetos*, 2° parte

www.desarrolloweb.com › Manuales › Manual de PHP 5

error de principiante - Foros del Web

www.forosdelweb.com › Programación para sitios web › PHP